Neff

JEAN MABIRE

Blutiger Sommer in Peking

DER BOXERAUFSTAND IN AUGENZEUGENBERICHTEN

PAUL NEFF VERLAG
WIEN · BERLIN

Nach der bei Arthème Fayard, Paris, erschienenen Originalausgabe
L'ETE ROUGE DE PEKING
aus dem Französischen übertragen von
GRETE STEINBÖCK und ALFRED BAUMGARTNER

ISBN 3-7014-0154-3

Umschlag- und Einbandentwurf von Prof. Willi Bahner
Gesetzt aus der Garamond-Antiqua
Gedruckt und gebunden beim Wiener Verlag, Wien
Hergestellt im Auftrag des Paul Neff Verlages, Wien

INHALT

VORGESCHICHTE

Am 31. Mai 1900 trifft in Peking ein Detachement französischer, russischer, englischer, amerikanischer, italienischer und japanischer Marinesoldaten ein. Drei Tage später bringt ein letzter Eisenbahntransport aus Tientsin deutsche und österreichisch-ungarische Seeleute. Diese internationale Truppe soll die in China ansässigen Ausländer schützen, die wenig später von tausenden fanatischen Anhängern einer fremdenfeindlichen Sekte, den Boxern, angegriffen werden. Am 20. Juni schließen sich den Boxern reguläre Einheiten der kaiserlichen Armee an, vierzigtausend Mann, hinter denen die zwei Millionen Einwohner von Peking stehen. Das Gesandtschaftsviertel und die katholische Mission des Pe-Tang werden eingekreist, bedroht und belagert, bis am 15. August ein Hilfskorps der westlichen Mächte die Befreiung bringt.

Diesen tragischen Ereignissen im ersten Sommer unseres Jahrhunderts ging eine lange Krise voran. So dramatisch der blutige Zusammenstoß zwischen den »fremden Teufeln« und den chinesischen Streitkräften auch war, er war nicht der erste, denn das riesige östliche Kaiserreich, das seit Beginn des 17. Jahrhunderts von der Mandschu-Dynastie der T'sing regiert wurde, hatte seit langem schon die Begehrlichkeit des Westens erregt.

Die Vorgeschichte reicht zurück bis ins Jahr 1835, das durch ein doppeltes Ereignis geprägt ist: Kaiser Tao-Kuang besteigt den Thron, und der vornehmen Mandschu-Familie Jehonola wird ein Mädchen geboren, das den Namen Orchidee erhält. Die Geschichte dieses Kindes ist aufs engste mit der Geschichte des Reiches verquickt.

1850 folgt H'sien-Feng seinem Vater Tao-Kuang auf den Thron, und ein paar Jahre später wählt er ein junges Mädchen namens

Sakota zur Gemahlin. Zugleich aber nimmt er die Kusine seiner Frau zur Konkubine: die junge Orchidee Jehonola, die ihm 1856 einen Sohn schenkt.

Das Reich der Mitte befindet sich zu jener Zeit in einer schwierigen Lage. Hung, ein junger Student, der sich für den Bruder Christi hält, zettelt einen Aufstand, T'aip'ing, an, um China von der Mandschu-Dynastie zu befreien. Er wiegelt das Volk auf, und es gelingt ihm sogar, Nanking einzunehmen. Ungefähr zur gleichen Zeit besetzen die Engländer Kanton und bringen das Opium für ihren Handel ins Spiel. Ein erster Krieg zwischen Chinesen und Engländern findet 1839 bis 1842 statt. Der Vertrag von Nanking, 1842, wirkt sich verheerend für das Kaiserreich aus, da es Hongkong an Großbritannien abtreten und alle Häfen der Südküste dem Handel mit den fremden Mächten öffnen muß.

Im Jahr 1856 bricht ein neuer, verhängnisvoller Krieg in Kanton aus, wegen eines chinesischen Schiffs, der *Arrow*, die unter britischer Flagge segelt. Nach verschiedenen militärischen und diplomatischen Auseinandersetzungen bemächtigt sich eine französisch-englische Armee von 20.000 Mann im August 1860 der Stadt Tientsin. Achtunddreißig europäische Offiziere werden als Unterhändler an den chinesischen Hof entsandt. Dort verhaftet und foltert man sie. Viele sterben an ihren Verletzungen, andere überleben, gräßlich verstümmelt. Während der Kaiser mit seiner Gemahlin und seiner Konkubine nach Jehol flüchtet, erobern die Alliierten die Stadt Peking. Lord Elgin und General de Montauban nehmen furchtbare Rache für die Folterung ihrer Unterhändler. Der Sommerpalast wird besetzt und niedergebrannt. Der junge Hauptmann Charles Georges Gordon, »China-Gordon« genannt, und später »Held von Khartum«, schreibt darüber: »Ihr könnt euch die Schönheit und Pracht der Stätten, die wir eingeäschert haben, nicht vorstellen. Das war eine Arbeit, die sich demoralisierend auf die Truppe auswirkte. Hemmungslos wurde geraubt und geplündert...« Von seinem Exil aus verhandelt Prinz Kung mit den »fremden Teufeln« und gründet das erste chinesische Auswärtige Amt, das den Namen Tsung-li ya-men erhält.

Von jetzt an versuchen Europäer und Japaner, China wie »Schnitten einer Melone« unter sich aufzuteilen. Die Russen besetzen die Gebiete nördlich des Amur, dann Turkestan. Die Franzosen stecken zwischen 1867 und 1887 Annam, Cochinchina und Kambodscha ein. Japan hat es auf Korea und die Mandschurei abgesehen. Die Engländer bauen ihre Handelsinteressen weiter aus. Überall in China werden katholische und protestantische Missionen eingerichtet, die das Land mit dogmatischer Härte zu christianisieren suchen und die im chinesischen Volk mit seinem uralten Kult naturgemäß Widerstand erzeugen müssen.

Im Jahr 1861 stirbt Kaiser H'sien-Feng. Seine Frau Sakota und seine Konkubine Jehonola folgen ihm unter dem Namen Ts'e-han und Ts'e-hi als Regentinnen auf den Thron. Man munkelt im Land, daß der Kaiser von seiner Geliebten, die immer stärker in den Vordergrund tritt, vergiftet wurde. Die faszinierende junge Frau wird von unbändigem Ehrgeiz getrieben, besitzt eisernen Willen und unheimliche Intelligenz. Ihr ganzes Leben bleibt sie eine rätselhafte Erscheinung, die ihre Untertanen zu willenlosen Geschöpfen macht; ihrem unbestreitbaren Charme unterliegen auch die Ausländer, die ihr begegnen.

Der Sohn der ehemaligen Konkubine erhält den Namen Tung-T'si; bis zu seiner Großjährigkeit teilen sich die beiden Herrscherinnen die Regierungsgewalt. Aber Ts'e-hi schaltet ihre Rivalin bald aus. Es gelingt ihr, die Erhebung der T'aip'ing, die das Kaiserreich von 1851 bis 1864 in blutige Wirren stürzte, zu unterdrücken, und damit wird sie zur absoluten Herrscherin Chinas, die den ungewöhnlichen Beinamen »Alter Buddha« erhält.

1872 wird Tung-T'si zum Kaiser erhoben, stirbt aber bereits zwei Jahre später. Wieder gehen Gerüchte um, die Ts'e-hi als Mörderin – durch Gift – verdächtigen. Jedenfalls wird Ts'e-hi neuerlich unumschränkte Regentin, neben der armen Ts'e-han, die nur mehr ein Schattendasein führt. Ein neuer Kaiser wird ernannt: Der leibliche Neffe Ts'e-his, Kung-Su. Aber er ist erst ein Kind von vier Jahren. Die tatsächliche Herrin des Reichs festigt ihre Macht. A-lu-te, die junge Witwe des verstorbenen Kaisers, die ein Kind erwartet, stirbt sehr gelegen, und auch diesmal wird die furchtbare Schwiegermutter verdächtigt. Genauso wie man sie heimlich beschuldigt, bald darauf ihre Rivalin Ts'e-han beseitigt zu haben, die unvorsichtig genug war, gegen die ehemalige Konkubine ihres Gatten zu intrigieren.

Um diese Zeit hat sich das Verhältnis zu den »fremden Teufeln« weiter zugespitzt. Im Jahr 1870 werden in Tientsin mehrere christliche Missionare samt chinesischen Konvertiten ermordet. China lebt unter der ständigen Drohung einer bewaffneten Intervention von seiten der fremden Mächte, deren Gesandtschaften im Tsung-li ya-men, im Außenamt, energische Protestnoten eingebracht haben. Die Kaiserin-Witwe, nun unumschränkte Herrscherin, hat nur das eine Ziel, ihr Reich von den Fremden zu befreien. Aber sie kann nicht verhindern, daß die Franzosen Tonking einnehmen. Im Jahr 1889, mit vierundfünfzig Jahren, muß sie die Macht ihrem Neffen, dem Kaiser Kung-Siu, übergeben.

Von nun an spaltet sich die regierende Schicht Chinas in zwei Lager. Die aristokratischen Konservativen wollen die alte Ordnung beibehalten; die anderen, die Reformer, möchten das Reich nach ausländischem Muster modernisieren. Beide Parteien sind fremdenfeindlich eingestellt, sie unterscheiden sich nur durch die Methoden, mit denen sie ihr Reich von der Fremdherrschaft säubern wollen. Die Kaiserin-Witwe selbst laviert zwischen den Gruppen, schwankt ständig zwischen Reform und Traditionalismus.

Im Jahr 1894 bricht der unausweichliche Krieg zwischen China und Japan aus. Er endet mit einer völligen Niederlage des Reichs der Mitte. Nun ist es das Land der aufgehenden Sonne, das die Herrschaft in Asien übernimmt. Der Friedensvertrag von Schimonoseki im Jahr 1895 wird in Peking als neuerliche schwere Demütigung empfunden.

Drei Jahre später rafft sich Kaiser Kung-Siu dazu auf, die Vormundschaft seiner Tante abzuschütteln und eine Reihe von Reformen durchzuführen. Aber dieser kränkliche junge Mann von siebenundzwanzig Jahren hatte zeit seines Lebens keinen Kontakt mit der Außenwelt gehabt und besitzt auch keinen einzigen wirklichen Freund. Sein mannhafter Versuch währt genau hundert Tage; im September 1898 holt sich die selbstherrliche Kaiserin-Witwe die Macht zurück, nachdem sie eine Spaltung im Lager der Reformer bewirkt hat, die den jungen Kaiser zu Fall bringt. Er wird abgesetzt, verhaftet und im Sommerpalast interniert, wo er seine weiteren Tage als Einsiedler zubringen muß.

Ts'e-hi ist somit wieder Alleinherrscherin. Zeitgenössische Journalisten nennen diese Frau den »einzigen Mann in China«. Zum engsten Mitarbeiter wählt sie sich den Prinzen Tuan, das Haupt der fremdenfeindlichen Partei, der die maßvolle Haltung seines Gegners, des Generals Yung-Lu, ablehnt. Yung-Lu war der Verlobte Ts'e-his, ehe sie die Konkubine des Kaisers wurde, und später ihr Geliebter; ja, man munkelte sogar, daß er der Vater des verstorbenen Kaisers Tung-T'si gewesen sei.

Dem Fanatiker Tuan gelingt es, im Jahr 1899 seinen eigenen Sohn zum Thronfolger ernennen zu lassen. Aber schon kündigt sich am flachen Land der Aufstand der Boxer an ... Am 31. Dezember 1899 töten sie ihr erstes Opfer, einen englischen Missionar namens Brooks. Ts'e-hi befiehlt die Bestrafung der örtlichen Beamten und die Hinrichtung der Hauptschuldigen. Aber einige Tage später fordert sie ihre Untertanen auf, zwischen den »guten« und den »bösen« Mitgliedern der geheimen Gesellschaft der Boxer zu unterscheiden; die guten sind jene, die der T'sing-Dynastie ergeben sind und sie anerkennen. Deshalb stellen die Boxer auch sehr bald die Angriffe auf das Herrscherhaus ein und beschränken ihre Haßparolen auf Christen und Ausländer. Zweifellos rechnen sie damit, die allmächtige Kaiserin-Witwe in ihr Lager zu ziehen.

Am 27. Januar 1900 protestieren die Gesandten der westlichen Mächte einmütig im Tsung-li ya-men gegen das Dekret der Herrscherin. Sie erhalten keine Antwort. Ebensowenig am 2. und am 10. März. Inzwischen haben die Massaker an den chinesischen Konvertiten eingesetzt, die Boxer brennen die Kirchen im Süden der Provinz Pe-T'si-Li nieder. Daraufhin werden Kriegsschiffe der Europäer und Japaner ins Gelbe Meer dirigiert, um Truppen zum Schutz der Missionare, Kaufleute und Diplomaten abzusetzen. Am

19. Mai landet der französische Kreuzer *D'Entrecasteaux* an der Mündung des Pei-Ho bei der Festung Ta-Ku.

Monsignore Favier, der katholische Bischof von Peking, warnt den französischen Gesandten Stephen Pichon vor den Boxern, die »nicht nur die Christen, sondern alle Europäer verfolgen«. Schon treiben sich tausende Angehörige der geheimen Gesellschaft in Peking herum; sie versammeln sich in den Pagoden, marschieren durch die Straßen und beschmieren die Mauern mit Aufrufen zum Massaker an den »fremden Teufeln«. Nun entschließen sich die Gesandtschaften, ihre Regierungen um Truppen zum Schutz ihrer Residenzen zu ersuchen.

Am 31. Mai werden Marinesoldaten bei Tientsin an Land gebracht. Die Bahnverbindung ist noch nicht unterbrochen. Um 16 Uhr besteigen sie einen Sonderzug nach Peking, wo in den Händen der geheimnisvollen Kaiserin-Witwe die Fäden, an denen Krieg und Frieden hängen, zusammenlaufen.

I

WARTEN

Donnerstag, 31. Mai 1900

Um vier Uhr nachmittags hat der Zug Tientsin in Richtung Peking verlassen und rollt nun mit schwer keuchender Lokomotive durch eine staubige Ebene, die mit tausenden Gräbern gespickt ist, kahlen, von Fayence-Kugeln gekrönten Lehmhügeln. Noch nie hat eine Eisenbahn eine so bunt zusammengewürfelte Truppe ins Feuer geführt. Die rund dreihundertfünfzig Mann gehören einem halben Dutzend Nationen an. Sie hocken in den Waggons, angeschlagen von der feuchten Hitze, die Leinenuniformen kleben ihnen am Leib. Rasch haben sie es aufgegeben, hinaus in die flache, eintönige Landschaft Chinas zu schauen; lieber schließen sie Bekanntschaft mit ihren Gefährten. Franzosen, Russen, Engländer, Amerikaner, Italiener und Japaner sind in diesem ersten Jahr eines neuen Jahrhunderts unter der grausamen Sonne des Fernen Ostens durch ein gemeinsames Schicksal verbunden, das drohend auf ihnen lastet.

Kapitänleutnant Darcy befehligt die französische Kompanie; sie kommt von den Kreuzern *D'Entrecasteaux* und *Descartes*, die in T'se-Fu landeten. Darcy unterhält sich mit den Männern, die ihm zu Reise- und Waffengefährten bestimmt sind. Dieser zweiunddreißigjährige Franzose, mit dem mageren Gesicht und dem kurzen schwarzen Spitzbart, scheint sich besonders gut mit Kapitänleutnant Rahden von der russischen und seinem Kameraden Paolini von der italienischen Marine zu verstehen. Alle drei sind gleich alt, haben den gleichen Dienstgrad und das gleiche Fernweh nach fremden Meeren und exotischen Ländern. Die Angelsachsen bleiben unter sich und die Japaner lächeln unentwegt, ohne den Mund aufzutun. Es ist heiß. Der Zug zuckelt in einer Wolke aus schwärzlichem Rauch und gelblichem Staub dahin.

»Haben Sie Durst, Kapitän?« fragt Oberfähnrich zur See Herber, der seiner Jugend wegen von Anfang an zum Mundschenk bestimmt ist.

»Wie soll man in dieser Hölle nicht Durst haben?« murrt Darcy. »Seit einer Stunde habe ich das Gefühl, Kohlenstaub zu schlucken.«

Der junge Oberfähnrich zieht eine Kanne Bier unter seinem Sitz hervor, die mit Begeisterungsrufen begrüßt wird. Rahden und Paolini wollen nicht zurückstehen. Der Italiener läßt eine Flasche Wein kreisen, der Russe bietet Champagner an. Der erste Knall in diesem Feldzug kommt vom Champagnerpfropfen, der unter dem Jubel der Männer zur Decke schießt.

Der Zug fährt durch eine trostlose Landschaft: Reisfelder, Hirsepflanzungen, armselige Dörfer mit Hütten aus Stroh und Lehm. Manchmal ein schriller Pfiff der Lokomotive, als wollte sie den Vorhang aus glühender Hitze zerreißen, der dieses ganze Land mit seinem urzeitlichen Elend einhüllt. Man hört den klagenden Ton eines Akkordeons, ein Kosak spielt in einer Art verhaltener Leidenschaft eine tieftraurige Weise. Schon dösen Soldaten und Matrosen mit offenem Mund, die Köpfe, die an den Tornistern lehnen, pendeln im einschläfernden Rhythmus des Zugs. Die Offiziere sind besorgt. Sie wissen, daß die Tore der Pekinger Mauer jeden Abend um Punkt sieben geschlossen werden.

»Wird uns die chinesische Regierung den Affront antun und uns aussperren?« murmelt Herber wie zu sich selbst.

Da mischt sich Oberst von Vogack ein. Der russische Militärattaché in China hat sich dem Konvoi angeschlossen; besonders wenn er sich bemüht, französisch zu sprechen, dröhnt seine Stimme wie Kanonendonner.

»Was ist diese Mauer schon? Was ist schon das Tor? Wir haben Kraft! Sehr viel Kraft! Große Kraft!«

Er rollt die »R« und befiehlt einem Untergebenen, eine weitere

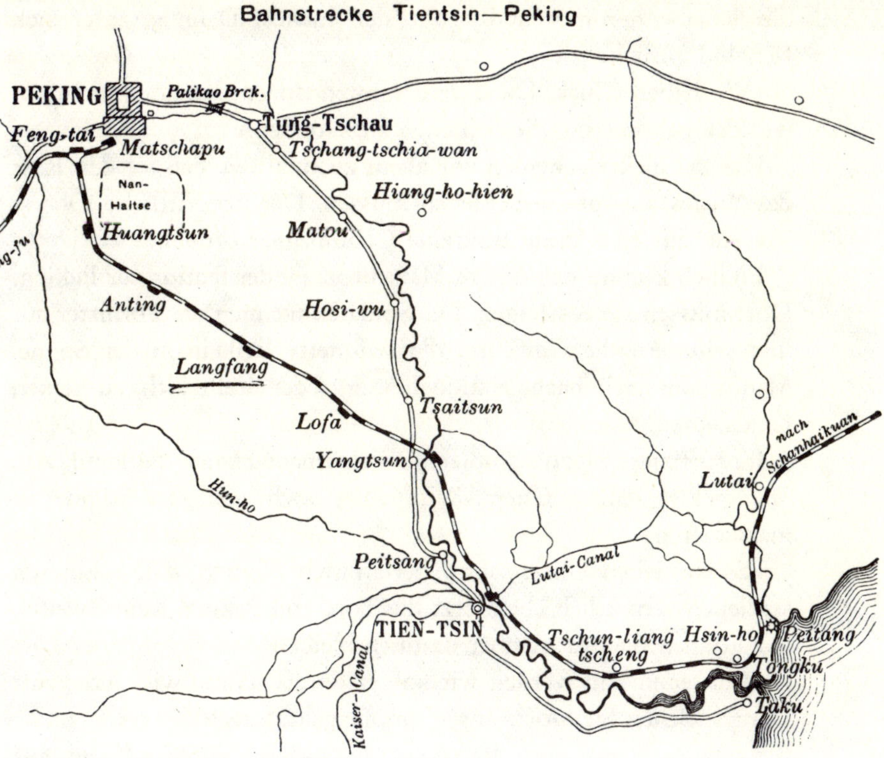

Flasche Champagner zu entkorken. Die Franzosen und Italiener bewundern die großartige Sicherheit des Obersten Seiner Russischen Majestät. Er verträgt mehr Alkohol als ein ganzes Regiment.

Die isolationistischen Engländer öffnen ihre Thermosflaschen und trinken heißen Tee, denn es ist fünf Uhr nachmittags. Die Amerikaner zünden sich Zigarren an, lang wie Sesselbeine. Die Japaner sind stumm; die Nasen an die schmutzigen Fensterscheiben gedrückt, blicken sie hinaus. Sie lernen.

Der Konvoi fährt durch den Bahnhof Feng-tai. Von ihm stehen nur mehr qualmende Ruinen, aus denen geschwärzte Balken ragen. Das Land riecht nach Rauch und Angst.

»Boxer«, sagt ein japanischer Offizier, nichts weiter.

Die Lokomotive fährt langsamer, scheint zu zögern. Paolini zieht die Scheibe herunter und beugt sich hinaus. Dann setzt er sich lächelnd zurück.

»Wir haben Glück. Diese verdammten Boxer sind noch nicht auf die Idee gekommen, die Schienen aufzureißen.«

Die Marineure scheinen vor allem zu fürchten, daß sie den Rest des Weges zu Fuß zurücklegen müssen. Der unersättliche Oberst Vogack läßt eine letzte Bouteille Champagner öffnen.

Endlich kommt der Zug in Matschapu an, der Station für Peking. Dort müssen sie aussteigen. Die Soldaten nehmen die Tornister auf und schultern die Gewehre, die Bajonette funkeln in der Sonne. Man trennt sich nach Nationalitäten, jeder stellt sich zu seinen Landsleuten.

Im Offizierswaggon studiert Oberleutnant Henry die Landkarte und meldet seinem Chef: »Wir haben noch eine gute Stunde zu marschieren.«

»Es ist sieben Uhr«, sagt Oberfähnrich Herber. »Die Chinesen schließen vermutlich eben jetzt die Tore von Peking. Kein Zweifel, wir können die Nacht über draußen bleiben.«

»Auf jeden Fall werden wir sofort hören, woran wir sind«, ruft Darcy. »Sehen Sie, dort, unser Empfangskomitee!«

Es besteht aus zwei Personen, Europäern, zu Pferd und mit Karabinern bewaffnet.

»Aber das ist ja eine Frau!« ruft der junge Herber.

»Una donna!« murmelt Paolini.

»Eine Dame!« donnert Rahden.

Oberst Vogack stürzt hinaus auf den Bahnsteig. Er zieht eine prächtige Schau ab: Zusammenschlagen der Hacken, formvollendeter militärischer Gruß, Handkuß ... Der Schweizer Auguste Chamot, Besitzer des Hotel Peking, ist mit seiner Frau, einer jungen, hübschen Amerikanerin, zur Begrüßung gekommen. Er beruhigt die Offiziere sofort:

»Die Tore bleiben offen. Aber man erwartet Sie schon voll Ungeduld! Die Lage wird von Tag zu Tag kritischer. Jeden Augenblick kann es losgehen.«

Madame Chamot strahlt. Sie empfängt die Offiziere mit der gleichen ruhigen Liebenswürdigkeit, mit der sie ihre Hotelgäste zu begrüßen pflegt.

»Welcome to Peking!« sagt sie mit gewinnendem Lächeln.

Nun kommen weitere Europäer vom Norden her, fünfzehn, alle hoch zu Roß; sie gehören dem Personal der Gesandtschaften an. Ihre Gesichter sind ernst und bedrückt, alle tragen weithin sichtbar Waffen, Karabiner quer über Schulter und Brust oder Revolver im Gürtel.

Oberst Vogack treibt zur Eile an. Dieses Ausladen auf einem Platz ohne Deckung, in einem verlassenen Bahnhof, gefällt ihm gar nicht. Zwar halten sich die Boxer noch verborgen, aber das ganze Gebiet atmet Bedrohung und Haß aus. Die Ankunft des Konvois hat sofort eine riesige Menge Chinesen angelockt, die stumm und feindselig dastehen. Wie Ameisen scheinen mit einem Male die Himmlischen aus allen Löchern herauszuquellen. Sie drängen sich am Straßenrand in vier, fünf Reihen, sie wollen die »fremden Teufel« sehen. Ihr Schweigen wirkt drohender als Lärm und Geschrei.

Sechstausend Soldaten der kaiserlich-chinesischen Armee in nachtblauen orientalischen Uniformen säumen den ganzen langen Weg, um die Verteidiger des Gesandtschaftsviertels abzuschirmen. Doch seit langem schon bestehen unsichtbare, aber feste Bindungen zwischen den regulären Truppen und den Boxern. Alle bewaffneten Kräfte des alten China sind vom Widerstandsgeist gegen die fremden Invasoren erfüllt. Die Ordnung, der diese schweigenden Soldaten zum Recht verhelfen wollen, ist die gelbe Ordnung, nicht die weiße. Die chinesischen Zivilisten, die den Weg der Truppe von 350 Europäern, Japanern und Amerikanern vom Straßenrand aus verfolgen, sind zahlenmäßig unendlich stärker als die Soldaten. Sechzigtausend, wie Zeugen übereinstimmend aussagen. Wie sollte man unter ihnen die Boxer erkennen, die jederzeit bereit sind, sich auf die Neuangekommenen zu stürzen und sie in Stücke zu reißen, bevor sie noch die Mauern von Peking erreicht haben?

Darcy flüstert seinem neben ihm marschierenden Kameraden

Henry zu: »Sie brauchen nicht einmal einen Schuß abzugeben. Wenn diese beiden menschlichen Hecken ein paar Schritte zusammenrücken, sind wir erdrückt!«

Es heißt also marschieren, im Gleichschritt, fest, daß der Boden der staubigen Straße unter dem Tritt der genagelten Soldatenstiefel dröhnt. Geradeaus, ohne den Kopf zu wenden, ohne den Blick zu senken, so zielbewußt, als könnte niemand und nichts den Zug der winzigen Schar zur Hauptstadt eines riesigen feindlichen Reichs aufhalten. Von diesem schweigendem Marsch mitten durch eine wimmelnde, haßvolle Menge hängt plötzlich die Geschichte Europas und Asiens ab. Eine Stunde wie ein Jahrhundert. Schweiß rinnt über die Gesichter, lähmende Angst sitzt im Nacken. Es gäbe nicht einmal einen Kampf, einfach ein Handgemenge. Man könnte sie abschlachten, ehe sie noch nach dem Gewehr greifen. Denn mitten in diesem fremden Reich, das seit Monaten von den Boxern verhetzt und zu blutigen Massakern aufgepeitscht wird, marschieren sie mit geschultertem Gewehr wie bei einer Parade. Und im Grund ist das zweifellos ihre einzige Chance: die äußere Ruhe, die aus der Tiefe der Jahrhunderte aufsteigende Verachtung. Niemals noch ist eine Truppe einsamer, niemals noch ist sie hochmütiger gewesen. Franzosen, Italiener, Russen, Engländer, Amerikaner schreiten mit der ganzen gelassenen Überheblichkeit des weißen Mannes ihrem Ziel entgegen. Die Japaner folgen ihnen und tun desgleichen. An dem drückend schwülen Abend des 31. Mai 1900, bei sinkender Dämmerung, da besitzen ein paar verlorene Soldaten am Ende der Welt keine anderen Waffen als ihren Willen und ihren Mut. Wenn sie inmitten der haßvoll starrenden Menge bis Peking gelangen, dann ist alles möglich. Es ist fast wie eine Wette.

Sie gewinnen. Kurz nach acht Uhr sind die Tore erreicht.

Die kleine Truppe marschiert in Peking ein. Die Offiziere studieren den Stadtplan und versuchen, sich in dieser ungeheuren, aus dem Urgrund der Zeiten erstandenen Stadtsiedlung zurechtzufinden. Zwei Millionen Menschen leben hier, Elendsgestalten; die

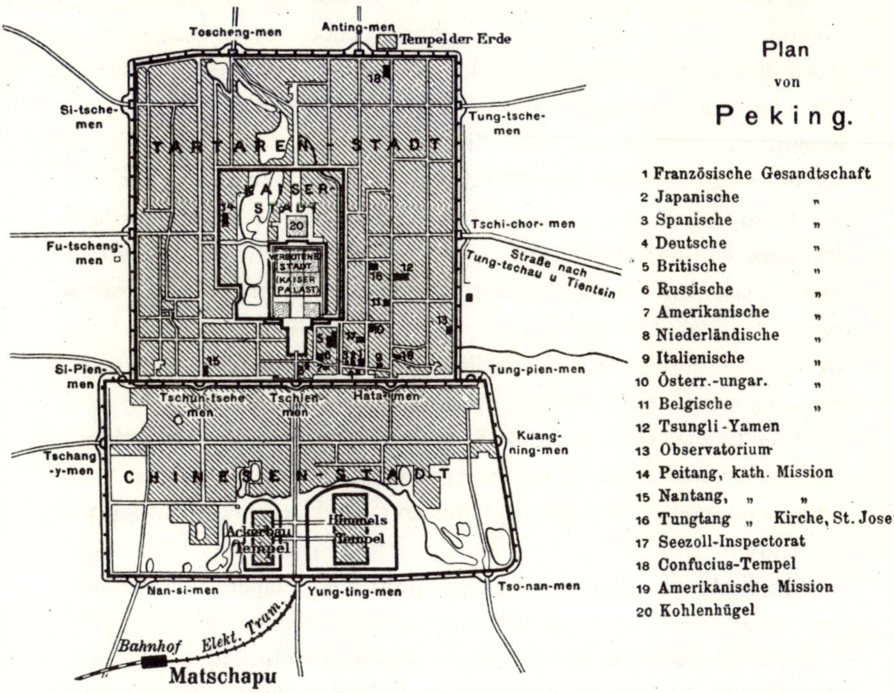

Erben eines der sagenhaftesten Kaiserreiche, das die Welt je gekannt hat, drängen sich in den Straßen.

Die Stadt – richtiger: die Städte – erstreckt sich in einer riesigen Ebene, die im Norden von einer kaum zwei- bis dreihundert Meter hohen Hügelkette abgeschlossen wird.

»Die letzten Ausläufer der mongolischen Berge«, sagt Rahden zu Paolini.

Sie betreten die Chinesenstadt Nan-T'seng durch das Tor Yung-Ting-Men. Im Norden, hoch über dieser Chinesenstadt, die sich von Osten nach Westen hinzieht, befindet sich eine andere rechteckige Siedlung, die Tatarenstadt, Ne-T'seng. Sie gleicht einer gigantischen Zitadelle, die von einer riesigen, vierzehn Meter hohen und am Fuß fast zwanzig Meter breiten Mauer aus gestampfter Erde und Ziegeln eingefaßt ist. Neun Tore nur führen in diesen Sperrbezirk, wuchtige gemauerte Portale, über denen sich richtige Festungswerke mit dreifachen Dächern erheben, deren Ränder nach oben geschwungen sind. In der Mitte der Tatarenstadt wieder befindet sich, von einer rosa Mauer umgeben und überragt von einem Dach mit gelb lasierten Ziegeln, die Kaiserstadt Kung-T'seng, die einst das Feldlager der Mandschu-Truppen war und in der nun, zu Beginn des neuen Jahrhunderts, chinesische Kaufleute und Rentiers wohnen. Die Kaiserstadt aber umschließt die Verbotene Stadt, Tsen-Kin-T'seng, mit dem Winterpalast. Dort drinnen thront der Sohn des Himmels. Europäer sind noch nie weiter vorgedrungen als in ein paar kleine Pavillons, die für die Audienzen des diplomatischen Korps bestimmt sind.

»Eine unwahrscheinliche Metropole!« staunt der junge Oberfähnrich. »Die Städte sind ineinandergeschachtelt wie die geschnitzten Elfenbeinkugeln, die uns die Hausierer im Hafen von Hongkong verkauft haben.«

»Ich finde vor allem, daß es hier stinkt wie in einer Jauchegrube«, murrt Darcy.

Seine Matrosen waten geradezu durch Schmutz und Schlamm.

»Die Abwässer der tatarischen Kaiser!« grinst Oberfähnrich Herber.

Überall Müll, Unrat, Morast, Dung. Hunde streunen durch den Kot, faulige Abfälle im Maul. Die Soldaten glauben, in dem entsetzlichen Gestank zu ersticken, sie bemühen sich, so schnell wie möglich durch die engen, gewundenen Gassen mit den ebenerdigen Hütten, den kleinen Pavillons, den winzigen Gärten und gepflasterten Höfen zu kommen. Manchmal sieht man einen Portikus mit schönen, in Ochsenblutfarbe bemalten Säulen, oder eine Pagode mit dreifachem Dach, deren grüne und blaue Fayencen im dämmerigen Zwielicht schimmern.

Die kleine Truppe betritt die Tatarenstadt durch das Ha-Ta-Men-Tor. Eine hohe Mauer beherrscht den Bezirk, in dem halb links die ungefähr achthundert Meter lange Gesandtschaftsstraße beginnt, die den Jade-Fluß auf einer Brücke überquert und beim Tor T'sien-Men mündet. Dort beginnt die kaiserliche Straße, die nordwärts zum Palast und zur Verbotenen Stadt führt.

Scharfe Kommandos ertönen; nun gilt's, mit hochgerissenem Kopf, vorgewölbter Brust und dröhnendem Gleichschritt durch die holprige Straße zu marschieren. Offenbar ist die gesamte Bevölkerung Pekings zusammengelaufen, um die Hilfstruppe für die fremden Gesandtschaften zu betrachten. Unbewegte Gesichter, die morgen feindlich sein können, heute aber nur neugierig sind.

Sofort nach der Ankunft im Europäer-Viertel begibt sich jede Abteilung zur Gesandtschaft ihres Landes. Der französische Gesandte Stephen Pichon ist nicht anwesend. Aber die Matrosen des *D'Entrecasteaux* und des *Descartes* finden schnell ein paar Bündel Stroh, und schon schnarchen sie auf ihren behelfsmäßigen Lagern.

Ein Diener teilt Darcy in eisiger Höflichkeit mit: »Exzellenz und Madame Pichon dinieren heute in der Stadt.«

Denn in Peking geht das gesellschaftliche Leben weiter. Der Marineoffizier schreitet verärgert die hundert Schritte im Hof, zwischen Portikus und Bienenhalle, auf und ab. Er findet, der Vertreter seines Landes hätte immerhin die Truppe in seiner Residenz erwarten können! Dieser Pichon, der seit drei Jahren in Peking sitzt, genießt seit langem schon den Ruf eines recht geschickten Politikasters. Nachdem er seine Karriere als Journalist bei *La Justice* mit Clemenceau begonnen und bei *La Commune affranchie* fortgesetzt hatte, wurde er zum Stadtrat von Paris und später zum Deputierten des Departements Seine gewählt. Dann wechselte er vom Palais Bourbon zum Quai d'Orsay und wurde nach Haïti, später nach Brasilien berufen, bis er Frankreich in China vertreten durfte. Gewiß, man munkelt in den Wandelhallen der »Royale«, der »Königlichen Kriegsmarine«, daß dieser Pichon Freimaurer sei, was ihn jedoch nicht hindere, offiziell in gutem Einvernehmen mit Monsignore Favier, dem Bischof von Peking, zu stehen.

Es ist schon spät, als der französische Gesandte endlich in seine Residenz zurückkommt. Darcy hat den flüchtigen Eindruck eines

Mannes, der es eilig hat, zu Bett zu gehen, eines Mannes mit einer traurigen Nase, einem dichten gallischen Schnurrbart und einem goldgefaßten Zwicker. Der Offizier grüßt militärisch, der Diplomat hört ihn kaum an, gähnt und sagt kurz:

»Wir werden die Lage morgen besprechen. Ich kann Ihnen kein Bett anbieten. Versuchen Sie eine Matratze aufzutreiben.«

Der Kommandant des französischen Detachements macht noch eine letzte Runde zu den Wachtposten und begibt sich zur Ruhe.

Auf der Reede von Ta-Ku, mehr als 150 Kilomter südöstlich von Peking, liegen gut ein Dutzend Kriegsschiffe vor Anker. Neben drei englischen und zwei italienischen Schiffen kann man einen amerikanischen Kreuzer ausmachen, ein Panzerschiff, ein Kreuzer und zwei Torpedoboote führen die russische Flagge; die französische Kriegsflotte ist mit einem dreimastigen Schnellsegler und einem Kreuzer, die österreichisch-ungarische Monarchie mit dem Panzerschiff *Zenta* und die junge Marine des deutschen Kaiserreiches mit dem Panzerkreuzer *Kaiserin Augusta* vertreten.

An Bord der *Kaiserin Augusta* befindet sich ein Detachement des Dritten Seebataillons unter dem Kommando des jungen Oberleutnants zur See, Graf Soden. Ihm unterstehen Feldwebel Morgenstern, vier Unteroffiziere und 45 Matrosen. Seit zwei Tagen befinden sie sich in Alarmbereitschaft.

Im Morgengrauen durchschneidet eine Dampfbarkasse das gelbe Wasser der Reede und legt bei der *Kaiserin Augusta* an. Ein Mann im hellen Anzug mit einer schweren Ledertasche klettert an Bord und wird sofort zum Kapitän geführt. Das Eintreffen eines Kuriers hat die Ungeduld Sodens noch erhöht. Er sucht den Kapitän unter einem Vorwand auf, muß dort aber hören, daß Baron Ketteler beim Sekretär der deutschen Gesandtschaft in Tientsin noch immer keinen militärischen Schutz angefordert hätte.

»Aber die Engländer, die Russen, die Amerikaner, die Italiener und sogar die Japaner haben doch schon Militär nach Peking gebracht«, insistiert Graf Soden.

Der Kapitän lächelt. »Sie müssen noch ein wenig Geduld haben, Graf, auch unsere österreichischen Kameraden auf der *Zenta* haben noch kein Schutzdetachement an Land gesetzt.«

Freitag, 1. Juni 1900

Der französische Gesandte läßt Kapitänleutnant Darcy in sein Büro treten, einen dunklen Raum, ähnlich einem orientalischen Museum. Überall Fächer, Dolche, Statuetten, Porzellan. Die Wände sind mit bunter Seide bespannt. Der dreiundvierzigjährige Stephen Pichon gilt als Sammler, neigt aber leider dazu, des Guten zuviel zu tun. Der mit unzähligen Nippes und anderem Kleinkram überladene Raum erinnert an das Hinterzimmer eines asiatischen Trödlers.

Rasch kommt der Gesandte zu seinem Thema: »Sie verstehen natürlich nichts von den tatsächlichen Verhältnissen in China. Doktor Matignon, ein Stabsarzt der Kolonialtruppen, der unserer Gesandtschaft zugeteilt ist, wird Ihnen bestimmt allerlei Märchen von den Boxern erzählen. Er schwärmt für derlei Hokuspokus. Aber was sich hier abspielt, das ist nicht nur die Revolte einiger weniger Fanatiker, sondern eine echte Krise der Dynastie.«

Stephen Pichon hört sich gerne reden. Obwohl er Offizieren grundsätzlich nicht zutraut, auch nur das geringste von den Feinheiten der Politik – und vor allem der östlichen Politik – zu verstehen, hält er es ohne Auditorium einfach nicht aus.

»Der Konflikt, der von heute auf morgen ausbrechen kann«, sagt er, »ist nur die Folge der Beziehungen der Westmächte zu China während des ganzen neunzehnten Jahrhunderts. Wenn das Kaiserreich auch in sich uneinig ist, so hat es doch niemals aufgehört, unabhängig zu sein. Wir sind hier nicht unter Wilden, und die Mandschu-Dynastie hat eine einmalige Kultur zu hüten.«

Der Blick des Botschafters wandert über die Kunstgegenstände, mit denen sein Arbeitszimmer vollgestopft ist. Seine dicken Lippen schürzen sich genießerisch. Einen Augenblick betrachtet er einen Sonnenstrahl, der über das Kobaltdekor einer Vase streift. Darcy fürchtet, daß sich dieser Liebhaber exotischer Kunst nun in einem langen Vortrag ergehen wird, aber Pichon kommt schnell auf die Politik zurück.

»China hat sich lange vor allen fremden Einflüssen bewahren können. Aber seit 1842 mit dem Frieden von Nanking der Opiumkrieg beendet wurde, haben sich die Dinge geändert. Trotz des Aufstandes T'aip'ing konnten sich die Westmächte durchsetzen. Mit Hilfe des sonderbaren Dreigespanns von Kaufleuten, Soldaten und Missionaren. Gold, Pulver und Bibel! Sie können sich vorstellen, daß nicht alle Chinesen damit einverstanden waren. Trotz ihrer platten gelben Gesichter und ihrer lächerlichen Zöpfe haben diese Leute ihren Stolz. Sie mußten uns zwar die Konzessionen einräumen, aber sie ertragen unsere Nähe nur schwer. Daß sie die Deutschen in Kiautschau, die Russen in Port Arthur, die Engländer in Weihaiwei und die Franzosen in Kuangtschau-wan sehen müssen, reizt sie bis aufs Blut. Unsere Ingenieure sind für sie die schlimmsten aller Gottlosen. Die Himmelssöhne haben nichts für die Naturwissenschaften und noch weniger für den Fortschritt übrig. Sie zürnen uns, daß wir Eisenbahnen und Telegraphenlinien gebaut haben, die ihre Vorstellungen von Erde und Himmel stören ...«

»Sonderbar«, fährt Pichon fort, während er sorgfältig seinen Zwicker putzt, »daß der große Strom, der heute alles wegzuschwemmen droht, seine Quelle in einem Streit zwischen Gelben hat. Die Chinesen können es nicht verwinden, daß ihnen die Japaner 1895 eine totale Niederlage zu Wasser und zu Lande zugefügt haben. Sie fühlen sich gedemütigt. Und in Asien weiß man nie, was aus einer Demütigung entspringen kann. Oder vielmehr, man weiß es nur zu genau: Haß, Gewalttat, Blut ... Finden Sie nicht, daß es heiß ist?«

Darcy nickt nur. Stephen Pichon steht auf, um einen Ventilator einzuschalten. Der Marineoffizier sieht seinen dicken Bauch, der von der Weste, über die eine goldene Uhrkette gespannt ist, kaum gebändigt wird. Aber er bewundert den Diplomaten, der bei dieser Hitze ein gestärktes Hemd mit steifem Kragen und eine riesige, durch eine Perle belebte Krawatte aus grauer Seide trägt.

Pichon beruhigt es sehr, zu wissen, daß siebzehn Einheiten im

Golf von Pe T'si-Li ankern, deren Aufgabe es ist, notfalls die Forts von Ta-Ku zu sprengen, die die Mündung des Pei-Ho-Flusses sperren. Und die Anwesenheit alliierter Truppen in Tientsin, ungefähr 120 Kilometer von Peking, beweist, daß Europäer, Japaner und Amerikaner nicht gewillt sind, ihre in der chinesischen Hauptstadt isolierten Staatsbürger im Stich zu lassen. Um die Verbindung mit den Landetruppen besser zu sichern, hat Stephen Pichon übrigens seinen Ersten Sekretär, Baron d'Anthouard, nach Tientsin geschickt, der den Kommandeur der alliierten Flotte, Admiral Seymour, bei der ersten alarmierenden Nachricht zum Einschreiten veranlassen soll.

Kapitänleutnant Darcy verabschiedet sich hastig von seinem Gesandten. Ihm ist klar, daß es höchste Zeit ist, einen Verteidigungsplan aufzustellen. Er ist nicht nach Peking gekommen, um Sehenswürdigkeiten zu besuchen und Nippes zu erstehen, sondern um zu kämpfen.

Es dauert nicht lange, bis sich Stephen Pichon in diesen Plan einmischt und von Darcy verlangt, seine Leute an verschiedenen neuralgischen Punkten einzusetzen, für die Frankreich die Verantwortung trägt: vor allem natürlich in der Gesandtschaft, dann aber auch bei der katholischen Kathedrale, den Missionen, den Sanitätsplätzen, Schulen, und womöglich auch bei den Privathäusern der französischen Staatsbürger.

»Es paßt mir gar nicht, Herr Gesandter, meine Truppe zu zersplittern. Von den hundert Mann, die vom *D'Entrecasteaux* und vom *Descartes* an Land gegangen sind, habe ich bereits fünfundzwanzig in Tientsin dem Leutnant zur See Douguet zurückgelassen. Die anderen möchte ich beisammenhalten.«

»Wir haben keine Wahl!« fällt ihm Pichon ins Wort. »Wir müssen die Gesandtschaften verteidigen. Aber auch die neue Kathedrale im Pe-T'ang und die alte im Nan-T'ang.«

»Für den Nan-T'ang kann ich Ihnen nicht mehr als fünfzehn Mann zur Verfügung stellen. Oberfähnrich Herber wird sie befehligen. Und was den Pe-T'ang betrifft, werden ihn dreißig Marinesoldaten unter dem Kommando von Oberleutnant Henry sichern.«

Paul Henry ist knapp dreiundzwanzig, ein kränklicher Bursche, der in frühester Jugend zwei Lungenentzündungen durchgemacht hat. Sein kantiger schwarzer Bart läßt sein mattbraunes Gesicht mit den fiebrig glänzenden Augen noch dunkler erscheinen. Aber auf den ersten Blick spürt man eine ungeheure Willenskraft in diesem jungen Mann. Er ist eines von neun Kindern einer bretonischen Familie und ist ein glühender, ja geradezu fanatischer Katholik. Außerdem ein guter Offizier. Nach drei Jahren Internat in Jersey ist er in die Marineschule aufgenommen worden und seither durch viele Meere gesegelt; er war in Martinique, in Dakar, in Kreta. Nach einem Offizierslehrgang für Marineinfanteristen in Lorient wurde Paul Henry zu Beginn des Jahres 1900 auf den Kreuzer *D'Entrecasteaux* kommandiert, der damals in Saigon vor Anker lag.

Ehe Kapitänleutnant zur See Darcy seine Abteilung persönlich zu ihren Einsatzorten führt, schickt er einen Trupp seiner Leute auf den Bahnhof, um das Gepäck abzuholen, das von Tientsin mitgekommen ist: Lebensmittel, Offizierskoffer, Seesäcke, und vor allem Munition. Mit dreihundert Patronen pro Mann muß das Gesandtschaftsviertel eine Belagerung durchstehen.

Am Morgen geht das Gerücht unter den Europäern um, daß der Boxeraufstand an Boden gewinnt. Fortwährend treffen neue Greuelmeldungen ein. Man spricht von eingeäscherten Dörfern, zerstörten Eisenbahnlinien, hingemetzelten Christen. Von einer Stunde zur andern kann auch die Hauptstadt Feuer fangen.

Stephen Pichon läßt sein Pferd satteln und begibt sich zum Pe-T'ang, während die Marinesoldaten Gepäck und Munition fassen. Wie antiklerikal der französische Gesandte auch ist, er will persönlich Monsignore Favier die gute Nachricht bringen. Von der Gesandtschaft zur Kathedrale sind es nicht mehr als drei Kilometer Luftlinie, und kaum das Doppelte mißt der Weg durch die gewundenen Gäßchen der Tataren- und der Kaiserstadt. Unter normalen Umständen ein netter, kleiner Ritt.

Heute trabt Pichon inmitten einer Menschenmenge, die ihre

Abneigung durchaus nicht verbirgt. Der Fremde ist zum Eindringling geworden. Die Propaganda der Boxer ist langsam in die armseligen Hütten und Kramladen der Tatarenstadt eingedrungen. Pichon erreicht die Kaiserstadt, betritt den Pe-T'ang durch die riesige Pforte mit dem geschwungenen Dach und steht vor der Kathedrale. Zwei steinerne Löwen bewachen die zehn Stufen, die in diese pseudo-gotische Kirche führen, deren gestutze Türme durch Dreiecks-Giebel ersetzt sind. Die beiden seitlichen Pavillons mit den Doppeldächern aus glasierten Ziegeln stehen in verblüffendem Gegensatz zum Hauptteil des Gebäudes. Dieser Stilbruch scheint jedoch dem Herrn dieser Stätte nicht zu mißfallen. Alphonse Favier von der Kongregation der Lazaristen, Bischof von Peking und apostolischer Nuntius, spielt gerne den halben Chinesen. Der Dreiundsechzigjährige lebt seit beinahe vierzig Jahren im Land; ein kaiserliches Dekret hat ihm sogar den Rang eines Vizekönigs verliehen. Aber der Burgunder von der Côte-d'Or mit dem langen weißen Bart und den spöttischen, stets halbgeschlossenen Augen, der China seit 1862 kennt, kann seine Besorgnis nicht verbergen:

»Ich gebe mich keinen Täuschungen mehr hin«, sagt er ohne weitere Einleitung zu dem Gesandten, der zufällig ebenfalls von der Côte-d'Or stammt. »Mein Koadjutor, Monsignore Jarlin, den ich zum Pao-Ting-Fu geschickt habe, um mit den dortigen Mandarinen zu verhandeln, kam unverrichteter Dinge zurück. Ich glaube den Behörden kein Wort mehr. Sie denken nicht daran, die Boxer zur Mäßigung zu verhalten und die chinesischen Christen zu schützen.«

»Also?«

»Also, Herr Gesandter, müssen die Waffen sprechen. Die Stunde der Gewalt ist da, unwiderruflich. Aber was kann ich schon mit meinen paar hundert armseligen katholischen Flüchtlingen ausrichten? Ich besitze nicht einmal ein halbes Dutzend Feuerwaffen!«

Der Gesandte beeilt sich, den Kirchenmann zu beruhigen, den sein guter Wille allein kaum in einen Kriegshelden zu verwandeln vermag.

»Ich schicke Ihnen dreißig der besten Schützen. In einer halben Stunde sind sie da.«

Kapitänleutnant Darcy legt Wert darauf, Oberleutnant Henry persönlich zum Pe-T'ang zu bringen. Die beiden Marineoffiziere nehmen die ganze Sache gelassen hin.

»Die Umfassungsmauer des Pe-T'ang ist gut drei bis vier Meter hoch, das bedeutet einen prächtigen Schutz«, erklärt Henry. »Die Kathedrale wird einfach in eine Festung verwandelt. An Arbeitsmangel werden wir nicht leiden.«

»Vor allem«, empfiehlt Darcy, »lassen Sie sich stets von Monsignore Favier beraten. Der Alte scheint mir aus dem Holz der kriegerischen Mönche des Mittelalters geschnitzt. Er wird Ihnen nicht nur mit Gebeten beistehen.«

Nach einer kurzen Ehrenbezeugung vor der Kathedrale beziehen die Matrosen in ihren weißen Leinenuniformen ihre Plätze.

Zum Abschied meint Darcy noch zu Henry: »Vermutlich werden Sie es nur mit ein paar hundert Plünderern oder Brandstiftern zu tun bekommen. Sie müssen durchhalten.«

»Ich werde durchhalten, Herr Kapitän.«

Paul Henry freut sich über das ungewöhnliche Kommando, das ihm zuteil wurde. Nach dem Lieben Gott – und nach Monsignore Favier – ist er nun Herr über ein Schiff von fast dreitausend »Passagieren«, das durch eine feindliche See segelt. Mit seinen dreißig Mann Besatzung fühlt er sich durchaus fähig, allen Unwettern zu trotzen.

Samstag, 2. Juni 1900

Die Matrosen des französischen Detachements haben sich in den ehemaligen Räumen des Armenpflegers schlecht und recht ein Lager zurechtgemacht. Es ist ihnen noch nicht gelungen, Haken für ihre Hängematten aufzutreiben, und sie murren darüber, daß sie wie simples Fußvolk auf dem Boden schlafen müssen. Gekocht wird im Hof, unter freiem Himmel.

Der Quartiermeister, der zugleich Schiffsbäcker und Koch ist, schimpft los: »Der erste Regenguß macht meine Sauce zur Wassersuppe!«

Aber einstweilen lachen die Matrosen noch dazu. Der Schiffszimmermann nagelt ihnen aus alten Brettern Tische zusammen, und sie haben den Eindruck, auf Landurlaub zu sein, nachdem sie so lange Wochen in den dumpfen Zwischendecks der Kreuzer eingepfercht waren. Da das Trinkwasser fragwürdig scheint, hat ein Mann eine Filteranlage aus einem alten Faß gebastelt, das zur Hälfte mit Steinkohle, zur Hält mit zerstoßenen Ziegeln gefüllt ist. Was herauskommt, ist eine trübe, gelbliche Brühe, die unbedingt noch abgekocht werden muß.

Kapitänleutnant zur See Darcy hat gleich nach seiner Ankunft in der Gesandtschaft seine beste Stütze und seinen besten Kameraden im Stabsarzt der französischen Kolonialtruppen gefunden. Doktor Jean-Jacques Matignon sieht kränklich aus, hat einen gelben Teint, schwarze Augen und scharf hervortretende Gesichtsknochen; mit seinem kleinen, kohlschwarzen Spitzbart erinnert er an den Mephisto einer Provinzbühne. Und immer trägt er einen großen Sombrero nach Art der Gauchos. Aber dieser alte Kolonialhase, dem seine Leber anscheinend schwer zu schaffen macht, erweist sich als ein unvergleichlicher Führer durch das asiatische Labyrinth. Keiner kennt die Boxer besser als er, die Boxer, von denen alle mit Entsetzen sprechen, deren Organisation oder Ideologie aber niemand wirklich zu verstehen scheint.

»Vor allem, mein lieber Freund«, sagt er zu Darcy, »will ich Ihnen das Wort ›Boxer‹ erklären. Der Name kommt von einer Sekte, die sich so ähnlich wie ›die sehr aufrechte und sehr harmonische kaiserliche Gesellschaft der Faust, der Gerechtigkeit und der Eintracht‹ nennt, chinesisch ›Ye-He-Quan‹. Sie ist nur eine der zahllosen Geheimorganisationen des ewigen China, heute aber die wichtigste und stärkste. Unter ›Gerechtigkeit‹ verstehen ihre Anhänger den Triumph der rückständigen Konservativen über die Reformer, die China dem Westen öffnen wollen. Und was die ›Eintracht‹ betrifft, so besteht sie kurz und knapp darin, daß wir alle massakriert werden sollen.«

Doktor Matignon spricht auch von den seltsamen gymnastischen Riten der Sekte, dem »heiligen Faustkampf«, der eine vollkommene

Harmonie von Körper und Geist herstellen soll. Es handelt sich um das »Kung-fu«, dessen Bewegungen von Beschwörungsformeln, von taktmäßigem Schreien und sonderbaren hypnotisch-magnetischen Künsten begleitet werden.

»Sie sind richtige Besessene und stehen vermutlich unter dem Einfluß von stimulierenden und aufpeitschenden Drogen. Sie rufen den Beistand Chen-Wus, des Gottes der Magie, und die Hilfe Kuan-Tis, des Patrons der bewaffneten Banden, an. Die meisten von ihnen sind noch jung, beinahe Kinder, manche erst zwölf Jahre alt. Das sind übrigens die schlimmsten ... Wenn die Boxer bei ihren Übungen mit Matte und Socken verblieben wären, würden sie höchstens Stoff für ein Buch über die Geschichte der Gymnastik liefern. Das Schlimme aber ist, daß sie einen ganz neuen chinesischen Patriotismus verkörpern. Dieser Patriotismus wurde durch die Unzahl von Fehlern wachgerufen, die wir, die sogenannten ›Zivilisierten‹, begangen haben. Angefangen mit den Sünden der Herren Engländer ...«

Dann übersetzt der Arzt für Darcy einen der zahllosen Aufrufe, die diese Fanatiker der »Sekte der Faust« erlassen haben: »Sobald wieder Gerechtigkeit und Eintracht herrschen, zieht auch Harmonie und Verstehen in die Dörfer ein. Die Tugend ist unser Grundsatz, der Ackerbau unser Beruf, der Buddhismus unser Lenker. Wir dulden keine persönliche Rache im Namen der allgemeinen Gerechtigkeit, keine Unterdrückung der Armen durch die Reichen, keine Demütigung der Schwachen durch die Starken und nicht die Umkehr der Wahrheit in die Lüge! Aber«, so schließt der Arzt, »diese Tugendhaften sind auch Brandstifter, Mörder und Folterknechte. Da sich die Boxer mit den alten Göttern ihrer Ahnen verbunden haben, halten sie sich außerdem für unverwundbar.«

Dr. Matignon wechselt brüsk das Thema und teilt Darcy mit, daß er alle Matrosen der Landetruppen impfen wird.

»Die Mikroben sind viel gefährlicher als die Boxer! Glauben Sie der Erfahrung eines alten Tropenarztes,« erklärt er.

Während sich der Arzt um die Gesundheit kümmert, bemüht sich Darcy, seine Leute bei guter Disziplin zu halten. Die Männer sollen nicht glauben, daß sie sich auf einer Landpartie befinden. Kanonier Le Gloanec fertigt auf Darcys Befehl eine große Tafel an, auf die er in Schönschrift »Stundenplan« malt und auf der alles, was zum täglichen Dienst gehört, genau vermerkt wird. Darcy legt großen Wert auf regelmäßige Schießübungen und auf Gymnastik. Es gibt kein Faulenzen.

Die dreißig Marinesoldaten in der französischen Gesandtschaft sind fast durchwegs Bretonen. Während der wenigen dienstfreien Stunden sprechen sie von ihrer Heimat. Von Peking sehen sie nur flüchtige Bilder, wenn sie irgendwelche Aufträge auszuführen haben. Darcy gewährt keinen Urlaub, niemand darf ohne Begleitung die Gesandtschaft verlassen, deren ebenerdige Pavillons in einem schönen, schattigen Park stehen.

Sir Claude MacDonald, der britische Gesandte, fühlt sich zweifellos als moralisches Haupt der Fremdenkolonie. Dem achtundvierzigjährigen Schotten ist gutes Auftreten nicht abzustreiten; er ist groß, schlank, distinguiert, trägt einen bemerkenswerten weißblonden Schnurrbart, dessen gezwirbelte Enden auf beiden Seiten weit über das schmale Gesicht hinausragen. Mit seiner unerschütterlichen Ruhe wirkt er wie der perfekte Gentleman aus dem Modejournal. Am Morgen des 2. Juni sieht dieser Hochländer, der doch sonst vorsichtig und weitblickend ist, keine unmittelbare Gefahr. Noch wenige Tage zuvor, am 24. Mai, gab er aus Anlaß des Geburtstags seiner Königin einen – außerordentlich gelungenen – Empfang in den Salons der englischen Gesandtschaft. Die Boxer, diese zerlumpten Burschen, würden es seiner Meinung nach niemals wagen, gegen die Vertreter der Westmächte aufzubegehren, die im Herzen des Himmlischen Kaiserreichs residierten. So telegraphiert MacDonald auch an das britische Geschwader im Hafen Ta-Ku:

»Keine Schiffe in Ta-Ku mehr nötig, wenn sich die Dinge hier nicht verschlechtern, was ich nicht annehme.«

Der Diplomat fügt sogar einen persönlichen Brief an Admiral Seymour hinzu, der noch intervenieren und weitere starke Kontingente entladen könnte. Stur und unbewegt betont MacDonald, daß in der chinesischen Hauptstadt »völlige Ruhe« herrsche.

Der eingefleischte Optimismus des englischen Gesandten wird noch durch Sir Robert Hart, den Direktor des chinesischen Seezoll-Inspektorats, gestützt, einem Ehrenmandarin und geradezu verbohrten Sinophilen. Der eigensinnige Irländer lebt seit sechsundvierzig Jahren in China und rühmt sich, in dieser Zeit, also fast einem halben Jahrhundert, nur zweimal seine Heimat besucht zu haben. Ein kurz gestutzter Bart verhüllt fast sein Gesicht, seine Augen sind beim Sprechen immer halb geschlossen, als ahme er eine Buddhastatue nach. Er ist ein bedingungsloser Verehrer der Kaiserin Ts'e-hi, ja, er ist geradezu verliebt in sie. Die Europäer werfen ihm vor, daß er die Verblendung so weit treibe, sogar Entschuldigungen für die Boxer zu finden. Aber Sir Robert Hart kennt sich so gut in China aus, wo er ein paar tausend westliche Zollbeamte – darunter fünfhundert Engländer – kommandiert, daß der englische Gesandte immer wieder auf seinen Rat hört.

»Glauben Sie mir, Sir Claude«, sagt Hart wieder einmal, »es wird nichts passieren.«

»Aber die Boxer . . .«

»In China hat es immer geheime Sekten gegeben, und die jetzige ist nicht schlimmer als die früheren.«

»Selbst wenn sie ›Tod den Ausländern!‹ schreien? Sie wissen, was für einen Schock Miss Armstrong unlängst erlitten hat!«

Ganz Peking kennt diese Geschichte schon zum Überdruß. Ein paar Tage zuvor hat Sir Claude MacDonald seine beiden Töchter, fünf und drei Jahre alt, in einen der Bungalows außerhalb seiner Residenz geschickt, in die die Europäer bei Sommerbeginn vor der drückenden Schwüle der Kaiserstadt fliehen. Miss Armstrong, die Gouvernante, begleitete die Kinder. Auch einige andere Damen der Gesandtschaften waren hinaus aufs Land gefahren. Als ihnen ein Trupp Boxer begegnete, bekamen sie es mit der Angst zu tun und kehrten schleunigst um. Der Bericht über ihr Abenteuer machte starken Eindruck auf die europäische Kolonie, und es bedurfte der ganzen Ruhe des englischen Gesandten, um die Gemüter zu beschwichtigen. Aber das kalte Blut und die Selbstbeherrschung des Schotten konnten trotzdem nicht verhindern, daß bei den Legationen die tollsten Gerüchte kursierten. Die Europäer sprachen von nichts anderem mehr als von den Boxern. Die ungreifbare Gefahr wurde geradezu zum Mythos. »Sie« sind überall ... Man denkt an nichts anderes als an »sie«.

»›Sie‹ sammeln sich im Norden Pekings«.

»Vielleicht. Aber ›sie‹ haben auch die Eisenbahngleise im Süden zerstört«.

»Die chinesische Regierung stellt bereits Truppen gegen ›sie‹ auf.«

»Aber nein, im Gegenteil! Die Regulären verbinden sich ja gerade mit ›ihnen‹!«

Die Fäden, die zwischen kaiserlichen Soldaten und Boxern geknüpft werden, bilden das Tagesgespräch. Dagegen haben die Gesandten einen schweren Stand. Sie geben sich verbindlicher und liebenswürdiger denn je, da ihnen die Kaiserin versprochen hat, die Ordnung aufrecht zu erhalten. Trotzdem fraternisieren die Truppen General Ton-Fu-Sians vor den Toren der Stadt in aller Öffentlichkeit mit den Boxern. Die Zugsverbindungen werden immer unverläßlicher. Der Telegraph funktioniert noch, zumindest für den Augenblick. Die Spannung steigt.

Stephen Pichon, der französische Gesandte, ist äußerst aktiv. In sportlichen Gamaschen, mit geschultertem Jagdgewehr, ist er ständig unterwegs. Heute ist Konteradmiral Courrejolles mit einem der letzten noch verkehrenden Züge aus Tientsin in die chinesische Hauptstadt gekommen. Der Kommandeur der französischen Fernost-Division, der einen schönen weißen Henri-IV-Bart trägt, zeigt sich sehr besorgt ... um die eigene Person, denn er fürchtet, nicht mehr abreisen zu können. Offen trägt er seine schlechte Laune zur Schau. Der französische Gesandte vertraut ihm in Anwesenheit Dr. Matignons seine Befürchtungen an, und ersucht ihn, ein leichtes Artilleriegeschütz nach Peking zu dirigieren.

Admiral Courrejolles fährt empört auf: »Sie haben schon eine ganze Landekompanie hier! Die habe ich Ihnen gerne geschickt, aber eine Kanone, – niemals! Die Straßen von Peking sind in einem so schlechten Zustand, daß die Räder des Geschützes beschädigt würden!«

Bissig notiert Dr. Matignon später in seinen »Erinnerungen«: »Obwohl der Admiral fortschrittlichen Ideen huldigt, bleibt er doch ein Konservativer ... er konserviert sein Material.«

Nach dieser etwas überraschenden Erklärung begibt sich der Kommandeur der französischen Einheiten im Gelben Meer auf schnellstem Weg zurück an die Küste. Er hat fünfundsiebzig Marinesoldaten zu Verteidigung der Gesandtschaft und der Kathedrale abgestellt. Mehr darf man von ihm nicht verlangen. Sollen diese Diplomaten allein mit ihren Chinesen fertig werden!

Bei den Schiffen auf der Ta-Ku-Reede herrscht lebhafte Bewegung. Kleinere Aufklärungsfahrzeuge, die von Tientsin kommen, landen in der Pei-Ho-Mündung, gekreuzt von Booten, die die Verbindung mit und zwischen den Kriegsschiffen aufrechterhalten.

Um sechs Uhr abends läßt der Kapitän der *Kaiserin Augusta* Soden rufen:

»Sie können zufrieden sein, Graf. Eben habe ich den Hilferuf unseres Gesandten, Baron Ketteler, erhalten. Er ersucht um ein Detachement Marinesoldaten zum Schutz der Legation in Peking.«

Auf die Frage Sodens, wann er von Bord gehen könne, erwidert der Kapitän: »Voraussichtlich morgen früh, sobald es hell wird. Setzen Sie Ihre Leute ins Bild und sorgen Sie dafür, daß sie ausgeruht an Land gehen.«

Feldwebel Morgenstern überwacht die letzten Vorbereitungen bei den abkommandierten Matrosen und das Zusammenstellen des Marschgepäcks. Da schon seit Tagen mit diesem Befehl zu rechnen war, geht alles glatt vonstatten.

Sonntag, 3. Juni 1900

Um vier Uhr morgens klettern die Männer des Seebataillons mit Gepäck und Gewehr hinunter in die Boote, die längsseits der

Kaiserin Augusta liegen. Dann stoßen die Boote ab und die Männer legen sich in die Riemen. Graf Soden steht aufrecht neben dem Steuermann und versucht, durch sein Fernglas jene Stelle auszumachen, an der sie landen müssen. Hinter ihm verschwindet die *Kaiserin Augusta* im Dunst.

Drei Stunden rudern die deutschen Matrosen, bis sie die Mündung des Pei-Ho erreicht haben, gegen dessen Strömung sie ankämpfen mußten. Es wird schon licht hinter den fernen Schiffen, die sich draußen im offenen Meer als winzige schwarze Silhouetten vor dem Purpur der aufgehenden Sonne abzeichnen.

Endlich sind sie bei der Anlegestelle der Ta-Ku-Reede angelangt. Auf Graf Sodens Befehl wird die deutsche Kriegsflagge am Heck seines Bootes gehißt – die weiße Fahne mit dem schwarzen Kreuz und dem preußischen Adler.

Am Kai steht ein Zivilist in weißem Anzug und mit Tropenhelm und weist seine Landsleute ein. Soden springt an Land, der Mann stellt sich ihm sofort vor: »Sekretär Luskuwitz von der Legation in Tientsin. Ich freue mich aufrichtig, Sie auf chinesischem Boden begrüßen zu dürfen.«

Der Beamte hat alles bestens vorbereitet, so daß sich die deutschen Marinesoldaten nach kaum einer Stunde in Marsch setzen können.

Aber es landen noch weitere Schiffe. Ein Offizier in österreichischer Marineuniform stellt sich Graf Soden vor: »Fregattenkapitän Kollař von der k. u. k. Kriegsmarine. Die beiden jungen Herren hier sind Seekadett Thomas Mayer und Seekadett Richard Baron Boyneburg-Lengsfeld.«

Die beiden treten näher und grüßen den deutschen Kameraden. Graf Soden reicht ihnen die Hand. Seine erste Frage an Kollař lautet: »Haben Sie Nachricht aus Peking?«

»Ich dürfte nicht mehr wissen als Sie. Unser derzeitiger Geschäftsträger, Dr. von Rosthorn, der den abwesenden Gesandten vertritt, hat ganz dringend militärischen Schutz angefordert.«

»Nun, dann werden wir wohl gemeinsam herausfinden müssen, wie sich das Kriegführen in Asien abspielt.«

Um zehn Uhr vormittags besteigen das österreich-ungarische und das deutsche Detachement in Tong-Ku den Zug nach Tientsin, wo sie zwei Stunden später eintreffen werden.

Zwei Österreicher haben sich ihnen angeschlossen: Fregattenkapitän Eduard Thomann Edler von Montalmar und einer seiner Offiziere, der Linienschiffsleutnant Theodor Ritter von Winterhalder, der seinen Chef nach Peking begleitet, um dort die Matrosen in der österreichisch-ungarischen Gesandtschaft zu installieren.

Im Lauf der Fahrt schließt man Bekanntschaft und bespricht die Lage. Alle sind guter Dinge, voll Zuversicht und fest von der eigenen Tüchtigkeit und der ihrer Soldaten überzeugt.

»Wir sind zwar weniger an Zahl als Sie«, sagt Kollař zu Soden, »dafür haben wir unsere Wunderwaffe mit, ein Maxim-Maschinengewehr, das auch den ärgsten Infanterie-Angriff zum Stehen bringt.«

»Unsere Marine-Infanterie verfügt über keine Maschinengewehre, doch sie besteht durchwegs aus erprobten Soldaten und guten Schützen. Seit fast einem halben Jahrhundert trainieren wir unsere Truppe darauf, an jedem Punkt der Erde landen und kämpfen zu können.«

Bei ihrer Ankunft am Bahnhof von Tientsin werden die Matrosen des Seebataillons und ihre österreichischen Kameraden mit fröhlichen Zurufen begrüßt. Gerührt erkennen sie ihre Muttersprache. Die ganze deutsche Kolonie ist am Bahnsteig versammelt und applaudiert den Matrosen, die nach Peking gehen, um ihre Landsleute zu schützen.

»Wir sind nur die Vorhut«, sagt Thomann von Montalmar. »In den nächsten Tagen werden weitere Truppen kommen.«

Nach einer knappen halben Stunde fährt der Konvoi weiter. Bei jeder Station pressen die Offiziere ihre Nasen an die Scheiben.

»Furchtbar sieht es da aus«, sagt Winterhalder.

Immer wieder fahren sie durch Bahnhöfe, in denen die Boxer gewütet haben. Aus geschwärzten Mauern ragen rauchende Pfosten empor und überall sieht man chinesische Soldaten in blauen Seidenkitteln. Da stehen sie, um ihre eingerollte Fahnen und zusammengestellten Gewehre geschart, völlig unberührt. Die

»fremden Teufel«, die ihr Land überschwemmen, scheinen ihnen keines Blickes wert.

»Derzeit wirken sie eher gleichgültig als feindselig«, stellt Thomann fest.

Kollař nickt: »Gewiß! Der Kaiserhof hat nicht offen gegen uns Partei ergriffen.«

»Sollte er sich aber mit den Boxern verbünden, wäre das eine Katastrophe«, meint Soden.

Die beiden österreichischen Offiziere betrachten die Landschaft, die langsam hinter den schmutzigen Scheiben vorüberzieht, die armseligen Hütten und kargen Felder. Ein beklemmender Anblick.

Kurz nach drei Uhr trifft der Eisenbahntransport in Matschapu, dem Bahnhof von Peking ein. Dort, im gelben Staub, erwartet sie ein Reiter auf edlem Pferd. Zur weißen Hose trägt er einen schwarzen Rock und – trotz der Hitze – einen hohen Kragen mit breiter Krawatte zur hochgeschlossenen Weste. Unter dem steifen, runden Hut ist ein energisches Gesicht mit dunklem, hochgezwirbeltem Schnurrbart zu erkennen.

»Unser Gesandter, Baron Ketteler«, sagt Oberleutnant von Soden ohne zu zögern.

Fregattenkapitän Thomann geht auf den Diplomaten zu. Die Reiterstatue belebt sich, Ketteler lächelt.

»Freue mich, fünfzig Deutsche und dreißig Österreicher begrüßen zu können«, sagt Ketteler. »Sie kommen in eine Stadt, der unvermeidlich eine Tragödie bevorsteht.«

Die Herren begeben sich mit der Tramway zur Stadtmauer, während ihr Gepäck auf Karren verladen wird. Dann treffen sich die beiden Gruppen vor dem Ha-Ta-Men-Tor, um durch die Tatarenstadt zum Gesandtschaftsviertel zu marschieren.

»Antreten lassen!« befiehlt Soden, und Feldwebel Morgenstern gibt die entsprechenden Kommandos. Auch die Österreicher treten in Reih und Glied an.

Die letzten, die in die chinesische Kapitale einmarschieren, wollen – so wie drei Tage zuvor ihre Kameraden von den anderen Nationen

– den Eindruck von Kraft und Entschlossenheit und Disziplin erwecken.

Um fünf Uhr nachmittags beziehen die Deutschen und die Österreicher Quartier in ihren Legationen.

»Ich glaube, daß wir in nächster Zeit nicht mit weiteren Truppen rechnen können«, sagt Claude MacDonald phlegmatisch zu Cockburn, seinem Ersten Sekretär.

Der Stand der internationalen Truppen in Peking ist schnell auszurechnen: siebenundachtzig Russen, zweiundachtzig Engländer, achtundfünfzig Amerikaner, achtundsiebzig Franzosen, einundfünfzig Deutsche, zweiundvierzig Italiener, vierunddreißig Männer aus der k. u. k. Monarchie und neunundzwanzig Japaner. Das bedeutet kaum mehr als vierhundertfünfzig Gewehre, die von einem österreichischen Maschinengewehr des Typs Maxim, einer alten Nortenfeldt der Engländer, einem amerikanischen Colt-Maschinengewehr und einem kleinen 37-Millimetergeschütz der Italiener unterstützt werden. Die Russen teilen mit, daß sie fünfhundert Granaten großen Kalibers besitzen. Leider fehlt ihnen dazu die Kanone ...

»Wir haben sie auf dem Bahnhof von Tientsin vergessen«, gesteht ein Offizier des Zaren.

Das ganze Gesandtschaftsviertel widerhallt vom Wutgebrüll des Obersten Vogack, während der englische Gesandte nichts anderes als »Ärgerlich, wirklich sehr ärgerlich«, murmelt.

Was den russischen Offizier betrifft, so besteigt er, nach einem Abschiedsbesuch in der Gesandtschaft, den letzten abfahrenden Zug, um Peking den Rücken zu kehren.

Im Pe-T'ang merkt Oberleutnant zur See Henry sehr bald, daß seine Aufgabe weit schwieriger sein wird, als er es in der ersten Begeisterung vermutet hat. Seine Position scheint bei einem ernsthaften Angriff kaum zu halten, denn sie liegt ganz isoliert in der Kaiserstadt. Die bedeutendste christliche Niederlassung Pekings ist im Westen von der acht Meter hohen Gelben Mauer überragt, die einen idealen Standort für die chinesischen Soldaten abgibt. Im Norden sieht die Sache nicht günstiger aus: ein riesiges freies Gelände erlaubt es dem Feind, sich nach Belieben zu entfalten. Im

Süden und Osten gibt es nur ein unübersichtliches Gewirr von chinesischen Häuschen, eines auf dem andern, mit einer Unzahl von engen Gassen und winzigen Höfen, die ausgezeichnete Schlupfwinkel für die Boxer bieten.

Der junge Offizier inspiziert mit seinem Maat Jouannic das Gebiet, das er verteidigen soll. Jouannic, ein Bretone mit einem dünnen braunen Schnurrbart, ist mit dem Munitionstransport gekommen.

»Ich habe den Wall abgemessen, Herr Oberleutnant«, sagt er. »Sie wird nicht leicht zu halten sein; ist beinahe zwei Kilometer lang.«

Der Pe-T'ang kommt ihnen ungeheuer groß vor. Er ist eine richtige kleine Stadt, die sich um die Kathedrale zum Heiligen Erlöser schart. Sie bildet ein Parallelogramm, das auf allen Seiten von Straßen begrenzt wird. Im Westen liegen die Gebäude der ungefähr zwanzig Lazaristen- und Maristenbrüder mit Refektorien, Bibliotheken, Magazinen, Ökonomat, Apotheke und sogar einem Museum; im Osten das große und das kleine Seminar mit Schlafräumen, Schulklassen, einer kleinen Kapelle und einem Musikpavillon. Mehr als hundertzehn chinesische Seminaristen sind dort untergebracht. Nördlich der Kathedrale befinden sich weitere kleine ebenerdige Pavillons; Unterkünfte, Küchen, Gesindewohnungen, Werkstätten, darunter auch eine Druckerei. Jenseits des Gemüsegartens und des Parks befindet sich der Jen-T'se-T'ang. Das ist das Heim der Barmherzigen Schwestern, der Vinzentinerinnen; man muß eine schmale Straße überqueren, um zu ihnen zu gelangen. Sie führen ein Waisenhaus mit vierhundertfünfzig Mädchen, eine Krippe mit fünfzig Kindern, eine Krankenstation und Schulen. Im Pavillon der Schwester Oberin befindet sich auch ein Noviziat, wo zweiundzwanzig Nonnen, darunter acht Chinesinnen, leben. In der Mitte steht eine große Kapelle, der Unbefleckten Empfängnis geweiht. Mehr als zweitausend Frauen und Kinder können dort Unterschlupf finden, falls sich die Lage verschlechtert, während sich tausende chinesische Christen im Pe-T'ang zusammendrängen. Diese christliche Enklave in der Kaiserstadt zählt gegenwärtig dreitausendvierhundert Bewohner, davon etwa sechzig Europäer.

»Und wir sind nur dreißig Mann«, klagt Paul Henry dem

Lazaristenpater Ducoulombier, dem Generalprokurator des Apostolischen Vikariats.

Aber der junge Offizier will den Mut nicht sinken lassen. Man hat ihm eine praktisch unlösbare Aufgabe übertragen, und es bleibt ihm keine andere Wahl, als sie nach bestem Wissen und Gewissen zu erfüllen.

»Auch die Kathedrale muß befestigt werden«, sagt er zu Jouannic. »Sie muß den Kernpunkt des Widerstands bilden und im äußersten Notfall die Flüchtlinge schützen – als letztes Refugium.«

Sofort läßt der Offizier Schützengräben ausheben und erst einmal den Vorbau der Kirche, die große Säulenhalle, abmauern.

»Ersuchen Sie die Geistlichen um Schaufeln, Jouannic, und um Arbeitskräfte.«

»Ja, Herr Oberleutnant! Die Chinesen sind voll guten Willens. Alle wollen uns helfen. Sie haben eine unbändige Angst vor den Boxern. Hier herrscht ein richtiger Bürgerkrieg.«

Von Anfang an ist Monsignore Favier die Seele des Widerstandes. Aufgeregt eilt er von Gruppe zu Gruppe, das Brustkreuz steckt in dem breiten violetten Moirégürtel. Unter seiner Leitung verwandeln sich die Flüchtlinge in Schanzer, die Seminaristen in Hilfssoldaten, die Barmherzigen Schwestern in Krankenpflegerinnen. Die Lazaristen und Maristen melden sich als Freiwillige für die Verteidigung, die jüngeren nehmen die entschlossensten ihrer Schüler unter ihre Fittiche.

Der Bischof und sein Koadjutor kennen besser als sonst jemand den fanatischen Haß der Boxer gegen die Christen und vor allem gegen die Konvertiten. Es ist ihnen klar, daß es ohne kriegerische Handlungen nicht abgehen wird. Von allen Europäern in Peking geben sich die Missionare am wenigsten irgendwelchen Illusionen hin.

»Unsere braven Matrosen werden kämpfen müssen«, meint Monsignore Favier. »Es darf ihnen an nichts fehlen.«

Der Bischof von Peking betreut Oberleutnant Henry und seine Einheit mit geradezu fanatischer Fürsorge. Er besteht darauf, die Truppe vom *D'Entrecasteaux* mit den geringen Mitteln seiner Mission zu versorgen. Seine chinesischen Köche gehen ans Werk.

Aber kein einziger will – oder kann – Brot backen. Die Bretonen jedoch verlangen ihren »Bims« und hoffen, ihn vom Bäcker der Gesandtschaft zu bekommen. Aber wie lange wird noch der Verpflegungsdienst funktionieren, wie lange werden die Soldaten diese fast zehn Kilometer hin und zurück zwischen den beiden französischen Stellungen bewältigen können?

Die Verteidigung der Kathedrale und der Missionsgebäude ist ein schwieriges Problem. Vor allem muß man gegen jeden Überraschungsangriff gefeit sein.

Der junge Offizier gibt seine Befehle: »Ein Schütze wird tagsüber beim südlichen Haupteingang Wache stehen. Während der Nacht werden wir zwei Posten zu je vier Mann aufstellen, und zwar den einen beim Südtor und den andern im Sprechzimmer der Schwestern auf der Nordseite. Geschlafen wird in voller Uniform, die Waffen griffbereit.«

Lazaristenpater Giron, der Direktor der Seminare, stellt die chinesischen Späher bei. Beim ersten verdächtigen Anzeichen haben sie die Wachtposten aufzuwecken und den Kommandanten zu verständigen.

»Dann komme ich sofort mit dem Haupttrupp«, erklärt Paul Henry. »Ich gebe den Postenkommandanten den ausdrücklichen Befehl, nur im äußersten Notfall vor meiner Ankunft zu schießen. Die Munition bleibt verpackt.«

Und er schließt mit einem Lächeln, das sein ernstes Jungengesicht mit dem strengen Bart plötzlich aufhellt:

»Ich hoffe, daß sich die Herren Boxer heute nacht noch ruhig verhalten.«

Montag, 4. Juni 1900

Die Eisenbahnlinie ist endgültig unterbrochen. Gestern kamen einige Überlebende, Franzosen und vor allem Belgier, Angehörige des Zugspersonals, völlig erschöpft in Peking an. Ihre dramatische Odyssee macht die Runde im Gesandtschaftsviertel.

»Wir waren etwa vierzig«, erzählen sie. »Dazu Frauen und ein

Kind von drei Jahren. Am 29. Mai sind wir mit dem Schiff von Pao-Ting-Fu losgesegelt, um Tientsin zu erreichen, aber die Boxer waren überall, wir konnten nicht durch.«

So mußten die Unglücklichen ihr Schiff verlassen und zu Fuß weitermachen. Vier Tage wanderten sie, stets von kleinen Trupps Aufständischer bedrängt. Ohne Nahrung, ohne anderes Getränk als das faulige Wasser der Sümpfe, trafen sie endlich mehr tot als lebendig in Peking ein.

»Ein halbes Dutzend unserer Leute ist zurückgeblieben, darunter eine Frau. Verirrt oder tot, das wissen wir nicht. Ein Wunder, daß es uns gelungen ist, den Boxern zu entkommen.«

In der Nacht gehen dreißig Kosaken auf die Suche nach den Vermißten. Sie bleiben lange aus. Endlich kehren sie zurück. Die Reiter mit den hohen Pelzmützen, den langen Lanzen und den verwegenen Gesichtern sind von oben bis unten mit Staub bedeckt. Ihr Offizier stürzt sofort zu seinem Gesandten, Herrn von Giers, und schreit seinen Bericht förmlich heraus:

»Krieg, Exzellenz! Richtiger Krieg! Überall treiben sich die Boxer herum, die Banden verstecken sich nicht einmal mehr! Wir mußten einfach schießen, ob wir wollten oder nicht, um sie zu verjagen. Wir waren einer gegen zwei, und sie sind gut bewaffnet, sie greifen unentwegt an! Ich bin aus dem Sattel gestürzt . . .«

»Und der zweite Offizier?«

»Ist auch gestürzt. Die Banditen sind über ihn hergefallen, in ein paar Sekunden war er von ihren Lanzen zerfetzt. Er ist tot.«

»Die Boxer . . .?«

»Sechzehn haben wir umgelegt, etliche verwundet. Aber es war ein schweres Stück, mit ihnen fertigzuwerden. Das waren nicht nur ein paar brüllende Raufbolde – das sind wütende Dämonen!«

Mit diesem Zusammenstoß zwischen Kosaken und Boxern beginnt der unausweichliche bewaffnete Konflikt.

Im Pe-T'ang sitzt Monsignore Favier inmitten eines wahren Spinnennetzes von Informatoren. Da die christlichen Boten aus allen Dörfern kommen, weiß er mit absoluter Sicherheit, was sich zusammenbraut. Im übrigen hat der alte Mann seit Monaten schon die französische Gesandtschaft gewarnt.

»Wissen Sie«, sagt er zu Oberleutnant Henry, »daß mich diese Herren Gesandten in allen Residenzen fast offen als einen alten Schwätzer, einen Hetzer, einen Schwarzseher bezeichnet haben ...? Sehr eigenartige Ausdrücke für so feine Diplomaten! Aber alle miteinander waren sie blind. Endlich schickt man uns vierhundert Soldaten. Viertausend würden wir brauchen! Und zwar sofort.«

Der junge Offizier gibt keine Antwort. Er weiß, daß er nicht einmal ein Hundertstel des unbedingt nötigen Kontingents besitzt. Er kann nichts weiter tun, als die kleine Garnison Pe-T'ang in Bereitschaft halten – soweit das eben möglich ist. Er beschließt, seine Abteilung in sechs Gruppen zu je vier Mann zu teilen und jede unter das Kommando eines energischen Unterführers zu stellen.

Durch einen strengen Stundenplan, vom Morgenappell um sechs Uhr früh bis zum Dienstschluß um sechs Uhr abends, wird der Tagesablauf geregelt. Henry achtet darauf, daß die Matrosen ihre Wäsche waschen, die Uniform wechseln, die Gewehre putzen, die Tornister richtig packen, sich im Boxen üben, um die Zeit bis zum Kampf zu nützen, der stündlich zu erwarten ist. Paul Henry hat sogar daran gedacht, eine Ehrenwache für das große Hochamt zu stellen, das Monsignore Favier zelebriert. Bei der Wandlung ertönt ein Hornsignal, das in dem pseudo-gotischen Gewölbe widerhallt, während die Bajonette der Matrosen im Kerzenlicht blitzen. Die große Kathedrale des Pe-T'ang scheint viel zu klein für die viertausend chinesischen Katholiken, die sich unter den Schutz des Kreuzes und der Trikolore stellen.

Baron Ketteler möchte sich gerne mit Oberleutnant Soden über die politische Lage in China unterhalten, ehe er sich zur Sitzung der Gesandten begibt, die von Sir Claude einberufen wurde.

»Sie werden mich sicher fragen, wer diese verdammten Boxer eigentlich sind«, sagt er ohne weitere Einleitung. »Ich kenne mich selbst nicht ganz aus. Für mich sind es zunächst einfach Plünderer und Mordbrenner. Wenn Sie mehr über sie erfahren wollen, sprechen sie am besten mit Doktor Matignon, dem Stabsarzt der französischen Gesandtschaft. Er lebt schon lange in China und kennt das Land besser als wir alle.«

Wie der Gesandte weiter ausführt, handelt es sich nicht einfach um einen Aufstand, sondern um eine Krise der Dynastie.

»Alles hat vor zwei Jahren mit einer gräßlichen Dürre begonnen«, erklärt er. »Sie wurde als ein Zeichen des Himmels gedeutet, genauso wie vorher die Überschwemmung des Gelben Flusses, bei der die Ebene von Shantung unter Wasser gesetzt wurde. All das bedeutete, daß die kaiserliche Dynastie abtreten müsse, da sie nicht mehr Herr der Elemente sei. Dem alten Mandschu-Klan gelang es, die T'sing abzusetzen. Damals hatte der junge Kaiser Kuang-Su die besten Absichten, das Reich zu reformieren, doch seine Tante, die furchtbare Kaiserin-Witwe, hielt ihn fest am Zügel. Diese Frau setzt alles durch. Sie ist eine Meisterin, das muß man neidlos anerkennen . . .«

Ohne viel Umstände hat sie Kuang-Su in den Kerker werfen lassen und damit kurzerhand die Ära der Reformen nach hundert Tagen beendet.

Es scheint, daß der deutsche Gesandte, wie alle ausländischen Diplomaten in Peking, wider seinen Willen, von der Kaiserin fasziniert ist, dieser gefährlichen, aber ungewöhnlichen Frau.

»Begonnen hat sie ihr politisches Leben als Konkubine des Kaisers Hsien-Feng. Eine Konkubine dritten Ranges, eine von achtundzwanzig jungen Mandschu-Damen, deren Aufgabe es war, ihren Geliebten zu unterhalten. Aber Ts'e-hi besitzt zweifellos noch andere Gaben, als jene, die für ihren Beruf als kaiserliche Favoritin wichtig waren. Vor allem war sie von Anfang an eine gefährliche Intrigantin. Daß sie einen Sohn zur Welt brachte, hat wenig zu bedeuten, daß es ihr aber gelang, ihn vom Kaiser, der vielleicht nicht einmal der Vater war, anerkennen zu lassen, beweist ihr Genie. Bis zur Großjährigkeit des Knaben führte sie die Regentschaft. Und als ihr Sohn vor etwa einem Vierteljahrhundert starb, brachte sie es zustande, ihren Neffen Kuang-Su, ein Kind von drei Jahren, zum Kaiser ausrufen zu lassen. Freilich, regieren darf Kuang-Su nicht; beim ersten Versuch, sich zu emanzipieren, sperrt sie ihn in der Verbotenen Stadt ein. Seither ist ihr einziges Bestreben, selbst unumschränkt zu herrschen.«

»Und was haben wir mit dieser Geschichte zu tun, Exzellenz?«

»Die fremden Mächte helfen ihr bei ihren Bestrebungen, das Land zu modernisieren: sie ist intelligent genug, um zu wissen, daß dies unerläßlich ist. Aber sie haßt uns, in einer Art patriotischer Reaktion. Wir sind ihr nötig und verhaßt zugleich. Eine schwierige Lage.«

Baron Ketteler scheint von der Wichtigkeit der westlichen Mächte in China völlig überzeugt. Für ihn steht die Rolle, die er in Peking zu spielen hat, unerschütterlich fest.

»Und sind die anderen Gesandten auch dieser Ansicht?« fragt Soden.

»Sir Claude MacDonald ist ein wichtiger Mann, aber die Engländer sind zur Zeit etwas isoliert. Die Ereignisse in Transvaal haben ihnen die Feindschaft der ganzen Welt eingetragen. Ganz Europa steht auf Seiten der Buren, und das wirkt sich bis hierher aus. Besonders die Russen und die Franzosen verabscheuen die Briten.«

»Und die übrigen?«

»Der amerikanische Gesandte kümmert sich nicht um die große Politik. Er will seine Missionare und seine Kaufleute schützen und gibt damit ein schönes Beispiel für den amerikanischen Isolationismus. Die anderen verzetteln sich in Streitigkeiten und Intrigen. Der einzige Mann von Format ist Don Cologan, der Gesandte Spaniens. Aber er hat niemand hinter sich. Es ist unsere Tragödie, daß wir den Chinesen nicht in geschlossener Front gegenüberstehen.«

Ketteler hat seine kurze Schilderung der Lage beendet.

»Wir sind beim letzten Zug des diplomatischen Spiels angelangt«, sagt er noch. »Die alte Kaiserin-Witwe stützt sich jetzt auf Männer, die uns hassen, wie den Prinzen Tuan, ihren bösen Geist, dessen Sohn kürzlich vom debilen Kuang-Su, dem Gefangenen im Kaiserpalast, adoptiert wurde. Bald werden nicht mehr die Diplomaten, sondern die Militärs das Wort führen. Deshalb bin ich sehr froh, daß Sie mit den Männern des Seebataillons gekommen sind.«

Graf Soden schlägt die Haken zusammen, dankt und entfernt sich.

Im Gesandtschaftsviertel halten die Vertreter der verbündeten Großmächte eine Sitzung, bei der es nicht ohne Konfusionen abgeht. Wie üblich wird französisch gesprochen; die Diplomatensprache beherrschen mehr oder weniger alle, bis auf Baron Ishi, den Gesandten Japans, der nur russisch versteht. So muß er trotz der wachsenden russisch-japanischen Gegnerschaft Herrn von Giers um Hilfe bitten, um der erregten Debatte folgen zu können.

Wie immer bewahrt Sir Claude MacDonald überlegene Ruhe, und wie immer benimmt sich Stephen Pichon am aufgeregtesten. Aber auch alle anderen sind nervös, die Angst sitzt ihnen im Nacken und steigert sich von Stunde zu Stunde.

Edwin Conger, der Gesandte der Vereinigten Staaten, zeigt sich sehr besorgt. »Sie ahnen nicht, was uns bevorsteht!« ruft er seinen Kollegen zu. »Eine Katastrophe!«

»Die Bahnlinie ist endgültig unterbrochen«, teilt der belgische Gesandte, Monsieur Joostens, mit. Viele seiner Landsleute arbeiten als Techniker bei der Bahn.

»Der Telegraph nach Tientsin ist aber noch intakt!« ruft der holländische Gesandte Knobel, der stets bemüht ist, die Dinge nicht zu dramatisieren.

»Und auch der Draht nach St. Petersburg«, fügt Gesandter Giers hinzu. »Aber wir wissen nicht, wie lang diese Verbindung mit meiner Regierung noch funktionieren wird.«

Marchese Salvago-Raggi, der Italiener, und der junge Arthur von Rosthorn, der Geschäftsträger Österreich-Ungarns, sind der Ansicht, daß man dringend weitere Truppen von den Kriegsschiffen der Alliierten an der Pei-Ho-Mündung anfordern sollte.

»Wir haben keine Zeit zu verlieren, unsere Residenzen liegen sehr exponiert im Norden und Osten des Viertels.«

Baron Ketteler ergreift das Wort: »Wir müssen alle gefährdeten Punkte verteidigen. Heute habe ich Oberleutnant Soden gebeten, einen Gefreiten und zwei Matrosen zur Elektrizitäts-Zentrale zu schicken. Der Direktor ist mit Recht sehr besorgt. Ohne Strom wären wir in einer sehr peinlichen Lage.«

Der alte Don Bernardo de Cologan, Gesandter Spaniens und Doyen des diplomatischen Korps in Peking, nickt zustimmend. Aber – leider! – es gibt keinen einzigen spanischen Matrosen unter den Garden der Gesandtschaften!

Jetzt ergreift Sir Claude MacDonald das Wort. Er scheint genau entgegengesetzter Meinung: »Wir dürfen Verstärkungen erst anfordern, wenn sich die Lage verschlechtert.«

»Ich weiß nicht, was Sie ›verschlechtern‹ nennen« donnert Pichon. »Genügt Ihnen nicht, was sich in den letzten Tagen ereignet hat? Am 19. Mai schon habe ich Ihnen einen Brief Monsignore Faviers gezeigt. Der Bischof von Peking kennt die chinesischen Verhältnisse besser als wir alle, das werden Sie zugeben. Nun, er hat uns schon vor zwei Wochen gewarnt: die Sekte der Boxer richtet sich nicht nur gegen die Christen, sondern gegen die Europäer. Wir haben es nicht mit einem Aufstand von ein paar Fanatikern zu tun, sondern mit einem richtigen Krieg. Schon wieder wurden draußen, auf dem Land, Missionare umgebracht – die Boxer sind überall Herr der Lage.«

Wäre nicht Baron Ishi – wenn auch schweigend – zugegen, hätte sich der Franzose in einer lyrischen Improvisation über die »Gelbe Gefahr« ergangen, die einige westliche Parlamentarier seit kurzem so gern zitierten. Aber der englische Gesandte bringt seinen temperamentvollen Kollegen und die anderen Diplomaten mit einer Handbewegung zum Schweigen.

»Ich bitte, meine Herren, beruhigen Sie sich! Nicht dramatisieren!«

Nein, die Herren beruhigen sich nicht. Alle reden zugleich. Es ist sehr heiß an diesem schwülen Juniabend. Der Schweiß rinnt über die Gesichter und weicht die steifen Kragen auf.

»Ruhe, meine Herren, Ruhe«, bittet der Schotte nochmals,

»Bereiten Sie nur die Verteidigung Ihrer Residenzen vor. Wir haben jetzt bewaffneten Schutz.«

Der Vertreter Ihrer Majestät glaubt im Augenblick noch, daß diese geradezu lächerlich bescheidene Garnison durch die bloße Anwesenheit der Kriegsschiffe auf der Reede von Ta-Ku genügend Rückendeckung besitzt, um die Stärke der Großmächte zu demonstrieren. Aber es ist immerhin eines der gefährlichsten Wagnisse dieses Jahrhunderts, wenn kaum fünfhundert Matrosen eine Stadt von zwei Millionen Einwohnern in Schach halten sollen.

Dienstag, 5. Juni 1900

Gesandter Stephen Pichon und Kapitänleutnant Darcy gehen im Park der französischen Legation auf und ab.

»Ich weiß nicht, ob sich meine Kollegen wirklich der Gefahr bewußt sind«, sagt der Diplomat. »Aber ich spüre, wie sich der Schraubstock der Boxer enger um uns schließt. Ohne Bahnverbindung stehen wir auf verlorenem Posten. Die Einkreisung beginnt.«

»Wir dürfen eben unsere Kräfte nicht zersplittern«, entgegnet der junge Offizier.

»Sie sprechen wieder von Oberfähnrich Herber und seinen fünfzehn Mann, die in den Nan-T'ang abgestellt wurden? Gut, wenn Sie wirklich darauf bestehen, dann beordern wir sie in die Gesandtschaft zurück. Die Mönche, die sie beschützen sollten, müssen sich eben in den Pe-T'ang zurückziehen, sobald sie ernstlich bedroht sind. Ich hoffe nur, daß ihnen Zeit dazu bleibt.«

Somit verfügt Darcy nun über fünfundvierzig Gewehre zur Verteidigung der Gesandtschaft. Er bildet zwei Kampftrupps zu je zwanzig Mann, die von den Marineartilleriemaaten – ohne Geschütze! – Le Gloanec und Le Coquen befehligt werden sollen. Dann entwickelt er Herber seinen Verteidigungsplan:

»Wir dürfen uns nicht in diesem Gebäude wie in einer Mausefalle fangen lassen. Bei der ersten Attacke müssen wir sofort die Nordost- und Südost-Ecken des Parks besetzen. Sehen Sie sich meinen Plan an!«

Das Legationsviertel mit Umgebung.

circa 1:24.000

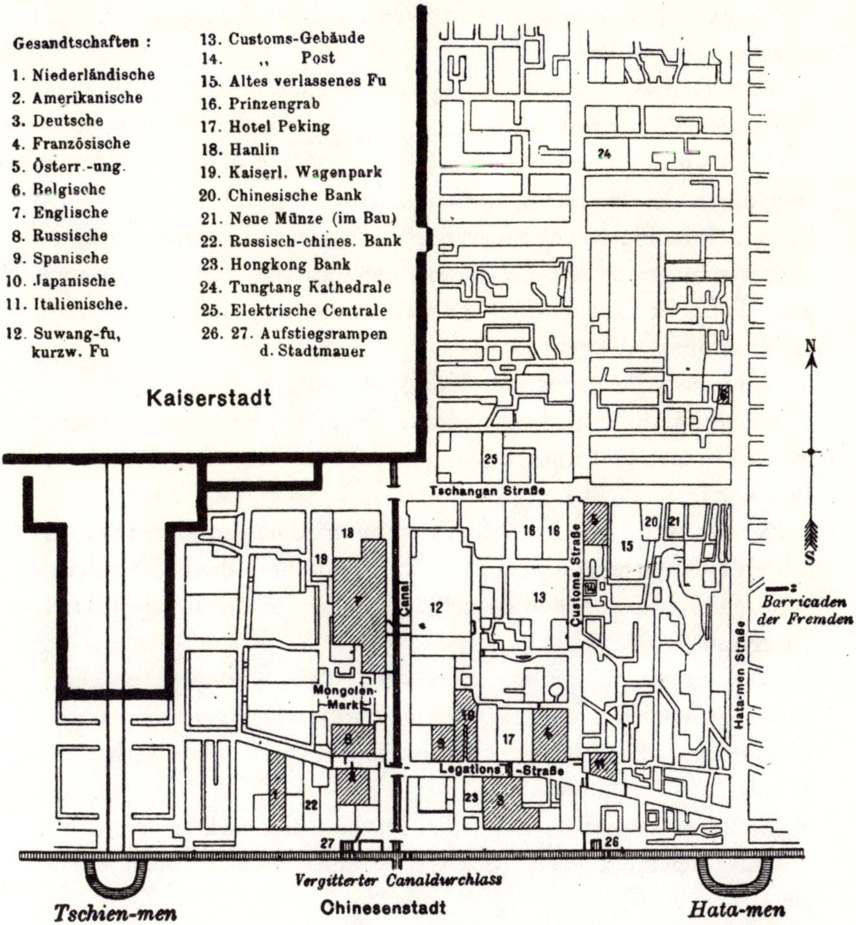

Die Marinesoldaten sollen die Gesandtschaftsstraße im Süden und die Zollstraße im Osten, ebenso wie eine kleine Gasse im Norden unter Kontrolle halten.

»Im Westen riskieren wir einstweilen noch nichts«, stellt Herber fest, »weil dieser Abschnitt von den Japanern und dem Personal des Hotel Peking gehalten wird.«

Die Vorstellung von Kellnern und Badewärtern als improvisierten Kriegern ist geradezu pittoresk. Die beiden bretonischen Unteroffiziere schütteln sich vor Lachen. Selbst der Küchenchef Auguste Chamots soll einen riesigen Revolver umgeschnallt haben, während er am Herd hantiert.

Aber Darcy wendet sich sogleich wieder ernsteren, schwerer wiegenden Problemen zu:

»Falls wir unsere Front verkürzen müssen, hat sich der Südostposten durch das Haupttor zurückzuziehen. Um dem nordöstlichen Posten einen Fluchtweg zu ermöglichen, werde ich ein Loch in die Mauer schlagen lassen, die unsere Gesandtschaft umgibt. Es muß jeder Fußbreit Boden verteidigt werden, während wir von Pavillon zu Pavillon zurückgehen.«

»Und wo wird der letzte Widerstand sein, mon capitaine?«

»Rund um die Kapelle, im Südteil des Parks. Beim ersten Angriff müssen Frauen und Kinder in dieses Gebäude flüchten. Aber so weit sind wir noch nicht.«

Der Wachtdienst wird sofort organisiert. Die Einzelposten müssen im Gesandtschaftsgebäude bleiben und durch die Fenster genau beobachten, was draußen vorgeht. Sie haben Befehl, sich keinesfalls zu zeigen.

»Vor allem müssen wir alles vermeiden, was diese unseligen Boxer provozieren könnte«, warnt Darcy. »Das verlangen unsere Diplomaten, die mit der chinesischen Regierung zu verhandeln trachten.«

»Sollte man nicht auch auf den Dächern Beobachter postieren?«

»Ausgezeichnete Idee! Richten Sie einen alternierenden Dienst ein.«

Der Pe-T'ang erhält unerwartete Hilfe. Marchese Salvago-Raggi, der italienische Gesandte, sendet elf Marinesoldaten seines Landes, um die kleine Garnison zu stärken. Er will die italienischen Barmherzigen Schwestern schützen, die sich mit den französischen und chinesischen Nonnen im Kloster Jen-T'se-Tang befinden. Die

Abteilung wird von einem blutjungen Offizier angeführt, dem Oberfähnrich zur See Angelo Olivieri, dem der erste Flaum auf der Oberlippe sprießt. Ein Unterführer, Pietro Marielli, begleitet ihn.

Die Franzosen nehmen die Italiener mit Freuden auf. Zehn Gewehre mehr sind nicht zu verachten! Und dann scheinen die Neuangekommenen fröhlich und unternehmungslustig zu sein. Ihr Chef stellt sich bei Oberleutnant Henry vor:

»Da Sie ranghöher sind, Herr Oberleutnant, stehe ich unter Ihrem Kommando.«

»Danke, Herr Oberfähnrich, Sie sind ab sofort mein Adjutant. Wenn mir etwas zustößt, übernehmen Sie das Kommando über die ganze Garnison des Pe-T'ang.«

Auf diesem kleinen Fleck am andern Ende der Welt scheinen sich alle kleinlichen Rangstreitigkeiten und nationalen Rivalitäten zu verwischen. Angelo Olivieri ist voll guten Willens. Paul Henry legt ihm seinen Plan vor:

»Ich werde Ihnen die gesamte nördliche Partie des Verteidigungsgeländes übertragen. Sie schützen ab nun den Jen-T'se-T'ang. Direkt vor Ihnen befindet sich ein riesiges freies Gelände, eine sehr gefährliche Sache. Das alleinstehende Gebäude genau in der Mitte ist das kaiserliche Pulver- und Salpeter-Magazin. Im Hintergrund, nicht weit von der Mauer, ein großer Hangar. Hüten Sie sich vor Einsickerung in der Nacht.«

Dann legt Henry dem italienischen Kameraden den Plan vor, den er mit Monsignore Favier persönlich ausgearbeitet hat. Sie sind nun eine Streitmacht von vierzig europäischen, mit Gewehren ausgerüsteten Marinesoldaten, verstärkt durch ungefähr hundert chinesische Freiwillige.

»Die kämpfen mit Lanzen, Olivieri.«

»Ich sehe nur Stangen.«

»Die Eisenspitzen sind noch nicht geschmiedet. Aber wie die Chinesen mit diesen Stangen umgehen, das ist sehr eindrucksvoll.«

Von nun an legen die Männer in der christlichen Mission die Waffen nicht mehr aus der Hand. Sie sind bereit und harren der Dinge, die da kommen werden. In den Patronentaschen und den

Brotbeuteln stecken je hundertzwanzig Patronen. Paul Henry erstattet dann sofort dem französischen Gesandten Meldung über die Lage in seinem Bereich und schließt mit der optimistischen Versicherung: »Ich besitze zwar keine große militärische Erfahrung, aber ich glaube versprechen zu können, daß wir uns gegen die Boxer lange halten können.«

Nur eines stört ihn: seine Soldaten tragen die Leinenmützen der Landetruppen, aber ohne das Band mit dem goldgestickten Namen des *D'Entrecasteaux.* Deshalb ersucht er seinen Chef, ihm zwanzig Bänder zukommen zu lassen, die der Kammerbulle Lohézic in seinem Fundus haben muß.

Am Abend des 5. Juni scheint sich die Atmosphäre plötzlich zu entspannen. Ein Gerücht geht um, daß sich die Boxer in den Norden zurückgezogen hätten und der Kaiserstadt ausgewichen wären. Darcy nützt die Ruhe, um diversen Gesandtschaften protokollarische Besuche abzustatten. Monsieur Morisse, der zweite Dolmetscher der französischen Gesandtschaft, begleitet ihn und stellt ihn vor.

Der russische Gesandte, Baron von Giers, empfängt die beiden Franzosen mit besonderer Wärme:

»Soviel ich weiß, sind Sie mit Oberst Vogack von Tientsin her angereist. Sie haben sich gut verstanden, wie man mir erzählt, er schätzte Sie sehr. Leider ist er vor zwei Tagen mit dem letzten Zug nach Tientsin zurückgefahren.«

»Wie schade! Ich wollte ihn bitten, alle Militärattachés zu einer gemeinsamen Sitzung zu bitten. Wir müssen unbedingt die Verteidigungspläne koordinieren.«

Darcy und Morisse besuchen Gesandtschaft um Gesandtschaft. Überall betont der Marineoffizier, wie wichtig eine Generalstabssitzung wäre. In der französischen Gesandtschaft beschwört er Stephen Pichon: »Ich bitte Sie, Exzellenz, setzen Sie bei Ihren Kollegen diese Sitzung durch. Ein Kampf ohne gemeinsame Strategie ist einfach undenkbar.«

Am späten Nachmittag scheint alles ruhig. Die Hitze hat in der Dämmerung nachgelassen. Darcy ruft Oberfähnrich Herber zu sich:

»Übernehmen Sie das Kommando heute abend. Ich gehe in die Stadt essen.«

»In die Stadt, Kapitän?«

»Nun, fünfzig Schritt von hier. Ich bin bei Herrn von Gieter, dem Französischprofessor der Kaiserlichen Universität, eingeladen. Im Notfall können Sie mich dort erreichen.«

Aber die Nacht bleibt ruhig. Darcy trifft bei diesem Diner noch zwei andere Franzosen, Marcel Feit und Paul Pelliot. Der Abend verläuft in angeregter Unterhaltung, wenn es auch nur ein einziges Gesprächsthema gibt: die Boxer. Aber die jungen Sinologen nehmen die Sache nicht schwer und beteuern dem Offizier, daß die grimmigen Horden bei der ersten Salve der Matrosen in alle Winde zerstieben werden.

Während sich sein Chef mit den drei Landsleuten unterhält, hat Henry im Pe-T'ang, kaum drei Kilometer entfernt, ein großes Nachtmanöver angesetzt. Die französischen und italienischen Soldaten üben gemeinsam mit den chinesischen Freiwilligen, die mit ihren Stangen bewaffnet sind. Es sind etwa hundert Christen, genauso fanatisch wie die Boxer, von denen sie sich nur durch weiße Turbane unterscheiden, während die Feinde Christi rote tragen. Beim Schein der Fackeln rollt diese Übung in einer fast unwirklichen Atmosphäre ab wie eine Szene aus einer Feenoper.

»Erinnert mich an Salammbô«, sagt Paul Henry zu Olivieri.

»Salammbô?«

»Ein Roman von Gustave Flaubert über den Karthagerkrieg. Ein farbiges Buch voll Leben und Tod. Auch damals ist es heiß zugegangen. Aber das Reich ist besiegt worden, Karthago zerstört.«

»Ich glaube, Kamerad, daß Peking ein dickerer Brocken ist als Karthago.«

Noch lang sprechen die beiden jungen Offiziere in der dunklen Nacht. Ob nicht in diesem Augenblick mitten in der chinesischen Metropole ein anderes Reich des Okzidents geboren wird? Nach zweitausend Jahren Bruderkrieg findet das alte Europa vor der gemeinsamen Bedrohung, die alle Zeitungen die »Gelbe Gefahr« nennen, endlich zur Einheit.

Mittwoch, 6. Juni 1900

»Die Gelbe Gefahr ...« – in Peking lächelt man nicht mehr über diesen Ausdruck. Ein paar hundert Europäer sitzen mitten in einem menschlichen Ameisenhaufen, dessen Haß gegen die »fremden Teufel« täglich anschwillt. Sie haben das Bedürfnis, zusammenzurücken, zu einer einzigen Nation zu verschmelzen, um diesem erwachenden Kaiserreich China die Stirn bieten zu können. Heute morgen hat sich Sir Claude MacDonald entschlossen, die militärischen Chefs in die englische Gesandtschaft zu bitten. Eine Generalstabssitzung ist unbedingt vonnöten. An der Seite Captain Strouts', seines Militärattachés, präsidiert der lange, phlegmatische Schotte der Versammlung. Wie immer zeigt sein Gesicht den Ausdruck vornehmer Langeweile. Die Spitzen seines riesigen, seidigen Schnurrbarts vibrieren wie Antennen.

Alle Militärs sind anwesend: Oberst Shiba, der japanische Militärattaché in Peking, und sein Landsmann Kapitän Tatsugoro-Ando; Fregattenkapitän Thomann von Montalmar, Kommandant des österreichisch-ungarischen Panzerkreuzers *Zenta,* der die Abteilung Kollař nach Peking begleitete und hier mit einem seiner Offiziere, Linienschiffsleutnant Winterhalder, festsitzt, da es keine Möglichkeit mehr gibt, die Stadt zu verlassen; Captain Halliday von der Königlichen Leichten Marineinfanterie Ihrer Majestät und Captain Myers vom US-Marine-Corps, Kapitänleutnant Darcy, Chef des französischen Detachements, sowie seine beiden Kameraden, der Russe Rahden und der Italiener Paolini, und schließlich der deutsche Oberleutnant zur See Graf Soden, der die Landetruppe der *Kaiserin Augusta* befehligt.

Sir Claude MacDonald eröffnet die Sitzung. »Ich glaube, niemand fehlt«, sagt er, nachdem er jeden einzelnen der Offiziere eingehend gemustert hat. »Wir haben nur zwei Möglichkeiten: entweder jede Gesandtschaft kümmert sich selbst mit den vorhandenen Mitteln und Hilfskräften, die ihr von der jeweiligen Marine geschickt wurden, um ihre Verteidigung . . .«

»Nach der Formel: jeder für sich und Gott für alle«, flüstert Graf Soden seinem Nachbarn zu.

». . . oder aber«, fährt MacDonald fort, »wir bilden gemeinsam ein Verteidungungsviereck, das wir mit vereinten Kräften schützen. Damit schaffen wir eine einzige internationale Armee. Diese Lösung scheint mir zwar ein wenig außergewöhnlich, doch ich bin bereit, sie im Namen Ihrer Majestät zu akzeptieren.«

»Danke, Herr Gesandter«, antwortet Fregattenkapitän Thomann von Montalmar. »Ich glaube, daß alle meine Kameraden diese zweite Lösung für die bessere halten. Nicht wahr, meine Herren?«

Die Offiziere stimmen zu. Darcy ergreift das Wort:

»Als erstes müssen wir, meiner Meinung nach, unsere Front verkürzen. Es scheint mir unmöglich, die belgische Gesandtschaft einzubeziehen, die im Norden, mitten in der Tatarenstadt, exponiert liegt, und die außerdem keine Garnison besitzt.«

»Dann schlage ich vor«, fällt MacDonald ein, »daß sich der Herr Gesandte von Belgien mit seinem Personal in eine Gesandtschaft seiner Wahl begibt. Wir werden ihn gerne bei uns aufnehmen.«

Die Sitzung ist beendet. Man beschließt eine weitere Zusammenkunft für den folgenden Tag, den 7. Juni, drei Uhr, um die Details des Verteidigungsplans festzulegen.

Kapitänleutnant Darcy und Oberfähnrich zur See Herber kehren in die französische Gesandtschaft zurück und machen sich sofort an die Arbeit. Sie wohnen beide im sogenannten »Fremdenpavillon«, in zwei Zimmern, die nach abgestandener Luft und Moder riechen. Ihre Pläne breiten sie in dem Raum aus, der ihnen als Speisezimmer und Kommandostelle zugleich dient. Es herrscht ein ständiges Kommen und Gehen. Weder die Mitglieder der Gesandtschaften noch die Angestellten des Hotels Peking können ihre Angst verbergen und kolportieren die alarmierendsten Neuigkeiten. Der Kommandoraum wird zu einem Vogelhaus, in dem auch ein paar Frauen nicht fehlen, die noch unsinnigere Gerüchte verbreiten und die Beschlüsse des Generalstabs ihrer Kritik unterziehen. Schließlich reißt den Offizieren die Geduld, und sie werfen die aufgeregten Zivilisten hinaus:

»Laßt uns arbeiten! Wir haben keine Zeit für Geschwätz und Gejammer! In wenigen Stunden können die Boxer losschlagen.«

Donnerstag, 7. Juni 1900

Die Hoffnung, daß die Boxer Peking ausweichen könnten, verwirklicht sich nicht. Im Gegenteil, die Fanatiker mit ihren roten Turbanen dringen in die Stadt ein. In Gruppen zu jeweils hundert versammeln sie sich in den Pagoden und berauschen sich an Reden und Parolen. In den Straßen machen sie Jagd auf Konvertiten. Immer neue Flüchtlinge treffen im Pe-T'ang ein, um bei Monsignore Favier und seiner französisch-italienischen Garnison Schutz zu suchen. Von Stunde zu Stunde vermehrt sich ihre Zahl.

Der Bischof empfängt jeden Flüchtling persönlich, spendet ihm seinen Segen und eine Schale mit Suppe. Vor allem aber holt er sich die tapfersten Männer heraus, um sie in seine Miliz einzugliedern. »Monsignores Lanzenschützen« beginnen bereits unter der Leitung von Henrys Matrosen zu exerzieren, die glücklich über ihre eifrigen Rekruten sind.

Im Gesandtschaftsviertel tagt die Konferenz um drei Uhr nachmittag. Die Vertreter aller acht Staaten sind anwesend, die Verhandlungen gehen jedoch schwieriger vonstatten als gedacht. Vierundzwanzig Stunden hatte jeder Zeit zum Nachdenken und zum Ausarbeiten seines Plans. Nun heißt es, die Pläne aufeinander abzustimmen.

»Wir dürfen nicht vergessen, daß wir in erster Linie dazu da sind, unsere Landsleute zu schützen«, erklärt Fregattenkapitän Thomann von Montalmar. »Deshalb müssen wir noch vor Ausbruch des Kampfs Frauen und Kinder an einen sichern Ort schaffen.«

»Ich bin bereit, sie in der englischen Gesandtschaft aufzunehmen«, schlägt Sir Claude MacDonald vor, »es ist die größte, ich kann eine Menge Leute unterbringen.«

Somit ist diese Frage geregelt, nun kann man sich den eigentlichen militärischen Problemen zuwenden. Das zu verteidigende Gesamtgebiet bildet ein großes Viereck.

»Wir müssen zuerst einmal die vier Eckpunkte sichern«, meint Oberst Shiba. »Dort sind die schwersten Angriffe zu erwarten, sie brauchen also besondere Befestigungen.«

Alle sind der gleichen Meinung, alle sind von der Bedeutung dieser vier Punkte überzeugt. Leider aber ist das auch schon alles. Es ist nicht möglich, einen wirksamen Schlachtplan zu koordinieren. Vergeblich versucht Baron Below, der Erste Sekretär der deutschen Gesandtschaft, der fließend vier Sprachen spricht, geeignete gemeinsame Maßnahmen vorzuschlagen. Jeder denkt zuerst an die Verteidigung des eigenen Sektors und die der eigenen Landsleute.

»Sie irren ab, meine Herren«, sagt Sir Claude MacDonald ruhig, »und das ist gefährlich. Jetzt steht nicht das Interesse des einzelnen, sondern unser aller Interesse auf dem Spiel.«

Viele Fragen sind noch ungeklärt: die genaue Lage der vier Hauptverteidigungsplätze, der Weg- und Zeitplan für die Patrouillen, die Aufstellung beweglicher Reserven. Man kann sich nicht einmal darüber einigen, wie weit jeweils die Verteidigungslinie zurückzunehmen wäre, wenn sich der feindliche Druck verstärken sollte.

»Was wir brauchen«, betont Darcy immer wieder, »ist ein alleiniger Befehlshaber. Aber, wie mir scheint, ist das nicht durchzusetzen. Vielleicht müssen wir damit warten, bis die Boxer kommen ... «

»Momentan ist jeder sein eigener Befehlshaber«, bemerkt Kommandant Thomann. »Schade!«

»Trotzdem müßte ein gemeinsames Vorgehen zu bewerkstelligen sein«, wirft Paolini ein. »Im Pe-T'ang fügt sich unser Oberfähnrich sehr gerne den Befehlen eines französischen Oberleutnants.«

»Einer muß eben ein gutes Beispiel geben«, meint Darcy. »Wir drei werden also den Anfang machen und einen gemeinsamen Verteidigungsplan für die Gesandtschaften Frankreichs, Österreich-Ungarns und Italiens aufstellen. Damit decken wir den gesamten Westen des Geländes.«

Die Sitzung endet in leichter Verwirrung. Captain Strouts scheint ganz besonders verärgert über die gescheiterten Bemühungen um die Bildung einer Union. Während die Diplomaten stillschweigend den Vorrang Sir Claude MacDonalds anerkennen, wollen die Militärs anscheinend nichts von einem gemeinsamen Führer wissen, schon gar nicht, wenn es sich dabei um einen Untertanen Ihrer königlich britischen Majestät handelt. Die Verteidigung wird daran zu leiden haben.

Freitag, 8. Juni 1900

Nach der trügerischen Ruhe des vorvergangenen Abends und der beängstigenden Lage am Vortag spitzt sich die Situation nun gefährlich zu. Neuerlich gehen bestürzende Gerüchte um. Die Spannung steigt. Ganze Dörfer in der unmittelbaren Umgebung Pekings wurden niedergebrannt, und die Flüchtlinge erzählen grauenhafte Dinge.

»Jetzt kommen ›sie‹ wirklich!«

Im Lauf des Tages wächst die Angst. Es geschieht nichts, und gerade das macht das Warten unerträglich. Trotz der gedrückten Stimmung und der lastenden Drohung versucht der eine oder andere die Dinge leichtzunehmen, zu plaudern, zu scherzen, zu schlummern. Aber alle spüren, wie sich der Ring fester um sie schließt. Endlich errichtet man Barrikaden an den vier Ecken des großen, kaum geschützten Geländes, auf dem sich die Legationen befinden.

Die Boxer kommen näher, darüber besteht kein Zweifel. Am Ende des Tages wagen sie sich bis zum Rennplatz von Peking vor und setzen dort ein paar Baracken in Brand. Durch das ganze Europäerviertel läuft das Gerücht: »Übermorgen überfallen sie uns. Sie greifen am Fünfzehnten – nach ihrem Mondkalender – an.«

Jede Nachricht wird kolportiert, aufgebauscht, entstellt. Und jeder zieht auf gut Glück seine durch nichts gerechtfertigten Schlüsse:

»Die Kaiserin Ts'e-hi soll nach Peking zurückkommen!«

»Das bedeutet Frieden!«

Ein paar Stunden später werden diese Gerüchte dementiert. Große Enttäuschung. Die Zivilisten wagen sich nicht mehr unbewaffnet auf die Straße.

»Also Krieg.«

Der Tag scheint kein Ende zu nehmen. Trotzdem gehen viele Europäer nicht zu Bett. Viele sind überzeugt, daß in dieser Nacht etwas »passieren« wird.

Gegen Abend ruft Ketteler Oberleutnant Soden zu sich. »Ich hoffe, Ihre Matrosen sind im Kanzlergebäude gut untergebracht.«

»Sie wissen sich zu helfen, wie alle richtigen Matrosen.«

Die beiden Herren beugen sich über den Plan des deutschen Gesandtschaftsgeländes. Es ist ein großes Viereck, schwer zu verteidigen, weil es von der hohen Mauer zwischen Tataren- und Chinesenstadt beherrscht wird.

»Wenn die Feinde jemals diese Mauer einnehmen, sind wir verloren.«

»Ich weiß, Exzellenz. Aber ich fürchte, daß wir zuwenig Leute haben. Wir müßten überall gleichzeitig sein können.«

Sie erörtern die Situation und der Diplomat ist mit dem Verteidigungsplan, den Soden ihm vorlegt, völlig einverstanden.

Ehe er sich verabschiedet, sagt Baron Ketteler noch: »Ja, richtig, ich habe eine Nachricht erhalten, vielleicht eine der letzten. Admiral von Zendemann ist an Bord der *Hansa* in den Hafen von Ta-Ku eingelaufen. Wir können sicher sein, daß uns Deutschland nicht vergißt.«

Samstag, 9. Juni 1900

Alarm im Pe-T'ang um halb ein Uhr nachts.

»Chef, Chef, aufwachen!«

Ein Matrose rüttelt den Schlafenden. Henry springt mit einem Satz auf die Füße.

»Ein großes Feuer, kaum 500 Meter entfernt, im Westen! Das ist vielleicht ein Signal!«

Paul Henry greift nach seinen Waffen und stürzt in den Hof. Er sieht die Flammen ganz genau und glaubt, daß sie vielleicht wirklich ein Signal sind. Gleich darauf flammt ein anderes Feuer auf, etwas entfernter, diesmal im Südwesten. Der Offizier macht einen Rundgang und stellt fest, daß alle seine Leute auf Posten sind. Sie sehen etwas nervös wegen des langen Wartens aus. Draußen ist alles ruhig, nur hinten im Westen stehen purpurne Wolken am Himmel, wie bei einem gigantischen Sonnenuntergang.

Gegen ein Uhr nachts legt sich Henry nochmals nieder. Kaum zehn Minuten später wird er von Schüssen geweckt; diesmal sind sie ganz nahe. Er springt auf und rennt in den Hof. Seine Matrosen haben sich bereits, das Lebel-Gewehr in der Hand, versammelt.

Der Offizier lobt sie, da es aber weiterhin still bleibt, schickt er sie wieder zur Ruhe, und auch er begibt sich in sein Zimmer.

Eine Stunde später beginnt die Schießerei von neuem, diesmal im Nordosten. Aber es folgt kein Angriff. Es ist also nichts anders als ein simples Störfeuer, das aber seinen Zweck voll erfüllt. Am nächsten Morgen sehen die Soldaten übernächtig und müde aus. Die Boxer wollen sie zermürben.

An diesem Tag tritt eine bedeutungsvolle Wende ein. Die Kaiserin ist endlich mit dem jungen Prinzen zurückgekehrt. Ihr Gefolge füllt die Straßen, ganz Peking scheint auf den Beinen. Auch Monsignore Favier, der die Gesandtschaften besucht hat, muß lange warten, bis die Straße nach dem offiziellen Umzug freigegeben wird.

Nach seiner Rückkehr in den Pe-T'ang bittet der kirchliche Würdenträger den Kommandanten der französischen Abteilung zu sich:

»Es gehen wichtige Dinge vor, mein Sohn. Sehr wichtige. Manche glauben, daß wieder Ruhe eintreten wird, weil die Kaiserin zurückgekommen ist. Irrtum! Ihre Majestät hat den Sommerpalast verlassen, weil sie der Revolution nicht mehr Herr werden kann. Ich will Ihnen ein Geheimnis anvertrauen . . .«

Der Bischof macht eine Kunstpause und streicht seinen weißen Bart. Mit halb geschlossenen Augen und kaum hörbar spricht er weiter:

»Morgen werden alle Gesandten der fremden Mächte bei der

Kaiserin vorsprechen und ihr ein Ultimatum stellen. Das ist übrigens das einzige, was wir tun können. Entweder ist sie in der Lage, die Ordnung wiederherzustellen und die Ausländer und die Christen zu beschützen, oder aber wir schaffen uns diese Ordnung selbst.«

»Wir selbst? Gerne, Monsignore. Aber womit?«

»Tausende Marinesoldaten sind in der Bucht von Ta-Ku an Land gegangen, ein richtiges Expeditionsheer. Gegen unsere Kanonen und Gewehre gebe ich den Boxern kaum Chancen, ja nicht einmal den regulären chinesischen Truppen.«

Die erste Handlung der Kaiserin Ts'e-hi nach ihrer Rückkehr in die Hauptstadt ist bestürzend: Sie entläßt sofort zehntausend Soldaten.

»Ein Wahnsinn!« sagt der englische Gesandte zu seinem Sekretär Cockburn und zu Captain Strouts. »Die Männer laufen jetzt frei herum, sie werden sich in Scharen den Boxern anschließen. Vielleicht konnten sie sogar ihre Waffen behalten.«

Sir Claude beurteilt die Lage richtig, wenn er dieses Ereignis für das schwerwiegendste seit Beginn der Unruhen in China hält.

Von nun an machen sich die Boxer immer offener in Peking breit und halten in den Pagoden eine Versammlung nach der anderen ab. Was sich da vorbereitet, ist sowohl ein Religionskrieg als ein Krieg der Rassen. In der Stadt riecht es nach Rauch und Asche. Noch immer glost es auf dem Rennplatz, wo der Aufseher bei dem Tumult den Tod gefunden hat.

Die Rebellen wagen sich noch nicht bis unmittelbar an die Grenzen des Gesandtschaftsviertels heran. Sie ahnen, daß sie mit Gewehrschüssen empfangen werden und begnügen sich vorderhand damit, die Chinesenstadt und den nördlichen Teil der Tatarenstadt unsicher zu machen. Die Matrosen werden ungeduldig. Der Krieg, der nicht und nicht ausbrechen will, zerrt an ihren Nerven. Der eintönige Dienst, auf dem die beiden Unteroffiziere bestehen, paßt ihnen gar nicht. In jeder Gesandtschaft wird exerziert, es herrscht die gereizte Atmosphäre des Wartens und der Langeweile. Ein strenges Ausgehverbot ist verhängt, und die Männer kommen sich am Rande dieser ungeheuren, wimmelnden und gefährlichen Stadt fast wie in einem Gefängnis vor. Der Ferne Osten enttäuscht sie: da sind sie ans Ende der Welt gefahren und sehen nichts anderes als eine Ziegelmauer und eine Barrikade, die in aller Eile aus einem alten Karren und ein paar Sandsäcken zusammengeflickt wurde! Chinesische Kulis haben ein paar Gräben ausgehoben, die zickzack durch die Parks laufen und eine Verbindung zwischen den einzelnen Objekten auch bei Beschuß ermöglichen. Ständig patrouillieren die Wachen durch die Zollstraße, die von der französischen und italienischen Gesandtschaft zur österreichischen führt und die zur Nord-Süd-Achse des Widerstandes im ganzen Ostteil des Viertels geworden ist.

Die amerikanischen Missionare behaupten, die chinesischen Regulären hätten auf dem Aufbau des Ha-Ta-Men-Tores Kanonen postiert. Soden will sich die Sache ansehen und steigt mit einigen Matrosen die Rampe empor. Oben, auf der breiten Mauer, tauchen von allen Seiten Soldaten auf und verstellen ihnen den Weg. Soden will es nicht auf einen Zusammenstoß ankommen lassen und kehrt mit seinen Leuten um.

Nachher berichtet er seinem Gesandten: »Mindestens hundert Soldaten stehen dort oben. Ich habe auch Feldschlangen gesehen, aber keine moderne Kanone.«

»Vermutlich haben sie sie noch nicht aufgefahren. Aber früher oder später werden sie Kanonen gegen uns einsetzen. Sie sollten heute nacht die Wachen verdoppeln! Wie ich höre, haben sich drei- bis vierhundert Boxer auf dem Rennplatz zusammengerottet.«

Beim Pe-T'ang wagen sich die Boxer weiter vor. Die Spähposten rufen aufgeregt nach ihrem Chef: Boxer sind da!

Tatsächlich sieht Paul Henry ein paar Männer mit rotem Turban im Ku, dem kaiserlichen Bezirk im Norden der Gebäude, die er zu verteidigen hat. Die Gefahr nähert sich.

Spät in der Nacht ruft Sir Claude MacDonald die Gesandten

wieder zusammen, diesmal aber in der französischen Gesandtschaft. Die Atmosphäre ist spannungsgeladen, die Erregung hat sich seit der letzten Sitzung gesteigert.

Der schottische Diplomat kommt sofort zur Sache: »Die Lage spitzt sich zu. Die entlassenen Regulären laufen in Scharen zu den Boxern über. Die Eisenbahnlinie nach Tientsin ist weiter blockiert – endgültig. Man erzählt sogar, daß die Boxer die Brücken gesprengt haben.«

»Und der Telegraph?« fragt der amerikanische Gesandte.

»Er funktioniert noch. Darin kann man eine Geste des guten Willens der Regierung erblicken. Aber ich habe heute den Prinzen King getroffen. Er hat sich sehr ausweichend auf meine Frage geäußert, ob er für unsere Sicherheit bürgen könne. Und dabei ist er uns wohlgesinnt! Ich habe allmählich meine Zweifel ...«

Die Gesandten schreien durcheinander, man versteht sein eigenes Wort nicht mehr.

»Wir müssen sofort Verstärkungen anfordern!«

»Energisch und augenblicklich! Wir können nicht zuwarten, bis auch das Kabel durchschnitten ist!«

MacDonald hat es gar nicht gern, wenn man sich so gehen läßt.

»Ruhe, Ruhe, meine Herren«, sagt er beschwichtigend, mit leicht gereiztem Unterton. »Ich weiß auch, daß unser Todfeind Prinz Tuan, der Onkel des Kaisers, die Boxer aufhetzt, wo er kann, und ihnen ziemlich offen die Hilfe der Armee Ton-Fu-Sians verspricht. Aber noch ist nichts verloren. Man hat noch keinen einzigen Schuß auf uns abgegeben.«

»Wenn der erste Schuß fällt, ist es schon zu spät«, fällt ihm Marchese Salvago-Raggi, der italienische Gesandte, ins Wort.

Einige der Herren schlagen im Angesicht dieser drohenden Gefahr einen verzweifelten Ausweg vor: Peking zu verlassen und nach Tientsin auszuweichen, wo man sich unter den Schutz der Kriegsschiffe stellen könnte, die an der Pei-ho-Mündung im Golf von Pe-T'si-Li vor Anker liegen.

Sir Claude MacDonald fährt auf: »Meine Herren, das wäre eine Feigheit! Und noch ärger: Eine Dummheit! Keiner von uns weiß, ob er wirklich aus Peking herauskommt. Was ist Ihre Meinung, Baron Ketteler?«

Der deutsche Gesandte stimmt energisch zu:

»Unser Platz ist in Peking, was immer geschehen mag. Wenn wir kämpfen müssen, werden wir kämpfen. Es wäre ganz gemeine Fahnenflucht, sich unter den gegenwärtigen Umständen aus der Stadt zu drücken. Und außerdem würde unsere Abreise von der chinesischen Regierung als Abbruch der Beziehungen und als Kriegserklärung angesehen werden. Keiner von uns ist bevollmächtigt zu einem solchen Entschluß.«

»Aber das Risiko, massakriert zu werden, dürfen wir eingehen!« ruft Edwin Conger unter Zustimmung von Baron Giers, des russischen Gesandten.

Dr. Arthur von Rosthorn, der Geschäftsträger Österreich-Ungarns, kann ein Lächeln nicht unterdrücken, während Stephen Pichon in seinen dichten gallischen Schnurrbart brummt: »Immerhin ein Risiko, das in der Karriere nicht vorgesehen ist!«

Der Verhandlungsleiter findet, daß nichts mehr zu sagen ist und erklärt die Sitzung für geschlossen. Er begibt sich eilends in seine Gesandtschaft zurück, um endlich ein Telegramm mit der Bitte um Verstärkung abzusenden. Jetzt erst scheint er wirklich überzeugt davon, daß eine militärische Lösung unumgänglich ist. Endlich!

»Die Lage in Peking verschärft sich von Stunde zu Stunde ...« Deshalb bittet der Vertreter Ihrer Majestät, möglichst schnell Truppen von den Kriegsschiffen zu entsenden. »Es muß alles unternommen werden, um sofort Einheiten nach Peking in Marsch zu setzen«, wiederholt er. Er läßt das Telegramm aufgeben und man hört ihn murmeln: »Vielleicht ist es schon zu spät.«

Sonntag, 10. Juni 1900

In Windeseile verbreitet sich die gute Nachricht im ganzen Gesandtschaftsviertel: der deutsche Gesandte hat ein Telegramm aus Tientsin erhalten, in dem ihm Admiral von Zendemann

1/2 Der deutsche Gesandte Baron Ketteler, dessen Ermordung das Signal für die Belagerung gab. Das Bild unten zeigt, wie sich deutsche Zeitungen den Hergang des Attentats vorstellten.

3/4 Mit dieser Allegorie entsprach der Historienmaler Hermann Knackfuß sicher allerhöchsten Wünschen: unter der Führung des deutschen Erzengels sollten die europäischen Schwestern zum Kampf gegen die gelbe Gefahr antreten. Wilhelm II. ordnete die Aufstellung einer Expeditionstruppe an, deren neue Uniformen man alsbald in der Leipziger Illustrierten bewundern konnte.

5/6 Rechts unten Prinz Tuan, der Führer der fremdenfeindlichen Partei am Hof in Peking. Die geheime Ermunterung der Boxer durch den Hof führte dazu, daß sich auch Teile der regulären Armee den Boxern anschlossen. Rechts oben ein Soldat des Mandschu-Banners.

7 *Die Kaiserinwitwe Ts'e-hi, eine Frau, deren Klugheit und Charme auch ausländische Diplomaten beeindruckte, war zur Zeit des Boxeraufstandes Alleinherrscherin über das chinesische Reich. Neben ihr eine Hofdame, rechts der Großeunuch Li-Yien-Yin.*

ankündigt, die Expeditionstruppen hätten sich unter dem persönlichen Oberkommando Admiral Seymours in Marsch gesetzt. Sie bestehen aus fünfhundert Engländern, hundert Deutschen, hundert Russen, hundert Franzosen, hundert Amerikanern, vierzig Italienern, fünfundzwanzig Österreichern und dreißig Japanern. Ein zweiter Trupp von fünfhundert Deutschen und zweihundert Franzosen solle sofort nachkommen.

Ungeheure Erleichterung folgt der zitternden Angst der Vortage. In wenigen Stunden werden mehr als zweitausend europäische Soldaten in der Pekinger Garnison liegen!

Zu Mittag ist auch die Telegraphenverbindung gestört. Das bedeutet Krieg. Unwiderruflich. Peking ist von diesem Augenblick an von der ganzen Welt abgeschnitten. Die jubelnde Freude vergeht mit einem Schlag, und lähmende Angst macht sich breit. Trotzdem bemüht man sich, den Pessimisten zu widersprechen: Sind die Truppen Admiral Seymours nicht unterwegs?

»Sie kommen heute nachmittag mit dem Zug«, behaupten die Leute, die sich für gut informiert halten.

»Aber die Gleise sind doch aufgerissen!«

»Tut nichts. Unsere Soldaten flicken sie wieder. In wenigen Stunden kann die Verstärkung hier sein.«

Somit machen sich viele Europäer auf, um ihre »Retter« feierlich am Bahnhof von Matschapu zu empfangen. Alle sind mit Karabinern oder Jagdgewehren bewaffnet und bemühen sich um ein forsches Auftreten. Aber das lange Warten zermürbt sie allmählich. Sie gehen auf dem verlassenen Bahnhof auf und ab, die Dämmerung fällt ein. Sie lauschen gespannt, aber kein Geräusch ist vernehmbar. Kein Zug weit und breit. Und der verdammte Telegraph funktioniert nicht!

»Wir dürfen uns nicht von der Nacht überraschen lassen. Morgen kommen wir wieder!«

»Es ist doch undenkbar, daß die Hilfstruppen nicht eintreffen!«

»Wenn's so ist, gebe ich nicht viel für unsere Haut«, stellt Hotelier Auguste Chamot trocken fest. Und er ruft:

»Los, meine Herren, beeilen Sie sich! Wir müssen nach Peking hinein, ehe die Tore geschlossen werden. Die Chinesen hier kommen mir gar nicht sehr geheuer vor.«

Die Herren des improvisierten Empfangskomitees ziehen sich sehr enttäuscht in die Kaiserstadt zurück. Ihre Pferde bahnen sich nur mühsam den Weg durch die drängende, aufsässige Menge. Die Chinesen halten sich nicht mehr zurück: Sie beschimpfen die Europäer und vereinzelt fliegen Steine.

Chamot bemüht sich, seine Gefährten zu beruhigen: Wahrscheinlich wurden die Soldaten durch die Ausbesserungsarbeiten auf der Strecke aufgehalten! Nur etwas Geduld noch, morgen früh, spätestens morgen abend, wird das Hilfskorps da sein.

Es brodelt in der Chinesenstadt. Die Erregung scheint stärker als draußen beim Bahnhof.

Die Militärs beschließen, ab dieser Nacht sämtliche Posten zu verdoppeln. Die kommende Woche dürfte hart werden.

Montag, 11. Juni 1900

Aber es gibt keinen einzigen Zwischenfall in dieser Nacht, die viele Europäer für die letzte vor dem Eintreffen des Hilfskorps hielten. Am Morgen setzen sich wieder Transportkarren aus dem Gesandtschaftsviertel zum Bahnhof Matschapu in Bewegung. Es sind gut dreißig Fahrzeuge, gelenkt von chinesischen Dienern, die den Europäern treu ergeben sind. Der ganze Südteil der Chinesenstadt und die Vororte am Weg zum Bahnhof stecken voll Soldaten. Soll die Anwesenheit dieser gut bewaffneten Truppen bedeuten, daß die Kaiserin ihre fremden Gäste beschützen will oder aber, daß sie ihren Sinn geändert hat? Jedermann weiß, daß in verschiedenen Stadtteilen Boxer und Reguläre bereits miteinander gehen.

Auguste Chamot will den Konvoi nicht ohne eine kleine militärische Eskorte ziehen lassen. Darcy ist bereit, ihm eine mitzugeben, möchte aber nichts ohne das Einverständnis des französischen Gesandten unternehmen.

Stephen Pichon sieht verdrossen drein, wie einer, der zuwenig geschlafen hat. Er zögert mit der Antwort. Darcy sagt: »Ich könnte einen Bootsmannsmaat und drei Matrosen abstellen. Aber wenn die Menge Fahrzeuge und Fahrer angreift, sind meine Leute gezwungen, von der Schußwaffe Gebrauch zu machen.«

»Um keinen Preis darf von uns aus das Feuer eröffnet werden! Den Anblick von vier bewaffneten Matrosen mitten in der Stadt würden die Chinesen als Provokation empfinden.«

»Also, Exzellenz?«

»Keine Eskorte! Und reden Sie Herrn Chamot diese Fahrt zum Bahnhof überhaupt aus. Der Schweizer wird sich doch nicht wegen des Geleits für das lumpige Gepäck totschießen lassen.«

Die Europäer wissen jetzt, woran sie sind. Es gibt nur zwei Möglichkeiten: Entweder das Hilfskorps kommt, dann ist die Gefahr gebannt. Oder es kommt nicht, dann müssen sie mit dem Schlimmsten rechnen. Jeden Augenblick kann sich die wütende Menge auf das Gesandtschaftsviertel stürzen. Was die Karren betrifft, so fahren sie ohne Geleitschutz zur Bahn.

Ein einziger Mann scheut die Gefahr nicht und begibt sich zur Station, um die Befreier zu empfangen: der Kanzler der japanischen Gesandtschaft, Graf Sugiyama. Seiner Meinung nach kann keine Gefahr so groß sein, daß sie das Ausbleiben offizieller Persönlichkeiten bei der Ankunft der Truppen rechtfertigen würde. Er fährt in einem geschlossenen Wagen, aber sein Fahrzeug fällt den Soldaten Ton-Fu-Sians auf. Diese Fanatiker, in der Mehrzahl Mohammedaner, gelten als die wildesten Gegner der »fremden Teufel«. Sie reißen die Türe des Wagens auf, zerren den Japaner von seinem Sitz und fallen über ihn her. Er ist noch nicht tot, als ihm einer der Mörder das Herz aus der Brust reißt. Mit Triumphgeheul rennt er davon und bringt seinem General die blutende Trophäe.

Die Handvoll japanischer Soldaten, die in aller Eile zur Mordstelle geschickt werden, finden nicht einmal mehr den verstümmelten Leichnam ihres Landsmannes. Zum ersten Mal haben Chinesen – und noch dazu Berufssoldaten – Hand an einen ausländischen Diplomaten gelegt. Im ganzen Gesandtschaftsviertel herrscht helle Empörung über Sugiyamas Tod.

Was aber noch schrecklicher ist: Es gibt keinerlei Nachricht über den Truppentransport.

Im Pe-T'ang ist Oberleutnant Henry der Meinung, daß der Dienstplan auch während des Wartens auf das Hilfskorps streng eingehalten werden muß. Es ist zehn Uhr vormittags, das tägliche Morgenexerzieren geht zu Ende.

Im gleichen Augenblick stürzen von allen Seiten chinesische Christen mit schreckverzerrten Gesichtern auf die kleine Truppe zu.

»Die Boxer! Sie kommen! Die Boxer!«

Henry wird sofort verständigt. Er versammelt seine Leute und erteilt schreiend seine Befehle: »Auf Posten! Patronentaschen öffnen!«

Die Matrosen haben das so oft geübt, daß sie in wenigen Sekunden zum Gegenangriff bereit sind.

»Da sind sie!«

Ein Matrose, der oben auf dem Kirchendach wie in einem Mastkorb auf Auslug postiert ist, meldet seinem Offizier die Bewegungen der feindlichen Truppe.

»Sie sind noch fünfhundert Meter entfernt!«

Paul Henry stürzt zum großen Portal. Er möchte Feuerbefehl geben, aber er sieht nichts. Seine Nerven sind am Zerreißen. Jeden Augenblick können die Boxer auftauchen, eine brüllende Meute, die er wenige Meter vor der Mission stoppen muß. Nichts, noch immer nichts.

»Sie haben die Richtung geändert, Herr Oberleutnant!«

»Wohin gehen sie?«

»Backbord.«

Die Angreifer scheinen sich in den Gäßchen der Kaiserstadt verloren zu haben. Die Gefahr ist abgewendet, aber für wie lange? Henry befiehlt seinen Soldaten, die Posten zu verlassen.

»Geht in die Unterstände zurück, ruht euch aus. Heute nacht werdet ihr sicher nicht viel schlafen.«

Gegen Mittag erscheint ein getaufter Chinese und bringt eine Hiobsbotschaft:

»Um zwei Uhr greifen sie an.«

»Heute mittag? Heute nacht? Morgen?«

»Das weiß ich nicht. Ich habe nur von zwei Uhr reden gehört.«

Die Zeit vergeht langsam. Aber nichts geschieht an diesem heißen 11. Juni. Man schöpft wieder Hoffnung im Pe-T'ang. Monsignore Favier ist es noch einmal gelungen, die französische Gesandtschaft aufzusuchen.

»Gute Nachrichten«, berichtet er Paul Henry und dem italienischen Adjutanten Olivieri. »Das Hilfskorps trifft baldigst ein.«

Freilich muß der Bischof zugeben, daß ihm die Zerstörung des Telegraphen Sorge bereitet. »Ich fürchte, die Boxer haben auch die Bahnlinie besetzt. Aber die Hilfstruppen werden sie schon frei machen. Wir dürfen den Mut nicht sinken lassen.«

Da erfahren die Gesandten von ihrem russischen Kollegen, Baron Giers, daß auch das Kabel nach St. Petersburg zerschnitten wurde. Die russische Bank hat ihre Schalter geschlossen und ihr Personal ist in die Legation geflüchtet.

Ab nun ist das Gesandtschaftsviertel völlig von der Welt abgeschnitten. Die Dämmerung scheint an diesem Abend noch früher als sonst einzufallen. Die Transportkarren sind längst vom Bahnhof zurückgekommen – leer. Ihre Fahrer äußern sich nicht, die Aufregung bei ihrer Rückkehr scheint sie nicht zu berühren. Nein, sie wurden nicht belästigt. Als ob die Boxer und die Soldaten Ton-Fu-Sians ihres Sieges so sicher wären, daß sie ihre Landsleute, die den Europäern dienen, gar nicht zu beachten brauchten. Wie jeden Abend werden auf kaiserlichen Befehl die Stadttore geschlossen. Eine neue Nacht bricht an.

Alles ist still im Gesandtschaftsviertel. Die Posten bewachen die leeren Straßen.

»Phantastisch«, sagt Oberfähnrich Herber zu seinem Chef. »Weit und breit sieht man keine Seele. Nur ein paar zerlumpte Gestalten in den Toreinfahrten.«

»Trauen Sie ihnen nicht. Diese Bettler sind zweifellos Späher.«

Aber die Schatten bewegen sich nicht, verschmelzen nach und

nach mit den Mauern, verschwinden wie Gespenster. Niemals noch ist eine Nacht ruhiger, friedlicher, stiller gewesen.

Dienstag, 12. Juni 1900

Noch immer keine Nachricht von dem Hilfskorps. Von Soden wird allmählich ungeduldig.

»Wenn sie die Schienen nicht reparieren können, warum kommen sie dann nicht zu Fuß?« fragt er seinen Gesandten erbost. »Unsere Wasserratten werden doch imstande sein, hundert Kilometer zu marschieren?«

»Ja, das sollte man meinen. Und im Geschwindschritt sollten sie es tun«, brummt Baron Ketteler. »Wenn die Boxer losgehen wollen, dann werden sie nicht artig darauf warten, bis unsere Verstärkungen hier sind. Bis Admiral Seymour endlich in Peking einzieht, sind wir längst alle liquidiert.«

In allen Gesandtschaften hört man die gleichen Unkenrufe. Bei den Japanern und ihrem Gesandten Ishi kommt zur Ungeduld der Zorn. Den Patrouillen ist es nicht gelungen, den Leichnam des Kanzlers zu finden. Die Ermordung Sugiyamas ist ein Schimpf, den die Japaner den Chinesen nie verzeihen werden. Die kaiserlichen Behörden ziehen sich wie gewöhnlich aus der Affäre und erklären, von der Angelegenheit nichts zu wissen. Ja, sie beteuern, daß sie über diesen peinlichen Zwischenfall zutiefst bestürzt sind. Da der Leichnam aber nicht zu finden ist, können sie noch immer ihre Zweifel daran äußern, ob der Mord überhaupt begangen wurde.

Das gesamte diplomatische Korps erhält den Besuch der Mitglieder des neuen Tsung-li ya-men, des Rats der Auswärtigen Angelegenheiten. Denn die diplomatischen Beziehungen sind noch nicht unterbrochen. Von jetzt an besteht dieser Rat einzig und allein aus Feinden der »fremden Teufel« und an seine Spitze hat Kaiserin Ts'e-hi den radikalsten ihrer Gegner gesetzt: den Prinzen Tuan. Dieser Enkel des Kaisers Tao-Kuang verstellt sich nicht, er nimmt sich nach Art der ehrlichen, rauhen Soldaten kein Blatt vor den Mund. In seinem Haß hat er den »fremden Teufeln« niemals verziehen, daß sie sein Vaterland besetzt haben. Als guter Schütze und als guter Reiter verläßt er sich auf Gewalt und Kraft. Und die Kraft verkörpern auch, ja vor allem, die Boxer. Daher gibt dieser abergläubische und fanatische Prinz offen zu, auf ihrer Seite zu stehen. Daß man einen solchen Mann an die Spitze des Tsung-li ya-men gestellt hat, wirkt auf die Europäer wie eine Ohrfeige. Trotzdem heißt es, nur noch verbindlicher zu lächeln.

Die offizielle chinesische Delegation besteht aus acht höflichen Herren, allzu höflichen. Bevor der japanische Gesandte noch seine Beschwerde vorbringen kann, kommen sie selbst auf den Mord an ihrem Kanzler zu sprechen:

»Welches Unglück, dieser tief bedauerliche Zwischenfall! Die Soldaten, die den verehrten Diplomaten getötet haben, waren schändliche Verbrecher, die wir der schuldigen Strafe zuführen werden!«

Und schon sprechen sie von anderen Dingen:

»Ihre Majestät, die Kaiserin, hat uns ausdrücklich aufgetragen, vor allem den Gemahlinnen der Herren Gesandten ihren persönlichen Gruß zu übermitteln. Sie versteht deren Sorge und versichert sie, daß sie nichts zu fürchten haben.«

Sir Claude MacDonald fällt dem Prinzen ins Wort:

»Können Sie mir sagen, wann die Truppen Admiral Seymours eintreffen werden?«

»Wissen Sie das nicht selbst?«

»Es ist Ihnen doch bekannt, daß der Telegraph unterbrochen ist.«

Wieder lächelt der Präsident des Tsung-li ya-men, noch liebenswürdiger womöglich, fast kriecherisch:

»Wie ärgerlich! Aber ich kann Sie beruhigen: die Truppen werden morgen eintreffen. Ihre Majestät hat für sie einen Empfang mit allen militärischen Ehren angeordnet.«

Eine geschickte Lüge, denn sie erklärt die ständigen Truppenbewegungen. Bis zum Schluß will Prinz Tuan die Fiktion von der Neutralität der Armee aufrecht erhalten. Die Gesandten lassen sich durch diese scheinheiligen Äußerungen zwar kaum täuschen, aber die Aktivitäten der Verteidigung werden doch durch sie gehemmt.

Die europäischen Matrosen müssen mehr denn je darauf achten, daß ihre Gewehre nicht zuerst losgehen.

Doktor Matignon meint zum Ergebnis dieses offiziellen Gesprächs: »Genau genommen wird es zu einer Provokation, wenn wir uns jetzt verteidigen. Sie haben uns fein eingewickelt.«

Im Pe-T'ang ist der Tag ruhig verlaufen. Paul Henry und sein Kamerad Olivieri trinken mit einigen Missionaren friedlich ihren Tee, als ein chinesischer Christ angerannt kommt:

»Die Boxer kommen zurück!«

»Klar zum Kampf!«

Die französischen und italienischen Matrosen laufen zu ihren Waffen. Paul Henry stellt seine Leute beim Eingang der Festungsmauer auf, sie stehen Gewehr bei Fuß. Aber, genau wie tags zuvor: es geschieht nichts. Der Posten auf dem Kirchendach meldet neuerlich den Rückzug der Angreifer.

»Sie wollen uns weich machen, kein Zweifel«, seufzt Olivieri.

Es ist halb acht Uhr abends. Die etwa hundert Boxer, die um die Missionsgebäude geschlichen sind, haben sich nur ein paar Minuten vor der Mauer aufgehalten, haben dann kehrtgemacht und sind verschwunden, wie vom Erdboden verschluckt.

Mittwoch, 13. Juni 1900

Die von Prinz Tuan geführte Delegation des Auswärtigen Amts hat hinter ihren lächelnden Gesichtern wieder einmal eine Lüge verborgen: Seymours Hilfstruppe kommt noch immer nicht. Heute werden die Gesandtschaften noch nicht befreit werden. Die Unruhe wächst und verwandelt sich in kalte Furcht.

Die Boxer aber werden kühner. Am Vormittag fährt ein Karren langsam durch die Gesandtschaftsstraße, auf dem ein Chinese steht, der ein riesiges Küchenmesser schleift. Er trägt den roten Turban und die breiten roten Bänder an Knien und Ellbogen. Frecher kann man die Europäer nicht herausfordern!

Der deutsche Gesandte, Baron Ketteler, der, mit dem Stock in der Hand, seinen Morgenspaziergang macht, begegnet dem Wagen. Er läuft wutentbrannt auf den Mann zu und schlägt mit dem Stock auf ihn ein: »Räuber! Mörder!«

Der Chinese hat zwar einiges abbekommen, kann aber vom Karren springen und flüchten. Da entdeckt der Diplomat unter dem dunkelblauen Verdeck einen zweiten Boxer, einen ganz jungen Burschen, der ihn voll Haß anstarrt. Eine Patrouille reißt ihn heraus und bringt ihn in die deutsche Gesandtschaft. Es ist ihr erster Gefangener und die Wachen denken nicht daran, ihn freizulassen.

Am frühen Nachmittag, gegen drei Uhr, meldet der österreichische Geschäftsträger Arthur von Rosthorn, daß er in einer Entfernung von ungefähr 500 Metern in einer Pagode auf der Ha-Ta-Men-Straße einen Trupp Boxer erblickt hat. Sein Amtssitz befindet sich etwas abgelegen im Norden des Europäerviertels, am Ende der Zollstraße, und stellt dadurch einen etwas heiklen Punkt innerhalb der Verteidigungslinie dar. Darcy will sofort eine Patrouille hinschicken, wenn es aber dort zu einem Gefecht kommen sollte, muß sie international sein. Deshalb verständigt Darcy seine Nachbarn, den Deutschen Graf Soden und den Italiener Paolini. Jeder der drei Offiziere nimmt fünfzehn Mann mit. Diese Vorbereitungen haben natürlich Zeit gekostet, deshalb mahnt Darcy zur Eile.

Der kleine Trupp entfernt sich im Laufschritt. Werden die Soldaten mit dem aufgepflanzten Bajonett nun wirklich in wenigen Minuten auf hunderte, tausende Boxer stoßen? Den Männern wird bange. Und doch tut es ihnen wohl, daß endlich das Warten auf einen unsichtbaren Gegner zu Ende geht.

Kein Mensch da! Die Pagode ist leer. Zweifellos sind die Boxer von dem Gegenschlag verständigt worden und haben das Weite gesucht. Die Männer der kleinen internationalen Abteilung finden nichts anderes als ein paar Hieb- und Stichwaffen: Bogen, Lanzen, Säbel und Messer.

Mit kriegerisch in den Nacken geschobenem Hut, gesträubtem Schnurrbart, gerunzelter Stirn hat ein hochgewachsener Zivilist an der Expedition teilgenommen. Er ärgert sich zu Tode, daß er die Boxer verfehlt hat und schlägt mit dem Stock auf den Boden. Es ist der deutsche Gesandte Baron Ketteler, der am Vormittag persönlich die beiden Chinesen aus dem Wagen holte.

»Oberleutnant Graf Soden, das nächste Mal müssen Sie schneller sein!« fährt er den jungen Offizier der kaiserlichen Marine an.

Kapitänleutnant Darcy aber meint, daß man die Sache vor allem besser zu organisieren hätte. Die kleine Expedition wurde unternommen, ohne daß sich die drei Offiziere auch nur im geringsten absprechen konnten. Sie sind einfach vorwärts gerannt. Niemand hat kommandiert, niemand hat gehorcht. So ist es einem Dutzend Boxer gelungen, über die Mauer der Pagode zu springen, weil die Marinesoldaten nicht daran dachten, sie von allen Seiten in die Zange zu nehmen.

Die Patrouille kehrt ins Zentrum des Gesandtschaftsviertels zurück. Baron Ketteler marschiert an der Spitze. Trotz Redingote, steifen Hutes und gestärkten Kragens fühlt er sich als Soldat. Aufbrausend, reizbar, mutig bis zur Tollkühnheit, möchte er am liebsten selbst das militärische Kommando übernehmen. Es ist sein ganzer Stolz, daß er hier, im fernsten Osten, seinen kaiserlichen Herrn vertritt und dessen Willen verkörpert.

Eiligst kehren die Matrosen in ihre Unterkünfte zurück. Kaum eine Stunde später neuerlicher Alarm. Wieder kommen chinesische Diener in den Salon der französischen Gesandtschaft mit dem Schreckensruf gelaufen: »Boxer! Boxer!«

Eine Bande der Rebellen bedroht neuerlich von Osten her das europäische Viertel.

»Klar zum Gefecht!«

Darcy gibt sofort seine Befehle. »Nehmen Sie einen halben Zug zur Verstärkung der österreichischen Gesandtschaft, ich nehme den andern für die italienische!«

Ein Reservezug bleibt bei den Franzosen zurück, um die Posten in der Nordost- und Südostecke der Mauer zu beziehen. Aber die französischen Soldaten sind nicht die einzigen, die zu den Waffen greifen. Zivilisten, Freiwillige, behängt mit Karabinern oder Jagdgewehren, laufen über die Linien in die Gesandtschaftsstraße und werfen sich den Boxern entgegen. An ihrer Spitze der unvermeidliche Auguste Chamot, der keine brenzlige Situation ausläßt. Neben ihm, wie immer, seine junge Frau. Die temperamentvolle Amerikanerin hat sich geschworen, ihrem Gatten überallhin zu folgen, und da er nun einmal in den Krieg zieht, zieht sie mit.

Vorne sind die Boxer eben durch das Tor Ha-Ta-Men tobend und brüllend in die Tatarenstadt eingedrungen, die östlich vom Gesandtschaftsviertel liegt.

Wilde Panik erfaßt die Chinesen. Männer und Frauen rennen wie verrückt nach allen Richtungen, während die Boxer mit lautem Geschrei ihre Säbel und Pechfackeln schwingen. Die Zivilisten verschwinden schnell in den Läden und Gassen und überlassen die Ha-Ta-Men-Straße den heulenden Horden, die sich auf eine protestantische Mission stürzen und sie in Brand stecken. Das Feuer prasselt, schwarzer Rauch quillt auf, die Ziegeldächer fallen in riesigen Feuergarben zusammen. Angstschreie antworten dem Geheul der Terroristen, und schon dringen die Boxer in die plötzlich leergefegte Gesandtschaftsstraße ein.

Da knallen Schüsse. Es sind die Freiwilligen, die Zivilisten. Eine kurze Salve, kaum zehn Schuß, aber die Boxer fliehen und lassen fünf Tote zurück. Unter den Toten ist ein Junge von fünfzehn Jahren, der den »fremden Teufeln« die nackte Brust geboten hat, weil er sich für unverwundbar hielt.

Der Feind ist verschwunden. Aber er hat sich in den Höfen und Hütten der Chinesenstadt verkrochen und ist zu neuem Angriff bereit.

»Wir müssen auf jeden Fall das Ha-Ta-Men-Tor schließen!«

»Mach' ich! Ich gehe hin!« ruft Auguste Chamot. »Und ich mit dir«, erklärt seine Frau. Die beiden laufen allein zum Tor, mitten hinein in die Chinesen, die sich drohend um sie drängen. Die Frau hält sie mit ihrem Karabiner in Schach, während der Schweizer Hotelier das Tor versperrt und den Schlüssel an sich nimmt.

Dann geht das Ehepaar ruhig in die Gesandtschaftsstraße zurück, das Gewehr lässig im Arm, als käme es von einem netten Jagdausflug.

Ein erster, klarer Erfolg gegen die Boxer! Paradox daran ist nur, daß die Sache ohne Militär vonstatten gegangen ist. Die Soldaten waren lediglich damit befaßt, die österreichische und die italienische Gesandtschaft zu schützen. Der Gewaltstreich ist den Zivilisten gelungen, vor allem dem Ehepaar Chamot. Es hat sich damit in ein Abenteuer eingelassen, das sich sehr wesentlich von der Führung eines internationalen Hotels unterscheidet ... Ein paar Schüsse aus einem Karabiner oder einer Jagdwaffe haben bewiesen, daß die Boxer trotz ihrer magischen Formeln nicht unverwundbar sind.

»Alles ist gutgegangen«, stellt Chamot in seinem schleppenden Schweizer Akzent fest. »Die drüben haben nichts gehabt als ihre Säbel, ihre Fackeln und Messer. Wenn sie sich richtige Waffen verschaffen, wird die Sache schwieriger werden.«

»Dann hätten eben wir uns einschalten müssen«, sagt Kapitänleutnant Darcy, »vergessen Sie bitte nicht, daß wir da sind, um Sie zu schützen und nicht umgekehrt. Sie waren zwar sehr tapfer, aber auch sehr unvorsichtig.«

Chamot lächelt wortlos. Es ist ihm immerhin gelungen, eines der gefährlichsten Tore zu schließen. Der Offizier quält sich gleichfalls ein Lächeln ab.

»Lieber Herr Chamot, ich bitte Sie um eines: Vermeiden Sie es, sich ständig zwischen die Boxer und unsere Soldaten zu werfen. Und passen Sie auf Ihre Frau auf!«

Darcy hat Arbeit und Sorgen genug. Er will die Frauen und Kinder, die sich noch im Zollgebäude befinden, in die französische Gesandtschaft schaffen. Das Zollgebäude liegt zu isoliert im Norden.

Zum ersten Mal haben die Europäer die Waffen sprechen lassen. Überall ist man aufgeregt am späten Nachmittag dieses 13. Juni, überall spürt man, daß die Belagerung beginnt. Deshalb muß das

Terrain in aller Eile besser befestigt werden; man baut neue leichte Barrikaden aus umgestürzten Karren, Fässern, Bohlen und spannt Drähte über die Straße. Die Zivilisten stellen nach dem Muster der Militärs ihre eigenen Wachtposten auf und ziehen ihre Runden. Die Männer, ja, sogar einige Frauen, tun keinen Schritt mehr ohne Karabiner oder Revolver.

Um acht Uhr abends brechen neue Brände aus. Die Kirchen des Tun-T'ang, nördlich der österreichischen Gesandtschaft, und die protestantische Kapelle des Ting-Tse-Ku stehen in Flammen.

»Sie kommen!«

Wieder stürmt eine Horde Boxer auf die Gesandtschaften zu. Diesmal über die verlängerte Zollstraße, die direkt auf die österreichisch-ungarische Legation zugeht. Fregattenkapitän Thomann von Montalmar hat kaum mehr als dreißig Marinesoldaten zur Verfügung. Aber er besitzt die fürchterlichste Waffe des ganzen Viertels: ein Maschinengewehr Maxim, das eindrucksvolle sechshundert Schuß in der Minute abfeuern kann. Seine kroatischen und ungarischen Soldaten bringen das Maximgewehr sofort in Stellung.

Man sieht nun die Fackeln sich über das ganze Gelände ausbreiten. Ihr Schein nähert sich in rasendem Tempo, die ganze Straße scheint sich in einen brennenden Strom zu verwandeln.

»Feuer!« Das Maschinengewehr ballert los, in scharfen, harten, knatternden Stößen. Aber die Fackelläufer scheinen unverwundbar. Trotzdem stockt der Strom. Das Feuer wird eingestellt und die Stille der Dämmerung folgt dem Lärm des Gefechts. Österreicher und Franzosen stellen eine Patrouille zusammen, um zu sehen, wieviel Tote es gegeben hat. Sie finden nur die Leiche einer alten Frau, zweifellos einer chinesischen Christin, die von den Banden umgebracht wurde. Sollten die Boxer ihre Toten und Verwundeten weggeschleppt haben?

»Sehen Sie, Kapitän!«

Die Matrosen haben in der brennenden Straße Fackelstangen entdeckt, die in die Erde eingelassen waren. Darcy begreift:

»Eine nette Kriegslist, Kommandant«, sagt er zu dem österreichischen Offizier. »Allerhand, wirklich! Es genügt, daß zwei Mann die

Straße entlangschleichen und eine Fackel nach der andern entzünden. In der Nacht und aus der Entfernung glaubt dann der Gegner, eine komplette Armee sei im Anmarsch.«

»Die Boxer haben Phantasie, das muß ich zugeben«, sagt Thomann.

»Ich fürchte, wir werden noch einige Überraschungen mit ihnen erleben.«

»Solange sie keine Gewehre haben, halten wir stand . . .«

»Ein paar Tage gewiß. Ob aber einige Wochen . . .«

Nein, niemand kann am Abend des 13. Juni voraussehen, wann die Belagerung zu Ende gehen wird. Vom Hilfskorps fehlt noch immer jede Spur. Und allenthalben brennt es.

Im Schutz der Dämmerung begibt sich Baron Ketteler mit Oberleutnant von Soden auf das flache Dach eines Gebäudes, das zur deutschen Gesandtschaft gehört. Sie sehen die Brände, die ganze Stadtteile Pekings einäschern, ohne etwas dagegen unternehmen zu können. Protestantische und katholische Kirchen, Krankenhäuser, Geschäfte, alle Wohnstätten der »fremden Teufel« und der chinesischen Konvertiten brennen. Trotzdem ist die Nacht schön, fast frisch, nach der tödlichen Hitze des Junitages.

Die brennenden Bauwerke bieten ein tragisches Schauspiel, das geradezu an ein buntes, prächtiges Sommerfest erinnert. Funken sprühen bis zu den Sternen empor, dumpfe Detonationen ertönen wie bei einem Feuerwerk. Plötzlich liegt die Stadt taghell erleuchtet da. Aber diese lodernde Glut birgt Entsetzen und Tod: In der Kirche Tun-T'ang verbrennen Pater Garrigues und mehr als dreihundert chinesische Christen bei lebendigem Leib.

Während der Nacht vom 13. zum 14. Juni bleiben viele der Europäer auf den Dächern, denn sie können sich von dem schaurig-schrecklichen Anblick nicht losreißen.

Der Tun-T'ang brennt bis in die Morgenstunden.

Donnerstag, 14. Juni 1900

Im Morgengrauen erlöschen die Flammen. Nur qualmende Ruinen bleiben zurück. Windstöße treiben den häßlichen Brandgeruch bis in das europäische Viertel, wo jetzt die nackte Angst herrscht und immer wildere Gerüchte kursieren.

»Die Truppen Ton-Fu-Sians überfallen uns heute noch!«

»Die Regulären haben sich endgültig mit den Boxern verbündet!«

»Sie tarnen sich als Zivilisten und schleichen sich bei uns ein!«

Man kommt überein, die wichtigsten Straßen zu verbarrikadieren und die chinesischen Konvertiten mit Passierscheinen zu versehen. Daraus ergibt sich ein reger Handel. Die chinesischen Boys verlassen das Viertel mit ihren Ausweisen, stecken sie draußen aber anderen Chinesen zu, die damit in den Gesandtschaftsbereich Einlaß finden. Sind es Neugierige? Spione? Wie soll man all diese Menschen auseinanderkennen, die einander so ähneln. Sie wimmeln in den Straßen, reden, gestikulieren – und verschwinden, sobald eine Patrouille auftaucht! Ein und derselbe Passierschein, der ja keine Photographie trägt, wird von Dutzenden und Dutzenden Chinesen benützt.

Manchmal kommen ehemalige Bedienstete, die noch zu ihren früheren Herren halten, aus den besetzten Stadtteilen und bringen Neuigkeiten, – durchwegs schlechte. Die von den Boxern aufgehetzte Bevölkerung ist in eine wahre Raserei des Brennens, Plünderns und Mordens verfallen. In der letzten Nacht haben sie auch das Haus der französischen Dolmetschschüler angesteckt; die Bewohner waren zu ihrem Glück schon einige Tage zuvor in den Verteidigungsbezirk geflüchtet.

Immer wieder melden sich europäische Freiwillige. Drei werden in die Abteilung Darcy eingegliedert: Léon de Gieter, Paul Pelliot und Kapitän Labrousse. Die ersten beiden sind Zivilisten. Léon de Gieter, Professor für die französische Sprache an der Kaiserlichen Universität, ist ein kleiner Mann, fast schwächlich, mit glatt rasiertem Schädel, einem dichten, dunklen Schnurrbart und einem kleinen Kinnbärtchen à la Napoléon III. Paul Pelliot, Archäologe in

Indochina, ist groß, kräftig und helläugig. Die beiden kennen den Fernen Osten und die Asiaten durch und durch. Sie wissen, daß der Kampf jetzt unausweichlich geworden ist.

Der dritte Freiwillige ist ein Angehöriger der französischen Armee. Hauptmann Labrousse von der Marineinfanterie erzählt lachend seine Geschichte: Er hat seinen Urlaub in China verbracht und wollte mit einem Freund, Vicomte de Cholet, auf der Transsibirischen Eisenbahn nach Europa zurückfahren. Nun sitzt er in Peking fest. »Ich stelle mich Ihnen zur Verfügung.«

Labrousse, der den gleichen Rang wie Darcy hat, ist – isoliert von seiner Einheit – zu ihm gestoßen und unterstellt sich Darcys Befehl. Er ist ein Mann mit derben, kantigen Zügen und einem dichten, hellen Schnurrbart. Ein echter Haudegen, der viel in der Welt herumgekommen ist. Er findet die Lage in Peking katastrophal, aber interessant.

Der Telegraph ist zwar unterbrochen, aber immer wieder gelingt es chinesischen Kurieren, durch die Linien zu schlüpfen und Nachrichten zu übermitteln. So konnten die Gesandten schon mehrfach dringende Hilferufe an die Armee Seymours senden.

Am Morgen bittet Pichon Darcy zu sich. Er hält einen Zettel in der Hand:

»Nachricht von Kapitän Marolles, dem Kommandanten der französischen Abteilung Seymours!« ruft er. »Sie haben Lan-Fang erreicht!«

»Jetzt erst! Dann sind sie noch sechzig Kilometer von Peking entfernt! Das bedeutet drei Tage Marsch, vielleicht sogar vier!«

»Sie können keinesfalls rechtzeitig da sein!« seufzt Pichon.

»Dann müssen wir eben durchhalten«, sagt Darcy.

Wie alle militärischen Chefs im Gesandtschaftsviertel kann auch Darcy das Verhalten des britischen Admirals nicht verstehen, der offenbar nichts Besseres zu tun weiß, als Gleise zu flicken. Viele europäische Offiziere in Peking halten mit ihrer Meinung nicht hinter dem Berg: »Er braucht nur auszusteigen und zu Fuß weiterzumachen!«

»Warum will er durchaus die Verbindung mit Tientsin aufrechterhalten? Er sollte lieber zusehen, daß er mit uns Kontakt bekommt.«

»Vierzig europäische Kriegsschiffe liegen in Ta-Ku vor Anker. Das scheint ihm zur Deckung seiner Nachhut nicht auszureichen!«

Nein, Admiral Seymour hat durchaus keine gute Presse bei den Verteidigern von Peking. Militärs wie Zivilisten üben offen Kritik. Nur seine Landsleute schweigen nach dem Vorbild des Gesandten, sie sind allerdings irritiert, da sie sich mitverantwortlich für die Verzögerung fühlen. So kapseln sie sich vor den Kontinentalen ab. Mit mehr als achtzig Kombattanten sind sie fast so stark wie die Russen, doch sie verlassen ihre Gesandtschaft kaum mehr.

Der Groll gegen Seymour ist aus allen Gesprächen herauszuhören. Immer wieder vernimmt man den Vorwurf: »Er hat uns im Stich gelassen.«

Die Zivilisten scheinen plötzlich sehr bedrückt. Nach der Begeisterung über das erste Scharmützel unter der Führung des Ehepaars Chamot greift eine Art Depression um sich. Die Militärs hingegen halten sich nicht mit Gefühlen wie Groll oder Angst auf, sie nützen die Zeit, um ihre Stellungen zu verstärken, denn sie sind eisern zum Durchhalten entschlossen, komme, was da wolle.

Gegen sieben Uhr abends fallen ein paar Schüsse. Die Deutschen sind als erste auf die Mauer bei der Tatarenstadt geklettert, die nahe ihrer Stellung ist, und veranstalten eine Art Scheibenschießen auf die Boxer in der Chinesenstadt. Die fünf Matrosen mit ihrem Unteroffizier zielen langsam, überlegt, wie beim Exerzieren. Das Feuer hat eine verheerende Wirkung. Die Aufständischen, die sich noch einige Sekunden vorher für unverwundbar hielten, liegen nun auf dem Boden in ihrem Blut. Sechs Tote und zahlreiche Verwundete sind auszumachen. Von allen Seiten stürzen wild gestikulierende Chinesen herbei, Wutschreie ertönen. Die Nacht bricht herein.

»Da sind sie!«

Es ist genau wie tags zuvor: Wieder Fackeln aus dem Dunkel, wieder ein Feuerstrom entlang der Zollstraße. Die Boxer gönnen ihren Feinden keine Atempause.

»Ans Gewehr!«

Ein französischer Stoßtrupp marschiert im Gleichschritt auf die Barrikade der österreichischen Gesandtschaft zu, um den acht Österreichern zu helfen, die sich hier im Nordteil des Sektors außerhalb der Verteidigungslinie, ganz isoliert, bei den Belgiern befinden. Herr Joostens ist trotzdem fest entschlossen, seine Residenz nur im äußersten Notfall aufzugeben.

In der Chinesenstadt brodelt es. Eine unübersehbare Menschenmenge ist mit einbrechender Dunkelheit zu der Mauer gezogen und brüllt fanatisch ihre Wut zu den Europäern hinauf. Die Boxer haben ihre Landsleute bis zur Weißglut angeheizt. Aus hundert Meter Entfernung ertönen die Sprechchöre des Hasses, taktmäßig, wie von einem riesigen Schmiedehammer skandiert:

»Tscha, Tscha!« (Tod! Tod!) – »Tscho, Tscho!« (Feuer, Feuer!)

Wie Geier, die Aas wittern, wälzen sie sich stoßend und drängend zu der fünfzig Fuß hohen Mauer hin. Wenn diese Sturmflut den Schutzdamm überschwemmt, sind die Gesandtschaften und alles, was in ihnen lebt, in wenigen Minuten in einem Meer von Feuer und Blut ertränkt. Immer lauter, immer gräßlicher wird das Geschrei und das Getöse. Es dröhnt in den Ohren der vor Schreck gelähmten Europäer, die den Tod vor sich sehen. Ja, dort ist er, der Tod, jenseits der Mauer, im Schein der Fackeln und im Blinken der Messer.

Bis zwei Uhr nachts tönt der schreckliche Chor: »Tscha, Tscha! Tscho, Tscho!« Das grelle, furchtbare Leitmotiv der beginnenden Tragödie.

»Die belgische Gesandtschaft braucht Hilfe!«

»Das mußte doch so kommen«, brummt Darcy, der sich nach dem »chinesischen Konzert« endlich zur Ruhe legen wollte. Er verfügt nur über einen winzigen Trupp und ruft einen seiner beiden Unteroffiziere, den Bretonen Le Gloanec.

»Du nimmst fünf Matrosen und gehst sofort los!«

Sechs Österreicher schließen sich an. Kapitänleutnant Kollař von der k. u. k. Marine kommandiert das Detachement. Seit ein paar

Tagen schon arbeiten die Matrosen aller Nationen ausgezeichnet zusammen, alle Vorurteile wurden von den ersten Gefechten weggefegt. Sie brauchen keinen Dolmetscher, um den österreichischen Offizier zu verstehen:

»Vorwärts!«

»Warzav!« ruft der bretonische Unteroffizier seinen Männern zu.

Und schon hat der kleine Trupp die belgische Gesandtschaft erreicht, die tatsächlich sehr isoliert im Nordteil liegt. Im Garten wimmelt es von Boxern. Eine mitleidlose Salve der Marinesoldaten treibt die Mordbrenner auseinander, zwei werden getötet, fünfzehn gefangen. Die Chinesen sind zahlenmäßig weit stärker als ihre Überwinder, aber wesentlich schlechter ausgerüstet. Sie lassen sich stumm durchsuchen. Säbel und Dolche fallen auf den Boden. Le Gloanec blutet. Er wurde von einem Stein oder einem Holzsplitter oberhalb der linken Augenbraue getroffen.

Beim Rückweg zur Barrikade kommt ihm sein Chef entgegen.

»Nun«, sagt Darcy, »dich haben die Boxer ja fein zugerichtet!«

»Es ist nichts, Kapitän, nur ein Kratzer.«

Der Offizier begibt sich zur Barrikade vor der österreichischen Gesandtschaft am Ende der Zollstraße.

»Das war die letzte Patrouille außerhalb unseres Verteidigungsbereichs«, erklärt er kategorisch. »Solange wir es nur mit den Boxern zu tun haben, geht es noch an. Wenn uns aber reguläre Truppen erwischen, dann haben wir die ganze kaiserliche Armee auf dem Buckel.«

»Wir können doch die belgische Gesandtschaft nicht ausplündern und niederbrennen lassen, Kapitän! Es sind Europäer im Haus.«

»Man wird es eben evakuieren«, murmelt Darcy.

Er ist schon seit langem davon überzeugt, daß sich dieses Gebäude, das mehr als einen Kilometer vom Zentrum des Viertels entfernt ist, nicht halten läßt. Das sagt er auch seinem Adjutanten Herber:

»Meiner Meinung nach müssen wir uns auf eine Verteidigung auf begrenztem Raum beschränken. Es wäre Wahnsinn, Patrouillen auszuschicken oder Feinde anzugreifen, deren Stärke und Bewaffnung wir nicht kennen. Wenn wir uns in dieses Winkelwerk von Gassen hinauswagen, kann das größte Unglück geschehen. Wir sind zu schwach, um auch nur einen einzigen Mann entbehren zu können.«

Ihm ist längst klar geworden, daß jeder Einsatz, der zum Verlust auch nur eines Soldaten führt, eine Niederlage bedeutet, selbst wenn der Ausfall erfolgreich wäre. Es gibt nicht einmal fünfhundert Soldaten innerhalb von Peking; er darf keinen einzigen riskieren, wenn er durchhalten will.

In der Nacht brennt es wieder. Dieses Mal haben sich die Boxer den Nan-T'ang zum Opfer ausersehen. Aber in der katholischen Kirche verbrennen glücklicherweise weder Geistliche noch Gläubige bei lebendigem Leib, so wie im Tun-T'ang. Der tollkühne Hotelier Chamot leistet sich wieder ein Husarenstück: An der Spitze einiger Freiwilliger, fast durchwegs seine Gäste und seine Bediensteten, erzwingt er einen Ausbruch. Er kommt mit neuen Flüchtlingen hinter die Linie zurück, darunter zwanzig Nonnen, die ein Greis mit weißem, geteiltem Bart anführt, der italienische Pater d'Addosio. Ein paar verstörte chinesische Christen klammern sich nach der gräßlichen Nacht, die sie durchgestanden haben, an seine Kutte. Es kostet viel Mühe, alle unterzubringen. Die wachsende Zahl an Flüchtlingen verursacht schwere Probleme. Wie soll man diese armen Teufel beherbergen, ernähren, kleiden? Mehr schlecht als recht richtet man sich mit ihnen ein.

Die katholischen und protestantischen Missionare bemühen sich um ihre Schäfchen. Pater d'Adossio findet keinen Schlaf in der französischen Gesandtschaft. Er kann es nicht begreifen, daß jetzt noch, nach so vielen Jahren Missionstätigkeit in China, solche blutige Ausschreitungen und solche Haßexzesse möglich sind.

Freitag, 15. Juni 1900

Um sieben Uhr erscheint der Dolmetschschüler Fliche in der Ordination Dr. Matignons. Wenn die Nacht auch noch so anstrengend war, der Arzt hält eisern am frühen Arbeitsbeginn fest.

»Doktor, Pater d'Addosio hat mir gesagt, daß sich noch hundertfünfzig Christen in den Ruinen der Nan-T'ang-Kirche befinden. Sie haben keine Waffen und wehren sich mit Steinen.«

»Wir müssen sie befreien. Aber ohne die Genehmigung des Gesandten kann ich nichts unternehmen. Erstatten Sie ihm Bericht!«

Zehn Minuten später hat Stephen Pichon seine Genehmigung erteilt. Wenn die Freiwilligen ihre Haut riskieren wollen, um ihre chinesischen Glaubensgenossen zu befreien – gut, das ist ihre Sache!

Der Arzt begibt sich eiligst ins Hotel Peking, wo viele Flüchtlinge, vor allem französische und belgische Eisenbahningenieure, untergebracht sind.

»Wer kommt mit mir?« fragt er.

Eine Menge Freiwilliger melden sich, ein paar Italiener schließen sich an. Mit Dr. Matignon an der Spitze wird ein kleines Kommando von zwölf Mann zusammengestellt. Ihre Waffen: Jagdgewehre und ein paar alte russische Flinten. Der Chef der Expedition präsentiert sich mit einem riesigen Karabiner, der eigentlich für die Nilpferdjagd bestimmt ist.

Ein christlicher Religionslehrer mit einem enormen verrosteten Revolver in der Hand macht den Führer. Der Trupp folgt ihm durch eine zur Mauer parallel laufende schmale Gasse, die sich zwischen der Tataren- und der Chinesenstadt hinzieht. Peking scheint an diesem Morgen des 15. Juni ausgestorben. Die Straßen sind leer, die Bewohner verstecken sich in den Häusern, die Läden sind versperrt. Da und dort wagt sich ein Chinese hervor, verschwindet aber sofort wieder. Aus finsteren Hausecken werden die Marschierenden halb ängstlich, halb spöttisch beobachtet. Man weiß, daß diese Männer zahlenmäßig gegenüber den Boxern ein Nichts sind. Aber die Europäer sind gut bewaffnet und zu allem entschlossen.

Als sie noch dreihundert Meter von den Trümmern des französischen Spitals neben der Nan-T'ang-Kirche entfernt sind, zeigt der Führer mit seiner Waffe auf Plünderer, die im Schutt wühlen. Und schon stürzen die Freiwilligen, Gewehre im Anschlag, auf sie zu.

»Zurück!« schreit Dr. Matignon. »Ruhe bewahren!«

Aber niemand hört auf ihn. Nach den langen Tagen des Wartens und Nichtstuns sind sie nicht zu halten. Sie müssen losschlagen, gleichgültig gegen wen. Der Arzt, der sich bei den Boxern anschleichen wollte, sieht seinen Kriegsplan durch die Unbeherrschtheit seiner Gefährten vereitelt.

Ein Schuß fällt.

»Ruhe!«

Aber es ist zu spät. Der Überraschungsangriff ist mißlungen. Statt sich in den gewundenen Gassen vorzutasten, stürzen sich die Freiwilligen hinaus auf die breite Straße längs der Mauer. Ihr Anführer kann nur mit geschwungenem Nilpferdkarabiner hinter ihnen herrennen. Neuerliches Schießen. Die Plünderer fliehen mit Packen und Bündeln, sogar Holzbalken schleifen sie mit.

Plötzlich sieht Matignon einen starken Trupp Regulärer, die das Tor Tung-T'se-Men bewachen. Sie gehören dem Mandschu-Banner an und greifen sofort zu ihren Waffen, um einem Angriff der Europäer zuvorzukommen.

»Wir suchen nur die Boxer, laßt uns durch!« brüllt Matignon. Die chinesischen Offiziere rufen ihre Leute zur Ordnung und zwingen sie mit Kolbenhieben, ihre Gewehre wieder in Pyramiden zusammenzustellen. Die Freiwilligen laufen weiter, vorbei an den Ruinen des Spitals und der ehemaligen Jesuitenkirche. Zur Linken ragt die Mauer fünfzehn Meter empor, vor ihnen liegt das Tung-T'se-Men-Tor, die Verbindung zwischen Chinesen- und Tatarenstadt.

»Da – Boxer!«

Dreißig Männer mit rotem Turban und rotem Gürtel tauchen hinter einem Trupp Soldaten auf, der offensichtlich die Kirche plündern wollte. Dahinter eine zweite Gruppe, wenigstens fünfzig Mann stark. Sie flüchten nicht, sie stoßen mit geschwungenen Waffen wilde Drohungen aus und stürzen plötzlich über eine kleine Steinbrücke auf die Freiwilligen zu.

»Feuer!« kommandiert Matignon, als die Angreifer etwa sechzig Meter entfernt sind.

Ein einziger Knall aus allen Gewehren. Die meisten Boxer fallen zu Boden. Sind sie getroffen? Nein, sie haben sich auf die Erde geworfen, um den Schutz ihrer Götter anzurufen. Schon stehen sie wieder auf und nähern sich mit erhobenen Säbeln und Spießen.

»Zielt doch besser!« schimpft der Arzt. »Feuer!«

Vier oder fünf Boxer rollen in den Staub. Aber die andern setzen ruhig ihren Weg fort. Einer von ihnen ist nur mehr fünfzehn Meter entfernt, als ihn der Archäologe Pelliot mit einem Schuß niederstreckt. Aber die Chinesen steigen über die Leiche hinweg und kommen näher. Und plötzlich erschallt taktmäßig ihr durchdringender Kriegsruf: »Tscha-Tscha! Tscho-Tscho!«

Die Freiwilligen halten stand, sie verstellen die Breite der Straße, aber sie sind eben nur zwölf.

»Verdammt – eine Ladehemmung!« schreit Léon de Gieter. So dreht er sein Gewehr einfach um, packt es beim Rohr, um wie mit einem Knüppel loszuschlagen.

»Achtung!« ruft Fliche, der Dolmetschschüler. »Die Soldaten nehmen ihre Waffen wieder auf!«

Wahrhaftig, das Mandschu-Banner greift zu den Gewehren. Es sind gut hundert Mann, oben auf der Mauer, fünfzehn Meter über den Freiwilligen. Die Europäer spüren, daß sie verloren sind. Ingenieur Bartholin sagt zu seinem Freund Matignon: »Es ist aus, mein Lieber . . .«

»Möglich. Aber vorher holen wir uns noch die beiden Burschen da vorne!«

Zwei Boxer, anscheinend die Anführer, rennen brüllend auf sie zu.

»Jedem einer«, sagt der Arzt, »du nimm den Linken. Los!«

Die Schüsse fallen gleichzeitig, und die Boxer, aus nächster Nähe getroffen, stürzen mit einem grotesken Sprung nach hinten und bleiben mit verrenkten Gliedern mitten unter ihren Kameraden liegen.

Jetzt merken die Angreifer, daß die Schüsse der »fremden Teufel« doch tödlich sind, obwohl ihnen die beiden Führer geschworen haben, sie seien unverwundbar. Nun liegen sie da, blutend aus gräßlichen Wunden. Die Boxer stocken. Da und dort weicht einer zurück, zwar mit wildem Gesicht, aber besiegt.

»Zurück!« ruft Fliche plötzlich, der, hoch zu Roß, die Nachhut bildet. »Die Soldaten legen an!«

Oben auf der Mauer haben die Regulären das Kriegsgeschrei der Boxer vernommen: »Tscha-Tscha! Tscho-Tscho!«

Sie machen in diesem kurzen Gefecht kein Hehl daraus, wem ihre Sympathien gehören ... Binnen weniger Sekunden werden sie eingreifen. Und sie haben Gewehre, nicht bloß Spieße wie die Boxer.

»Zurück!« brüllt Matignon.

Und der Trupp zieht sich in die kleine Gasse zurück, aus der er gekommen ist. Damit ist er aus dem Schußfeld der Chinesen.

Der Kugelwechsel hat die Boxer abgelenkt, so daß die belagerten Christen in die Nachbarhäuser flüchten konnten, wo sie sich nun verstecken. Sobald die Freiwilligen vorüberkommen, öffnen sich zaghaft die Türen, und schüchterne Hände strecken zum Zeichen der Dankbarkeit Heiligenbilder heraus. Die bunten Drucke mit den Abbildungen des Heilands und der Madonna sind eine Art Paß. Aber die Männer, die ihre Glaubensbrüder befreit haben, dürfen keine Zeit verlieren. Jeden Augenblick können die Boxer in Scharen wiederkommen.

»Folgt uns! Schnell!«

Die chinesischen Christen hasten ihnen nach, beladen mit elenden Bündeln und Säcken. Viele wurden verletzt oder haben Brandwunden erlitten. Die letzten Tage haben sie in unerträglicher Angst verbracht. Frauen und Kinder folgen dem Trupp, ächzend und fluchend, ein ganzer Schwarm. Da, endlich, die Mauer, die mit den Marinesoldaten besetzten Barrikaden! Sie sind gerettet! Diese chinesischen Christen werden zuerst in den noch bewohnbaren Häusern des Gesandtschaftsparks untergebracht. Unter Lebensgefahr haben sie die Freiwilligen einem sichern Tod entrissen und unter schwersten Opfern von Dutzenden und Dutzenden Matrosen vor den Boxern geschützt, was sie aber, wie Matignon in seinen Memoiren berichtet, durchaus nicht hinderte, die Häuser ihrer Retter gründlich auszuplündern. »Ich glaube«, schreibt Matignon wörtlich, »daß keiner der geretteten chinesischen Christen die

Haut meiner tapferen, aber etwas voreiligen Freiwilligen wert war.«

Unter den Flüchtlingen ist ein sechzehnjähriger Junge, der vier Säbelhiebe quer über den Kopf erhalten hat und dessen Hals halb durchgetrennt ist. Fünf Tage ist er im Dreck gelegen, und seine Wunden starren von Schmutz und Eiter. Aber er lebt noch. Dr. Matignon reinigt und verbindet ihn, und zur allgemeinen Verwunderung wird der Knabe gesund. Ein paar Tage später kann er in den Park Su-Wang-Fu zu den andern Flüchtlingen zurückkehren.

Bis zum Abend sind die Europäer mit der Unterbringung und Versorgung der Flüchtlinge beschäftigt. Immer wieder werden Patrouillen in die Tatarenstadt geschickt. Die Marinesoldaten sind besser organisiert und disziplinierter als die Freiwilligen, ihre Jagd auf die Boxer ist erfolgreicher, und es gelingt ihnen, viele Konvertiten zu befreien. Auch die Deutschen, Amerikaner, Russen und Engländer schicken zahlreiche Patrouillen aus. Alle Gesandtschaften sind gesteckt voll von verstörten und verängstigten Flüchtlingen. Unter den Europäern gehen weiterhin die tollsten Gerüchte über das sehnsüchtig erwartete Hilfskorps um. Wilde Hoffnung wechselt ab mit tiefer Enttäuschung. Alle reden, aber niemand weiß etwas. Endlich eine neue offizielle Nachricht. Sie kommt über Baron Ketteler, der sie seinerseits vom englischen Gesandten erhalten hat. Diesmal kann es keine Falschmeldung sein; einer von den Kulis, die ständig heimlich die Linien überschreiten, hat die Mitteilung von Admiral Seymour persönlich für Sir Claude MacDonald nach Peking geschmuggelt: Die Entsatztruppen befinden sich zehn Meilen von Lan-Fang, der Admiral hofft am Abend bei An-Ting zu sein.

Kapitänleutnant Darcy ist nicht ganz überzeugt. »Wann ist die Nachricht abgeschickt worden?« fragt er den französischen Gesandten.

»Gestern erst, um fünf Uhr früh. Seither nichts Neues.«

»Nun, Scymour ist kein Kitchener. Der hatte es damals eiliger, nach Faschoda zu kommen, als der Admiral zu uns.«

Darcy nimmt sich kein Blatt vor den Mund. Noch herrscht zwischen den diversen Europäern, die der Zufall in Peking zusammengeführt hat, keine völlige Allianz. Die Franzosen halten sich am liebsten zu den Herren aus Österreich-Ungarn und zu den Italienern, und sogar ihre Beziehungen zu den Deutschen sind besser als die zu den Engländern.

»Ob so oder so, wir haben noch immer kein einheitliches Kommando und werden vielleicht nie eines haben«, sagt Darcy unmutig.

»Dann sind wir verloren«, antwortet Pichon seufzend.

Seit Tagen schon schickt der französische Gesandte mittels Boten pausenlos Depeschen hinaus aus der Stadt. Aber seine Hilferufe verhallen ungehört.

Die Nacht vom 15. zum 16. Juni bleibt ruhig. Soldaten und Zivilisten können endlich schlafen. Aber die Wachtposten auf den Dächern melden fortwährend neue Brände, denn die Boxer zünden die Hütten jener Landsleute an, die zu den Europäern flüchten konnten.

Es war ein harter Tag im Pe-T'ang. Gegen sieben Uhr abends begann es. Die Matrosen Oberleutnants Henrys, konnten erst gegen zwei Uhr früh einschlafen, nachdem sie die ganze vorhergehende Nacht Wache gestanden waren und stundenlang das Kriegsgeschrei der Boxer auf der anderen Seite der Mauer anhören mußten.

Um sieben Uhr zwanzig wird dem Offizier, der seit dem Vorabend ununterbrochen auf seinem Posten beim Südportal des Pe-T'ang steht, gemeldet, daß sich die Boxer zum Angriff bereit machen.

Es ist ihnen gelungen, das Tor Si-Hoa-Men aufzubrechen, und nun sind sie auch schon da. Zum erstenmal sehen die französischen Marinesoldaten die Fanatiker im weißen Kittel, mit dem roten Turban, der roten Schärpe und den roten Bändern. Sie nähern sich langsam, sehr langsam, in der einen Hand den Säbel, in der andern eine Fackel. Schon sind sie nur mehr dreihundert Meter vom Pe-T'ang entfernt, da verharren sie und werfen sich zu Boden.

»Was machen sie denn?« fragt Jouannic.

»Sie beten, damit sie unverwundbar werden«, sagt Henry.

»Nun, da werden sie aber bald schwer enttäuscht sein.«

»Achtung«, sagt der junge Offizier, »erst schießen, bis ich Befehl gebe!«

Die Matrosen stehen Gewehr bei Fuß und mustern mit grimmiger Miene die Andringenden. Und nun springen die Boxer auf, laufen auf den Pe-T'ang zu. Sie sind kaum hundert Meter entfernt, als Oberleutnant Henry »Feuer!« befiehlt.

Siebzehn Gewehre feuern zugleich und mähen die ersten Reihen nieder. Die Getroffenen wälzen sich im Staub. Und nochmals: »Feuer!«

Die zweite Salve. Dicker Rauch steigt auf. Als er sich verzogen hat, sind die Angreifer verschwunden. Nur Tote und Verwundete liegen in ihrem Blut. Der Mann, der anscheinend den kleinen Trupp befehligt hat, flüchtet hinkend in ein Versteck.

Jouannic zählt die Toten und meldet seinem Chef: »Mindestens sechzehn Tote unter den Unverwundbaren . . .«

»Sammelt ihre Waffen ein!«

Die Matrosen holen Säbel und Spieße zusammen. Die Boxer hatten keine einzige Feuerwaffe und so war trotz des zahlenmäßigen Unterschieds die Partie für sie von vornherein riskant. Die Verteidiger der Kathedrale sind im Vorteil, doch ihre Gegner sammeln sich von neuem. Sie haben fünfzig Mann an Toten oder Verwundeten verloren, und dadurch wird ihre rasende Wut noch gesteigert.

Wieder ertönt das Kriegsgeschrei: »Tscha-Tscha! Tscho-Tscho!«

Im Zorn über ihre Niederlage stecken sie einen ganzen Häuserblock neben dem Pe-T'ang in Brand. Die Flammen züngeln in die Dämmerung. Paul Henry fürchtet, daß sie auf seinen Verteidigungsbezirk übergreifen könnten. Aber die abendliche Brise legt sich bald, und das Feuer verwüstet nur die chinesischen Hütten im Süden der Mission.

»Bleibt auch diese Nacht auf Posten«, befiehlt er seinen Leuten.

Um ein Uhr morgens verstummt das Geschrei der Boxer. Der junge Offizier kann sich sogar ein paar Augenblicke Ruhe gönnen. Er legt sich auf den nackten Boden neben das große Portal des Pe-T'ang und döst ein paar Stunden, während draußen das Feuer prasselt.

Samstag, 16. Juni 1900

Ein Mandarin erscheint am frühen Morgen bei den Wällen, die das Hauptportal des Pe-T'ang schützen. Er bittet Oberleutnant Henry, die Leichen wegtragen zu dürfen, die seit gestern Nacht vor den französischen Stellungen liegen. Der Offizier erlaubt ihm, das Totenritual zu vollziehen und fragt ihn, ob er weiß, wie viele gefallen sind.

»Siebenundvierzig – aber nicht durchwegs Boxer. Es waren mindestens zwanzig Zivilisten dabei.«

Paul Henry weiß genau, daß diese Zivilisten nichts anderes als Plünderer oder Partisanen sind. Deshalb bedauert er sie auch nicht. So sagt er zu dem Italiener Olivieri, der von seinem Posten beim Kloster Jen-T'se-T'ang gekommen ist:

»Wir haben nur fünfundfünfzig Schuß abgegeben. Davon siebenundvierzig Volltreffer – ein schönes Resultat. Der Anführer der Bande ist auch gefallen.«

»Und was ist mit den Zivilisten?«

»Der Mandarin behauptet, daß es Neugierige waren, die ganz unschuldig dazugekommen sind. Aber sie wollten doch sehen, wie wir massakriert und bei lebendigem Leib verbrannt werden! Nach einem Sieg der Boxer hätten sie geplündert und gemordet. In einem Kampf von solcher Unerbitterlichkeit gibt es keine Zivilisten.«

Die Flüchtlinge, die noch immer von allen Seiten herbeieilen, um bei Monsignore Favier Schutz zu suchen, können nicht genug von den Greueltaten der Boxer in den christlichen Gemeinden Nan-T'ang und Tung-T'ang erzählen. Überall werden die Christen niedergemetzelt. Viele mußten sterben, weil sie nicht abschwören wollten.

Ein Flüchtling berichtet: »Ich habe gehört, wie einer einem achtjährigen Jungen zugeschrien hat: ›Sag, daß du kein Christ bist, sonst bist du tot!‹ ›Wir sind seit drei Generationen Christen!‹ hat der Bub weinend geantwortet. Und schon haben sie ihn mit dem Säbel niedergemacht.«

Ein anderer bringt ein Plakat, das er in der Nacht von einer Hausmauer in der Tatarenstadt abgerissen hat. Die Boxer fordern die »Reinen« auf, mitanzusehen, wie die Kathedrale brennt. Sie leugnen ihre schweren Verluste zwar nicht, aber sie geben Zauberkünsten und dem bösen Blick der »fremden Teufel« die Schuld daran. Unter der Wirkung der Niederlage verhalten sie sich eine Weile ruhiger, doch bald gewinnt der alte Fanatismus wieder die Oberhand.

Mit großer Mühe ist es einem Kurier gelungen, vom Pe-T'ang zur französischen Gesandtschaft durchzukommen. Gesandter Stephen Pichon und Kapitänleutnant Darcy sind sehr besorgt wegen der Ereignisse in der Mission. Sie wissen, daß die Kathedrale das Hauptangriffsziel der Boxer bleibt.

Östlich der italienischen Gesandtschaft, außerhalb des Verteidigungsbezirks, wütet ein ungeheurer Brand. Entsetzt und hilflos müssen die Europäer zusehen.

Ein amerikanischer Missionär zieht Bilanz: »In den drei Tagen seit dem 13. Juni haben die Boxer dreizehn Kirchen, sieben Schulen, sieben Spitäler samt Apotheken und mehr als dreißig Wohngebäude angezündet und ausgeplündert. Bald wird ganz Peking ein einziges Flammenmeer sein.«

Denn jetzt stecken die Boxer nicht mehr nur die Villen der Europäer und die Hütten der chinesischen Christen in Brand, sondern wahllos alles, was ihnen begegnet, besessen von dem Wahn, daß nur die Flammen das läutern, was je mit den »fremden Teufeln« in Berührung gekommen ist.

In der Chinesenstadt, südlich des T'sien-Men-Tores, wollen ein paar Fanatiker zwei Läden zerstören, weil sich europäische Waren darin befinden. Die Brandstifter verhandeln mit den verschreckten Kaufleuten, erklären ihnen, daß sie nichts zu fürchten hätten und daß es sich um eine Art Buße, eine Wiedergutmachung, handle. Wohl oder übel müssen die beiden Ladenbesitzer nachgeben. Ein wenig Petroleum, Stroh, eine Lunte, und schon züngeln die Flammen auf. Sie fressen nicht nur die Erzeugnisse der »fremden Teufel«, sondern bald brennt das ganze Geschäft lichterloh, und das Feuer greift auf die Nachbarhäuser über. Der Südwind tut ein übriges, und in wenigen Minuten steht ein ganzer Stadtteil bis zum heiligen Tor T'sien-Men in Flammen, dem Tor des Himmlischen Friedens, durch das nur der Kaiser schreiten darf.

Alle Läden brennen. Und mit ihnen die Waren der kleinen Kaufleute: Nippes, Schmuck, Seiden, Pelze, Porzellan und Jade. Die chinesischen Soldaten rauchen ihre Pfeifen und schauen untätig zu. Die Flammen züngeln an der Mauer zwischen Chinesen- und Tatarenstadt empor, wo sich die Gesandtschaften befinden. Eine riesige Rauchwolke steigt zum Himmel.

Baron Ketteler meint: »Falls Admiral Seymour den Weg nicht finden sollte, braucht er sich nur nach dem Rauch zu richten.«

Der Deutsche beherrscht sich nicht länger, offen zeigt er seinen Zorn über das Ausbleiben der Hilfstruppen. Wie alle Europäer in Peking fühlt er sich von der fernen Heimat verkauft und verraten. Das Märchen von den Entsatztruppen, die in ein paar Dutzend Kilometer Entfernung steckengeblieben sein sollen, ist lächerlich, ja, geradezu verdächtig.

Die Marinesoldaten der Alliierten senden weiterhin Patrouillen in die Stadt, um chinesische Christen herauszuholen. Nach und nach bürgert sich eine Art schreckliches Spiel ein, die »Jagd auf die Boxer«. Blut fordert Blut. Eine starke Abteilung, bestehend aus Amerikanern, Briten und Japanern, überrascht eine Gruppe Fanatiker in einem kleinen Tempel, mitten unter ihnen christliche

Gefangene. Die Marineure, denen die Missionare die schrecklichsten Dinge von den Boxern erzählt haben, sind überzeugt, daß die Chinesen ihren geheimnisvollen Gottheiten Menschenopfer darbringen. So zögern sie auch nicht lange, in wenigen Minuten ist der Tempel umzingelt, und dann: Los! Sechsundvierzig Boxer werden in kaum zehn Minuten im Kampf getötet oder an Ort und Stelle hingerichtet.

»Ich allein habe mindestens sechs umgebracht«, schreibt Dr. George Everett Morrisson, der an der Patrouille teilnahm, in seinem Tagebuch. Dieser Morrisson ist ein Original. Kaum vierzig Jahre alt, als Sohn eines Schotten in Australien geboren, reist er seit seinem achtzehnten Lebensjahr in der Welt umher. In seinem Vaterland hat er in 123 Tagen 2043 Meilen zu Fuß zurückgelegt. In Neu-Guinea wurde er mit zwei Pfeilspitzen im Leib für tot liegen gelassen. Er war in Spanien und in Marokko, war Goldgräber, Bergmann, Arzt. Seit fünf Jahren ist Morrisson Pekinger Korrespondent der *Times.*

Im Lauf des Tages dringt auch ein Trupp Deutscher – kommandiert von Feldwebel Morgenstern – in einen Tempel ein, in dem sich Boxer aufhalten. Kaltblütig wird das Feuer eröffnet, eine beträchtliche Anzahl von Boxern fällt.

Edwin Conger, der amerikanische Gesandte, stellt fest, daß sich die Verteidigungstruppen in Angreifer verwandelt haben. Er schreibt: »Wir dürfen nicht vergessen, daß wir bis zum Eintreffen des Hilfskorps nur Verteidigungshandlungen vorzunehmen haben. Inzwischen aber sind von den Wachen der verschiedenen Gesandtschaften schon über hundert Boxer getötet worden.«

Der belgische Gesandte Joostens gibt endlich auf. Er muß seine exponierte Residenz räumen und findet etwas weiter südlich, im österreichischen Gebäude, Asyl, das von jetzt an das nordöstliche Bollwerk des Verteidigungsgeländes bildet. Für die Österreicher und Franzosen bedeutet das eine große Erleichterung, sie sind nun der Sorge um den schwer zu haltenden belgischen Komplex enthoben.

»Gott sei Dank«, sagt Darcy zu Herber, »ich habe immer

gefürchtet, daß eine unserer Patrouillen in dieser belgischen Mausefalle geschnappt wird.«

Die chinesischen Behörden haben endlich die Leiche des Kanzlers Sugiyama gefunden und ausgeliefert. Der Anblick des gräßlich entstellten Leichnams versetzt das gesamte Personal der japanischen Gesandtschaft in kalte Wut und löst wilde Rachegefühle aus. Zwei Boxer, die am Nachmittag bei einer Patrouille gefangen wurden, werden auf Befehl Oberst Shibas und mit Billigung Baron Ishis an Ort und Stelle liquidiert.

Und wieder brennt es, diesmal direkt im Gesandtschaftsviertel.

»Feuer! Feuer!«

Eine Panik droht auszubrechen. Es ist ein Geschäft in der Nähe der russischen Gesandtschaft, das angezündet wurde. Mit einem Schuß erledigt Kapitänleutnant Rahden selbst den Brandstifter. Sofort suchen seine Matrosen und einige Kosaken das Feuer einzudämmen und machen deshalb sämtliche chinesische Häuser in der Nähe der Gesandtschaft dem Erdboden gleich. So findet das Feuer keine neue Nahrung.

Die Europäer leben trotzdem in ständiger Angst vor den Flammen; der Brand in der Chinesenstadt hat sich ausgebreitet und auf das riesige Bauwerk des T'sien-Men-Tores übergegriffen. Das herrliche, fünfzig Meter hohe, heilige Tor des Kaisers ist bald nur mehr eine einzige gigantische Feuersäule.

Die europäischen Offiziere klettern auf die Mauer über ihrem Gelände, um das großartig-schreckliche Schauspiel zu betrachten.

»Es ist grauenhaft«, murmelt Captain Myers, der Amerikaner.

»Ich finde es eher tröstlich«, meint der Engländer Strouts, »diese verbohrten Chinesen verbrennen ihre eigene Stadt.«

»Darauf trinken wir ein Glas Champagner«, schlägt der Russe Rahden vor.

Aber jeder hat es eilig, in seine eigene Gesandtschaft zurückzukommen. Die gewaltige Feuersbrunst dieses Tages scheint der Auftakt zu noch ernsteren Ereignissen zu sein.

Sonntag, 17. Juni 1900

»Sie kommen! Sie greifen an! Da sind sie!«

Des Nachts fallen in allen Teilen des Viertels Schüsse. Die Offiziere versuchen Ordnung in das Durcheinander zu bringen, das leicht zur Panik ausarten kann.

»Aber wo sind sie denn?«

»Überall!«

Die Boxer greifen von mindestens drei Seiten an: vom Nordosten, Südosten und Südwesten. Ein starker Gegenstoß gebietet ihnen Halt. Die »Unverwundbaren« ziehen sich mit ihren Toten und Verletzten in die Nacht zurück.

Am Morgen ist die Rechnung schnell erstellt. Die Boxer hatten zwar keinen Erfolg zu verzeichnen, aber sie haben sich weiter denn je vorgewagt. Ein Spähtrupp wird gebildet, um die Lage auszukundschaften; er besteht, wie üblich, aus Vertretern verschiedener Nationen. Deutsche, Engländer und Österreicher ziehen gemeinsam los, um das Gebiet im Norden des Su-Wang-Fu-Parks zu durchkämmen, wo seit einigen Tagen die chinesischen Flüchtlinge untergebracht sind. Auch das in deutschem Besitz befindliche Gaswerk liegt dort.

»Langsam!« – »Slowly!«

Das Gewehr im Anschlag, schleichen die Matrosen näher. Das Viertel sieht ganz verlassen aus, alle Zivilpersonen haben sich in ihren Häusern verbarrikadiert, man sieht keinen einzigen Chinesen und keine Spur eines roten Turbans. Nach dem nächtlichen Angriff scheinen die Boxer wie im Erdboden versunken. Plötzlich fallen Schüsse.

»Achtung!« – »Take care!«

Die Matrosen nehmen hinter Mauerresten und umgestürzten Rikschas Deckung. Auf gut Glück schießen sie zurück. Mit einem Mal erblicken sie ihre Gegner – und trauen ihren Augen kaum. Es stehen ihnen nicht Boxer, sondern reguläre Truppen gegenüber. Die Regulärsten der Regulären in den Uniformen des Generals Ton-Fu-Sian. Das ist kein Mißverständnis, sondern eine Offensive. Die kaiserliche Armee bekennt sich zu den Boxern.

Das Feuer beruhigt sich, verstärkt sich wieder und verstummt schließlich nach einigen vereinzelten Schüssen. Die Chinesen haben fünf Verwundete in ihren Reihen, die Europäer keinen einzigen.

Aber zum ersten Mal sind die Wachen der Gesandtschaften regelrecht beschossen worden. Der Krieg der Säbel und der Lanzen scheint endgültig vorbei zu sein, den Soldaten der Alliierten sind die Kugeln der kaiserlichen Truppen um die Ohren gepfiffen.

»Ein Ereignis von erheblicher Tragweite«, stellt der französische Gesandte fest, nachdem ihm Darcy von dem deutsch-englischen Abenteuer berichtet hat. »Anscheinend beginnt jetzt der richtige Krieg.«

»Und noch immer keine Nachricht vom Hilfskorps?«

»Keine, überhaupt keine. Ich glaube, sie kommen erst, wenn uns nicht mehr zu helfen ist.«

Stephen Pichon ist sehr bedrückt, auch Kapitänlautnant Darcy macht sich schwere Sorgen. Der brutale Angriff der chinesischen Regulären beunruhigt ihn mehr, als er zugeben will. Er fragt sich, wie lange es seinen Kurieren noch gelingen wird, die Verbindung mit dem Pe-T'ang aufrechtzuerhalten, wo Oberleutnant zur See Henry mit seiner Handvoll Soldaten auf völlig isoliertem Posten steht.

Montag, 18. Juni 1900

Henry informiert seinen Chef schriftlich über die Lage im Pe-T'ang. Er gibt die Verluste der Boxer bei ihrem Angriff auf die Kathedrale bekannt. Der Brief endet mit einem Postskriptum: »Würden Sie mir gestatten, notfalls eventuellen Attacken der Boxer durch einen Präventivangriff zuvorzukommen?« Das ist die letzte Nachricht aus dem eingekesselten Pe-T'ang.

Darcy ruft Herber zu sich. Seit einigen Tagen schon hat sich der junge Oberfähnrich als ausgezeichneter Zweiter erwiesen; er ist so etwas wie der Vertraute seines Chefs geworden.

»Sehen Sie sich diesen Brief unseres Kameraden Henry an! Er hat keine Ahnung. Mein Gott, unsere Stärke ist doch viel zu gering, als daß wir auch nur den kleinsten Ausfall wagen könnten!«

»Trotzdem wäre es sehr verlockend, den Boxern eins auszuwischen, wie es unsere Verbündeten schon mehrmals getan haben.«

»Die Chinesen sind uns nicht nur zahlenmäßig unendlich überlegen, sie haben auch ausgezeichnete Schlupfwinkel in ihren Tempeln und Häusern. Ist das nicht auch Ihre Meinung, Labrousse?«

Der Hauptmann von der Marineinfanterie nickt nur. Auch er hätte große Lust, eine Strafexpedition in die feindliche Zone zu unternehmen. Er will es Darcy nicht sagen, aber seiner Meinung nach sind die Matrosen hier doch weit weniger kriegserfahren, als es die »Marsouins« waren, die er in Indochina befehligte. Er hätte viel dafür gegeben, diesen Krieg nach seiner Art, als draufgängerischer Haudegen, zu führen. Gewiß, er wird dem Marineoffizier, der die Landetruppe kommandiert, Gehorsam leisten, wie es sich gehört, aber er bedauert doch sehr, daß er sich nicht auf eigene Faust, zu seinem eigenen Vergnügen herumschlagen kann, wie er es als alter Kolonialsoldat gewöhnt ist.

Während die Matrosen auf den Barrikaden Wache halten, beginnen die Freiwilligen mit der Errichtung einer zweiten Verteidigungslinie. Die europäischen Zollbeamten bauen eine Barrikade vor dem Zollgebäude, zwischen der österreichischen und der französischen Gesandtschaft.

Aber es wohnen noch immer hohe chinesische Beamte im Gesandtschaftsviertel, unter ihnen Su-Tong, der Hofmeister des Kaisers. Er ist einer der Köpfe der fremdenfeindlichen Partei, wird darum streng bewacht und braucht eine schriftliche Genehmigung, wenn er den Sektor verlassen will. Su-Tong hat schon versucht, sich des Nachts zum Kaiserpalast durchzuschwindeln, aber er wurde von Hauptmann Labrousse festgenommen, der sich wie ein Jagdhund an seine Fersen geheftet hat.

»Hören Sie, Darcy, wir haben einen unserer ärgsten Feinde in der Hand«, sagt er. »Su-Tong wäre doch eine großartige Geisel. Man könnte ihn mit seinem Kopf für das Verhalten der chinesischen Regierung haften lassen.«

Darcy findet diesen Vorschlag gar nicht so übel, obgleich es so etwas wie ein Willkürakt wäre. Labrousse scheint ein Freund starker Mittel zu sein. Vielleicht hat er recht ...

»Geiselnahme ... darüber kann ich nicht entscheiden. Zuerst müssen wir mit den Diplomaten sprechen ...«

»Dann ist schon alles im Eimer.«

Leider hat ein Attaché bereits von der Anhaltung Su-Tongs gehört und den französischen Gesandten verständigt. Stephen Pichon erleidet fast einen Tobsuchtsanfall.

»Was soll dieses Gerede von Geiselnahme? Sie sind hier nicht in einer französischen Kolonie, Capitaine, sondern in einem fremden, souveränen Staat. Su-Tong ist eine der wichtigsten Personen aus dem engsten Kreis des Kaisers!«

»Eben deshalb, Herr Gesandter.«

»Sie sind verrückt! Man würde sofort Repressalien gegen uns ergreifen!«

»Weil die Feindseligkeiten etwa noch nicht begonnen haben? Wer hat denn eine deutsch-englische Patrouille beschossen, wenn nicht die regulären Soldaten Ihrer lieben chinesischen Regierung!«

Stephen Pichon ist außer sich: »Hören Sie, Labrousse, ich allein habe hier zu befehlen. Der Belagerungszustand ist nicht erklärt, und das Militär untersteht in Friedenszeiten den Zivilbehörden. Geben Sie Su-Tong daher sofort frei.«

»Vielleicht noch mit Entschuldigungen?«

Pichon geht auf diese Frechheit nicht ein. Dieser Labrousse mit seinen Landsknechtsmanieren ist zwar unmöglich, aber in der gegenwärtigen Lage wegen seiner Fähigkeiten und seines Muts völlig unentbehrlich.

Im Lauf des 18. Juni ist die Sonne dem Regen gewichen. Schwere Gewitter toben über der Stadt und löschen die Brände. Die dunklen Rauchwolken sehen vor dem grauen Himmel noch drohender aus. Ein Geruch von feuchter Glut, von siedendem Fett und verfaultem

Kraut steigt von der Chinesenstadt auf. Elend, Brand und Haß liegt wie Gestank über dem Gebiet.

Im Lager der Himmlischen herrscht lebhaftes Treiben. Kaiserliche Soldaten kommen und gehen und transportieren Geschütze. Um sechs Uhr abends hat Henry im Pe-T'ang bereits zehn Kanonen gezählt, die ihre Rohre gegen seine Stellungen richten.

»Gefällt mir gar nicht«, sagt er zu Monsignore Favier. »Wir werden es also nicht mehr mit Säbeln, Lanzen und Spießen zu tun haben, sondern mit modernen Waffen.«

Die chinesische Armee ist mit »Hanyang«-Gewehren nach dem Modell Mauser 1888 und mit Krupp-Kanonen ausgestattet.

»Wir müssen die Forts verstärken«, sagt der alte Geistliche. Der Bischof von Peking persönlich unterbreitet dem jungen Marineoffizier neue Verteidigungspläne und erweist sich letztlich als guter Stratege. Er legt mit seinem Koadjutor, Monsignore Jarlin, neue Splittergräben und Wälle an; alle arbeitsfähigen Flüchtlinge werden dazu einberufen. Die Geistlichen, in hochgesteckter Soutane, betätigen sich als Vorarbeiter und Aufpasser. Einige von ihnen sind sogar zur Abschirmung ihrer mit Lanzen bewaffneten Milizen eingesetzt, der Lazaristenpater Giron bei der Verteidigung des Ostteils, Bruder Marie-Basilius im westlichen Abschnitt. Außerdem schickt der Pekinger Bischof den italienischen Matrosen des Jen Tse-T'ang Bruder Jules André zur Verstärkung, während sich der Leiter des Waisenhauses, Bruder Joseph-Félicité, an den Schanzarbeiten beteiligt. Die jungen Maristenbrüder Joseph-Julien und Marie-Niziers melden sich freiwillig zur »aktiven Verteidigung«, aber Henry hat kein Lebel-Gewehr mehr für sie übrig. So üben sie sich inzwischen mit den chinesischen Schülern des großen Seminars im Lanzenfechten. Aber ein Kampf von Mann zu Mann ist wohl nur im Endstadium denkbar. Vorderhand müssen die Befestigungen verstärkt und die Feinde im Schußfeld der Matrosen abgewehrt werden.

Überall in der Mission hört man das Klirren von Schaufeln und Hacken. Auch die Flüchtlingsfrauen und ihre Kinder beteiligen sich an den Arbeiten: Sie schleppen Ziegel und Sandsäcke in Schubkarren herbei. Der Platz vor der Kathedrale verwandelt sich in eine Festung.

Dienstag, 19. Juni 1900

Gegen Mittag wüten fünf verheerende Brände im Westen der Tatarenstadt und färben den Himmel tiefrot. Das ehemalige Telegraphenamt der Chinesenstadt steht in Flammen. Seit über einer Woche haben die Gesandtschaften keine Verbindung mehr zur Außenwelt, außer den spärlichen mündlichen Nachrichten, die ihnen chinesische Boten durch die Linien schmuggeln. Die Regierung der Kaiserin Ts'e-hi siebt alle offiziellen Meldungen.

Am Nachmittag erscheinen einige Unterbeamte des Tsung-li ya-men im Gesandtschaftsviertel. Sie bringen zwölf scharlachrote Kuverts mit Noten, die für die elf Gesandten und für Sir Robert Hart, den britischen Direktor des chinesischen Seezollinspektorats, bestimmt sind. Alle enthalten das gleiche Ultimatum und beginnen mit den Worten: »Nach dem unfreundlichen Akt der Einnahme der Forts von Ta-Ku...« auf diese Weise erfahren die Belagerten die Ereignisse, die sich an der Küste abgespielt haben. Die Admirale der Alliierten, deren Schiffe im Hafen von Pe-T'si-Li liegen, haben ohne die Genehmigung ihrer Regierung den entscheidenden Schritt getan und vorgestern früh die Festungen an der Pei-Ho-Mündung gestürmt. In kleinen Kanonenbooten wurden die Kompanien alliierter Truppen an Land gebracht, wo sie die Forts eroberten und den Widerstand der chinesischen regulären Truppen brachen. Nun also: Krieg!

Die kaiserliche Regierung macht den französischen Generalkonsul, du Chaylard, für die Aktion verantwortlich, gibt aber sämtlichen Auslandsmächten Mitschuld an dem überraschenden Gewaltstreich.

»Die Nachricht«, fährt das kaiserliche Schreiben fort, »hat uns in größtes Erstaunen versetzt. Sie beweist, daß die fremden Mächte mit Vorbedacht entschlossen sind, den Frieden zu brechen und einen feindlichen Akt zu setzen.«

Es wird zugegeben, daß die geheime Gesellschaft der Boxer nun auch in der Hauptstadt Peking aktiv geworden ist. Deshalb – so heißt es gleichlautend in allen Schreiben – »sind Eure Exzellenz und Ihre Familie gefährdet, solange sie in Ihrer Residenz verbleiben. Die chinesische Regierung sieht sich kaum in der Lage, Ihnen wirksamen Schutz zu gewährleisten.«

Der Schluß, den die kaiserlichen Behörden aus dieser Situation ziehen, ähnelt einem richtigen Ultimatum: »Der Tsung-li ya-men bittet Eure Exzellenz, innerhalb vierundzwanzig Stunden samt Familie, Personal und Wachen die Gesandtschaft zu verlassen und sich nach Tientsin zu begeben, um unvorhergesehene Zwischenfälle zu vermeiden.«

Die chinesischen Truppen werden eine Eskorte für die Reise, die bis vier Uhr nachmittags des nächsten Tages angetreten sein muß, bereitstellen.

Das ist, in der Fachsprache ausgedrückt, der Abbruch der diplomatischen Beziehungen, verbunden mit einer Drohung sondergleichen. Innerhalb vierundzwanzig Stunden will die Regierung die Gesandtschaften »liquidieren«.

Die Diplomaten versammeln sich sofort beim Doyen des Diplomatischen Korps, Don Bernardo de Cologan. In ihre Beratungen hinein sind die Explosionen und das Prasseln des Feuers vom nahe gelegenen Telegraphengebäude zu hören.

Die Gesandten wissen nicht, durch welche Ereignisse die brutale Besetzung des Ta-Ku-Forts ausgelöst wurde. Sie sind bestürzt, vor allem aber empört, und zwar weniger über die Chinesen, als über ihre eigenen Landsleute, die einen Krieg eröffnen, ohne an die Geiseln zu denken, die in Peking sitzen. Ihr Zorn macht sich in heftigen Ausfällen auf die fernen Schuldigen in Tientsin und in Ta-Ku Luft. Sir Claude MacDonald stellt sich taubstumm, denkt aber nicht anders. Er überlegt bereits die Formulierung des vorwurfsvollen Briefs, den er jetzt gleich seinem Konsul Carles schreiben wird.

»Und das Hilfskorps?«

Der britische Gesandte zieht erstaunt die Augenbrauen hoch. Er murmelt: »Es müßte schon hier sein.« Denn heute nacht haben die Engländer am Horizont Scheinwerfer gesehen und glauben, daß es Signale des endlich anrückenden Seymour gewesen seien.

»Ihr Admiral kommt nicht!«

Alles spricht erregt durcheinander. Seymour, der so heiß ersehnte, hat von Stunde zu Stunde an Sympathien eingebüßt. Ein häßliches Wortspiel läuft durch die Gesandtschaften: man nennt ihn Admiral »See-no-more«, den »Nie-mehr-Gesehenen«.

Sir Claude nimmt seinen Landsmann nicht in Schutz und kommt auf das Ultimatum zurück: »Man hat uns brüsk unsere Pässe zurückgestellt. Was sollen wir nun tun? Das ist die einzige Frage.«

»Abreisen!«

»Auch ich bin dafür!«

Alles schaut verblüfft auf die beiden Herren, die so schnell ihre Meinung geäußert haben. Es sind die Gesandten Frankreichs und der Vereinigten Staaten.

Sir Claude kontert sofort: »Mag sein, daß wir uns und unsere Familien retten, wenn wir abreisen. Aber wir überlassen damit den Boxern tausende und abertausende chinesische Christen, die abgeschlachtet werden, sobald wir weg sind.«

Und höflich, aber mit eiskalter Stimme, fügt er hinzu:

»Das nenne ich eine seltsame Einstellung des Herrn Pichon, der statutengemäß Protektor der katholischen Missionen in China ist. Ich wundere mich, daß er bereit wäre, seinen Landsmann, den apostolischen Vikar Monsignore Favier und alle anderen Christen im Pe-T'ang ihrem Schicksal zu überlassen.«

Der französische Gesandte hat niemals ein Hehl aus seiner kirchenfeindlichen Gesinnung gemacht, aber er verliert nicht gern das Gesicht. Darum antwortet er sehr energisch:

»Wir haben zuerst an die Frauen und Kinder zu denken, für deren Leben wir verantwortlich sind. Ich bin gewiß nicht dafür, jemanden preiszugeben, aber ich muß vor allem um die Sicherheit der mir anvertrauten Menschen besorgt sein. Ich nehme an, die Mehrzahl der Kollegen teilt meine Ansicht.«

Der Appell zur Feigheit, säuberlich in edle Gefühle verpackt, findet begreiflicherweise fast allgemeine Zustimmung. Die Mehrzahl der Gesandten hat nur den Wunsch, der Falle Peking zu entkommen. Einzig Baron Ketteler, der niemals um den heißen Brei herumgeredet hat, protestiert empört:

»Und wer garantiert unsere Sicherheit? Die kaiserlichen Truppen vielleicht? Hier, in Peking, können wir uns noch verteidigen, aber außerhalb des Gesandtschaftsviertels, am flachen Land, sind wir verloren, da werden wir alle umgelegt. Unsere einzige Möglichkeit zu überleben, ist hier zu bleiben!«

Die Mehrheit ist anderer Meinung. »Das hieße, die Weisungen des Tsung-li ya-men desavouieren«, meint der bis dahin eher wortkarge holländische Gesandte Knobel.

»Die chinesische Regierung wird reguläre Truppen gegen uns einsetzen!« ruft Marchese Salvago-Raggi.

»Das würde Krieg bedeuten«, erklärt Stephen Pichon.

Baron Ketteler läßt seine Kollegen reden. Er ist überzeugt, daß jetzt die Ära der Diplomatie vorbei ist und nur mehr die Waffen sprechen können.

Er sagt kurz: »Das *wird* nicht Krieg bedeuten, das *ist* schon Krieg. Uns bleibt nur eines: kämpfen.«

Nun macht Stephen Pichon einen Vorschlag, der, wie er meint, die allgemeine Zustimmung seiner Kollegen finden wird: »Wir müssen Zeit gewinnen. In unserer Antwortnote wäre darzulegen, daß wir praktisch nicht imstande sind, die Abreise binnen so kurzer Zeit zu bewerkstelligen. Außerdem müßte unsere Sicherheit auf den Straßen offiziell garantiert werden.«

»Ich kenne nur eine einzige Garantie«, erklärt Ketteler scharf, »und das ist die Gewalt. Wäre das verdammte Hilfskorps pünktlich eingetroffen, wie zugesagt, dann müßten wir uns nicht wegen dieses Fetzens Papier vom Tsung-li ya-men herumstreiten!«

»Es gäbe eine Möglichkeit, Zeit zu gewinnen«, wirft Sir Claude MacDonald ein, »indem wir um eine Audienz bei den Prinzen King und Tuan für morgen früh, neun Uhr, bitten. Der Herr Gesandte von Spanien, unser Doyen, hat vielleicht die Freundlichkeit, den Brief abzufassen.«

Cologan nickt und murmelt: »Gut so. Ich werde schreiben, daß wir ›moralisch‹ bereit sind, Peking zu verlassen, daß es uns aber ›physisch‹ binnen vierundzwanzig Stunden unmöglich ist. Ich werde auch bitten, uns einige Herren des Tsung-li ya-men als Eskorte mitzugeben – so eine Art Geiseln für uns Geiseln.«

Nach sechsstündiger Diskussion haben sich die Gesandten somit geeinigt, die Note mit dem Ersuchen um Fristerstreckung abzugeben. Baron Ketteler ist wütend, er findet das Verhalten seiner Kollegen feig und hält sich nur mühsam davor zurück, es ihnen ins Gesicht zu sagen. Edwin Conger und Stephen Pichon haben gewonnen, das Prinzip der Flucht hat gesiegt, wenn auch noch über Tag und Stunde verhandelt wird. Seit dem Beginn der Unruhen haben die zwei nur einen Wunsch gehabt: Peking so schnell wie möglich zu verlassen. Sollen sich die Missionare allein mit ihren verdammten Chinesen herumschlagen! Schließlich hat niemand diese Gelbgesichter zum Konvertieren gezwungen.

Im Gesandtschaftsviertel herrscht fieberhafte Aufbruchstimmung. Da Frauen und Kinder den Weg von hundertzwanzig Kilometern nicht zu Fuß zurücklegen können, sind alle Familienväter krampfhaft auf der Suche nach Karren, Pferden, Mulis.

Bald gibt es kein einziges Reit- oder Zugtier mehr. Auguste Chamot plant folglich eine Expedition für die er – wie immer – sein Jagdgewehr schultert, an dessen Rohr er statt eines Bajonetts ein langes Küchenmesser festgebunden hat. Er bittet seinen Freund, Ingenieur Edmond Mathieu, ihn zu begleiten.

»Wir werden den Stallungen Su-Tongs einen Besuch abstatten. Der Hofmeister Seiner Majestät ist ein großer Freund der Boxer. Er braucht also keine Pferde . . .«

Eine Handvoll Kulis begleitet die beiden Europäer. Die »Requirierung« erbringt einen Zuwachs von einem Dutzend prächtiger Schlachtrösser, die nun dem Konvoi angehören.

»Ein Wahnsinn«, wiederholt Matignon immer wieder. »Wir sind mindestens zwölfhundert Europäer, Sie werden doch nicht glauben, daß wir durch dieses boxerverseuchte Land durchkommen! Wir haben nicht einmal fünfhundert Bewaffnete als Geleitschutz.«

Er sieht klar, wie diese Odyssee ausgehen muß. Sein alter Diener Lu – der einzige nichtchristliche Diener, der sich geweigert hat, seinen Herrn zu verlassen – weiß es noch besser. Während des Kofferpackens beschwört er seinen Herrn unaufhörlich:

»Monsieur weggehen ... schlecht. Sehr schlecht ... Nicht nach Tientsin kommen ... viele Boxer und Soldaten ...«

Und Lu greift sich mit einer bezeichnenden Geste an den Hals.

In den Höfen ist alles hektisch an den Wagen beschäftigt, besonders bei den Amerikanern, wo es Edwin Conger gelungen ist, über hundert Fahrzeuge zu requirieren. Ursprünglich war für jeden nur kleines Handgepäck erlaubt. Aber die Damen wollen nichts davon hören. Sie befehlen ihren Zofen, große Koffer und Körbe von den Dachböden zu holen. Eine Dame stellt die empörte Frage: »Wie soll ich in Tientsin ohne ein paar Toiletten ausgehen?«

Die Hutschachteln türmen sich in den Karren. Das Personal hastet schwerbepackt vom Haus zum Wagen und vom Wagen zum Haus. Die Chinesen aus dem Gesandtschaftsviertel schauen diesen Reisevorbereitungen spöttisch zu. Pichon ist sehr aufgeregt. Er schiebt seinen breitkrempigen Hut ins Genick und wischt sich den Schweiß von der Stirn. Ohne Unterlaß treibt er seine Angestellten an: »Schnell, schnell! Eilt euch!«

Der Lärm und die Aufregung der Zivilisten dringt bis zu den Matrosen, deren einziges Gepäck Tornister und Patronentaschen sind. Kapitänleutnant Darcy sucht den französischen Gesandten auf:

»Gewiß, ich bin bereit, Sie morgen zu begleiten. Aber ich mache Sie aufmerksam, daß ich Peking nur verlasse, wenn ich Oberleutnant Henry und seine Leute aus dem Pe-T'ang herausbringe.«

»Wenn Sie darauf bestehen«, brummt Stephen Pichon. »Ich werde Monsignore Favier einen Boten schicken. Hoffentlich kommt er durch.«

In der englischen Gesandtschaft bewahrt jedermann eine staunenswerte Ruhe, ein Phlegma, das an Indolenz grenzt. Niemand hat ans Packen gedacht.

»Ich habe nicht die Absicht, mich auch nur ein Yard wegzurühren«, sagt Sir Claude zu Hauptmann Strouts.

Aber diese Entschlossenheit ist nicht ganz echt. Der britische Gesandte weiß genau, daß er mit weniger als hundert Mann nicht allein in Peking bleiben kann, wenn die andern weggezogen sind. Also wird er sich wohl der Mehrheit fügen müssen.

Am Abend dieses 19. Juni scheint die Feigheit allüberall zu triumphieren. Die Diplomaten sind bereit, das Ultimatum der chinesischen Regierung anzunehmen, aus Peking fluchtartig abzuziehen und die Missionare und ihre Schäfchen der Rache der Boxer zu überlassen. Es herrscht eine eigenartige Stimmung: Die fieberhaften Vorbereitungen überdecken das beschämende Gefühl der Erleichterung.

Auf der amerikanischen Gesandtschaft trifft Edwin Conger den Pekinger Korrespondenten der *Times,* Morrisson. Der Gesandte ist sehr aufgeräumt. »Und wie fühlen Sie sich, mein Lieber?« fragt er leutselig.

»Ich schäme mich, ein weißer Mann zu sein«, antwortet der Journalist und kehrt ihm den Rücken.

II

DIE BELAGERUNG

Mittwoch, 20. Juni 1900

Im Gesandtschaftsviertel steht man früh am Morgen auf; mancher hat sogar im Fieber des bevorstehenden Aufbruchs die ganze Nacht kein Auge geschlossen, und sich stattdessen mit dem Beladen der beschlagnahmten chinesischen Karren beschäftigt. Im Morgengrauen hat Stephen Pichon eine zweite Depesche an den Tsung-li ya-men verfaßt. Er hält sich für einen schlauen Fuchs und bietet sich ganz harmlos als Vermittler zwischen der chinesischen Regierung und den alliierten Admiralen an, die eben die Ta-Ku Forts eingenommen haben. Er schließt mit den Worten: »Sobald unsere Sicherheit durch das Eintreffen der erwarteten Abteilungen gewährleistet ist, können wir Ihnen die Forts zurückstellen lassen.« Die Note wird sofort übersetzt und dem Rat des chinesischen Außenamts übermittelt. Um acht Uhr früh treffen sich die Diplomaten zu einer Sitzung, diesmal in der französischen Gesandtschaft, die günstiger als die spanische liegt.

Die elf Herren sind verärgert. Sie haben um eine Audienz für neun Uhr morgens angesucht, aber bis jetzt hat sich der Tsung-li ya-men nicht dazu geäußert und auch Pichon keiner Antwort gewürdigt.

»Dabei haben sie unsere erste Note bekommen«, grollt Stephen Pichon ohne weitere Einleitung.

»Vielleicht doch nicht«, gibt Sir Claude MacDonald zu bedenken, »wir haben sie erst um Mitternacht abgeschickt. Die himmlische Verwaltung ist nicht gewöhnt, bei Nacht zu arbeiten.«

Edwin Conger fällt ihm ungeduldig ins Wort: »Vergessen Sie nicht, meine Herren, daß unser Ultimatum in sieben Stunden abläuft. Wir haben keine Zeit zu verlieren.«

Alle reden durcheinander, da übertönt die Stimme des deutschen Gesandten den Lärm. Baron Ketteler scheint noch energischer als sonst:

»Ich hoffe, sie haben lange genug überlegt. Nun müssen Sie sich entscheiden. Etwas Courage . . .«

Daraufhin beschließen die Diplomaten, geschlossen den Tsung-li ya-men aufzusuchen, ohne erst die Bewilligung der Audienz abzuwarten. Sie wollen bekanntgeben, daß sie nicht gewillt sind, Peking im Lauf dieses Tages zu verlassen.

Aber Stephen Pichon und Edwin Conger geben ihren Kollegen zu bedenken, daß ein solches Unternehmen nicht ungefährlich sei.

»Die Straßen werden von Tag zu Tag unsicherer«, meint der Franzose.

»Man könnte uns im Außenamt festhalten«, unkt der Amerikaner.

Die andern schweigen betreten. Sie alle wissen, wie begründet diese Befürchtungen sind, denn außerhalb des Gesandtschaftsviertels kann man ihnen leicht eine Falle stellen. Plötzlich springt der deutsche Gesandte auf und schlägt mit der Faust auf den Tisch:

»Dann, meine Herren, mache ich die Sache im Alleingang. Niemand braucht mich zu begleiten. Schonen Sie Ihre kostbaren Köpfe! Ich habe keine Angst. Ja, ich gehe allein in den Tsung-li ya-men und verhandle mit dem Prinzen.«

»Man wird Sie gar nicht empfangen, Baron!«

»Dann setze ich mich eben auf den erstbesten Stuhl und warte so lange, bis man mich empfängt, – wenn nötig, den ganzen Tag und die ganze Nacht.«

Diese Extratour ihres Kollegen bedeutet zwar einen Bruch der Solidarität, zugleich aber empfinden die Gesandten eine gewisse Erleichterung darüber, nun selbst einer solchen Demarche enthoben zu sein.

Baron Ketteler steigt sofort in eine geschlossene Sänfte, in einem zweiten Tragsessel begleitet ihn der Dolmetscher Cordes, ein der deutschen Gesandtschaft zugeteilter Sinologe, der bereits am vorigen und am vorvorigen Tag ohne weitere Schwierigkeiten in das Außenamt gelangt ist. Gewiß, Ketteler hätte auch diesmal den Dolmetscher allein in den Tsung-li- ya-men schicken können, aber gerade, weil es gefährlich ist, legt er Wert darauf, persönlich vorzusprechen.

Vom Gesandtschaftsviertel zum Außenamt sind es ungefähr 1600 Meter. Die Sänften sind durch rote und graue Verdecke als offizielle Beförderungsmittel gekennzeichnet, außerdem werden sie von livrierten Dienern auf Ponys begleitet. Die fünf bewaffneten Marinesoldaten, die man ihm mitgeben wollte, hat der Gesandte abgelehnt, er hält nur einen Stock in der Hand, in der andern ein Buch, das ihm die Wartezeit verkürzen soll, denn er ist darauf gefaßt, lange antichambrieren zu müssen. Ketteler zündet sich eine riesige Zigarre an, während er die Gesandtschaft verläßt, und raucht seelenruhig, »als ob er sich zu einem Picknick begäbe«, wie ein Augenzeuge sagt.

Wenige Minuten später passiert er das Ha-Ta-Men-Tor, wo ständig Angehörige der regulären Mandschu-Banner Dienst machen. In der Nacht zuvor haben sie eine kleine Sperre auf jener Straße errichtet, die von den Gesandtschaften zum Tsung-li ya-men führt.

Plötzlich springt ein Soldat, das Gewehr in der Hand, auf die Sänfte zu, einen Meter vor ihr legt er an und schießt. Baron Ketteler ist auf der Stelle tot.

Sofort springt Cordes auf, um zu sehen, was passiert ist, doch im selben Augenblick fallen weitere Schüsse. Die rasche Bewegung hat Cordes das Leben gerettet, denn man hatte auf seinen Kopf gezielt, aber nur die Hüfte getroffen. Trotz dieser Verletzung gelingt es dem Dolmetscher, aus der Sänfte zu springen und sich in die amerikanische Methodisten-Mission beim Ha-Ta-Men-Tor zu flüchten.

Sechs Monate später wurde Kettelers Mörder, ein Korporal namens En-Hai, an jener Stelle, an der er den Anschlag verübt hatte, enthauptet. Beim vorangehenden Verhör hatte er ausgesagt, er habe auf Befehl seiner Vorgesetzten gehandelt, die ihm eine außertourliche Beförderung und eine Belohnung von 70 Taels für die Tat versprochen hätten. »Ich bin aber nicht befördert worden und habe auch nur 50 Taels erhalten.« Zur Erinnerung an das Attentat wurde danach ein Denkmal aus weißem Marmor errichtet, das 1917, als China in den Krieg gegen Deutschland eintrat, zerstört wurde. Eigentlich hatte niemand in Peking so recht gewußt, ob das Monument das Opfer oder den Täter ehren sollte.

Unmittelbar nach dem Anschlag, als Ketteler tot und Cordes geflüchtet war, riß einer der livrierten chinesischen Diener sein Pferd herum und ritt im gestreckten Galopp zu seiner Gesandtschaft zurück. »Man hat meinen Herrn ermordet!«

Die Schreckensnachricht löst Panik unter den Diplomaten aus. Ein Mord – unfaßbar! Die Herren machen sich sofort daran, gemeinsam einen Brief an das chinesische Außenamt abzufassen. Graf Soden setzt augenblicklich seine fünfzig Mann in Alarmbereitschaft. An der Spitze einer Patrouille von zwanzig Marine-Infanteristen verläßt er die Residenz, um den Leichnam des Gesandten zu bergen.

Eine halbe Stunde später kommt er zurück und berichtet: »Ich habe keine Spur unseres Gesandten gefunden. Nur zwei leere Sänften standen verlassen mitten auf der Straße. Und überall chinesische Reguläre in drohender Haltung ... Wir mußten ein paar Warnschüsse abgeben ...«

Erst um elf Uhr gelingt es den amerikanischen Missionaren, den unglücklichen Cordes zur deutschen Gesandtschaft zurückzubringen. Er ist schwer verwundet, macht aber genaue Angaben über den Hergang des Attentats.

»Es war eine richtige Falle. Die Männer haben uns aufgelauert«, wiederholt er immer wieder.

»Sind Sie sicher, daß es keine Boxer waren?«

»Ganz sicher. Es waren Berufssoldaten in Uniform, vom Mandschu-Banner Ton-Fu-Sians.«

Um zwei Uhr nachmittag trifft endlich eine Antwort der

chinesischen Regierung auf die erste, um Mitternacht abgesandte diplomatische Note ein.

»Sie geben zu, daß die Reise von Peking nach Tientsin tatsächlich sehr gefährlich ist«, teilt Sir Claude MacDonald mit.

Die Gesandten fahren auf, aber der Schotte beschwichtigt sie sofort:

»Meine Herren, hören Sie weiter. Es ist ein richtiges Geständnis! Die chinesische Regierung fügt hinzu, auch der Weg zum Tsung-li ya-men schließe gewisse Gefahren in sich, womit bewiesen ist, daß die Ermordung unseres Kollegen bekannt ist und daß man sich jetzt schon decken will.«

»Eine Unverschämtheit!« ruft Don Bernardo de Cologan empört.

»Und was folgert man daraus?« fragt Stephen Pichon.

»Etwas recht Sonderbares«, antwortet Sir Claude. »Man bittet uns, ganz genau die Absichten unserer Regierungen bekanntzugeben. Das Außenamt nimmt von vornherein mit Befriedigung an, daß diese Absichten freundlich seien.«

»Sie wagen von freundlichen Absichten zu sprechen, nachdem sie selbst einen unserer Leute durch ihre Soldaten haben umbringen lassen!« bemerkt bitter der Erste Sekretär von Below, der jetzt den ermordeten Gesandten vertritt.

Das Attentat, dessen Opfer Ketteler wurde, hat die Feindseligkeiten eröffnet. Von nun an ist keine Rede mehr von Abreise.

Die Note des Tsung-li-ya-men genehmigt einen Aufschub für den Abzug der Gesandten, ohne ihn genau zu terminisieren. Doch hat die chinesische Regierung ihre Absicht, die Vertreter der ausländischen Mächte loszuwerden, keinesfalls aufgegeben. Was sie jetzt wünscht, ist nicht mehr Abreise, sondern Tod, denn im Kaiserpalast hat die Kriegspartei gesiegt.

Im Legationsviertel bereitet man sich auf den unvermeidlich bevorstehenden Angriff vor. Es werden Umgruppierungen vorgenommen und eine von Captain Myers geführt Patrouille von Marinesoldaten sichert die Evakuierung der Methodisten-Mission mit ihren amerikanischen Pastoren und deren Pfarrkindern, darunter hundertzwanzig chinesischen Schülerinnen.

Alle europäischen Flüchtlinge, unter ihnen auch Baronin Ketteler, versammeln sich bei der englischen Gesandtschaft, deren verschiedene ebenerdige Gebäude viele Vorteile bieten. Zum ersten ist diese Legation die größte von allen, zum zweiten ist sie nicht von der hohen Mauer überragt, die Tataren- und Chinesenstadt trennt. Dort soll der Kern des Widerstandes sein.

»Ich kann alle Nicht-Kombattanten aufnehmen«, erklärte Sir Claude, »und auch die Lebensmittelvorräte für den gesamten Verteidigungsabschnitt unterbringen. Im äußersten Fall wird meine Residenz das letzte Refugium sein. Wer seine Position verlassen muß, kann sich hieher zurückziehen.«

Die Offiziere sind einverstanden. Vor allem muß man Frauen und Kinder in die englische Gesandtschaft schaffen und sie aus der Kampfzone entfernen.

Auguste Chamot erweist sich als großartiger Proviantmeister der Belagerten. Er befördert die Vorräte seines »Hotel Peking« in die Keller der englischen Legation. Flaschen mit Wein, mit Bier und Mineralwasser werden vom Personal des Hotels zusammengetragen und mit Hilfe der Kulis abtransportiert.

Dem Schweizer ist es gelungen, aus den kaiserlichen Lagerhäusern Säcke mit Reis und Getreide zu entwenden. Er treibt sogar Mühlsteine auf. Vier Zimmer seines Hotels werden in eine Mühle verwandelt. Die Garnison wird nicht an Brotmangel leiden.

Dieser Mann, der zwölfhundert Europäer und mehr als dreitausend chinesische Flüchtlinge zu verpflegen hat, wird bald die wichtigste Person im Lager der Europäer. Auguste Chamot ist abwechselnd Schanzer und Soldat, Müller und Bäcker, Proviantmeister und Koch. Ohne sich von irgendjemand helfen oder beraten zu lassen, erweist er sich vom ersten Augenblick an als jener große Organisator, der bis jetzt gefehlt hatte. Um eine Belagerung durchzustehen, muß man nicht nur kämpfen, man muß vor allem essen, trinken, schlafen.

Unterstützt von seiner Frau, der tapferen Amerikanerin, und

seinen beiden Freunden Marcel Feit und Edmond Mathieu, hat er Patrouillen von Kulis aufgestellt, die alles zusammentreiben, was sich an Pferden, Schweinen, Mulis und Rindern finden läßt. Oft zischen ihnen die Kugeln um die Ohren, wenn sie das Vieh in das Gesandtschaftsviertel treiben. Tagtäglich schleppt Chamot Lebensmittel für die Verpflegung der Flüchtlinge in die englische Legation. Um sich vor Kugeln zu schützen, hat der Schweizer seinen Karren mit altem Wellblech benagelt. Und zehnmal täglich begibt er sich unter Maschinengewehrfeuer auf Proviantour.

»Die Diplomaten haben überhaupt an nichts gedacht«, sagt Doktor Matignon immer wieder. »Nichts vorbereitet! Ohne Chamot wären wir alle nach ein paar Tagen verhungert. Jetzt können wir durchhalten.«

Der wackere Schweizer hat sogar eine Kuh aufgetrieben, eine einzige. Sie wird die Milch für die Babies liefern. Diese Wiederkäuerin ist ein so kostbarer Schatz, daß man einen Mann ganz allein zu ihrer Bewachung und Betreuung beordert, und zwar den Direktor der russisch-chinesischen Bank, den Russen Pokotiloff. Dieser Mann, der bisher mit riesigen Vermögen zu tun hatte, hat nie zuvor einen so kostbaren Schatz wie diese Kuh gehütet.

Unter der Aufsicht einiger Missionare hocken hunderte und hunderte chinesische Christen in den Gärten von Su-Wang-Fu zusammengepfercht, mitten unter Pferden, Ponys und Schafen. Huberty James, ein amerikanischer Professor an der kaiserlichen Universität, den alle Europäer für einen Sonderling mit goldenem Herzen halten, und dessen Liebe zu den Chinesen an Verblendung grenzt, bemüht sich um die Unterbringung dieser verstörten armen Teufel. Er hat vom Besitzer des herrlichen Gartens die Erlaubnis zur Benützung erzwungen und binnen kurzem hat sich der Park in eine wimmelnde, stinkende Karawanserei verwandelt. Die Flüchtlinge, eine bunt zusammengewürfelte Schar, ersticken in Elend und Angst. Auf engstem Raum vegetieren sie inmitten von Fäulnis und Dreck, in ständiger Erwartung eines schrecklichen Todes, der immer unausweichlicher scheint. Sie wissen, wessen die Boxer in ihrem Fanatismus und ihrer Grausamkeit fähig sind. Huberty James geht von einer Gruppe zur andern, teilt Schalen mit Reis, Trostworte und Decken aus. Aus ein paar elenden Hütten steigt Rauch auf. Die Familien finden sich, die Kinder weinen. Schon lauert das Gespenst des Hungers im Park der Su-Wang-Präfektur.

Sorglosigkeit und Vertrauen stürzen Huberty James ins Verderben. Nachdem er die Flüchtlinge in den Gärten untergebracht hat, begibt er sich allein zur englischen Gesandtschaft. Die Wachen der königlichen Marine sehen ihn plötzlich zu ihrem Entsetzen aus dem Park auftauchen und zur Nordbrücke gehen, die sich über den Jade-Fluß spannt. Ein paar chinesische Soldaten streifen durch die Gegend. Sie schießen von allen Seiten und der Unglückliche fällt zu Boden. Drei Reiter Ton-Fu-Sians packen ihn und schleppen ihn zu den Quartieren der kaiserlichen Truppen. Der arme Professor wird nicht mehr lebend wiedergesehen, er ist das Opfer seines blinden Vertrauens zu den Himmlischen geworden. Später erfährt man voll Schrecken, daß er lange gefoltert und schließlich nach drei Tagen Martyrium geköpft wurde. Sein Haupt wird an einem der Stadttore aufgespießt, sein Gesicht scheint noch immer den Ausdruck fassungslosen Staunens und gräßlichen Schmerzes zu tragen.

Das Ende dieses gütigen und tapferen Mannes erschüttert die europäische Kolonie ebenso wie Stunden zuvor die Ermordung des deutschen Gesandten.

»Sie sind da!«

Am frühen Nachmittag galoppiert bei gellendem Trompetenton eine Eskadron Ton-Fu-Sians mit schwarzen Turbanen, flatternden Fahnen, von der Kaiserstadt kommend, am Gebäude der österreichisch-ungarischen Gesandtschaft vorbei. Sie halten einen Augenblick bei der Zollstraße an und ziehen sich dann, gleichfalls im Galopp, zurück. Kurz darauf tauchen weitere Reiter auf und geben, ohne abzusteigen, einige Schüsse auf die Barrikaden ab, die in diesem Sektor von österreichischen, französischen und italienischen Marinesoldaten besetzt sind.

Kapitänleutnant Darcy, der die entlegene belgische Gesandtschaft nicht mehr zu verteidigen braucht, weiß genau, daß auch die Residenz der Österreicher in der Nordwestecke des Verteidigungsgeländes einem ernsthaften Angriff nicht lange standhalten kann.

»Wahnsinn, das ganze Gebiet besetzen zu wollen«, sagt er zu Herber.

Die Österreicher-Ungarn sind sich ihres gefährlichen Standorts bewußt. Der Geschäftsträger, Dr. Arthur von Rosthorn, der interimistisch den Missionschef vertritt, beschließt die Evakuierung. Seine junge Frau hat es abgelehnt, sich mit den andern Damen in die englische Gesandtschaft zurückzuziehen, und läßt sich nur mit Mühe dazu überreden, wenigstens die französische Gesandtschaft aufzusuchen, die kaum weniger exponiert ist als ihre eigene.

Nun befinden sich das Seezoll-Inspektorat und seine Barrikade in der vordersten Linie. Diese Lösung will dem Chef des französischen Detachements nicht recht gefallen.

»Die Leute vom Zoll haben ihre Büros verlassen und sich mit den andern Zivilisten in die englische Gesandtschaft zurückgezogen«, sagt er zu Herber. »Wir können unmöglich das Zollgebäude und die französische Gesandtschaft zugleich verteidigen.«

»Was also tun, Kapitän?«

»Die Front verkürzen. Wir müssen die beiden Barrikaden niederreißen, die wir vor ein paar Tagen vor der österreichisch-ungarischen Gesandtschaft und dem Zoll errichtet haben, und eine neue bauen, die leichter zu verteidigen ist.«

Der Offizier ruft sofort Le Glouanec: »Nimm dir ein paar Matrosen, verschaff dir das nötige Material und errichte eine solide Barrikade in der Zollstraße in der Nordwestecke bei der französischen Gesandtschaft. Mach schnell! Bald werden wir die chinesischen Soldaten auf dem Buckel haben!«

Und schon sind die Franzosen an der Arbeit, während ihre österreichischen Kameraden durch die Zollstraße patrouillieren, um die Schanzenden zu decken und zu beobachten, was sich in ihrer verlassenen Gesandtschaft abspielt. Die Schüsse pfeifen über sie hin, geduckt rennen sie weiter. Die Männer Leutnant Kollařs werden von einem Kugelregen empfangen, die chinesischen Truppen scheinen schon feste Stellungen bezogen zu haben. Petrovac, einer der Matrosen, wird am Bein verwundet. Seine Kameraden bringen ihn zu Doktor Matignon.

Während ihn der Arzt versorgt, hört man neuerlich Schüsse. Matignon blickt auf seine Uhr. Es ist genau elf Minuten vor vier.

Von der Nachbarbarrikade ertönt das Kommando Labrousses: »Auf vierhundert Meter! Feuer!«

»Feuer!« schreit Kollař wie ein Echo.

Die französischen und die österreichischen Matrosen beschießen die Chinesen, die über die Zollstraße laufen oder dem verlassenen Gebäude der österreichischen Legation zustreben. Sie schießen zurück. Zum ersten Mal gibt es mitten im Europäerviertel ein richtiges Gefecht zwischen den Bewachern der Gesandtschaften und der kaiserlich-chinesischen Armee.

»In Deckung!« ruft Darcy seinen Matrosen zu.

Mit Kollař rennt er von einem Ende der Barrikade zum andern, um darauf zu achten, daß die Verteidiger in Deckung bleiben. Die ersten beiden Freiwilligen, der Archäologe Pelliot und der Universitätslehrer de Gieter, stehen an der Seite der Matrosen. Und sie ducken sich wie die andern unter dem Kugelregen der chinesischen Soldaten.

Plötzlich ruft Darcy: »Er ist ja verrückt!«

Labrousse promeniert gemächlich aufrecht hinter der Barrikade und bietet vom Kopf bis zur Taille eine prächtige Schießscheibe. Der »Marsouin« hat sein Kepi nach hinten geschoben und scheint sich vollkommen wohl zu fühlen, während ihm die Schüsse um die Ohren knallen. Fassungslos starren ihn die Offiziere an, er aber scheint sich der Gefahr nicht im geringsten bewußt zu sein.

Und doch ist das Feuer tödlich. Hinter der Barrikade stürzt ein Mann, genau in die Stirn getroffen, zu Boden.

»Wer ist es?« fragt Darcy.

»Jean-Marie Julard, Capitaine!«

Der Gefreite Julard von der Landekompanie des *D'Entrecasteaux* ist der erste Gefallene dieser Pekinger Belagerung. Mit zerschmettertem Schädel liegt er im Staub der Zollstraße.

Die Verteidiger schießen wütend zurück, wie um ihn zu rächen. Das Maxim-Maschinengewehr ihrer österreichischen Kameraden, in der Mitte der Barrikade postiert, nimmt die chinesischen Regulären aufs Korn, die im Laufschritt Deckung suchen.

Es ist fünf Uhr nachmittags, Doktor Matignon kann nur mehr die Leiche Julards in die hinteren Stellungen bringen.

»Die Chinesen sind weniger höflich als gewöhnlich,« ruft er Darcy zu, »sie halten nicht einmal die angemessene Frist von vierundzwanzig Stunden ein, bevor sie wieder losgehen!«

Der deutsche Unteroffizier, der bei der Mauer einen kleinen Wachtposten befehligt, bemerkt, wie Boxer ein europäisches Haus plündern. Er befiehlt seinen Matrosen, das Feuer zu eröffnen. Sie zielen gut und treffen tödlich. In wenigen Minuten haben die »Unverwundbaren« vierzehn Mann verloren.

Die Lage ist unübersichtlich. Die chinesischen Regulären beim Ha-Ta-Men-Tor nehmen das eine Mal die Wachen der Legationen unter Feuer, das andere Mal wieder die Rebellen und Brandleger . . .

Graf Soden begibt sich zu seinen Leuten in der vordersten Linie.

»Unglaublich«, berichtet sein Unteroffizier, »das Feuer kommt von allen Seiten! Schauen Sie sich doch diese Chinesen an!«

Oben auf der Mauer sieht man fünfzehn Soldaten, Reguläre und Boxer brüderlich vereint, bewaffnet mit Gewehren neben Langrohrgeschützen stehend.

»Feuer!« befiehlt Soden.

Aber er muß einsehen, daß diese Stellung schwer zu halten ist und zieht deshalb seinen Posten bis in einen toten Winkel zurück. Da aber kommt ein Kurier von der französischen Gesandtschaft gelaufen.

»Was geht hier vor? Kapitänleutnant Darcy läßt melden, daß auch er zurückgehen wird, wenn die Deutschen die Stellung aufgeben!«

»Richten Sie ihm aus, daß ich sofort wieder die alte Stellung einnehmen werde«, lautet Sodens Antwort.

Wenige Augenblicke später trifft neuerlich eine Meldung ein, diesmal von Sir Claude. Er fordert dringend Verstärkung. Da die Gebäude seiner Gesandtschaft mit geflüchteten Zivilisten aller Nationen vollgestopft seien, wäre es durchaus gerecht, daß die entsprechenden Detachements auch bei ihrer Verteidigung vertreten wären. Das sieht zwar egoistisch aus, entbehrt aber nicht der Logik. Unteroffizier Block begibt sich daher mit zwölf Matrosen im Laufschritt zur Brücke des Jade-Flusses.

Während dieses erste Geplänkel an der von Österreichern und Franzosen besetzten Barrikade im Gang ist, diskutiert Captain Strouts von der Royal Marine Light Infantry eben mit ein paar englischen Dolmetschschülern über eine Golfpartie. Der Lärm ärgert ihn und er empfängt den Unteroffizier, der auf ihn zugelaufen kommt, sehr ungnädig.

»Es wird geschossen, Sir!«

Strouts grüßt lässig zurück und sagt nur: »Danke, Unteroffizier Murphy.«

Noch ein paar Salven, dann wird es ruhig im Sektor der französischen Gesandtschaft. Die Chinesen zeigen sich nicht mehr. Des Abends versuchen einige, die am Nachmittag evakuierte österreichisch-ungarische Legation in Brand zu stecken, werden aber vom Kreuzfeuer der Franzosen, Österreicher, Engländer und Japaner vertrieben. Jetzt ergeht die Order, sofort zurückzuschießen und alles aufs Korn zu nehmen, was sich vor den Barrikaden bewegt. Bei der französischen Gesandtschaft wird auf Vorschlag Darcys abwechselnd Wache gehalten.

»Wir werden uns ablösen. Wenn es Ihnen recht ist, beginnen heute wir um neun Uhr abends,« sagt er zu Kollař und Labrousse.

Bei allen Barrikaden bereiten sich die Eingeschlossenen auf ihre erste »wirkliche Kriegsnacht« vor.

Um neun Uhr abends verläßt Stephen Pichon mit Gattin die französische Gesandtschaft, um sich in die englische zurückzuziehen, die weniger exponiert ist. Der Doyen des diplomatischen Korps, Don Bernardo de Cologan, begleitet ihn.

Pichon spielt den Helden und erklärt großartig: »Ich werde nicht verfehlen, jeden Tag meine Landsleute auf ihrem Kampf- und Ehrenposten aufzusuchen!«

Der alte Hidalgo sieht ihn schweigend und etwas ungläubig an.

In ihrem kaiserlichen Palast schreibt die Kaiserin-Witwe Ts'e-hi an Prinz Tuan, den unbestrittenen Führer der fremdenfeindlichen Partei: »Die Ausländer sind gefangen wie die Fische im Kochtopf.«

Donnerstag, 21. Juni 1900

Der Tag der Sommersonnen-Wende, der längste Tag des Jahres, erweist sich als der erste richtige Kampftag. Von nun an machen die Regulären, die kaiserlichen Truppen, gemeinsame Sache mit den Boxern. Über zehntausend Mann berennen das Gesandtschaftsviertel und den Pe-Tang, um die »fremden Teufel« und die chinesischen Konvertiten niederzumetzeln.

Trotz einiger Offiziersbesprechungen ist die Verteidigung keineswegs organisiert, es gibt keinen gemeinsamen Schlachtplan. Jeder Departementchef handelt nach eigenem Gutdünken, nach eigenem Kopf – wenn nicht nach dem Kopf seines Gesandten, was weit schlimmer ist. Die Patrouillen und die Wachtposten an den Barrikaden werden willkürlich eingesetzt, wie es eben dem jeweiligen Vorgesetzten in den Sinn kommt. Niemand hat auch nur daran gedacht, die einzelnen Aktionen aufeinander abzustimmen oder wenigstens eine Karte des Geländes zu zeichnen.

Sir Claude MacDonald hat früher einmal bei einer Einheit der Hochland-Infanterie als Major gedient, deshalb bildet er sich ein, zum Oberkommando befugt zu sein, doch niemand erkennt seine Autorität tatsächlich an. Das weiß er selbst ganz genau und versucht erst gar nicht, auf allgemeinem Gehorsam zu bestehen.

Das Gesandtschaftsviertel wird im Süden zur Gänze durch die Mauer zwischen der Tataren- und der Chinesenstadt begrenzt. Das Ha-Ta-Men-Tor im Osten und das Tsien-Men-Tor im Westen sind von chinesischen Regulären besetzt. Die Mauer ist so breit, daß auf ihrer Krone eine gepflasterte Straße läuft, auf der bequem vier

Sänften nebeneinander Platz haben. Die Belagerten errichten dort unter Anleitung des Reverend Gamewell, eines amerikanischen Missionars und früheren Ingenieurs, Barrikaden, die durch zwei zur inneren Fahrstraße führende Rampen verlängert werden.

Mitten durch das Viertel, in Nord-Süd-Richtung, zieht sich der Jade-Fluß, der zu dieser Jahreszeit ausgetrocknet und nichts als ein übler Abfallgraben ist. Die von Ost nach West ziehende Gesandtschaftsstraße überquert den Fluß mit einer Brücke in der Mitte des Geländes. Gleich zu Beginn der Feindseligkeiten haben die Verteidiger fieberhaft an der Befestigung dieser lebenswichtigen Ader gearbeitet. Die Wälle aus dicken Bohlen und Sandsäcken reichen im Osten bis zur italienischen und im Westen bis an einen Punkt zwischen der amerikanischen und der russischen Gesandtschaft. Die österreichisch-ungarische Legation und das Zollgebäude im Nordosten des Viertels wurden am 20. Juni aufgegeben; somit befindet sich die französische Gesandtschaft in der vordersten Linie; im Südosten, auf der anderen Seite der Straße, befindet sich die deutsche in ähnlicher Situation. Als letzte Zuflucht gilt die englische Gesandtschaft in der Nordwestecke. Jenseits des Jade-Flußes breitet sich der Fu-Park aus, den die Wachen der japanischen Gesandtschaft unter Kontrolle halten und wo die Hauptmasse der chinesischen Konvertiten untergebracht ist.

Nordwestlich vom Gesandtschaftsviertel ragt eine andere Mauer auf, die zwischen Tataren- und Kaiserstadt, die zur Gänze von den chinesischen Truppen, jetzt den Verbündeten der Boxer, besetzt ist.

Früh am Morgen sendet das diplomatische Korps eine weitere Note an den Tsung-li ya-men, eine Antwort auf das Schreiben vom Vortag. Darin ist nicht mehr von der Evakuierung die Rede, sondern vom Einstellen der Kampfhandlungen. Die Gesandten versichern, daß die fremden Mächte ausschließlich friedliche Ziele in China verfolgt haben, daß sie Gewalt nur anwenden, um ihre Angehörigen zu schützen. Die Note enthält auch eine Bemerkung voll bitterer Ironie. »Seit gestern werden wir beschossen. Wir hoffen, daß es sich um Rebellen handelt oder um einzelne Berufssoldaten, die sich entgegen dem Befehl ihrer Vorgesetzten einschalten.« Niemand glaubt an die Wirksamkeit dieser Note, jetzt, da die Waffen sprechen. Aber die Gesandten in Peking haben wenigstens im Namen ihrer Regierung das Datum der Eröffnung der Kampfhandlungen festgehalten.

Gegen neun Uhr morgens sehen die österreichischen und französischen Wachtposten bei den Barrikaden der Zollstraße einen kleinen Trupp Regulärer und Boxer mit wehenden Fahnen auf die seit dem Vorabend verlassene österreichisch-ungarische Gesandtschaft zukommen.

»Feuer!«

Von jetzt an schießen die Wachen auf alles, was sich vor ihnen bewegt. Binnen weniger Sekunden sind die Chinesen von der Zollstraße weggefegt. Nur zwei Mann bleiben und stehen unbeweglich mitten auf der Kreuzung. Die Matrosen schießen auf sie – ohne Erfolg.

Kapitänleutnant Darcy meint tadelnd: »Ihr seid aber heute ungeschickt! Habt ihr richtig auf die Entfernung von dreihundertfünfzig Metern eingestellt?«

»Sehen Sie selbst, Herr Kapitän!«

Ein Matrose reicht ihm seine Lebel. Der Offizier nimmt sie, stellt die Entfernung ein und gibt zwei Schüsse ab. Die Chinesen stehen reglos wie zuvor.

»Unglaublich«, sagt Darcy verblüfft. »Sie müssen Attrappen aufgepflanzt haben, damit wir sinnlos unsere Munition verschießen.«

Diese neue Kriegslist überrascht ihn nicht besonders, er befiehlt seinen Leuten nur, das Feuer einzustellen.

Da setzen sich die beiden »Attrappen« in Bewegung, gehen langsam auf eines der Zollhäuser zu und verschwinden. Die Matrosen trauen ihren Augen nicht. Nun haben sie tatsächlich zwei »Unverwundbare« gesehen! Der Zwischenfall hinterläßt ein gewisses Unbehagen. Wenn alle Boxer so gleichmütig im Kugelregen promenieren, wird es einen harten Strauß geben.

Am Vormittag erhält der Chef des französischen Detachements einen Brief aus dem Pe-Tang. Es ist die letzte Meldung, die ihn von Oberleutnant Henry erreicht und sie trägt das Datum des Vortags. Da es den Geheimkurieren immer schwerer fällt, durch die Linien zu schlüpfen, gibt sich Darcy keinen großen Hoffnungen hin, als er ein Antwortbillett an Henry verfaßt und ihm befiehlt, durchzuhalten, sofern nicht ein anderer Befehl von der Kathedrale erfolgt. Ein überflüssiger Brief, denn seit Tagen schon sind Gesandtschaftsviertel und Pe-Tang völlig eingekreist.

Der erste Kampftag geht ohne weitere Attacken vorbei. Am frühen Nachmittag wird der Matrose Julard, der erste Tote der Belagerung, im Garten der französischen Gesandtschaft in Anwesenheit eines Ehrenpiketts beigesetzt. Aus diesem Anlaß hat sich sogar der Gesandte persönlich bereitgefunden, sein englisches Asyl zu verlassen. Begleitet von seinem Kanzler Berteaux macht Stephen Pichon eine kurze Inspektionstour durch seine Residenz, die in eine Festung verwandelt wurde. Die beiden Zivilisten scheinen es sehr eilig zu haben, wieder wegzukommen, als ahnten sie, daß etwas in der Luft liegt.

Und tatsächlich, kaum haben sich die Diplomaten entfernt, gibt es neuerlich Gewehrfeuer, sehr heftiges sogar.

»Das ist bei der italienischen Gesandtschaft!« schreit Darcy seinem Adjutanten Herber zu. »Bleiben Sie am nordöstlichen Posten der Zollstraße. Ich werde schauen, daß ich zu den Italienern durchstoße!«

Kapitänleutnant Paolini scheint über das Auftauchen seines französischen Kameraden sehr erstaunt. »Hier ist gar nichts passiert«, erklärt er. »Wir haben keinen einzigen Schuß abgegeben.«

»Aber wer schießt auf wen?«

»Das weiß ich nicht.«

Die beiden Offiziere vermuten, daß es sich um reguläre Truppen des Prinzen King handelt, die sich mit Boxern herumschlagen, denn im feindlichen Lager herrscht durchaus nicht volle Einigkeit. Noch ein paar vereinzelte Schüsse, dann Ruhe. Das Geheimnis dieses kurzen Gefechts hinter den Linien wird niemals geklärt.

Die Nacht kommt nur zögernd, die Dämmerung zieht sich hin. Oben auf den Barrikaden bemühen sich die Beobachter, die Schatten zu erkennen, die durch die Straßen laufen. Denn die Boxer nützen die Dunkelheit aus, um sich in die verlassene österreichische Residenz am andern Ende der Zollstraße zu schleichen. Plötzlich steigen Flammen auf. Das Haus brennt.

Hilflos müssen die Matrosen der *Zenta* dem Brand ihrer Gesandtschaft zusehen. Vor dem Feuervorhang zeichnen sich huschende Silhouetten mit Fackeln und Säbeln ab. Es wird geschossen.

Auch Kapitänleutnant Kollař und sein Kamerad Darcy befinden sich hinter der Barrikade der Zollstraße.

»Sehen Sie, was unseren Leuten geboten wird!« ruft Herber. »Chinesische Schattenspiele!«

Am Abend dieses ersten Kampftages steht noch immer nicht fest, wer den Oberbefehl der Verteidigungstruppe innehat. Nach dem Mißerfolg der Kolonne Seymour haben die Engländer viel an Popularität eingebüßt und die Autorität Sir Claude MacDonalds ist etwas ins Wanken geraten. Die europäischen Offiziere wünschen einen mehr »neutralen« Chef und vor allem einen aus ihrem Kreis von Marineuren. Die Wahl fällt schließlich auf Fregattenkapitän Eduard Thomann von Montalmar von der österreichisch-ungarischen Marine.

»Ich nehme an«, erklärt der Österreicher, nachdem er sich mit den Chefs sämtlicher militärischer Detachements abgesprochen hat. »Zu meinen Adjutanten ernenne ich Linienschiffsleutnant Winterhalder und Hauptmann Labrousse.«

Der Österreicher und der Franzose begeben sich sofort zu dem Offizier, der offiziell die kleine Armee der Belagerten kommandiert, dessen Befehlsbereich aber kaum über das östliche Gesandtschaftsviertel zwischen Jade-Fluß und Frontlinie hinausreicht. Eine Koordinierung der gesamten Verteidigung kommt nicht zustande.

Während der ganzen Belagerung beruht die Stärke dieser internationalen Truppe nicht auf der Disziplin, sondern einzig und allein auf dem persönlichen Mut jedes einzelnen ihrer Mitglieder.

Freitag, 22. Juni 1900

Um fünf Uhr morgens lösen die Österreicher die französischen Wachen bei der Barrikade ab. Schleunigst suchen sie ihre Unterkünfte in der französischen Gesandtschaft auf, legen sich nieder und schlafen sofort ein. Die Nacht ist verhältnismäßig ruhig verlaufen. Drüben scheinen die Regulären und die Boxer ihre Kräfte umzugruppieren, während die österreichische Residenz noch immer in Flammen steht.

»Auf! Schnell! Sie greifen an!«

Die Unteroffiziere rütteln die Männern wach, die Matrosen stürzen auf ihre Posten. Sie haben nicht einmal eine Stunde geschlafen. Darcy, Kollař und Paolini erkunden schnell die Lage. Der ganze östliche Teil des Gesandtschaftsviertels liegt unter feindlichem Feuer.

»Sie fallen im Norden von der Zollstraße ein!« meldet Kollař.

»Sie stürmen den Osten von der Gesandtschaftsstraße her!« fügt Paolini atemlos hinzu.

Mit einem Mal sieht die Lage sehr ernst aus. Die Barrikade im nordwestlichen Winkel der französischen Gesandtschaft hält stand, aber die Sperre bei der italienischen wird sich kaum sehr lange halten können. Darcy holt Verstärkung für die Italiener heran, es geht alles drunter und drüber, im Rauch und Staub erkennt man nicht einmal mehr, wer die Barrikade verteidigt.

Auch die Österreicher in der Zollstraße geraten in Aufregung. Sie halten sich gut, dank ihres pausenlos feuernden Maxim. Wenn aber die Italiener nachlassen, dann fällt ihnen der Feind von der Gesandtschaftsstraße her in den Rücken.

Kapitänleutnant Kollař will dem vorbeugen. »Zurück!« ruft er seinen Leuten zu.

»Die Barrikaden aufgeben, Herr Kapitän?«

»Ja, schnell!«

In wenigen Minuten haben sich die österreichischen Matrosen zur Gesandtschaftsstraße zurückgezogen. Die Zollstraße fällt in die Hände der Chinesen, die von Norden heranstürmen, wo noch immer die Ruinen der österreichischen Legation qualmen. Binnen weniger Minuten haben sie die ganze Straße besetzt und stecken das Seezollgebäude in Brand. Österreicher, Franzosen und Italiener drängen sich kunterbunt in der Gesandtschaftsstraße. Das Gewehrfeuer verstärkt sich, es ist auch im Rücken der Marinesoldaten zu hören.

»Die Chinesen greifen auch vom Westen an«, stellt Darcy fest. »Das bedeutet Generalangriff. Hoffentlich halten wir durch!«

Überall beißender, schwarzer Rauch; genau bei der Barrikade, die das Ostende der Gesandtschaftsstraße abschließt, ist ein Brand ausgebrochen. Mann gegen Mann kämpfen sich Italiener und Chinesen durch Glut und Qualm. Vor dem Hintergrund der Flammenwand erinnert dieses kurze Gefecht im Morgengrauen an ein Bild aus Dantes Inferno. Brüllend greifen die Chinesen an: »Tscha! Tscha! Tscho! Tscho!« ertönt taktmäßig der grausige Schlachtruf der fanatischen Sekte.

Die Ostbarrikade aber hält und stoppt das Vordringen der Feinde, die vom Ha-Ta-Men-Tor anstürmen.

Auch im Westsektor wird gekämpft, wo die Amerikaner und Russen gemeinsam die Barrikade halten und verhindern, daß die Chinesen von der Straße vom Tsien-Men-Tor zur Kaiserstadt her einbrechen. Auch dort herrscht Wirrwarr mitten in Wolken von Rauch und Staub.

Plötzlich verläßt ein Matrose seinen Posten und geht auf die Brücke zu, die hinter ihm den Jade-Fluß überspannt. Der Mann schwankt. Er ist nicht verwundet, er ist sternhagelvoll. Torkelnd bewegt er sich durch die Gesandtschaftsstraße bis zum südlichen Sektor der deutschen Matrosen, genau unter der hohen Mauer zwischen der chinesischen und der Tatarenstadt. Oberleutnant

Soden hält ihn an, er glaubt, daß der Mann im Kampf den Verstand verloren hat. Der Amerikaner lallt. Der Deutsche wird ungeduldig, er versteht ihn schlecht. Aber er ahnt, daß Böses geschehen ist.

Kurz entschlossen verläßt Soden seinen Platz und eilt zu Fregattenkapitän Thomann von Montalmar, dem Oberkommandierenden.

»Eben hat sich ein amerikanischer Matrose bei uns gestellt, von der Westbarrikade bis zu uns hat er sich durchgeschlagen. Die Kosaken und die Yankees scheinen ihre Stellung nicht mehr halten zu können. Ich vermute, sie haben sich in die englische Gesandtschaft zurückgezogen.

»Dann sind wir verloren! Eine Katastrophe.«

Der österreichische Offizier zögert keinen Augenblick. Man hatte, diesmal sogar einstimmig, die englische Gesandtschaft zur letzten Bastion erklärt. Da sich die Amerikaner und die Russen bereits dort befinden, muß man auch die Deutschen, die Österreicher, die Franzosen und die Italiener hindirigieren. Auf dem Weg könnte man sogar die Japaner mitnehmen, die sich im Fu-Park im Nordsektor schlagen.

Dieser allgemeine Rückzug bringt den Verteidigungsplan ins Wanken und droht in eine Panik zu münden. Unter dem Störfeuer der Chinesen hetzen die kleinen Marineeinheiten zurück. Ein Österreicher stürzt verwundet zu Boden. Seine Kameraden und ein paar Franzosen heben ihn auf und tragen ihn weg. Zivilisten mischen sich unter die Soldaten und folgen ihnen.

»Keiner darf zurückbleiben!« befiehlt Darcy seinem Oberfähnrich Herber.

Thomann von Montalmar bemüht sich, etwas Ordnung in den Haufen zu bringen, der sich im Schein der Flammen vorwärtswälzt. Das Geschrei der Chinesen schwillt an, sie scheinen ganz nahe, sie besetzen die Mauer und bedrohen die Belagerten von oben her, aber im Rauch treffen sie schlecht. Die Japaner haben sich mit Oberst Shiba den europäischen Kameraden angeschossen, und so hasten alle Verteidiger des Sektors östlich vom Jadefluß über die Brücke zur englischen Gesandtschaft.

8/9 *Missionare und Chinesen-Christen sind für die Boxer die Verkörperung des verderblichen Einflusses der fremden Teufel. Oben die Kathedrale des Pe-Tang, mit ihrer Mischung von neugotischem und chinesischem Stil ein architektonisches Kuriosum, unten die Missionsschule im Pe-Tang vor der Belagerung.*

10–12 Drei Säulen der Verteidigung: der Schweizer Hotelier Chamot mit seiner amerikanischen Frau, der japanische Oberst Schiba und der deutsche Oberleutnant zur See Graf Soden.

13–15 Stellungen: unten provisorische Barrikaden, verteidigt von russischer Marineinfanterie; unten rechts mit Sandsäcken befestigter Graben im französischen Abschnitt; oben rechts chinesische Geschützstellung auf der Stadtmauer.

Illustrirte Zeitung

Alle Rechte für sämmtliche Artikel und Illustrationen vorbehalten.

Nr. 2978. 115. Bd. | Erscheint regelmäßig jeden Donnerstag. Preis vierteljährlich 7 Mk. = 3 fl. 70 K. ö. W., frei ins Haus 7 Mk. 25 Pf. = 9 Kr. ö. W. | Leipzig und Berlin | Mit Kreuzbandporto in Deutschland und Oesterreich-Ungarn 10 Mk. = 12 Kr. 50 H. ö. W., im Weltpostverein 13 Mk. Einzelpreis einer Nummer 1 Mk. | 26. Juli 1900.

Sir Claude Macdonald, britischer Gesandter.

Michael v. Giers, russischer Gesandter.

Marchese Salvago-Raggi, italienischer Gesandter.

S. Pichon, französischer Gesandter.

Dr. Arthur v. Rosthorn, Legationssecretär der österreichischen Gesandtschaft.

Edwin H. Conger, amerikanischer Gesandter.

Don Bernardo de Cologan, spanischer Gesandter.

F. M. Knobel, niederländischer Ministerresident.

Maurice Joostens, belgischer Gesandter.

Das diplomatische Corps in Peking.

16 Die Missionschefs zur Zeit der Belagerung. Doyen des diplomatischen Korps war der spanische Botschafter Don Bernardo de Cologan. Den Ton in der Auseinandersetzung mit der chinesischen Regierung aber bestimmte der britische Gesandte Sir Claude MacDonald.

Sir MacDonald, den Schnurrbart gesträubt wie ein gereizter Kater, fährt sie an: »Sind Sie alle verrückt? Warum haben Sie Ihre Stellungen verlassen?«

Fregattenkapitän Thomann ist über diesen Empfang verblüfft. »Wir vereinigen uns hier mit den Amerikanern und Russen, wie es vereinbart war.«

»Aber die sind ja gar nicht da! Sie sind nach wie vor auf ihrem Posten.«

»Zum Teufel, dann hat uns der verdammte Yankee einen Bären aufgebunden ...«

Der englische Gesandte zerspringt vor Wut über dieses Mißverständnis und befiehlt den Verteidigern des Ostsektors, sofort zurückzugehen.

»Besetzen und halten Sie den Palast des Prinzen Su im Fu-Park! Ich hoffe, es ist dazu noch nicht zu spät.«

Der Rückzugsbefehl Thomann von Montalmars bringt den ganzen Verteidigungsplan in Unordnung. Panik wirkt ansteckend.

Willie Sommers, ein junger Wachsoldat auf der Tatarenmauer, hat gesehen, wie seine Kameraden hinter ihm in regelloser Flucht zur Jade-Brücke rannten. Er glaubte, daß die Boxer die Linie durchbrochen haben und den Amerikanern und Russen in den Rücken fallen werden. So hebt er die Hand wie ein Sprachrohr zum Mund und ruft dem Nachbarposten zu: »Die Boxer! Sie haben die Barrikaden hinter uns gestürmt! Sie kommen!«

Sein Kamerad, ebenso jung und ebenso unerfahren wie er, erschrickt zu Tode. »Weg von hier!« schreit er.

Und nun brüllen sie beide wie von Sinnen: »Die Boxer! Zurück! Sie rennen uns nieder!«

Die Matrosen verlassen ihre Posten und fliehen, die Russen sehen es und machen es ihnen nach. Stellung auf Stellung, der ganze Westsektor, ist in wenigen Minuten leer. Captain Myers und Kapitänleutnant Rahden haben die größte Mühe, ihre kopflosen Landsleute wieder zur Räson zu bringen.

Der englische Gesandte begreift sofort, daß ein Zurückweichen der Amerikaner und Russen im Westteil genau so gefährlich ist wie ein Rückzug im Ostsektor. Man muß unbedingt Verstärkung entsenden. Aber er hat keine Leute zur Verfügung und will sich nicht von den Wachmannschaften trennen, die seine Gesandtschaft mit den Flüchtlingsmassen schützen. So ruft der lange Schotte den deutschen Unteroffizier Block und befiehlt ihm, mit seinen Leuten der amerikanischen Barrikade auf der Mauer Hilfe zu leisten.

Der Unteroffizier sammelt seine Männer und begibt sich in aller Eile zum Westende der Gesandtschaftsstraße, wo eine an Panik grenzende Verwirrung herrscht. In wenigen Minuten haben die Matrosen des Marinebataillons Ordnung geschaffen, die Chinesen unter heftiges Feuer genommen und zum Rückzug gezwungen. Bei dieser Blitzaktion haben sie allerdings ein Opfer zu beklagen: Matrose Kauhsen wird schwer verwundet.

Von der englischen Gesandtschaft her kommen Franzosen, Österreicher, Deutsche und Italiener im Laufschritt über das ausgetrocknete Flußbett des Jade und beziehen im Fu-Park Stellung, wo die dreitausend chinesischen Konvertiten Zuflucht gefunden haben. Seit dem Morgengrauen müssen die Unglücklichen auf einen Überfall der Boxer mit Säbeln und Messern gefaßt sein; beim Erscheinen der bewaffneten Matrosen schöpfen sie neuen Mut.

Oberst Shiba reorganisiert sofort die Verteidigung für den Park; Matrosen beziehen die improvisierten Kampfposten. Aber bald treffen neue Meldungen ein.

»Wieder ein Gegenbefehl«, grollt Darcy, den die Verwirrung, die seit dem Morgen herrscht, immer ärgerlicher stimmt.

Diesmal ist's eine Botschaft von Stephen Pichon. Der Gesandte ersucht ihn, wieder in der französischen Gesandtschaft Stellung zu beziehen. Jeder Detachementschef erhält den gleichen Befehl. Oberst Shiba muß die Truppen wegschicken, die er eben erst zusammengerufen hat.

So verlassen die Matrosen den Fu-Park und laufen schnellstens zur Gesandtschaftsstraße zurück. Knapp vor Mittag haben sie wieder die Oberhand und die Chinesen ziehen sich fluchtartig zurück. Alle Gesandtschaften werden zurückerobert, außer der italienischen, die abseits liegt. Auf ihrem Rückzug haben die Boxer das Gebäude angezündet und nun steht der äußere Teil der Gesandtschaftsstraße bis zum Ha-Ta-Men-Tor in Flammen. Die wenigen italienischen Zivilisten, die zuerst mit den Marinesoldaten abgezogen sind, kehren nun zurück und stellen sich Oberst Shiba im Fu-Park zur Verfügung.

Franzosen und Österreicher errichten schnellstens zwei neue Barrikaden zum Schutz der Kreuzung Zollstraße-Gesandtschaftsstraße. Wieder bringt ein Kurier eine Meldung, und wieder stammt sie von Stephen Pichon.

»Jetzt werden wir vielleicht wirklich unter ein einheitliches Kommando gestellt«, teilt Darcy seinen Kameraden mit. »Die Diplomaten haben sich endlich geeinigt und Sir Claude MacDonald offiziell die Oberleitung der Verteidigung übertragen.«

»Vielleicht war das nötig«, stellen Kollař und Paolini mit mäßiger Begeisterung fest.

»Seine erste Handlung wird darin bestehen, das Maxim-Maschinengewehr und dessen Bedienungsmannschaft für die englische Gesandtschaft bereitzustellen«, fügt Darcy etwas bitter hinzu.

Doktor Matignon, der die Kampftruppe seit dem ersten Schuß nicht verlassen hat, beschließt, eine französische Fahne zusammenzustoppeln, um sie auf dem Gesandtschaftsgebäude aufzupflanzen: das Blau aus einem chinesischen Arbeitskittel, das Weiß aus einem Handtuch und das Rot aus einem Stück Möbelstoff aus seinem Fotolabor.

Die französische Gesandtschaft wird nun der Vorposten des ganzen Ostsektors. Nur achtzig Mann sind vorhanden, um sie zu verteidigen: vierundvierzig französische Matrosen, zwanzig Österreicher-Ungarn und etwa fünfzehn europäische Freiwillige. Kulis füllen Kisten mit Erde, um die zwei Barrikaden zu errichten, die den neuralgischen Punkt, die Kreuzung Zollstraße–Gesandtschaftsstraße, schützen sollen.

Jeder hat seine Aufgabe, das Leben im Lager organisiert sich. Alle spüren, daß die Belagerung lange dauern kann und niemand weiß, wann die Hilfstruppen eintreffen werden.

Während man im Gesandtschaftsviertel bemüht ist, die Folgen der Panik halbwegs zu beseitigen, hat auch die Garnison des Pe-Tang einen schweren Schlag erlitten. Seit dem Morgen des 22. Juni ist sie völlig von der Außenwelt abgeschnitten.

»Wir sind eingekreist«, sagt Bischof Favier zu Oberleutnant Henry und Oberfähnrich Olivieri. »Wir sind völlig auf uns selbst angewiesen.«

Die Italiener besetzen den Jen-Tse-Tang im Norden und die Franzosen den Pe-Tang im Süden. Man hat Breschen in die Straßenbarrikaden geschlagen, um eine Verbindung zwischen den beiden Sektoren zu ermöglichen. Die französischen und die italienischen Matrosen haben seit ihrer Ankunft in der katholischen Mission um den ganzen Verteidigungsbezirk einen Erdwall aufgeschüttet, der von der Mauer geschützt und in regelmäßigen Abständen durch Holzgerüste gestützt wird. Hunderte chinesische Freiwillige der Mission haben dabei geholfen. In der Mauer selbst wurden Zinnen und Schießscharten ausgebrochen. Die Italiener bauten vier Schützenstände und die Franzosen sogar eine Art kleines Fort mit Schußrichtung auf die Kaiserstadt.

Oberleutnant Henry richtet seinen Kommandostand unter dem großen Tor ein, das zum weiten Vorplatz des Doms führt. Hier hat er drei Verteidigungslinien geschaffen: einen doppelten Schützengraben mit vorgelagertem Erdwall, zwei überdachte Unterstände mit einer Art Kasematte knapp dahinter und schließlich vor dem Dom selbst einen Erdwall, mehr als fünf Meter hoch. Die Befestigungen sind durch Gräben miteinander verbunden.

Der Leiter des Lazaristenseminars, Pater Giron, ist mit einigen seiner älteren Schüler auf das Dach der Kirche gestiegen, um die Bewegung des Feindes zu beobachten. Der Geistliche hat ein Horn, mit dem er bei drohender Gefahr Signale geben will. Ein Hornstoß bedeutet »Gefahr im Norden«, zwei Stöße heißen »im Süden«, drei »im Osten«, vier »im Westen«. Meldungen, die Zeit haben, schreibt Pater Giron auf Zettel, die er dem Offizier durch Seminaristen schickt.

»Kommen Sie schnell, Herr Oberleutnant! Die Chinesen bringen zwei Kanonen in Stellung!« rufen plötzlich die Beobachter.

Die Rohre sind direkt auf das Südportal des Pe-Tang gerichtet. Oberleutnant Henry schwingt sich auf ein Gerüst hinter dem Erdwall, ein paar Wachsoldaten folgen ihm. Gefahr ist im Verzug.

»Alle Mann auf Gefechtsstation!«

Die Matrosen sind noch nicht sämtlich auf ihren Posten, als schon eine Abteilung Regulärer vor dem großen Portal auftaucht. Die Chinesen eröffnen sofort das Feuer, – diesmal haben sie nicht nur Lanzen und Säbel – die Matrosen schießen zurück und ihre Gegner zerstreuen sich. Ein paar Minuten später sind sie wieder da. Eine Feuersalve zwingt sie, in Deckung zu gehen.

Um sieben Uhr beginnt der Artilleriebeschuß. Die beiden Kanonen stehen in sicherer Deckung in einer Erdrinne, sie sind praktisch nicht zu treffen und die Chinesen zielen gut. Die Granaten schlagen in den hohen Erdwall hinter dem Südportal ein und die chinesischen Kanoniere brauchen kaum eine Minute, um ihre Geschütze neu zu laden. Rauch und Staub nehmen schnell die Sicht, die Verteidiger können nicht erkennen, was beim Gegner vor sich geht, dessen Granaten mit ohrenbetäubendem Krachen einschlagen. Die Matrosen kauern eng gedrängt im Graben rund um ihren Chef, der sich bemüht, Ruhe zu bewahren, und nichts tun kann, als die Einschläge zu zählen. Als die Geschütze endlich knapp nach neun Uhr früh verstummen, sagt Oberleutnant Henry nur: »Hundertsechsundachtzig Schuß.«

Der einzige Verlust der Franzosen: ein Bajonett, das ein Splitter vom Gewehrlauf gerissen hat. Kein einziger Soldat verwundet! Henry steht mit einem sonderbaren Lächeln aufrecht unter ihnen.

»Bücken!« schreit Monsignore Jarlin.

Der Koadjutor des Bischofs von Peking hat darauf bestanden, vom ersten Augenblick der Belagerung an in vorderster Linie zu bleiben. Aber der junge Offizier bleibt stehen. Ja, mehrere Male steigt er sogar auf den Wall, um zu erkunden, was sich im chinesischen Lager tut.

Um zehn Uhr setzt die Beschießung von neuem ein. Die beiden Kanonen wurden auf dem südlichen Platz in Stellung gebracht, wo sie durch ein paar kleine Häusergruppen geschützt sind. Die

Chinesen eröffnen das Feuer auf den Dom. Alle Christen, die sich hineingeflüchtet haben, stürzen schreiend ins Freie, eine Frau wird durch einen Treffer in den Unterleib getötet. Das erste Todesopfer im Pe-Tang.

Den ganzen Tag hält das Feuer an. Am frühen Nachmittag meldet ein Matrose: »Herr Oberleutnant, sie bringen eine neue Kanone!«

Das Gesicht des jungen Offiziers unter dem Tropenhelm bleibt völlig ruhig. »Ich sehe«, lautet seine kurze Antwort. Er bleibt auf dem Wall stehen, als wäre nichts geschehen.

Die Kanoniere, die sich die Verteidigung des Südtores aufs Korn genommen haben, müssen sich jetzt wohl oder übel zeigen. Und schon schießen die Franzosen zurück. Die Chinesen können ihre Kanone unter dem Feuer des Gegners nicht mehr laden und die wenigen Männer, die dem Beschuß entkommen, müssen das Geschütz zurücklassen.

»Würden Sie mir dreißig Ihrer Schützlinge mit Seilen und Bohlen schicken?« fragt Henry den Monsignore. Jarlin verschwindet, ohne eine nähere Erklärung zu verlangen, und kehrt schon wenige Minuten später mit einer Anzahl Flüchtlingen zurück.

»Arbeitskräfte habe ich gefunden, aber kein Material.«

»Dann muß es auch so gehen! Wir dürfen keine Zeit verlieren. Los!«

Paul Henry beordert acht seiner Matrosen voraus, um den Ausfall zu sichern. Dann springt er mit Monsignore Jarlin und den Flüchtlingen nach. Schon auf der Schwelle des Portals wird die kleine Gruppe von einem wilden Kugelhagel empfangen, doch der junge Offizier läßt sich nicht beirren:

»Schnell,schnell! Wir müssen die Kanone holen!«

Die Freiwilligen stürzen sich unter der Feuerdeckung der Matrosen auf das Geschütz. Pausenlos schießen die Chinesen hinter den Hütten hervor. Ein Flüchtling wird sofort getötet, ein anderer von drei Kugeln getroffen, seine Gefährten wollen in panischer Furcht zur Kathedrale rennen. Dreimal muß sie Oberleutnant Henry zurückholen, unterstützt von Jarlin, der seine Schäfchen mit mächtigem Stimmaufwand zusammenhält. Endlich ist der kleine Trupp bei der feindlichen Kanone angelangt. Die Männer ziehen mit Stricken und schieben an den Rädern. Das Geschütz bewegt sich, schwankt, stürzt um. Die Männer richten es wieder auf, stoßen und zerren. Nochmals fällt es um. Endlich, endlich schleppen sie das schwere Ding durch das riesige Tor des Pe-Tang, gefolgt von ein paar Freiwilligen mit der erbeuteten Munition. Die acht Matrosen, die das Bravourstück gedeckt haben, ziehen sich zurück.

Den Revolver in der Rechten, in der Linken den Tropenhelm, so steht der junge Offizier aufrecht da und grüßt mit lauter Stimme seinen ersten Sieg: »Es lebe Frankreich!«

Aber man muß mit einem baldigen Gegenangriff der Feinde rechnen, die der Verlust ihrer Kanone in rasende Wut versetzt hat.

»Bringen Sie das Geschütz in Stellung«, befiehlt Oberleutnant Henry.

Und schon nimmt er die Häuser unter Feuer, aus denen sie während ihres Ausfalls beschossen wurden. Ein paar Minuten später wird es still. Im ganzen Pe-Tang tritt Ruhe ein.

Oberleutnant Henry meint abschließend zu Jarlin: »Die Sache ist nicht übel abgelaufen, obwohl wir fünfhunderteinunddreißig Schüsse erhalten haben!«

Die Verluste im Pe-Tang betragen nur vier Tote und vier Verwundete, alles chinesische Konvertiten. Paul Henry macht den Rundgang durch seine kleine Garnison und verkündet strahlend, daß er ein Geschütz erbeutet hat. In seiner Freude über diesen schönen Erfolg sagt er jedem, der es hören will: »Hätte ich fünfzig französische Marinesoldaten statt dreißig, dann könnte ich den Kaiserpalast stürmen!«

Sein Vorgesetzter im Gesandtschaftsviertel teilt diesen Optimismus nicht. Darcy hat den Geschützdonner im Pe-Tang gehört und weiß, daß dort der Kampf mit sehr ungleichen Kräften geführt wird. Die Panik heute morgen scheint ihm ein böses Omen.

Samstag, 23. Juni 1900

Die Nacht war kurz. Um fünf Uhr morgens setzt von neuem Feuer ein. Die Chinesen schießen im östlichen Teil des Gesandtschaftsviertels, bei der früheren italienischen Barrikade. Sie haben Schießscharten in die Hausmauern gebrochen und sparen nicht mit Munition. Die österreichischen und die französischen Matrosen rennen unter dem Donner der Geschütze, im dichten Rauch, zu ihren Stellungen auf der Kreuzung, dem zentralen Punkt des ganzen Sektors. Die Franzosen sitzen im Westen und bewachen die Gesandtschaftsstraße gegen das Ha-Ta-Men-Tor, die Österreicher nehmen die Zollstraße unter Feuer, gegen Norden, dort, wo die verkohlten Ruinen ihrer Gesandtschaft zu sehen sind.

Plötzlich taumelt Kapitänleutnant Kollař; er ist am Bein getroffen. Aber er läßt sich an Ort und Stelle verbinden und verläßt die Kampflinie nicht.

Humpelnd nähert er sich Darcy, um ihm Bericht zu erstatten: »Hüten Sie sich vor verirrten Kugeln. Die Chinesen zielen zu hoch. Die Schützen uns gegenüber sind nicht gefährlich, aber jene, die hinter uns die Amerikaner und die Russen aufs Korn nehmen, darf man nicht unterschätzen.«

»Sind Sie sicher?«

»Absolut. Die Kugel, die mich getroffen hat, muß das ganze Gesandtschaftsviertel von West nach Ost durchquert haben.«

Kollař hinkt auf seinen Posten zurück, Darcy läuft zu seiner Barrikade. Die Matrosen sind in ihren Stellungen in sicherer Deckung, die Kugeln pfeifen über ihre Köpfe hin und sie warten geduldig. Sie haben sich bereits an das Feuer der Chinesen gewöhnt.

Nach und nach wird es ruhig. Die Regulären scheinen es satt zu sein, ihre Munition sinnlos zu verpulvern. Es wird spät, beinahe zehn Uhr. Da hört man eine dumpfe Detonation, hinten beim Ha-Ta-Men-Tor.

Kollař und Darcy rufen wie aus einem Mund: »Jetzt gilt es nicht dem Pe-Tang, jetzt gilt es uns.«

Eine häßliche Überraschung! Die Chinesen setzen schweres Geschütz ein.

Der Österreicher kommt zu seinem französischen Kameraden gelaufen: »Vielleicht sind die Entsatztruppen schon auf dem Weg zu uns! Die Boxer und ihre Freunde wollen uns noch vorher erledigen.«

»Ich fürchte, daß die internationale Armee noch in weiter Ferne ist«, meint Labrousse. »Wir sind auf uns allein angewiesen – und das noch lange.«

»Glücklicherweise schießen sie noch immer zu hoch«, wirft Oberfähnrich Herber ein. »Man merkt, daß sie mit Kanonen genausowenig umgehen können wie mit Gewehren. Immerhin sonderbar bei einem Volk, von dem man behauptet, es hätte das Pulver erfunden!«

Die Offiziere beobachten das Feuer der Chinesen. Die feindliche Artillerie schießt von der Mauer des Ha-Ta-Men-Tores aus, die Projektile pfeifen über das Gesandtschaftsviertel und gehen jenseits der Mauer auf der anderen Seite im eigenen Lager der Himmlischen nieder.

»Diese Patzer werden schließlich noch den Palast ihrer Kaiserin beschießen«, meint Darcy, der die Lage allmählich komisch findet.

»Als Brandstifter sind sie geschickter«, stellt Kollař fest.

Wieder brennt es vor den französischen und österreichischen Barrikaden. Diesmal haben sie die japanische Bank angezündet, die gegenüber der italienischen Gesandtschaft im östlichen Teil steht.

»Umso besser«, stellt Herber lakonisch fest. »Von dort aus waren wir eingesehen.«

Seit zehn Uhr vormittags liegen die Gebäude der deutschen Gesandtschaft unter Feuer. Aber die Chinesen schießen so schlecht, daß nur unerheblicher Schaden entsteht.

Da trifft wieder ein Bote ein, den Herr von Below und Graf Soden sofort empfangen. Im Westsektor scheint es noch immer sehr schlecht zu stehen.

»Jetzt sind die Russen am Ende ihrer Kräfte und verlangen Hilfe«, teilt der Diplomat mit.

»Aber das ist doch unmöglich! Gestern mußten wir die Amerikaner herausreißen und heute die Kosaken!« ruft Soden entrüstet.

Aber man kann sich eine solche Gefährdung im Rücken nicht leisten, sonst sind alle verloren – Franzosen, Österreicher, Italiener, Deutsche. Soden muß sich also einschalten und schickt Unteroffizier Danck mit zehn Mann zur russischen Barrikade, nahe der amerikanischen, an der Block mit einem Dutzend Deutschen steht.

Auch im Norden gerät plötzlich eine Häusergruppe zwischen Zollgebäude und französischer Gesandtschaft in Brand. Die chinesischen Hütten aus Holz und Pappe warten nur darauf, von den Boxern angezündet zu werden. Und eine leichte, frische Brise facht das Feuer noch an.

»Wind aus Nordost«, stellt Doktor Matignon fest. »Das Feuer kann auf uns übergreifen.«

Und schon ergießt sich ein Funkenregen über den Park der Gesandtschaft. Die von der Hitze ausgedörrten Bäume mit ihren vergilbten Blättern können jeden Augenblick Feuer fangen. Ein Windstoß genügt und die Katastrophe ist da.

»Schnell!« befiehlt Darcy dem Obergefreiten Butor und einer Handvoll Matrosen. »Fällt die Bäume drüben bei den Häusern!«

Die Männer ziehen mit Sägen und Hacken los. Sie arbeiten im ätzenden Rauch und im Brandgeruch. Funken fallen auf ihre schweißnassen Schultern.

Während der Brand im Norden des Viertels wütet, spinnt sich in den anderen Sektoren neuerlich der Kampf an. Man schießt im Fu-Park, wo die Chinesen einzudringen suchen, aber am Widerstand der Japaner scheitern; man schlägt sich vor allem im westlichen Teil bei den Russen und Amerikanern, die sich nach Kräften bemühen, den Ansturm der Feinde aufzuhalten. Als ihre Front ins Wanken gerät, rast in höchster Eile eine Abordnung zaristischer Soldaten zur englischen Gesandtschaft:

»Könnten Sie uns das österreichische Maschinengewehr borgen?«

Sir Claude Mac Donald macht nicht viel Umstände und liefert die automatische Waffe sofort aus. Er warnt nur: »Gehen Sie sparsam mit der Munition um!«

Die Russen hasten mit dem Geschütz zurück und nehmen die Barrikade zum Ziel, die den westlichen Teil der Gesandtschaftsstraße abschließt. Unter diesem Kugelhagel ziehen sich die Boxer und die Regulären in wilder Flucht zurück.

Aber die Brände breiten sich aus. In der Nordwestecke des Viertels steht die kaiserliche Akademie Han-Lin in Flammen. Das Feuer droht auf die englische Gesandtschaft überzugreifen. Die Engländer bemühen sich mit ihren Kulis, die Stallungen zu schützen, in denen die Kampftruppen untergebracht sind. Europäische Flüchtlinge bilden mit Eimern, Suppenschüsseln und sogar Nachttöpfen eine Kette von einem Brunnen bis zur Brandstätte. Tausende Bücher und Manuskripte verkohlen. Da und dort fängt ein vergessener Lampion Feuer, eine Erinnerung an den mondänen Empfang vor einem Monat, die Schlußveranstaltung zu Ehren des Geburtstags der Königin Victoria. Auch dort müssen eilends Bäume gefällt werden. Die Diplomaten in der englischen Gesandtschaft können ihre Angst nicht verbergen. Stephen Pichon vor allem ist nervös: »Wir werden alle wie Ratten im Rauch ersticken!«

Mac Donald läßt sich nicht aus der Ruhe bringen, aber er streicht besorgt seinen langen, blonden Schnurrbart. Auch ihm machen diese Mordbrenner bange. Er weiß, daß jeden Augenblick eine riesige Feuersbrunst ihr ganzes Viertel vernichten kann. Das Haus der Dolmetschschule steht in Flammen, die Bibliothek Han-Lin ist bis auf die Grundmauern niedergebrannt, nichts ist von der chinesischen Weisheit vieler Jahrhunderte übrig geblieben. Die Boxer haben die alte kaiserliche Welt durch das Feuer geläutert. Unterirdisch grollt unheimlich die Revolution ...

Im Pe-Tang erwidern Henrys Matrosen das Feuer der Chinesen. Der Feind scheint immer schlechter zu schießen, die Kugeln verlieren sich pfeifend in der Nacht. Die Belagerten können nicht erkennen, woher sie kommen, und ballern wahllos in das Dunkel zurück. Seit dem Morgen tobt der Kampf. Granaten großen Kalibers und schwere, dicke Vollkugeln schlagen da und dort ein, ohne Schaden anzurichten. Trotzdem feuern die Chinesen mit unverminderter Stärke weiter.

»Haben Sie gezählt., wieviele Granaten sie uns heute verpaßt haben?« fragt der Offizier seinen treuen Maat Jouannic.

»Es wird nicht viel auf zweihundert fehlen.«

»Ganz genau hundertsechsundneunzig.«

»Gottlob haben sie mehr Krawall gemacht als Schaden!«

Gegen sieben Uhr abends begibt sich Oberleutnant Graf Soden selbst in den Westsektor, zur Inspektion seines Trupps. Die Unteroffiziere Block und Danck und ihre Leute begrüßen ihn freudig.

Man erstattet ihm Bericht: »Die Russen haben jetzt das Maxim-Maschinengewehr der Österreicher bekommen. Sie können wahrscheinlich ohne uns fertig werden.«

»Dann hole ich euch zu mir in die Gesandtschaft. Ich brauche euch dringend, um den Posten auf der Mauer zu halten, der den ganzen Südostteil unseres Geländes überwacht.

Auch bei den Amerikanern steht es gut. »Wir sind dort überflüssig«, erklärt Block, »ich möchte gerne in unsere eigenen Stellungen zurück.«

»Unmöglich! Wir sind zur englischen Legation beordert. Dort ist Not am Mann, und die Flüchtlinge müssen geschützt werden. Aber ich werde Sir Claude ersuchen, euch am Abend abzustellen. Wir brauchen deutsche Matrosen zum Schutz unserer Residenz und der Baronin Ketteler.«

In der Nacht bemerken die Belagerten im Gesandtschaftsviertel, wie plötzlich Leuchtraketen aufsteigen, die sich am dunklen Himmel wie bunte Blumen entfalten und versprühen.

»Das sind die unseren!« sagt Kollař aufgeregt zu Labrousse. Mit einem Mal sind alle Männer auf den österreichischen und französischen Barrikaden bester Laune.

Als sich Darcy in sein Quartier zurückbegibt, muß er über die riesigen Baumstämme steigen, die auf seinen Befehl gefällt wurden.

»Schade um die schönen Platanen«, murmelt er.

Wie alle Eingeschlossenen glaubt jetzt auch er, daß die Befreiung nahe ist.

Sonntag, 24. Juni 1900

Die Nacht auf der deutschen Gesandtschaft war kurz und traurig. Knapp nach zwei Uhr morgens ist der Matrose Kauhsen den Verletzungen erlegen, die er bei der Verteidigung der amerikanischen Barrikade erlitten hat. Es ist der erste Tote des Marinebataillons. Seine Kameraden halten die Totenwache. Tags darauf wird er im Garten der Gesandtschaft, in deutscher Erde, neben Baron Ketteler begraben.

Um fünf Uhr morgens setzt von neuem das Feuer ein. Chinesische Artillerie beschießt den West- und Nordsektor. Die Regulären Ton-Fu-Sians dringen vom Tsien-Men-Tor her schnell bis zur Rampe bei der amerikanischen Gesandtschaft vor.

Die deutschen Matrosen suchen sie mit ihren Mausergewehren von ihrer Legation aus aufzuhalten. Sie sind an den Schießscharten des Cordes-Hauses und des Hauses Below postiert, sie zielen sicher, überlegt, wie auf dem Exerzierplatz. Aber es hilft nichts, unablässig stürmen die Regulären vor und trampeln dabei über die Leichen der bereits Getroffenen. Letzten Endes aber müssen sie doch zurückgehen und sich in das Gebäude über dem Tsien-Men-Tor flüchten.

Zwei Stunden später, gegen sieben, rüsten sie sich zu einem neuen Angriff, einem noch brutaleren. Panik droht unter den Belagerten auszubrechen, denn schon hört man Schreie inmitten des Höllenlärms: »Die Amerikaner türmen!«

Die Feinde überrennen die befestigten Stellungen, rasen über Schutt und Leichen hinweg, schwingen brüllend ihre Fahnen. Schon sind sie auf der Mauer über der amerikanischen Legation und dringen bis zum Jade-Fluß mitten ins Gesandtschaftsviertel vor.

Dort igeln sie sich ein und nehmen alles unter Feuer, was sich in ihrem Gesichtsfeld bewegt. Captain Myers' Matrosen sind Hals über Kopf aus ihren Stellungen gewichen. Wieder einmal ist bei den Amerikanern alles schief gegangen. Ihre europäischen Kameraden müssen ihnen beispringen und nach ein paar Minuten der Panik die verlassenen Stellungen besetzen. Am nächsten befindet sich Oberleutnant Soden. Er allein kann jetzt die Situation retten und den ganzen Süden des Geländes in den Griff bekommen.

Genau um sieben Uhr fünfundvierzig hat der deutsche Offizier ein kleines internationales Detachement zusammengestellt: fünfzehn Deutsche, sechs Franzosen und ein paar Österreicher, die Seekadett Boyneburg-Lengsfeld kommandiert.

Der französisch-österreichische Trupp besetzt sofort den deutschen Posten an der Mauer, gegenüber dem Ha-Ta-Men-Tor, um zu verhindern, daß die Regulären Soden und seinen Männern in den Rücken fallen.

Der deutsche Offizier führt seinen Angriff mit unerhörtem Schwung. Er weiß, daß die Zukunft der Belagerten in den Händen der wenigen Matrosen ruht, die an seiner Seite stehen.

»Vorwärts! Marsch!«

Die Männer greifen nach ihren Gewehren mit den aufgepflanzten Bajonetten und schon dröhnen die genagelten Stiefel der Deutschen, Österreicher und Franzosen über den Boden. Die Amerikaner scheinen sich ihrer Schlappe zu schämen und treten mit ihnen zum Sturm auf die Mauer an.

Die Chinesen werden von diesem geballten Gegenschlag überrascht und ziehen sich fluchtartig zum Tsien-Men-Tor zurück. Die Matrosen, wutentbrannt, weil sie von diesen »gelben Affen« vor wenigen Minuten hinausgeworfen wurden, beziehen die wiedergewonnenen Quartiere nicht. Dutzende Leichen liegen auf ihrem Postenweg, auf den Treppen, der Straße. Methodisch, sorgfältig sammeln die Deutschen und die Franzosen die Gewehre ein, die von den Feinden zurückgelassen wurden. Unter der Führung eines Missionars folgen ihnen Konvertiten auf dem Fuß, um in aller Eile eine neue Barrikade zu errichten. Die deutschen Marineinfanteristen machen sich ihrerseits ans Werk, befestigen ihren Sektor und verstärken die Mauer.

Soden erstattet Darcy Bericht: »Es war nur ein Alarm, Kapitän. Aber die Amerikaner sollten nicht beim ersten Anzeichen einer Gefahr davonlaufen. Wir müssen die Mauer unbedingt im Osten wie im Westen halten.«

Darcy pflichtet ihm bei: »Unbedingt!«

Als Graf Soden zur Mauer zurückkommt, ist er angenehm überrascht, Captain Newt Hall mit sechs Matrosen vom US-Marine-Corps bei den deutschen Stellungen anzutreffen.

»Sie haben uns tatkräftig geholfen«, sagt der Yankee, »nun will ich Ihnen zur Seite stehen.«

»Sehr freundlich.«

»Ich denke, es wird Sie interessieren, wie das Maxim funktioniert, das uns die Österreicher geborgt haben.«

Ein paar schnelle Garben auf die Regulären, die beim Ha-Ta-Men-Tor herausbrechen wollen, und die Feinde ziehen sich in voller Flucht zurück.

»Sehen Sie«, sagt Captain Hall befriedigt. »Übernehmen Sie das Geschütz. Stellen Sie es persönlich mit dem ergebenen Dank des amerikanischen Gesandten an Fregattenkapitän Thomann zurück.«

Soden beschließt, für den kleinen Postenstand, der den ganzen Südostwinkel des Geländes überschaut, ständig einen Unteroffizier und sechs Mann abzustellen.

Am andern Ende der Mauer, beim Tsien-Men-Tor, bleibt die Lage weiterhin prekär. Die Chinesen, die durch den harten deutschen Gegenangriff zurückgestoßen worden sind, beginnen von neuem die Amerikaner zu reizen. Und schon ziehen sie sich wieder zurück bis ... zu der von Soden gehaltenen Barrikade. Captain Myers ist wütend über seine Leute.

»Jetzt habe ich genug von dem ewigen Davonlaufen«, sagt er zu dem deutschen Offizier. »Ich werde es diesem chinesischen Gesindel zeigen! Mit einem Gegenangriff nach Ihrem Muster, Kamerad!«

Freilich fügt er sofort hinzu: »Können Sie mir ein paar Männer zur Verstärkung geben? Meine Boys sind übermüdet und ein wenig demoralisiert. Es wird eine harte Sache, die Chinesen bis zum Tsien-Men-Tor zurückzudrängen.«

Soden zögert keinen Augenblick. Die Alliierten können nur durchhalten, wenn sie sich gegenseitig in jeder Lage helfen. Er befiehlt Feldwebel Morgenstern, mit zehn Matrosen Captain Myers zu unterstützen.

In wenigen Minuten ist das verlorene Terrain zurückgewonnen. Sofort errichten die Marineure eine solide Barrikade vor dem Tsien-Men-Tor, in der Höhe der Aufstiegsrampe bei der amerikanischen Legation. Während der ganzen Aktion haben die Deutschen sie mit ihrem Feuer gedeckt. Das Maxim-Maschinengewehr beschießt erst das Ha-Ta-Men-Tor, dreht sich dann um hundertachtzig Grad und nimmt das Tsien-Men-Tor zum Ziel. Endlich sind die Alliierten Herr der Lage im Westen wie im Osten.

Aber der Angriff erfolgt auch vom Norden her. Jetzt kämpft man im Fu-Park, den die Italiener und Japaner besetzt halten. Oberst Shiba verlangt dringend Verstärkung.

»Heute vormittag kommen wir anscheinend nicht zur Ruhe«, stellt Darcy fest.

Trotzdem muß er sich entschließen, zehn seiner Leute hinzuschicken und auch den Österreicher zu bitten, dasselbe zu tun. Seekadett Thomas Mayer übernimmt den kleinen Trupp, der sich im Laufschritt entfernt.

In der französischen Gesandtschaft gibt es kaum noch genügend Leute, um einem eventuellen Angriff vom Osten her standhalten zu können. Nur vierundzwanzig Franzosen und drei Österreicher sind verblieben. Aber die Chinesen sind vorsichtig, sie zeigen sich nicht mehr, einzig die Infanterie feuert noch. Vermutlich haben sie das Gros ihrer Kräfte auf den Nordsektor konzentriert.

Ab nun befindet sich die englische Gesandtschaft in der vordersten Linie. Die Männer der königlichen Marine versuchen daher einen Ausfall unter dem Kommando Captain Hallidays. Sie zwängen sich durch ein Gewirr brennender Hütten, treiben die Chinesen mit Gewalt hinaus, die sich zurückziehen müssen und mehr als dreißig Tote zurücklassen. Aber auch der englische Offizier wird schwer verwundet in die hinteren Stellungen zurückgebracht. Für

Captain Halliday ist der Krieg in China zu Ende, doch er hat sich an diesem Sonntagmorgen das Victoria-Kreuz errungen.

Die Kämpfe gehen im Fu weiter, wo Oberst Shiba wieder Herr der Lage wird. Gegen elf Uhr vormittag kann er endlich auf die österreichischen und französischen Hilfskräfte verzichten. Mayer bringt seinen kleinen Trupp zurück. Auch da hat es einen Verwundeten gegeben. Marineartillerist Quémeneur erlitt einen Schenkeldurchschuß und seine Kameraden müssen ihn auf gekreuzten Gewehren in den Unterstand tragen.

Der Chef des französischen Detachements stellt die Verteidigung sofort neu auf. Die hohe Mauer macht ihm Sorgen, die das ganze Gesandtschaftsviertel überragt. Wenn sie in die Hand des Feindes fällt, wird jeder Widerstand unmöglich. In einer Blitzkonferenz trägt er Soden und Winterhalder seinen Plan vor. Die drei Offiziere beschließen, eine Barrikade auf der Mauer gegenüber dem Ha-Ta-Men-Tor zu errichten, um die Südostecke des Verteidigungsbezirks zu versperren. Diese neue Stellung – lebenswichtig für die Belagerten – soll von fünfzehn Mann gehalten werden: fünf Deutschen, fünf Franzosen und fünf Österreichern. Es herrscht das beste Einvernehmen zwischen ihnen, denn man weiß gegenseitig Schneid und Energie zu schätzen.

Doktor Matignon, Labrousse und die beiden Marineoffiziere haben es sich in ihrer Gesandtschaft bequem gemacht und empfinden die Abwesenheit des Hausherrn recht angenehm; Pichon hat sich ja seit Beginn der Kampfhandlungen in die englische Gesandtschaft zurückgezogen und wenig Lust gezeigt, seine Nase hinauszustrecken. Um seine Untätigkeit zu verschleiern, setzt sich Stephen Pichon an den Schreibtisch und erteilt Darcy brieflich gute Ratschläge: er möge doch den Deutschen, Japanern und Italienern Hilfe leisten, wann immer sich die Notwendigkeit ergeben sollte.

»Als ob ich dazu offizielle Weisungen nötig hätte!« brummt Darcy und steckt den Brief in die Tasche.

Nein, er braucht den Gesandten nicht, um zu wissen, daß die Hauptgefahr im Süden von der Mauer und im Norden vom Fu-Park droht. Man muß kein großer Stratege sein, um zu merken, daß die Lage brenzlig wird.

»Wir müssen unsere Position halten«, erklärt er Herber. »Wenn wir die französische Gesandtschaft verlieren, bleibt auch den Deutschen und den Japanern nichts anderes übrig, als sich zurückzuziehen. Und wir sind der vorgeschobene Schutzwall der englischen Gesandtschaft.«

»Wir opfern uns somit für dero erlauchte britische Majestät auf«, meint Herber spöttisch.

»Gewiß«, seufzt Darcy. »Aber wir brauchen unbedingt eine letzte Bastion.«

Das Gespräch wird durch plötzliches Gewehrfeuer unterbrochen, diesmal ganz aus der Nähe. Die Deutschen, die an der Mauer patrouillieren, sind in ein Gefecht mit einem Trupp Boxer geraten; es scheint heiß herzugehen.

»Hilfe! Hilfe!« rufen sie.

Ein Halbdutzend französischer Matrosen warten den Befehl ihres Vorgesetzten kaum ab, um ihren Kameraden beizuspringen. Wie in einer Reflexbewegung sind sie bereits gewöhnt, beim ersten Schuß ganz automatisch zu der gefährdeten Stellung zu laufen. In dem Gewinkel der Häuser ist der Teufel los – Schüsse, Rauch, Schreie. Eine Schar Boxer versucht vergeblich, in ein Gebäude, etwa hundert Meter von der Zollstraße, zu flüchten. Deutsche und Franzosen setzen ihnen brüllend nach, mehr als zwanzig Chinesen werden an Ort und Stelle niedergemacht. Die Hälfte war mit Gewehren bewaffnet, die sofort eingesammelt und samt der Munition in Sicherheit gebracht werden.

Plötzlich werden Deutsche, Franzosen und Österreicher von allen Seiten von unsichtbaren Gegnern beschossen. Aus dem Rauch und dem Staub tauchen da und dort die blauen und roten Kittel der Chinesen auf. Immer mehr Reguläre vereinen sich mit den Boxern, um mit ihnen die »fremden Teufel« zu vernichten. Darcy hat sein Repetiergewehr genommen, aber er fürchtet vor allem, daß die Matrosen unnötig Munition verschwenden.

»Schießt, um zu töten, nicht um Krach zu machen!« schreit

Labrousse von der Barrikade der Gesandtschaftsstraße herunter. Er ist hell begeistert, daß er durch einen Zufall – das Versäumen eines Zuges! – in ein Gefecht verwickelt wird.

Die Österreicher halten noch immer die Barrikade der Zollstraße. Auch sie gehen mit der Munition sparsam um. An diesem glühend heißen Junitag glaubt niemand mehr, daß die Belagerung bald zu Ende sein wird. Die Chinesen verschießen ihr Pulver zu dem einzigen Vergnügen, die Sandsäcke und Erdkisten in die Luft zu sprengen, die das Lager ihrer Gegner schützen.

Im Fu-Park wird weitergekämpft. Oberst Shiba kann seinen Sektor nicht mehr ganz unter Kontrolle halten. Er muß um Assistenz bitten.

»Schon wieder«, seufzt Darcy.

Diesmal hat der junge Offizier ernste Bedenken, seine Mannschaft zu verringern. Er kann den Japanern nur eine symbolische Hilfe schicken, drei Franzosen und drei Österreicher.

Auch die Deutschen ersuchen nun um Verstärkung. Soldaten hat niemand mehr zu bieten, so entschließt sich Linienschiffsleutnant Winterhalder, ihnen das berühmte Maxim zu borgen, um das ihn sämtliche Detachements beneiden.

Eine Ruhepause. Die Matrosen zünden ihre Pfeifen an, plaudern miteinander; sie sind längst alle gute Freunde geworden. Der blutjunge österreichische Seekadett Richard von Boyneburg-Lengsfeld stößt mit einem halben Dutzend Männern, Franzosen und Österreichern, zu den Deutschen. Auch Hauptmann Labrousse kommt angelaufen. Er hat Kulis für die Verteidigung eingesetzt. Der altgediente Offizier der »Marsouins« wird immer seliger, bei diesem ungewöhnlichen Krieg mitmachen zu können.

Seine Kameraden sind weniger sorglos. Darcy und Kollař sehen, daß die beiden Barrikaden der Zoll- und der Gesandtschaftsstraße pausenlos im Kreuzfeuer stehen. Die Chinesen zielen zu hoch, die Kugeln fliegen über die Köpfe der Amerikaner und Russen hinweg und zischen im Rücken der Österreicher nieder. Die Franzosen bekommen die ihren Nachbarn bestimmten Geschoße in die Flanke.

Die beiden Offiziere sind sich einig: »Das kann nicht so weitergehen. Wir müssen unsere Leute in Sicherheit bringen.«

»Aber wohin?«

»Vor das Torgebäude der französischen Gesandtschaft.«

»Gut! Verständigen wir Thomann.«

Fregattenkapitän Thomann von Montalmar findet die Koordinierung der Verteidigung dieses Sektors theoretisch richtig, aber er überläßt die Arbeit seinen Untergebenen; sie sollen ihr Bestes tun und verläßlich durchhalten.

Der stets hilfsbereite Hotelier Auguste Chamot bietet seine Dienste an. In seinem schönsten Schweizer Akzent sagt er zu den beiden Offizieren »Ich habe einen Posten Ziegel auf Lager, ich wollte mein Hotel vergrößern. Jetzt brauche ich sie nicht mehr, Sie können sie verwenden. Und wenn Sie keine Matrosen zum Transport haben, borge ich Ihnen meine Kulis.«

Während sich die Männer an die Arbeit machen, hört man von neuem den Refrain dieses Sonntags:

»Die Amerikaner flüchten!«

Wieder haben die Matrosen hastig ihre Stellung verlassen, die Barrikade westlich der Mauer ist ohne Schutz. Die Panik scheint ansteckend, auch die Deutschen ziehen sich von der Ostbarrikade zurück. Hauptmann Labrousse stürzt hin und improvisiert in fliegender Eile eine zweite Verteidigungslinie am Fuß der Mauer.

»Wenn die Chinesen nachstoßen, halten wir nicht lange durch«, grollt er.

Aber weder Boxer noch Reguläre scheinen sich für den südlichen Sektor zu interessieren, sie bereiten sich auf einen Angriff im Norden vor, im Fu-Park. Die Japaner sind in Gefahr, überrollt zu werden. Oberst Shiba hat kaum dreißig Mann zur Verfügung, er braucht Verstärkung. Nach dem unglücklichen Ausfall, bei dem Captain Halliday schwer verwundet wurde, scheinen die Engländer nichts mehr riskieren zu wollen. So müssen eben wieder die Franzosen herhalten. Fünf ziehen ab und nur vier kommen heil zurück; sie schleppen einen bewußtlosen Kameraden mit, der eine schwere Kopfverletzung erhalten hat.

»Wer ist es?« fragt Darcy.

»Corselin, Capitaine.«

Das ist ein schwerer Schlag für Darcy. Der Gefreite Corselin war seine Ordonnanz an Bord des *D'Entrecasteaux* und hat sich freiwillig zur Landetruppe für Peking gemeldet, um bei seinem Chef zu bleiben. Er stirbt nach kaum einer Stunde, ohne das Bewußtsein wiedererlangt zu haben. Es ist der zweite Tote des französischen Detachements.

Ein harter Tag geht zur Neige, und noch immer muß gekämpft werden. Um neun Uhr abends erhalten die Amerikaner und die Deutschen Befehl, die Barrikaden wieder zu besetzen, die sie zwei Stunden zuvor aufgegeben hatten. Sechs Österreicher und vier Franzosen werden eingesetzt, um Corselins Tod zu rächen. Bei diesem Angriff wird der Matrose Reinhardt schwer am Arm verletzt. Aber es ist gelungen, die Barrikaden auf der Mauer einzunehmen und sie zu festigen. Die ganze Nacht haben die Kulis daran gearbeitet. Die Chinesen ziehen sich hinter das Tsien-Men- und Ha-Ta-Men-Tor zurück, schießen aber weiter. Zwischen den Schüssen hören die Belagerten nervenzermürbende, unheimliche Laute.

»Was treiben sie?« murmelt Herber.

»Sie schlagen die Gongs, um uns zu ängstigen«, antwortet Doktor Matignon. »Hoffentlich können wir bei diesem Höllenlärm schlafen!«

Der Chef des französischen Detachements wartet besorgt auf Nachrichten von Oberleutnant Henry. Es muß an diesem Tag auch im Pe-Tang heiß zugegangen sein, und es liegt Darcy schwer auf dem Herzen, daß die Verbindung zu seinen Kameraden völlig unterbrochen zu sein scheint.

Seit acht Uhr wurde das Areal der katholischen Mission beschossen, eine halbe Stunde später erfolgte der Angriff. Doch einige wohlgezielte Schüsse genügten, den Feind zurückzujagen. Paul Henry glaubt, die Gefahr gebannt zu haben, als er eine Meldung seines italienischen Kameraden Olivieri erhält, der den Abschnitt des Jen-Tse-Tang, den Nordteil der Stellung, befehligt. Es ist nur ein kurzes Billett, erschreckend in seiner Knappheit: »Die Chinesen bringen im Norden Kanonen in Stellung. Kommen Sie schnell!«

Der junge Offizier eilt an der Spitze eines Halbdutzend Matrosen sofort an Ort und Stelle. Vier chinesische Kanonen haben bereits das Feuer eröffnet. Aber die Franzosen, die im Nordwesten des Jen-Tse-Tang postiert sind, nehmen die Mannschaft der beiden ersten aufs Korn und erledigen sie durch ein paar massive Salven.

»Schnell! Zur andern Ecke!« befiehlt der Chef.

Herber und seine Leute stürzen in Richtung Nordosten davon. Auch dort werden die beiden Geschütze kurzerhand außer Gefecht gesetzt.

»Und jetzt«, kommandiert Henry, »Feuer auf die Infanterie!«

Das ist zuviel für die Chinesen, sie zerstreuen sich in regelloser Flucht, während die Nacht niedersinkt. Ein langer Sonntag ist endlich vorbei.

Montag, 25. Juni 1900

Eine neue Woche beginnt. Seit sieben Tagen haben die Belagerten von Peking auch nicht die kleinste Nachricht von außen bekommen, sie haben keine Ahnung, wo sich die Hilfstruppen befinden. Allmählich wird ihnen klar, daß sie mit niemandem rechnen können als mit sich selbst. In der Nacht hat der englische Gesandte eine Meldung an alle Sektoren ausgegeben: »Zusammenkunft aller Detachement-Chefs. Zeit: Neun Uhr. Ort: Auf der Mauer, bei der amerikanischen Barrikade.« An jener Stelle also, die am Vortag dreimal verloren und dreimal wieder erobert wurde.

Alle kommen zur festgesetzten Stunde, nur ein Mann fehlt, der, der die Zusammenkunft einberufen hat.

Alles wundert sich: »Wo ist Sir Claude?«

»Er ist krank«, erklärt Kommandant Thomann von Montalmar kurz angebunden. »Ich vertrete ihn.«

Beim Kommen haben sich die Offiziere die Barrikade genau angesehen, von der soviel gesprochen wurde. Sie besteht aus enormen Steinblöcken, die aus der Mauer selbst gebrochen wurden, und sieht besonders fest und widerstandsfähig aus.

»Sie ist geradezu uneinnehmbar«, meint Darcy zu Kollař und Graf Soden. »Man muß nur fest entschlossen sein, sie zu halten.«

Der Deutsche bewundert vor allem die Solidität des Baues, der unter Leitung Pater Gamewells, des Missions-Ingenieurs, hergestellt wurde, jenes Mannes, der die gesamte Pionierarbeit über hat.

»Gute Arbeit, das hätten wir auch in unserm Ostsektor nötig.«

Während der Generalstabsbesprechung setzen die Chinesen ihre Schießerei fort. Ein amerikanischer Marinesoldat ist als Wachtposten aufgestellt. So bald er Rauch aufsteigen sieht, schreit er: »Vorsicht, bitte, Gentlemen!«

Die Offiziere bücken sich schnell und nehmen Deckung. Eine Granate pfeift über ihre Köpfe hinweg und explodiert in mehr als hundert Metern Entfernung. Die Chinesen zielen immer zu weit.

Man setzt die Besprechung fort. »Alle Posten sind zu verstärken«, befiehlt Kommandant Thomann. »Wir dürfen die Mauer um keinen Preis aufgeben.«

»Vorsicht!«

»Man kommt nicht zur Ruhe«, stellt Oberst Shiba mit unbewegter Miene fest.

»Wir müssen dieser Kanone das Maul stopfen«, erklärt Thomann. »Wenn die Herren Italiener so gütig sind, uns ihr 37-Millimeter-Geschütz zu leihen, dann können wir es ihnen heimzahlen.«

»Mit Vergnügen«, versichert Kapitänleutnant Paolini und lacht über das ganze Gesicht.

Der italienische Offizier scheint ein wenig eifersüchtig auf das österreichische Maxim-Maschinengewehr zu sein, das bis jetzt der große Star der Verteidigung war. Endlich kommt man drauf, daß auch die italienische Waffe von Nutzen sein kann! Um elf Uhr bringen ein Dutzend seiner Matrosen das Ding heran und schleppen es auf die Rampe, die im Feuer der Feinde liegt. Zehn Österreicher schaffen es zu den Japanern des Obersten Shiba, die noch immer den Fu-Park halten. Dieses weite, baumbestandene Terrain zwischen der französischen, japanischen und englischen Gesandtschaft ist und bleibt nämlich einer der neuralgischen Punkte.

Die Chinesen feuern weiter, der österreichische Kanonier Josef Dettan fällt in den ersten Minuten; doch seine Kameraden, die zur Verstärkung der Italiener und Japaner gekommen sind, verharren in den schmalen Gräben, die sich unter dem Laub des Parks hinziehen.

Am frühen Nachmittag setzt das Feuer der Boxer und Regulären von neuem bei den rauchenden Ruinen im Osten des Gesandtschaftsviertels ein. Österreicher und Franzosen erwidern das Feuer.

»Was meinen Sie, Kapitän«, sagt der Freiwillige Léon de Gieter zu Darcy. »Sollten wir ihnen nicht zeigen, was wir können?«

»Aber von hier aus ist nicht viel zu sehen.«

»Dann müssen wir eben auf ein Dach steigen. Kommen Sie mit!«

Darcy klettert mit dem Gefreiten Le Gloanec über eine Platane auf das Dach des Gebäudes, das zwei Tage zuvor von seinen Bewohnern, dem zweiten Dolmetscher Morisse und seiner Frau, geräumt wurde. Das Paar hat sich mit anderen französischen Zivilisten in die englische Gesandtschaft geflüchtet.

Die drei Europäer eröffnen das Feuer auf die Chinesen, die sich in den Ruinen der italienischen Gesandtschaft versteckt halten. Sie schießen aus etwa fünfzig Meter Entfernung, und jede Kugel trifft. Die Regulären des General Ton-Fu-Sian, die diesen Sektor halten, wissen nicht einmal, woher plötzlich der gräßliche Feuerregen kommt. Mehr als eine Stunde lang machen die drei den Chinesen die Hölle heiß. Dann pfeifen Kugeln aber auch um ihre Ohren.

Le Gloanec schreit: »Mein Helm ist durchschossen!«

»Sie haben uns also entdeckt«, stellt Darcy ruhig fest.

»Gut, hauen wir ab«, erklärt de Gieter. »Im übrigen war das Spiel ohnehin zu leicht und damit uninteressant.«

Die drei Männer kehren in den Park der französischen Gesandtschaft zurück, und das Feuer läßt nach. Der Feind scheint Atem zu holen. Die Belagerten nützen die Pause, um ihre Toten zu begraben; der Österreicher Dettan und der Franzose Corselin werden nebeneinander in ein Grab gebettet, Waffenkameraden für alle Ewigkeit.

Wieder verlieren die Deutschen einen ihrer Männer. Oberleutnant Graf Soden wird von seinen Leuten, die auf der amerikanischen Barrikade kämpfen, gemeldet, daß der Matrose Tölle gefallen sei.

Da der Wind nun die Flammen dem Feind zutreibt, zünden die Verteidiger des Ostsektors jene chinesischen Häuser im Schußfeld an, durch die sie behindert wurden.

Darcy beobachtet den Brand, als ein Mann mit einem schriftlichen Befehl Sir Claudes erscheint. »Schicken Sie unverzüglich zwanzig Mann der französisch-österreichischen Abteilung in die englische Legation. Diese Leute haben auf Dauer als Verteidigungsreserve dort zu bleiben.«

»Unmöglich!« wütet Darcy. »Wir brauchen hier jeden einzelnen Mann. Wenn die Front in unserm Sektor zusammenbricht, dann ist alles verloren.«

Arthur von Rosthorn, der österreichische Geschäftsträger, und Kommandant Thomann von Montalmar sind ganz der Meinung Darcys. So antwortet der Franzose kurz und knapp: »Unmöglich, Ihnen zwanzig Mann zu schicken. Hier ist die Schlüsselstelle der allgemeinen Verteidigung. Außerdem haben wir den Fu-Park und die Mauer zu schützen, folglich hätten wir allen Grund, unsererseits von Ihnen Verstärkung zu fordern.«

Kaum ist die Note abgesandt, verbreitet sich ein weiteres Gerücht im Gesandtschaftsviertel. Ein paar Leute wollen ein großes chinesisches Plakat über der Jade-Brücke, nahe dem Kaiserpalast, gesehen haben, dessen Text – in Übersetzung – aufgeregt besprochen wird: »Durch kaiserliches Edikt wird den chinesischen Truppen ab sofort jede weitere Beschießung der Europäer untersagt und der Schutz der Diplomaten anbefohlen.« Soll das Frieden bedeuten? Oder zumindest Waffenstillstand? Oder ist es eine Falle?

»Das Feuer hat jedenfalls sehr nachgelassen«, stellt Darcy fest.

»Aber hören Sie, Kapitän«, ruft ihm Herber zu, »ist das nicht Artillerie dort hinten im Süden?«

»Zweifellos, das muß die Entsatztruppe sein! Damit erklärt sich alles. Die Kaiserin will die Verantwortung von sich abwälzen, bevor unsere Leute kommen.«

»Das heißt, es ist vorüber?«

»Vielleicht. Trotzdem müssen wir auf der Hut bleiben.« Wie um ihm recht zu geben, bricht eine wilde Schießerei bei den Türmen über den beiden Toren aus. Die Ost- und Westbarrikade werden vom Tsien-Men- und vom Ha-Ta-Men-Tor aus aufs Korn genommen. Die Deutschen wie die Amerikaner erwidern das Feuer. Dann plötzlich ist es ruhig. Falscher Alarm also.

Bei den Deutschen gibt es wieder einen Verwundeten: Matrose Brandt wurde am Auge verletzt. Franzosen, Österreicher und Deutsche nützen die Feuerpause, um die Barrikade auf der Mauer und den kleinen Wachtposten an ihrem Fuß zu verstärken.

Graf Soden beschließt, alle chinesischen Häuser in Brand zu stecken, die sich vor der deutschen Gesandtschaft in Richtung Ha-Ta-Men-Straße befinden, weil sie im Schußfeld liegen. Während die Flammen prasseln und die kleinen ebenerdigen Buden aus Holz, Pappe und Papier wie Fackeln brennen, machen Patrouillen auf alle Chinesen Jagd, die sich noch an der Brandstätte verstecken. Ob Reguläre oder Boxer, sie werden erbarmungslos verfolgt.

Die Nacht verläuft verhältnismäßig ruhig. In der Dunkelheit, uneingesehen vom Feind, werden die Stellungen befestigt. Die Franzosen errichten eine zweite Verteidigungslinie. Im Pe-Tang hat Oberleutnant Henry die gleiche Idee wie sein Chef: Auch er verstärkt seine Stellungen. Für ihn war der Tag ruhig, seine Leute haben keinen einzigen Schuß abgegeben.

»Gut so«, sagt er zu Maat Jouannic. »Wir können gar nicht zuviel Munition haben. Wenn uns die Chinesen diese Nacht überfallen, geht sparsam mit den Patronen um!«

In der englischen Gesandtschaft hat man schlecht und recht ein Feldlazarett eingerichtet. Der erste, der dort stirbt, ist der bretonische Matrose Quémeneur, der tags zuvor im Fu-Park am Schenkel verwundet wurde. Er ist der dritte Tote des französischen Detachements.

Dienstag, 26. Juni 1900

Die Zivilisten wollen sich von den Kämpfen nicht ausschließen. Wieder meldet sich ein Freiwilliger: Léon Bartholin, ein Beamter des Credit Lyonnais, der nicht böse darüber scheint, daß er seinen Schalter gegen eine Schießscharte tauschen kann. Mit seinem breitrandigen Hut, dem Spitzbart und der Künstlerkrawatte mimt er den Dumas'schen Musketier und versteht sich ausgezeichnet mit den Matrosen. Man vertraut ihm sogar das Gewehr des gefallenen Matrosen Quémeneur an.

Der Morgen beginnt ruhig. Sollten sich Reguläre wie Boxer im Schutz der Nacht zurückgezogen haben? Kein Schuß, kein Schatten, das Schlachtfeld wirkt verlassen.

»Das ist zu verlockend«, erklärt Arthur von Rosthorn. »Ich habe große Lust nachzuschauen, wie es in den Ruinen meiner Gesandtschaft aussieht.« Und er wendet sich an Winterhalder: »Möchten Sie mich mit ein paar Bewaffneten begleiten?«

Die Patrouille wird zusammengestellt und schleicht langsam, Gewehr im Anschlag, aus ihren Stellungen. Die Vertretung Österreich-Ungarns, am Ende der Zollstraße mitten in der Tatarenstadt, besteht nur mehr aus rauchenden Trümmern. Was nicht verbrannt ist, wurde geplündert; nur verkohlte Mauern, Schutt und Möbelreste sind verblieben. Ringsum herrscht eine sonderbare Stille, es riecht nach Asche und Unrat. Versengte Papierschnitzel schweben in der Luft. Nicht weit entfernt ein Prasseln und Knattern: die französischen Matrosen haben das letzte noch in ihrem Schußfeld stehende Haus angezündet. Schwarzer Rauch steigt von der Brandstätte auf.

Das Leben der Belagerten organisiert sich. Die österreichischen und französischen Matrosen haben ein Faß Wein angeschlagen, das ihnen Auguste Chamot verschafft hat, und die Offiziere leeren ohne Gewissensbisse die Bouteillen aus dem Keller von Pichon. Hätte sich der Hausherr nicht bei den Engländern verkrochen, könnte er seinen Wein behüten. Recht geschieht ihm!

»Noch eine, die wir nicht den Boxern zukommen lassen!«

Und wieder fliegt eine leere Flasche zu den übrigen. Heute früh sind alle guter Laune. Es sind noch zwei- bis dreihundert Bouteillen Champagner verblieben, mit denen man die Trüffel begießen kann, die Madame Pichon freundlicherweise in Weckgläsern zurückgelassen hat. Der Waffenstillstand wird zum Bankett. Die europäischen Offiziere und die Zivilisten haben das Eßzimmer Baron d'Anthouards, des Gesandtschaftssekretärs, in eine Messe verwandelt; es herrscht beste Stimmung, man trinkt, lacht und raucht.

»Da alles ruhig ist, werde ich der englischen Legation einen Besuch abstatten«, erklärt Kapitänleutnant Darcy.

»Wenn Sie Monsieur Pichon sehen, bestellen Sie ihm unseren Dank für seinen exzellenten Wein!«

»Und Madame Pichon für die Trüffeln!«

Drüben, bei dem französischen Diplomaten aber, ist man alles eher als gut gelaunt. Pichon ist nervös und ängstlich, er scheint von einer bevorstehenden Attacke überzeugt.

»Ich brauche zehn Mann als Leibwache«, erklärt er.

»Das ist ganz und gar unmöglich, Exzellenz. Ich habe schon zehn Leute für den Fu und zehn für die Mauer abgestellt. Selbstverständlich werde ich um die Sicherheit der Gesandtschaft bemüht sein.«

Darcy ist der Meinung, daß es wichtiger ist, die Front zu schützen als diesen Diplomaten, der, wie die meisten seiner Kollegen, bedenkenlos die Residenz verlassen und sich in der Etappe versteckt hat. Das Gespräch zwischen den beiden Männern verläuft sehr kühl, Darcy hat es eilig, zu seinen Kameraden zurückzukommen. Aber kaum ist er in seiner Stellung, erhält er den schriftlichen Befehl, sofort zehn Mann zum persönlichen Schutz Monsieur Pichons abzukommandieren. Er reagiert mit einem Wort: »Unmöglich.«

Am frühen Nachmittag beginnt das Feuer von neuem. Doch die Chinesen schießen nicht mehr als etwa zwanzig Granaten ab, die über die Dächer zischen und irgendwo weit hinten landen. Während des Bombardements begraben Franzosen und Österreicher ihren Kameraden Quémeneur. Der Tote, mit Kalk übergossen, ruht neben einer künstlichen Grotte im Park der Gesandtschaft, und Pichon hat es immerhin der Mühe wert gefunden, der Zeremonie beizuwohnen.

»Da, die Chinesen!«

Die Wachen auf den Barrikaden melden unvermutet eine plötzliche Konzentration von Regulären und Boxern, die sich vom Norden her auf das Ha-Ta-Men-Tor zu bewegen.

Man läßt sie näher kommen, dann genügen ein paar Schüsse, um die Vorhut zurückzutreiben. Wieder einmal wurde viel chinesische Munition vergeudet.

»Schrecklich, was die an Pulver und Blei vertun«, meint Professor de Gieter. »Wenn sie so weiter machen, wird noch ein Malheur passieren!«

Ein paar Minuten später sackt er mit einem dumpfen Schmerzenslaut zusammen. Eine verirrte Kugel, die zweifellos vom Tsien-Men-Tor gekommen ist, hat ihn getroffen. Das Projektil ist am Schulterblatt abgeglitten und am Nacken beim Haaransatz ausgetreten.

»Es ist nichts«, sagt er zu seinem Freund Paul Pelliot, der ihm zu Hilfe eilt.

»Bleiben Sie ganz ruhig«, befiehlt Doktor Matignon. »Ich werde Sie in die englische Gesandtschaft bringen lassen.«

»Wenn es sein muß. Aber morgen bin ich wieder da.«

»Keine Sorge«, lächelt Labrousse, »die Belagerung dauert noch eine Weile.«

Es wird weiter geschossen. Die Chinesen scheinen es besonders auf den östlichen Sektor abgesehen zu haben, wo die Ruinen der italienischen Legation stehen. Reguläre und Boxer nähern sich ihnen auf fünfzig Meter, aber sie wagen keinen Sturm, sondern begnügen sich mit Gewehrfeuer. Bei soviel verschossener Munition ist es kein Wunder, daß die eine oder andere Kugel doch trifft. Der österreichische Matrose Marcus Badurina fällt am späten Nachmittag.

Plötzlich, mitten durch den Kugelregen, kommt eine Frau zur

französischen Gesandtschaft gelaufen. Es ist die Gattin des österreichischen Geschäftsträgers, Paula von Rosthorn.

»Ich kann nicht mehr bei den andern bleiben«, erklärt sie entschieden. »Mein Platz ist an der Seite meines Mannes, selbst wenn er sich in der vordersten Linie schlägt.«

Sie trägt ein seltsames Amazonenkostüm: einen langen Leinenrock und eine weit ausgeschnittene Matrosenbluse über einem gestreiften Trikot, dazu eine breite Krawatte aus schwarzer Seide, so daß sie wie ein richtiger Matrose aussieht. Alle bewundern ihren Mut und ihr Auftreten, und der österreichische Geschäftsträger – im hellen Jagdanzug, mit Bürstenfrisur und schmalem Schnurrbart – wird zum beneidetsten Ehemann.

In diesem Augenblick erscheint der junge Fliche, ein Dolmetschschüler der französischen Gesandtschaft, der seit Beginn der Belagerung als Verbindungsmann zwischen der englischen Legation und den Vorposten tätig ist.

»Was will Sir Claude schon wieder?« fragt Fregattenkapitän Thomann.

»Die amerikanischen und russischen Offiziere auf dem Westsektor beklagen sich, sie sind erschöpft und können nicht mehr. Man muß sie ablösen.«

»Die österreichischen und französischen Offiziere sind ebenfalls erschöpft! Und ich habe nicht mehr genug Leute hier, noch dazu, wo Winterhalder durch einen Splitter am Arm verletzt wurde!«

Winterhalder unterbricht ihn. Er hat starke Schmerzen, aber er lehnt es ab, ins Krankenrevier gebracht zu werden.

»Wenn Sie mich ermächtigen, könnte ich immerhin einen der Herren vertreten.«

»Ich muß gestehen, daß ich beruhigter wäre, Sie dort drüben bei den Amerikanern und Kosaken zu wissen, als diese Männer, die anscheinend schon beim ersten Schuß schlapp machen.«

Fliche geht zur englischen Legation zurück, bei Nachtanbruch erscheint er von neuem.

»Jetzt verlangt Sir Claude fünf Mann Verstärkung!«

»Keinen einzigen«, antworten Thomann und Darcy gleichzeitig.

Sie ärgern sich, denn sie sind überzeugt, daß ihrer aller Schicksal von der Verteidigung an der Mauer abhängt und daß sie die Barrikade vor dem Ha-Ta-Men-Tor um jeden Preis halten müssen.

Es wird rasch dunkel. Das Feuer hält an, wenn auch nur vereinzelte Schüsse fallen. Zuweilen verstärkt es sich wie ein vom Wind angefachter Brand. Dann aber, gegen ein Uhr morgens, scheinen alle Chinesen aufgestanden zu sein, um herumzuballern. Die Nacht ist von roten Blitzen durchzuckt.

Mittwoch, 27. Juni 1900

Der Morgen wird mit ein paar Schüssen eingeleitet. Gegen zehn Uhr verstärken sich die Detonationen und die Chinesen stehen nur wenige Meter von den Belagerten entfernt. Aber sie schießen blind in die Luft, treffen höchstens Mauern und Dächer.

Kapitänleutnant Darcy begibt sich mit Oberfähnrich Herber zur Barrikade der Zollstraße, die von den Österreichern gehalten wird. Der Wachtposten macht seinen Vorgesetzten darauf aufmerksam, daß drüben bei den Chinesen emsig gearbeitet wird. Sie basteln mitten auf der Straße eine Barrikade aus allem, was ihnen in die Hände kommt. Geduckt hinter Mauertrümmern, werfen sie Möbel nach vorn und stützen sie mit Ziegeln und Steinen.

Darcy ergreift das Gewehr eines Österreichers und zielt auf einen Soldaten, der ohne sonderliche Eile einen Tisch trägt. Der Mann ist getroffen und auf der Stelle tot. Weitere Schüsse fallen. Diesmal ist es Maat Le Gloanec, der, auf einem Dach kauernd, alles niedermäht, was sich aus dem Schutz der Ruinen wagt.

Aber die Feinde werden immer zahlreicher, und der feindliche Ring schließt sich fester um das Gesandtschaftsviertel. Darcy steckt einen Brief Pichons in die Tasche, der die Order enthält, so lange wie möglich durchzuhalten.

Trotzdem muß man eine zweite Verteidigungslinie schaffen, ehe es zu spät ist. Sie soll bei der Mauer zwischen dem Park der Gesandtschaft und dem »Hotel Peking« gezogen werden.«

Franzosen und Österreicher arbeiten eifrig daran, Schießscharten und Zinnen in die Mauerkrone zu brechen. Wieder ist es Auguste Chamot, der die Arbeiten leitet und seine Kulis dazu anhält, die Fenster mit Sandsäcken abzudecken und die Schießstände auszubauen.

Endlich läßt der Angriff nach. Arthur von Rosthorn schlägt vor, zu Tisch zu gehen.

Seine Frau sitzt an der Spitze der Tafel. Das Menü: Pferdefleisch, Trüffeln aus Madame Pichons Vorräten und Burgunder, »gereicht« aus dem Keller ihres Gatten. Man trinkt auf die Abwesenheit des französischen Gesandten, die Gesellschaft wird immer fröhlicher. Das allgemeine Gesprächsthema: Wann werden die Befreiungstruppen kommen?

Frau Rosthorn ist am zuversichtlichsten: »Angenommen, unsere Freunde legen jeden Tag nur zehn Kilometer zurück, was doch wirklich nicht viel ist, dann können sie morgen in Tung-Tschau sein. Und von dort . . .«

Die schöne Österreicherin rechnet sich mit den Fingern aus, wann die Truppen bei der Mauer auftauchen werden. Ihr strahlender Optimismus wirkt sofort ansteckend.

»Boy, Champagner!« ruft Doktor Matignon seinem Diener zu.

Die Korken knallen – kaum hundert Meter von den Boxern entfernt, deren Gebrüll und Trompetensignale man bisweilen vernimmt. Der Champagner perlt in den Gläsern, alles lacht, scherzt, unterhält sich; man macht Konversation wie bei einem Diplomaten-Bankett im tiefsten Frieden.

Plötzlich stürzt ein Matrose herein. »Kapitän, Le Glouanec ist gefallen!«

Ein Augenblick tiefer Stille, dann gerät alles in Bewegung. Die Offiziere laufen hinaus in den Park.

Kanonier Le Coquen, Maat und Bretone wie der Tote, schildert das Ende des Kameraden: »Wir waren eben beim Essen, aber Jean-Marie wollte unbedingt auf seinen Posten zurück und ist noch während der Mahlzeit aufs Dach gestiegen. Kurz darauf haben wir ihn unten bei der Platane, die wir als Leiter benützen, gefunden – tot.«

Le Glouanec war mitten in die Stirn getroffen worden. Seine Kameraden und sein Chef haben nicht die Zeit, länger bei ihm zu verweilen, denn der Angriff geht weiter. Sie müssen auf die Barrikaden.

Die Chinesen haben ein altes Maschinengewehr in der Nähe des Tsien-Men-Tors aufgestellt und schießen im Rücken der Franzosen, Österreicher und Deutschen, die sich bemühen, den Regulären, die vom Ha-Ta-Men-Tor einfallen, standzuhalten. Es geht heiß her, mit einem dumpfen Geräusch platzen die Sandsäcke, von Kugeln getroffen, Steine und Späne spritzen nach allen Seiten. Die Barrikade muß aufgegeben werden und Darcy befiehlt seinen Männern den Rückzug.

Die Chinesen folgen ihnen auf dem Fuß, es gelingt ihnen, in voller Breite in das leere Gelände südlich der französischen Legation einzudringen. Sie stoßen bis zu den Ruinen des Pekinger Klubs vor und kommen erst unter der Mauer der deutschen Legation zum Stehen. Die meisten von ihnen schwingen Fackeln und zünden an, was ihnen in den Weg kommt.

»Gut so«, sagt Herber, »sie säubern unser Schußfeld.«

Aber die Europäer haben weiter Terrain verloren. Der Kreis verengt sich, kaum zwanzig Meter vor den Posten brennt es, und die Chinesen gehen daran, Breschen in die Mauer der Zollstraße zu schlagen. Sie schleudern auch Steine auf die Franzosen, um sie am Aufbau einer neuen Frontlinie zu hindern.

Die Barrikade der Gesandtschaftsstraße hält noch, doch sie wird von allen Seiten berannt. Kreuz und quer wird geschossen, die Hitze ist unerträglich, es ist Juni, Mittag, und jetzt kommt die Gluthitze der Brände hinzu. Keuchend arbeiten die Franzosen, staubbedeckt und schweißgebadet. Plötzlich sackt Maat Le Coquen zusammen, die Hände auf den Bauch gepreßt. Das französische Detachement verliert seinen letzten Unteroffizier durch einen Schuß in die Lendengegend, glücklicherweise hat das Projektil aber die Patronentasche getroffen und den Schuß abgeschwächt –, so daß Le Coquen mit dem Leben davonkommt.

Genau in diesem Augenblick erscheint Fliche und meldet, daß die englische Legation dringend Verstärkung für den Fu-Park verlangt, wo die Japaner und Italiener überrollt zu werden drohen. In diesem Moment ist jedoch kein einziger Mann verfügbar. Thomann muß eine Kampfpause abwarten, um einen kleinen Hilfstrupp entsenden zu können.

Bald nach drei Uhr läßt das Feuer nach, der Angriff wird schwächer, die Chinesen ziehen sich zurück. Sie haben schwere Verluste erlitten und scheinen am Ende ihrer Kräfte.

Diese kurze Atempause erlaubt den Belagerten, Le Glouanec zu beerdigen. Man bedeckt den Toten mit einer Trikolore, zwei österreichische und zwei französische Matrosen tragen ihn zu einem rasch ausgeschaufelten Grab im Park, und Pater d'Addosio, der alte Italiener mit dem braunen, zerfurchten Gesicht und dem langen, weißen Bart, murmelt ein letztes Gebet. Die kurze Zeremonie ist kaum zu Ende, als schon wieder von allen Seiten Kugeln und Granaten einschlagen. Alles rennt zu den Barrikaden und eröffnet das Feuer auf den anstürmenden Feind. Inzwischen verlangt ein neuerlicher Brief der englischen Legation zwanzig Männer für den Fu-Park.

»Ausgeschlossen«, ist die kurze Antwort Thomanns und Darcys.

Um vier Uhr nachmittag erscheint Stephen Pichon, sehr ungehalten, persönlich bei den Kämpfenden. »Sir Claude verlangt dauernd Verstärkung«, sagt er. »Unser Schotte wird ungeduldig.«

»Wir sind ja nur mehr sechzig Mann!« erwidert der Fregattenkapitän. »Ich habe schon fünf Mann zum Fu und zehn zur Mauer abgeordnet. Mehr kann ich nicht tun. Sonst bricht der ganze Südostteil zusammen. Wenn die Herren Engländer das wünschen . . .«

Die Männer auf den Vorposten sind wütend. Gewiß, die englische Gesandtschaft ist mit Flüchtlingen vollgestopft, mit Frauen und Kindern, aber es sind auch genug Männer dort, taugliche Männer, von denen viele bisher keine Waffe angerührt haben.

»Wenn sie soviel Herz für ihre Gattinnen und Kinder haben, dann brauchen sie nur ein Gewehr zu nehmen und sie zu verteidigen«, sagt Darcy aufgebracht.

»Aber es gibt nicht genug Kriegswaffen!«

»Dann sollen sie sich eben Jagdgewehre umhängen. Kämpfen sollen sie! In unserer Situation darf es keine Zivilisten mehr geben.«

Der französische Gesandte kehrt eilends in die englische Legation zurück. Er bemüht sich wenigstens, fast täglich den Weg zwischen seinem Asyl und der Front zurückzulegen, stets mit seiner alten Flinte auf der Schulter.

Gegen Abend scheint es etwas ruhiger zu werden. Die Verteidiger gehen daran, das Blockhaus beim Torgebäude der französischen Gesandtschaft zu befestigen. Die Kulis schaffen das Material her, Frau von Rosthorn hilft und schleppt Körbe mit Ziegeln an. Mit ihrem zerrauften Haar, dem staubigen Kleid wird die hübsche Österreicherin gleichsam zum Symbol der Verteidigung. Und immer lächelt sie. Selbst die rüdesten Matrosen beneiden sie um ihre unerschütterliche Ruhe, die sie, trotz des Feuers und des Geschreis, nicht verläßt. Sie schämen sich ein bißchen vor dieser Frau, die so ausgeglichen ist, die stets Haltung bewahrt. Im kühnen Handstreich erobern sie den kleinen Posten am Fuß der Mauer zurück – das gute Beispiel hat ansteckend gewirkt.

Auch im Pe-Tang ging es am 27. Juni heiß her. Seit sechs Uhr morgens greifen die Boxer das Südportal an. Es ist der vierte Angriff seit Beginn der Belagerung, und vielleicht der schwerste. Ein paar hundert Chinesen schwingen sich heulend hinauf, aber die Salven Henrys und seiner Leute jagen sie zurück; Tote und Verwundete bleiben auf der Strecke.

»Sehen Sie, Herr Oberleutnant«, ruft Gefreiter Jouannic, »sie haben nicht einmal die Waffen der Gefallenen mitgenommen!«

»Die müssen wir haben!«

Ein paar Konvertiten Bischof Faviers erhalten den Befehl, sie zu holen, während sie durch das Feuer der Matrosen gedeckt werden. Immerhin müssen sie hundertfünfzig Meter über freies Feld laufen.

»Achtung, Jouannic!« schreit Henry.

Aber der Gefreite ist schon mitten im Schußfeld und stürzt

getroffen zu Boden. Seine Kameraden tragen ihn zu der Umwallung der Mission zurück, er scheint schwer verwundet. Die Kugel ist beim Schulterblatt eingedrungen, hat die Lunge durchschossen, ist am Brustkorb abgeprallt und bei der Achsel wieder ausgetreten. Sie schaffen ihn auf einer improvisierten Bahre zu Bruder Denis, einem Lazaristen, der ihn sofort versorgt. Aber das einzige, was der versuchen kann, ist, das Blut zu stillen. Jouannic ist bei Bewußtsein und hat starke Schmerzen. Roter Schaum tritt ihm auf die Lippen, er vermag kaum zu atmen. Bruder Denis verbindet ihn mit Hilfe einer Barmherzigen Schwester. Währenddessen verstärkt sich draußen das Feuer.

Paul Henry kann seinen Adjutanten nur ganz kurz aufsuchen. »Du bekommst nicht die Kriegsmedaille, sondern das Kreuz!« sagt er ihm. Aber Jouannic wird die Verleihung der Ehrenlegion nicht mehr erleben. Er liegt im Delirium. Alle seine Angehörigen aus der Bretagne kommen in langer Reihe an sein Lager, er spricht von seinem Schiff ... vom Meer ... von den Stürmen ...

Donnerstag, 28. Juni 1900

Der Tag beginnt so ruhig, daß sich Kapitänleutnant Darcy entschließt, die Verwundeten in der englischen Gesandtschaft zu besuchen, er unterhält sich eine Weile mit dem Freiwilligen de Gieter, der tags zuvor verwundet wurde, aber kein Aufhebens davon macht.

»Unbesorgt, Herr Kapitän, sobald ich wieder humpeln kann, bin ich bei Ihnen.«

Die englischen Offiziere verlangen neuerlich Verstärkung für den Fu-Park, wo die Lage sehr brenzlig ist.

»Japaner und Italiener werden einem ernsthaften Angriff nicht lange standhalten können. Und dann bricht der ganze Nordostteil unserer Front zusammen.«

»Damit ist auch die englische Legation direkt gefährdet, das weiß ich genau«, bestätigt Darcy. »Aber wenn ich Leute von meinem Abschnitt abziehe, dann ist eben der Südteil verloren. Das kommt letzten Endes auf das gleiche heraus.«

»Sorry, Sir, wir brauchen mindestens zehn Mann. Befehl von Sir Claude, der, wie Sie wissen, unser Oberbefehlshaber ist.«

»Bis jetzt haben wir uns meistens allein herumgeschlagen. Aber schließlich, wenn es ein offizieller Befehl ist, dann schicke ich Ihnen die zehn Matrosen, die oben auf der Mauer Posten stehen. Hoffen wir, daß unsere deutschen Kameraden trotzdem durchhalten . . .«

Jede Stellung muß die andere unterstützen, und alle quält die gleiche Sorge, daß die Verteidigung zusammenbricht. Durch die kleinste Bresche könnten Boxer und Reguläre eindringen, eine Flut, die alles hinwegschwemmt, die Deiche und Dämme vernichtet.

»Fünf Franzosen und fünf Österreicher, mehr nicht!« erklärt Darcy.

Der kleine Posten am Fuß der Mauer muß aufgelassen werden. Die Barrikade der Gesandtschaftsstraße wird nun von der Flanke her genommen. Die Lage spitzt sich immer gefährlicher zu. Matrose Colas erhält einen Bauchschuß, zweifellos von einem großen Projektil, denn die Wunde ist riesig. Darcy weiß, daß er nichts mehr für ihn tun kann, doch Colas findet noch die Kraft, sich von ihm zu verabschieden.

Auch Hauptmann Labrousse stürzt zu Boden, springt aber sofort wieder auf und geht hinkend weiter.

»Es ist nichts«, sagt der »Marsouin«. »Nur ein Streifschuß ober dem Knie.«

»Das ist nicht nichts«, widerspricht Dr. Matignon. »Sie werden mir das Vergnügen machen, sich hinzulegen.«

Labrousse humpelt schimpfend davon, doch ein paar Stunden später ist er wieder auf Posten. Das Feuer wird immer stärker. Und plötzlich ist die Hölle los. Fünf Franzosen werden nacheinander verwundet: Obergefreiter L'Anthoen, die Kanoniere Lamache, Minou und Paul, und der Zimmermann Prigent. Ihre Kameraden schleppen sie nach hinten. Man wird die Barrikade nicht mehr lange halten können. Darcy befiehlt seinen Leuten, sich in die schützenden Mauern der Legation zurückzuziehen.

Darcy selbst geht in Begleitung von Herber und zwei Matrosen hinüber zur Barrikade der Zollstraße, wo sie ein paar Österreicher treffen, die von Seekadett Boyneburg-Lengsfeld befehligt werden.

»Es steht schlecht, Kapitän«, meldet der junge Offizier. »Die Chinesen bauen uns gegenüber eine zweite Barrikade aus alten Kisten und Brettern. Wenn sie die in Brand stecken, dann verbrennen alle Stallungen Ihrer Gesandtschaft.«

Es muß etwas geschehen, ehe es zu spät ist. Plötzlich erscheint ein Zivilist bei den Matrosen auf der Barrikade. Es ist der tapfere österreichische Geschäftsträger Arthur von Rosthorn, der seit Beginn der Belagerung die vorderste Linie nicht verlassen hat.

»Wir müssen diese Barrikade selbst anzünden, bevor es unsere Feinde tun«, meint er.

Und schon klettert er auf ein Dach und überlegt, wie er es anstellen soll. Am besten, man macht es den chinesischen Brandstiftern nach – die Boxer sind unübertroffene Pyromanen!

So schleudert er brennende Bretter, die in Petroleum getaucht wurden, hinüber in die noch nicht fertige Barrikade. Seine Frau richtet die Brandfackeln her, zündet sie an und reicht sie ihm, während die Franzosen und Österreicher Feuerdeckung geben. Boyneburg bewundert seine beiden Landsleute restlos und bemüht sich nach Kräften, ihnen beizustehen. Er wagt sich so weit vor, daß er schließlich von einer Kugel getroffen wird, die ihm eine tiefe Kopfwunde zufügt. Er stürzt zu Boden. Er blutet stark, man kann nicht feststellen, wie schwer er verletzt wurde. Bewußtlos bringt man ihn in das behelfsmäßige Lazarett der englischen Legation.

Endlich steht die feindliche Barrikade total in Flammen und ist damit unschädlich gemacht. Aber Frau von Rosthorn hat bei der gefährlichen Arbeit schwere Verbrennungen im Gesicht und an den Händen davongetragen.

»Nicht der Rede wert«, sagt sie immer wieder zu Doktor Matignon.

Der Arzt bleibt fest und zieht sie von ihrem Kampfposten weg. Wohl oder übel muß sie ihm folgen, lächelt aber noch immer. Ihre hübsche weiße Matrosenbluse ist verdorben, zerrissen und versengt.

Der Kampf geht weiter. Man schlägt sich im Fu-Park, wo es den Japanern und Italienern immerhin gelingt, ihre Stellung zu halten.

Man schlägt sich auch auf der Mauer, wo die Amerikaner im Westen und die Deutschen im Osten endlich Herr der Lage werden.

Die Hartnäckigkeit der Chinesen, ihr verbissener Kampf um die Legationen, veranlaßt endlich einige Zivilisten, ihre Schlupfwinkel zu verlassen und sich freiwillig zu den Waffen zu melden. Ein Halbdutzend stellt sich auf der französischen Gesandtschaft vor. Da ist einmal ein Belgier, ein langer, spindeldürrer Bursche mit gelocktem Haar und kurzem blonden Schnurrbart, André-Joseph Duvieusard, und da sind fünf Franzosen: der Chefingenieur der Eisenbahnen, Georges Bouillard, ein Koloss mit schwarzem Bart und blitzenden Augen hinter dem goldgefaßten Zwicker; Vicomte Guy-Eugène de Cholet, dessen Bürstenfrisur und kleiner dunkler Schnurrbart das sonderbar Viereckige seines Gesichts noch betonen; André Gruindtgens, Dolmetscher bei der Studiengesellschaft der Eisenbahn; Paul Veroudart, ein kleines, braungebranntes Männchen, das seinen Zwicker niemals abnimmt, und Edouard Wagner, ein junger Zollbeamter. Alle sind voll Tatendrang, einer will tapferer sein als der andere.

Gegen Sonnenuntergang verstärkt sich das Gewehrfeuer. Die Offiziere und die Freiwilligen sitzen beim Abendessen. Frau von Rosthorn präsidiert der Tafel, aber ihre Hände sind verbunden, sie kann das Besteck nicht halten, so wird sie von ihrem Mann wie ein Kind gefüttert. Alle rühmen ihren Mut. Die liebenswerte Österreicherin ist im wahrsten Sinn des Wortes die Heldin des Tages. Sie aber ist voll Sorge um ihren jungen Landsmann Boyneburg-Lengsfeld.

»Wie es ihm geht?« antwortet Doktor Matignon auf ihre Frage. »Wie es eben einem Burschen mit durchlöcherter Stirn gehen kann. Aber mein deutscher Kollege, Dr. Walde, der in der englischen Legation operiert, hofft ihn durchzubringen. Er hat es mir fast versprochen.«

»Gott sei Dank.«

Die gute Laune kehrt allseits zurück. Von den neuen Freiwilligen erweist sich vor allem der mächtige Bouillard sehr bald als Stimmungskanone. Da sitzt er, kaum fünfzig Meter von den

Chinesen entfernt, mitten in den Ruinen des Pekinger Klubs, leert ein Glas nach dem anderen und singt mit dröhnender Stimme ein derbes Volkslied aus dem Berry.

Alle lachen, nur Arthur von Rosthorn nicht, der den Text anscheinend nicht ganz passend für die Ohren seiner Frau findet. Sie aber hat nicht viel verstanden und findet nur, daß die Franzosen wirklich muntere Burschen sind, weil sie selbst zwischen zwei Gefechten so ausgelassen sein können.

Freitag, 29. Juni 1900

Und wieder stellt sich ein Zivilist als Freiwilliger auf der französischen Gesandtschaft zur Verfügung, ein untersetzter junger Mann mit kurz geschnittenem Haar und bartlosem Gesicht namens Henry Picard-Destelan.

»Ich bin sehr froh, daß Sie kommen«, begrüßt ihn Darcy, »Sie werden der Ersatz für Dupret sein, meinen Matrosengefreiten, der sich den Fuß verrenkt hat.«

»Wie sieht es hier aus, Herr Kapitän?«

»Die Chinesen ballern Tag und Nacht. Bleiben Sie daher stets in Deckung.«

Ein anderer Freiwilliger, der Sinologe Paul Pelliot, tritt zu ihnen. Seit Beginn der Kampfhandlungen war er pausenlos im Einsatz.

»Wir müssen eine Bresche in die Südostecke der Gesandtschaftsmauer schlagen lassen«, sagt er. »Dann haben wir eine direkte Verbindung zu den Barrikaden und brauchen nicht die Straße zu überqueren.«

Sofort beginnen die Kulis mit der Arbeit, während sich die Offiziere und Freiwilligen ruhig zum Mittagessen setzen, keine hundert Meter vom Feind entfernt. Die Mahlzeit wird durch Schüsse gestört.

»Schon wieder!«

Herber springt als erster auf. Er schließt seinen Gürtel und nimmt eine Lebel. »Kann ich auf das Dach des Morisse-Hauses steigen, Herr Kapitän?«

»Wenn Sie wollen. Aber von dort oben werden Sie nicht einmal bis zur Zollstraße sehen.«

»Egal! Die Chinesen sind überall.«

Der Chef zuckt die Schultern und gibt ihm die Erlaubnis.

»Wenn Sie durchaus wollen ... Aber Vorsicht, damit es Ihnen nicht so ergeht wie dem armen Le Glouanec!«

Die Offiziere beziehen ihre Posten bei den Barrikaden, während Herber auf das Dach klettert.

»Schnell, Herr Kapitän, der Oberfähnrich ist getroffen!«

Doktor Matignon läuft sofort zur Unglücksstelle, aber jede Hilfe kommt zu spät. Der junge Mann liegt im Hof, inmitten einer riesigen Blutlache.

»Ein Verhängnis«, murmelt Darcy verzagt. »Meine beiden besten Leute am gleichen Fleck und auf die gleiche Art getötet!«

Aber es bleibt ihm keine Zeit, um seinen Adjutanten zu trauern. Die Chinesen greifen wieder einmal an, und diesmal mit beispielloser Heftigkeit bei der Zollstraße. Man muß die Barrikaden räumen und sich im Kugelhagel in die französische Legation zurückziehen.

»Und der arme Herber?« fragt Doktor Matignon.

»Er wird sofort beerdigt«, erklärt Darcy.

Er will den Toten keinesfalls zurücklassen, denn die Chinesen stürmen plötzlich vor und schlagen mit Hauen auf die Mauer vor der Gesandtschaft ein. Die Matrosen haben sich in den Gebäuden hinter Sandsäcken und Schießscharten verschanzt. Der Feind ist Herr der Zollstraße und versucht nun, die Stallungen in Brand zu setzen. Binnen kurzem stehen sie in Flammen, die sich mit rasender Schnelligkeit ausbreiten. Und wieder ertönt der schreckliche Kampfruf der Boxer: »Tscha! Tscha! Tscho! Tscho!«

Die Österreicher halten den südlichen Teil des gefährdeten Sektors, die Franzosen verteidigen ihre Gesandtschaft und einige verstreute Häuser im Park. Aber sie sind zu wenige, um den bevorstehenden Angriff zu verhindern. Fregattenkapitän Thomann von Montalmar schickt einen Boten in die englische Gesandtschaft. Diesmal ist er es, der um Hilfe ersucht.

Sir Claude MacDonald erklärt sich bereit, ihm einen kleinen Trupp zu schicken: fünf Engländer, fünf Deutsche, drei Japaner. Die Neuankömmlinge werden sofort in die Reihen eingegliedert, es gibt schon lange keine Verständigungsschwierigkeiten mehr; der ständige Druck des Feindes hat die kleine internationale Schar fest zusammengeschweißt. Ein japanischer Matrose hat sich auf eine Zinne geschwungen, ganz nah vom Standort Darcys. Die beiden Männer feuern zugleich auf einen Chinesen, dem es eben gelungen ist, ein Stück Mauer auszubrechen. Knapp neben ihnen fällt der österreichische Matrose Alfred Tavagna, in die Stirn getroffen. Aber die Chinesen geben nach und ziehen sich am späten Nachmittag zurück.

Um sich ein neues Schußfeld zu schaffen, stecken die Franzosen die südlichen Stallungen in Brand. Sie haben ein wenig an Terrain verloren, aber es war ihnen wirklich nicht möglich, die Zollstraße zu halten.

Thomann und Darcy treffen sich zu einer kurzen Besprechung. Beide wissen, daß sie zuwenig Leute haben, um die Stellung zu halten, und beide wissen auch, daß sie von Sir Claude keine Verstärkung erwarten können. »Ich habe ihm sogar die Freiwilligen überlassen müssen, die sich heute nachmittag bei uns gemeldet haben«, sagt Thomann.

»Dann gibt es nur eine Lösung: unsere Leute von der Mauer abzuziehen. Sie wird dann eben nur mehr im Osten von den Deutschen besetzt sein. Die Amerikaner sind die einzigen, die sie im Westen halten könnten, aber die sind zahlenmäßig viel zu schwach.«

Gegen Abend wird es angenehm kühl und beginnt zu regnen. Aber das plötzliche Unwetter kann die Chinesen nicht abkühlen, im Gegenteil, sie greifen im Norden des Geländes an. Ihre Schüsse gellen in das Dröhnen des Donners, Blitze zucken über den Himmel, das Gewitter verstärkt sich zu einem Inferno. Die Flüchtlinge geraten in Panik. Stephen Pichon, der Literat, schreibt in sein Tagebuch: »Die Natur gibt die schauerlich-phantastische

Kulisse für das gräßliche Schauspiel ab, das Herz und Seele erstarren läßt . . .« Vier Stunden lang wütet das Wetter, doch die Beschießung dauert unvermindert fort. Ganz allmählich wird es ruhiger, nur ein dumpfes Grollen dann und wann, jähe Regenschauer, mit dicken Tropfen, hie und da ein Schuß.

Im strömenden Regen bemühen sich die Matrosen, eine Barrikade bei der französischen Legation zu errichten, um einem weiteren Angriff der Chinesen standzuhalten.

Auch die zur Festung umgewandelte Kathedrale des Pe-Tang, der Standort von Oberleutnant Paul Henry, ist den ganzen Tag unter heftigem Beschuß gelegen. Am Abend trägt Henry in sein Feldtagebuch ein: »Sehr ruhiger Tag. Verbrauchte Patronen: 207, Rest: 7811.« Da der 29. Juni den Aposteln Peter und Paul geweiht ist, gratuliert Bischof Favier dem jungen Offizier zum Namenstag.

Paul Henry aber spricht vom Tod. »Wenn ich sterben muß, dann sterbe ich erst, wenn Sie mich nicht mehr brauchen«, sagt er zu dem graubärtigen Kirchenfürsten.

Henrys Assistent, Maat Jouannic, liegt auf dem Strohsack im Behelfslazarett und kämpft mit dem Tod. Es ist ein hoffnungsloser Kampf.

Samstag, 30. Juni 1900

Bei den Deutschen geht es in der Nacht heiß zu. Gegen ein Uhr früh eröffnen die Chinesen plötzlich ein heftiges Feuer auf ihre Stellungen, sie schießen vom Ha-Ta-Men-Tor und auch von den Hütten unter der Mauer aus. Ein richtiges Trommelfeuer, dem der Matrose Hentschel zum Opfer fällt. Die Verluste im Lager der Alliierten werden langsam beängstigend.

Die Männer des Seebataillons schießen zurück, worauf ihre Gegner vorübergehend das Feuer einstellen. Erst gegen neun Uhr morgens greifen sie von neuem an. Aber die Verteidiger gewöhnen sich allmählich an diese schrecklichen Barrikadenkämpfe.

»Alarm!«

Die Matrosen stürzen auf ihre Posten, die Mauser ballern los. Die

Chinesen versuchen in Deckung zu gehen, aber sie erleiden Verluste. Freilich, sie sind viele, unendlich viele ... Sie zielen vom Aufbau des Tores aus, das die deutschen Stellungen überragt.

Matrose Gugel wird am Bein getroffen und stürzt zu Boden. Seine Kameraden bringen ihn in Sicherheit, aber das Feuer will nicht aufhören. und wieder ein Opfer: der Matrose Hornke fällt durch Kopfschuß – er ist sofort tot.

»Ich habe den Eindruck, Herr Oberleutnant, daß doch nicht alle Chinesen schlechte Schützen sind ...« sagt Feldwebel Morgenstern bedrückt.

»Auf jeden Fall besitzen sie gute Gewehre«, antwortet der Offizier, »und einige wissen sie sogar zu handhaben.«

Die Chinesen wagen sich immer weiter vor, der Angriff wird mörderisch, Soden beschließt, von Sir Claude Verstärkung zu erbitten. Seiner Meinung nach hat er selbst of genug ausgeholfen, um nun seinerseits Hilfe verlangen zu können. Und wenig später treffen auch ein Unteroffizier und neun Mann ein. Sie besetzen die Barrikade auf der Mauer.

Gegen zehn Uhr morgens explodiert eine Granate in den deutschen Stellungen. Benecke erleidet eine schwere Gesichtsverletzung. Auch zwei Engländer, die zur Verstärkung kamen, werden getroffen. In einer Atempause zünden deutsche Patrouillen wieder chinesische Häuser an, denn es ist absolut nötig, ein Niemandsland zwischen den feindlichen Stellungen zu schaffen.

Den ganzen Vormittag lang dauert der Beschuß an. Die Japaner kämpfen hart im Fu-Park, um das Eindringen der Boxer zu verhindern, die das Viertel vom Norden her bedrängen. Oberst Shiba hat kaum mehr als zwanzig Mann und muß deshalb eine Barrikade aufgeben. »Können Sie mir ein Dutzend Ihrer Matrosen schicken?« läßt er Thomann und Darcy fragen.

Drei französische und drei österreichische Matrosen werden abkommandiert und besetzen die bedrohte Barrikade.

»Es wird nicht lange dauern«, behauptet der japanische Oberst. »Ich bin überzeugt, daß wir heute abend oder morgen befreit werden.«

Nicht alle teilen diesen schönen Optimismus. Gegen Nachmittag beginnen die Angriffe von neuem. Belagerte und Belagerer sind kaum einige Meter voneinander entfernt. Den Boxern ist es gelungen, Breschen in die Mauer des französischen Parks zu schlagen, und so die Gebäude zu beschießen. Die Matrosen, verschanzt hinter Sandsäcken und umgestürzten Möbeln, feuern zurück. Aber die Sicht ist schlecht. Plötzlich bricht Butor, ein Zimmermannsobergefreiter, mit blutendem Gesicht zusammen. Sein Auge wurde durch einen Splitter verletzt.

Die Deutschen und die Engländer, die als Verstärkung auf die Mauer-Barrikade geschickt wurden, haben harte Kämpfe zu bestehen. Gegen Mittag ist der Matrose Weissbarth schwer im Gesicht verwundet worden. Aber die Chinesen müssen aus den Häusern in der südlichen Fortsetzung der Zollstraße vertrieben werden, wo sie sich eingenistet haben, um die Gesandtschaft zu beschießen.

Graf Soden schickt eine weitere Patrouille hin. »Säubert alles!« befiehlt er.

Die Männer des Seebataillons stoßen in die Häuser vor, von denen nur mehr verkohlte Mauern verblieben sind. Es fallen Schüsse. Ein deutscher Matrose, der Gefreite Gölitz, bleibt, ins Ohr getroffen, liegen. Er erhebt sich nicht mehr.

Mit großer Mühe schleppen die Matrosen ihren toten Kameraden unter anhaltendem Feuer in die Gesandtschaft zurück. Heute verschärft sich die Lage besonders im Südost-Sektor. Es wird immer gefährlicher, von den Gärten der deutschen Gesandtschaft zur Aufstiegsrampe der Mauer zu gehen. Unaufhörlich zischen die Kugeln, und Granaten schlagen in unregelmäßigen Zeitabständen ein.

Die Räume der französischen Gesandtschaft, die in Kasematten umgewandelt wurden, sind voll Staub und Rauch. Trotz des nächtlichen Gewitters ist es wieder sehr heiß. Die Männer haben Durst, Weinflaschen machen die Runde. Aber am Abend gelingt es den Boxern, mit brennenden Strohbüscheln an langen Stangen den Keller Stephen Pichons in Brand zu stecken. Die Matrosen bemühen sich, die Flaschen in Sicherheit zu bringen, während das Feuer prasselt und ihnen Kugeln um die Ohren fliegen.

Mit Einbruch der Nacht setzt wieder ein sintflutartiger Regen ein. Die Männer waten im Schlamm, die Luft ist stickig und feucht, das grobe Leinenzeug klebt an der Haut. Bei der Mauer-Barrikade entspinnt sich im Dunkel ein heftiger Kampf. Matrose Reinhardt ist am rechten Fuß verwundet und Gefreiter Etzards an der rechten Hand.

Im Schutz der Dämmerung läßt Graf Soden eine neue Barrikade auf dem Weg errichten, der zur Aufstiegsrampe führt. Deutsche Matrosen und chinesische Kulis sind eifrig am Werk. Der Offizier überwacht die Arbeiten, dann geht er auf seinen Befehlsstand zurück, wo er Herrn von Below, den Nachfolger Kettelers, trifft.

»Allmählich werde ich unruhig. Die alliierten Truppen treffen ewig nicht ein, und die Chinesen werden immer lästiger. Leider sind recht gute Schützen unter ihnen.«

»Auch ich bin unruhig«, gibt Soden zu. »Wir haben schon eine Menge Tote und Verwundete. Und sehr viel Munition ist verbraucht worden.«

»Wieviel?«

»Fünfzig bis sechzig Patronen pro Mann. Wenn die Belagerung noch länger dauert, dann wird es in dieser Beziehung sehr brenzlig für uns werden. Wir haben jetzt schon Probleme . . .«

»Was also tun?«

»Vom englischen Gesandten Verstärkung verlangen. Schließlich ist er unser Oberbefehlshaber.«

Sir Claude hat keine Soldaten mehr. Aber er schickt den Deutschen vier Zivilisten, Freiwillige, die nun dem deutschen Detachement zur Verfügung stehen.

Der erste ist ein ehemaliger deutscher Offizier, Herr von Strauch, der an der Seite seiner Landsleute kämpfen will; und ebenso ein Zollbeamter, Bismarck, und der Elektrotechniker Richter, der seine Tätigkeit in der Zentrale mit dem Waffenhandwerk vertauscht. Ein österreichischer Angestellter der russisch-chinesischen Bank, Eugen Wihlfahrt, schließt sich ihnen an. Soden überträgt ihnen den Wachtdienst auf der Barrikade.

Im Pe-Tang stirbt Jouannic, es ist so drückend schwül, daß man ihn schon ein paar Stunden später im Park bei der Kapelle begraben muß. Der Regen verstärkt sich und prasselt auf die glasierten Ziegel, die Granaten entzünden bunte Blüten vor dem dunkeln Himmel.

Sonntag, 1. Juli 1900

Gegen sieben Uhr hört der Regen auf, ein trüber, schmutziger Morgen bricht an, Peking schält sich nur langsam aus der Dämmerung. Überall sind Wasserlachen zurückgeblieben, in denen sich die Morgensonne spiegelt.

Um acht Uhr läßt Graf Soden die Wachen auf der Mauer ablösen. Alles scheint ruhig, doch plötzlich eröffnen die Chinesen ein Höllenfeuer. Der Offizier stürzt zur Mauer, der Wachtposten befindet sich bereits unten an der Aufstiegsrampe. Acht Deutsche und drei Engländer stehen unter dem Kommando von Unteroffizier Fortkamp. Das Feuer der Chinesen verdoppelt sich.

»Ziehen Sie sich in die Legation zurück!« befiehlt Soden.

Es ist ein Entschluß von ungeheurer Tragweite, er muß ihn von Below erklären: »Wir haben weder genug Leute, noch genug Munition, um den Posten auf der Mauer wieder zu nehmen. Ich kann mich nur mehr auf die Verteidigung der Legation selbst beschränken.«

»Was wird Sir Claude dazu sagen?«

»Das ist mir egal. Er braucht uns ja nur eine entsprechende Verstärkung zu schicken, wenn er wünscht, daß wir alles halten. Glauben Sie mir, es ist unerläßlich, unsere Kräfte zu konzentrieren, statt sie zu zersplittern.«

»Aber die Mauer?«

»Wir halten sie von der zweiten Etage der Legation aus unter Feuer.«

Die Männer des Seebataillons nehmen sofort ihre neuen Stellungen ein. Die Chinesen ballern weiter. Der Matrose Strauss, der aus einem Fenster des Pavillons von Belows schießt, bricht plötzlich zusammen. Er ist von einer Stahlkugel getroffen und stirbt noch vor Tagesende.

Sir Claude MacDonald ist wütend über den Stellungswechsel der deutschen Matrosen. Die Aufgabe der Mauer-Barrikade vor dem Ha-Ta-Men-Tor hält er für um so schwerwiegender, als offenbar auch die Amerikaner die Barrikade vor dem Tsien-Tor nicht halten können. Somit ist das Gesandtschaftsviertel weder im Südosten noch im Südwesten gesichert.

»Wenn die Chinesen diese Gelegenheit auszunützen verstehen«, sagt er zu seinem Adjutanten Kapitän Strouts, »sind wir ihnen bald restlos ausgeliefert.«

Auch bei den Franzosen spitzt sich die Lage gefährlich zu. Obergefreiter Pesqueur meldet seinem Chef aufgeregt, daß die Chinesen das Dach des Bienenpavillons unter Feuer nehmen.

Diesmal haben sie besser gezielt. Mauern bersten, Ziegel- und Steinsplitter spritzen in alle Richtungen. Die Säulenhalle ist mit Schutt übersät. Dann nehmen die Chinesen das Haus des Dolmetschschülers Saussine unter Beschuß. Darcy ist machtlos. In diesem Augenblick tritt der Zollbeamte Edouard Wagner, der Sohn des ehemaligen französischen Generalkonsuls in Schanghai, auf ihn zu. Er ist sechsundzwanzig Jahre und blickt schüchtern hinter seinem schmal gefaßten Zwicker hervor.

»Herr Kapitän, ich ...«

Der Unglückliche kann den Satz nicht beenden, ein Steinbrocken trifft ihn mitten ins Gesicht, blutüberströmt sinkt er zu Boden. Er ist sofort tot. Erst drei Tage zuvor hatte er sich freiwillig gemeldet.

Mindestens zwei Kanonen haben den südöstlichen Teil des Sektors zum Ziel genommen, der von Franzosen und Österreichern verteidigt wird. Und wieder explodiert eine Granate auf dem Dach des Bienenpavillons vor der Ehrenhalle. Darcy muß erkennen, daß die Stellung nicht zu halten ist, daß er sinnlos das Leben seiner Leute aufs Spiel setzt ...

»Zurück hinter die Mauern des Hotel Peking!« befiehlt er. Das bedeutet die Preisgabe des ganzen Ostteils der Gesandtschaft.

Darcy läßt sofort zur Retraite blasen und ahnt nicht, daß dieses Hornsignal eine wahre Panik unter den Chinesen auslösen wird, die nun in wilder Flucht Reißaus nehmen.

In Eile verschanzen sich die Matrosen in Chamots Hotel hinter den Fenstern, die zum Teil mit Sandsäcken verbarrikadiert sind, und zwar die Franzosen an der Nordseite und die Österreicher an der Südseite. Ein kurzer Appell ergibt, daß kein Mann fehlt, aber zwei verwundet wurden: Domallain und Le Berre. Alle warten auf den chinesischen Angriff . . . der nicht erfolgt.

Fregattenkapitän Thomann nimmt seinen französischen Kameraden beiseite. »Haben Sie nicht etwas überstürzt gehandelt?« fragt er. »Zwei dicke Mauern genügen, um sich vor den Kanonen zu schützen. Es wäre kaum nötig gewesen, sich im ›Hotel Peking‹ zu verschanzen.«

»Sie haben recht. Wir werden uns in das Haus Filipinis, des ersten Dolmetschers, auf der anderen Seite des Ehrenhofs zurückziehen.«

Der Österreicher nickt. Es heißt, kühlen Kopf bewahren. Heute früh haben offenbar alle ein bißchen durchgedreht.

Gegen zehn Uhr vormittags wird der Stellungswechsel vorgenommen. Der Feind scheint verschwunden zu sein, es ist sonderbar ruhig, während die Franzosen vorsichtig nach vorne gehen. Sie beziehen das Haus Filipinis und die Österreicher das Blockhaus am Beginn der Legationsstraße.

Neuerlich setzt Feuer ein, vier Stunden wird pausenlos geschossen. Die chinesischen Geschütze sind jetzt richtig eingestellt und zerstören systematisch den Südostteil der Gesandtschaft: das Haus Saussine, das Haus Morisse und die Säulenhalle. Was aber noch schlimmer ist als dieser gewaltige Schaden: unter dem Schutz des Artilleriefeuers geht der Feind vor und kommt gefährlich nahe. Er besetzt die Barrikaden der Zoll- und der Gesandtschaftsstraße. Den Deutschen gelingt es nicht, ihre Stellung auf der Mauer gegenüber dem Ha-Ta-Men-Tor wieder einzunehmen. Diese verdammten Kanonen müßten endlich unschädlich gemacht werden.

Das ist auch die vordringlichste Sorge Sir Claudes, denn ein weiteres Geschütz hat den Fu-Park und sogar die englische Gesandtschaft unter Beschuß genommen. Den ganzen Tag schlagen die Granaten im Nordteil des verteidigten Geländes ein.

»So geht das nicht weiter«, erklärt Sir Claude. »Wir müssen einen

Gegenangriff riskieren und uns dieser Geschütze bemächtigen.«

Zwei kleine Einheiten werden zusammengestellt. Kapitän Tatsugoro-Ando soll die japanischen Matrosen befehligen, Kapitänleutnant Paolini übernimmt den aus Engländern, Franzosen und Italienern bestehenden Trupp. Getrennt marschieren, vereint schlagen ... Von zwei Seiten sollen die Männer zu dem gemeinsamen Ziel, der chinesischen Kanone, vorstoßen.

Aber die ist hinter einer soliden Barrikade verschanzt. Die Matrosen werden von einem mörderischen Kugelhagel empfangen. Paolini stürzt vor, um seine Männer mitzureißen, aber plötzlich stöhnt er auf und wankt. Er hat einen Schuß in die Schulter bekommen, der ganze Arm ist voll Blut.

»En avant!«

Obergefreiter Hérisson übernimmt sofort das Kommando und stürmt vor. »Avanti! Forward!« schreit er den Italienern und Engländern zu.

Aber da wird auch der Franzose getroffen, ein Armdurchschuß macht ihn kampfunfähig. Der Gegenangriff ist gescheitert, die Männer ziehen sich zur englischen Gesandtschaft zurück und müssen die beiden Italiener, die von der ersten chinesischen Salve tödlich getroffen wurden, zurücklassen.

Die Japaner können ihr Ziel ebenfalls nicht erreichen. Kapitän Tatsugoro-Ando muß den Befehl zum Rückzug geben. Auch er hat einen Toten zu beklagen. Ein Halbdutzend Verwundeter muß versorgt werden, niemals noch war das improvisierte Lazarett so stark belegt.

Man begräbt die Toten, unter ihnen auch den Zollbeamten Edouard Wagner, obgleich das Feuer der Chinesen nicht nachläßt. Von acht Uhr abends bis vier Uhr früh zischen die Kugeln über die Linien, untermalt vom Grollen der Geschütze.

Im Schutz der Dämmerung setzen die Deutschen die Sicherung des verkleinerten Feldes fort; sie sind fest entschlossen, sich dort bis zum letzten Mann zu schlagen. Deutsche Matrosen und chinesische Kulis errichten rund um den Hof des Klubs von Peking Barrikaden, während andere Schießscharten in die Mauer des Geschäfts von

Jardine Matheson schlagen, eines englischen Kaufmanns, dessen Unternehmen nun zum Vorposten der deutschen Verteidigung wird. Ein Unteroffizier und neun Mann des Seebataillons beziehen bei den Remisen Stellung, von wo aus sie die Gasse am Fuß der Mauer unter Kontrolle halten sollen. Bei Nachteinbruch wird es ruhiger, die Chinesen haben das Feuer eingestellt und scheinen die Dämmerung nicht ausnützen zu wollen. Trotzdem erhalten die Wachen Befehl, die Augen mehr denn je offen zu halten, um ein Eindringen des Feindes zu verhüten.

In der Nacht sehen Sir Claude Mac Donald und Stephen Pichon wieder Raketen zum Himmel steigen. »Das sind bestimmt Signale einer heranrückenden europäischen Armee«, erklärt der Schotte mit Nachdruck.

»Ich möchte es gerne glauben«, murmelt Pichon.

»Glauben Sie mir, die Unsern sind kaum achtundvierzig Stunden von Peking entfernt.«

Der Regen wird stärker, die Erde ist durchweicht, die Kugeln fallen mit dumpfem Geräusch in den Schlamm, die Mauern schimmern vor Nässe. Aus der Ferne hört man dunkles Grollen.

Donner oder Geschütze?

Vor dem Schlafengehen schreibt Stephen Pichon in sein Tagebuch: »Ein Tag voll bedrückender Traurigkeit.«

Montag, 2. Juli 1900

Es regnet noch immer, die Chinesen zeigen sich kaum, nur dann und wann zischt ein Schuß durch die feuchte Luft. Die Kugeln landen an Mauern oder Erdsäcken. Aber die Geschütze feuern weiter, diesmal haben sie das »Hotel Peking« zum Ziel genommen. Franzosen und Österreicher können sich nach einem harten Tag etwas ausruhen. Auguste Chamot ist tätiger denn je, er hält sich nicht lange mit Klagen über sein zerstörtes Haus auf, sondern setzt seine Kulis zum Bau einer Barrikade ein, die quer über die Gesandtschaftsstraße zur gegenüberliegenden englischen Legation führt.

Weiterhin explodieren Granaten und zerreißen die Luft. Die Marineinfanteristen müssen ein heftiges Bombardement ertragen.

»Das sind die Kanonen auf der Mauer, die auf den Fu-Park und die Japaner zielen«, sagt Soden zu seinen Kameraden. »Aber sie schießen zu kurz, folglich sind wir die Opfer.«

Gleich darauf muß er hinzufügen: »Und vom Tsien-Tor her werden wir auch noch beschossen! Das gilt den Amerikanern, aber da zielen sie wieder zu weit ...«

Man könnte lächeln über soviel Pech. Aber den Deutschen ist die Lust zum Lachen vergangen, denn eben wurde ihr Kamerad, der Matrose Ebel, tödlich in die Brust getroffen; er war an einer Luke des Cordes-Hauses postiert gewesen.

Soden ist sehr mißgestimmt, weil er die Barrikade der Mauer aufgeben mußte, obwohl sich seine Leute von Beginn an so tapfer geschlagen haben. Im Sturmangriff mit dem Bajonett haben sie die Amerikaner herausgehauen. Und jetzt müssen sie sich hinter den Mauern der Gesandtschaft verschanzen und mehr Schüsse aushalten, als sie selbst abgeben können!

»Trösten Sie sich, mein Kamerad«, sagt Darcy begütigend, »so geht's uns allen.«

Auch Captain Myers ist besorgt: Die Chinesen errichten eine Barrikade auf der Mauer, kaum fünfzig Meter von den Amerikanern entfernt. Der Westsektor ist von neuem bedroht.

Im Norden sieht es noch gefährlicher aus. Die Japaner, die im Fu-Park kämpfen, müssen ihre vordersten Linien evakuieren.

Oberst Shiba ist sehr pessimistisch. »Heute nacht halte ich noch durch«, sagt er zum englischen Gesandten. »Aber wenn dieses Feuer bis morgen andauert, kann ich nicht mehr zurückschießen.«

»Wir müssen durchhalten«, antwortet Sir Claude. »Unsere Leute sind nicht mehr weit. Gestern nacht habe ich Signale gesehen. Ich bin überzeugt, daß die Hilfstruppen morgen eintreffen, spätestens übermorgen.«

Captain Myers teilt den Optimismus des Gesandten nicht. Die neue Barrikade der Chinesen auf der Mauer ist ihm ein Dorn im Auge. Wenn er die Chinesen nicht von dort zurückwerfen kann, ist seine Truppe verloren. Myers hat es noch nicht verwunden, daß seine Leute in wilder Flucht getürmt sind. Er will diese Scharte durch einen Handstreich auswetzen. Bei einbrechender Dunkelheit sucht er Kapitänleutnant Rahden auf, der eine russische Abteilung befehligt: »Meinen Sie nicht, daß wir diese Barrikade nehmen sollten?«

»Das wäre großartig. Sie können mit mir rechnen. Aber die Engländer müssen uns dabei helfen.«

»O.K. Wir greifen in der Nacht an.«

Fünfzehn Amerikaner, fünfzehn Russen und ungefähr zwanzig Engländer versammeln sich bei Einbruch der Dunkelheit hinter der amerikanischen Barrikade. Es regnet in Strömen. Mit sehr gemischten Gefühlen sehen die Männer dem Angriff entgegen. Captain Myers, der das Unternehmen befehligen soll, beginnt zögernd seinen kleinen Speech:

»Unsere Aufgabe sieht unlösbar aus ... Aber Befehl ist Befehl ... Wir müssen unser Bestes tun. Wenn aber jemandem vor diesem lausigen Job graust, braucht er es nur zu sagen ...«

Ein junger schottischer Leutnant ist höchlichst verwundert über diese Rede. Nun, das scheint eben der Stil der amerikanischen Armee ...

Prompt erklärt einer der Matrosen: »Ich tue nicht mit, Captain. Wegen meines Arms ...«

»Und was sagen die Engländer dazu?« fragt Myers.

»Es sind Schotten, und sie sagen überhaupt nichts«, erklärt der Leutnant sehr entschieden. »Sie marschieren. Alle.«

Auch die Russen machen nicht viel Worte. Somit kann Myers das Zeichen zum Angriff geben. Er wird kurz und mörderisch.

Die Fünfzig tauchen aus der Dunkelheit auf und stürzen sich brüllend auf die feindliche Barrikade. Binnen weniger Sekunden ist der Ausgang dieses Blitzunternehmens entschieden. Fast dreißig Chinesen lassen sofort ihr Leben, einige davon werden im Schlaf getötet, ohne überhaupt zu begreifen, daß die »fremden Teufel«

über ihnen sind. Auch zwei Kosaken fallen bei dem Unternehmen, das endlich den Ring lockert, der den westlichen Sektor umklammert hält. Aber wo ist der Sieger?

»Captain! Hello, Captain!« rufen die Matrosen.

Myers ist verwundet, schwer am Oberschenkel getroffen, kampfunfähig. Er wehrt sich zuerst, als man ihn wegbringen will, muß aber schließlich nachgeben und sich in die englische Legation bringen lassen, wo er bis zum Ende der Belagerung ans Bett gefesselt bleibt.

Mitten im Kampf, im ärgsten Getümmel, taucht plötzlich ein Mann auf. Der Regen peitscht die klatschnasse Soutane an den ausgemergelten Körper. Es ist ein norwegischer Missionar, Pater Nostegarde, der schon immer als etwas »verdreht« gegolten hat. Im Wolkenbruch und im heftigen Feuer scheint er völlig den Verstand verloren zu haben.

»Gerechtigkeit! Ich fordere Gerechtigkeit!« brüllt er. »Man hat gewagt, mich zu verleumden! Aber König Oskar wird meine Ehre retten!«

Kaum sind die Matrosen mit den Chinesen fertig, packen sie den Tobenden und sperren ihn kurzerhand in einen Stall. Tagelang hört man den Pater schreien, doch niemand kümmert sich um ihn. Die Schlacht geht weiter.

Dienstag, 3. Juli 1900

Die ganze Nacht über hat es pausenlos geschüttet. Die Chinesen nützen die schlechte Sicht und das elende Wetter aus, um ihre Barrikade auf der Mauer oberhalb der deutschen Botschaft zwanzig bis dreißig Meter zu verlängern. Von den Soldaten werden sie zwar beschossen, aber vergeblich; sie schieben richtige Schilde vor sich, Erdsäcke, Steine, Bohlen. Man muß auf gut Glück schießen, der Erfolg ist fraglich. Scharfschützen decken ihre Kameraden, die auf der Mauer vordringen. Sie bemühen sich, die Deutschen hinter den Schießscharten zu treffen. Obwohl die Fenster mit Mobiliar und Matratzen verstopft sind, findet die eine oder andere Kugel den Weg in die Räume, die Soden verteidigt. Gefreiter Strassburg wird am Arm verwundet, er erhält einen provisorischen Verband, während ein Kamerad seinen Platz einnimmt.

Auch im Fu-Park ist die Lage ernst. Seit fünf Stunden liegen die Japaner unter Artilleriebeschuß. Trotz der Verkürzung der Front weiß Oberst Shiba nicht, ob er noch lange durchhalten kann. Seine Männer ziehen sich von der Barrikade in den Laufgraben zurück, denn der feindliche Druck läßt nicht nach.

Die Deutschen im Süden sind gleichfalls heftigen Angriffen ausgesetzt. Sie verschanzen sich in ihrer Gesandtschaft, nachdem sie die Mauer aufgeben mußten, und sind eisern entschlossen, keinen Fußbreit mehr zu weichen.

Am Nachmittag liegt die französische Gesandtschaft erneut unter Feuer. Weitere fünf Granaten treffen die Ehrenhalle.

»Keine Verwundeten?« fragt Darcy.

»Nein, Herr Kapitän. Alles in Ordnung.«

Heute ist Doktor Matignon arbeitslos. Es herrscht derartige Ruhe, daß Stephen Pichon es wagt, die Verteidiger seiner Residenz aufzusuchen und ihre Stellungen zu besichtigen. Er ist sehr erregt über die Signale, die Sir Claude gesehen hat.

»Diesmal ist es ganz sicher«, beteuert er. »Wir werden befreit!«

Darcy allerdings ist skeptischer. »Solche Zeichen beunruhigen mich nur. Der Vormarsch einer ganzen Batterie ist viel schwieriger als der einer Kanone.«

»Aber die Entsatzarmee ist ja stark!«

»Nun, dann soll sie sich beeilen und uns schnellstens einen Vortrupp schicken!«

Indessen besetzen die Chinesen das ganze Gebiet zwischen der deutschen Legation und der Zollstraße. Von Einbruch der Dunkelheit bis Mitternacht fallen vereinzelte Schüsse; sie werden von Chinesen abgegeben, die sich in Brandruinen versteckt halten.

»Unsere Feinde sind heute nacht wirklich recht unternehmend«, sagt Thomann zu Darcy.

Vom Westen tönt heftiger Lärm, Schüsse, Schreien, Detonationen.

»Bei den Amerikanern geht es wieder los. Hoffentlich halten sie durch.«

Unnötige Sorge. Bevor man Myers wegbrachte, ließ er seine Matrosen schwören, eher zu fallen, als noch einen Zoll zu weichen.

Mittwoch, 4. Juli 1900

Das Gewehrfeuer läßt nach, aber die Artillerie hat unbestritten das Niemandsland unter Kontrolle. Zweihundertzwölf Granaten werden in den Fu-Park und zum »Hotel Peking« abgeschossen. Japaner und Italiener müssen sich zwar unter den zerfetzten Sträuchern und Bäumen weiter zurückziehen, doch das übrige Verteidigungsfeld hält. Bei der französischen Legation bleibt alles still. Ein österreichischer Matrose, Leonard Tamburus, wird leicht verwundet ins Lazarett gebracht, und da die Waffen vorübergehend schweigen, kann ihn Darcy begleiten.

Ein deutscher Chirurg, Doktor Walde, betreut die Verletzten, ein Engländer, Dr. Poole, hilft ihm, einige Damen der Gesandtschaften haben sich als freiwillige Pflegerinnen gemeldet. Aber alles ist improvisiert in diesem Lazarett, wo sich nur vier Eisenbetten und sieben Feldbetten befinden. Man hat schon Strohsäcke auf den nackten Boden gelegt. Desinfektionsmittel sind rar, es gibt kaum mehr Anästhetika, und das einzige vorhandene Fieberthermometer gehört Baronin Ketteler, der jungen Witwe des deutschen Gesandten.

»Seekadett Boyneburg-Lengsfeld macht uns große Sorgen«, sagt der Arzt auf die Frage Darcys. Das wachsgelbe Gesicht des jungen Österreichers unter dem riesigen Kopfverband trägt schon die Zeichen des Todes, der dann tatsächlich einige Tage nach dem Entsatz Pekings eintritt.

Gefreiter Hérisson hingegen scheint sich zu erholen, und der Freiwillige Léon de Gieter ist wütend, daß er außer Gefecht gesetzt wurde. »Von einer verirrten Kugel in den Rücken getroffen werden! Das ist ja lächerlich, Herr Kapitän!«

»Und dabei will uns niemand glauben, daß die Kugeln von allen Seiten geflogen kommen!«

Aber Darcy kann nicht lange bleiben. Er muß auf seinen Posten zurück, um so mehr, als die augenscheinliche Waffenruhe dieses Tags einige Diplomaten veranlaßt hat, ihm ihren Besuch anzukündigen.

So erscheint am Nachmittag Stephen Pichon in Begleitung seines spanischen Kollegen, Don Bernardo de Cologan. Der Kanzler Berteaux hat darauf bestanden, an dieser Inspektion in der vordersten Linie teilzunehmen.

»Haben Sie alles, was Sie brauchen?« fragt Pichon.

Die Matrosen lachen laut heraus. Der brave Hotelier Chamot versorgt sie aufs beste, mit Reis, Wein, ja sogar mit Tabak.

»Unsere Matrosen finden sich in jede Lage, sie sind vorbildlich«, erklärt Darcy und bietet dem Spanier eine Zigarre an. »Ich hoffe, daß unsere eingeschlossenen Kameraden im Pe-Tang auch gut verpflegt sind.«

Im Pe-Tang essen die Matrosen gut und schlagen sich noch besser.

Überall gibt es helle Köpfe, die sich zu helfen wissen. Obergefreiter Delmas, der von seinem Chef dem schwer bedrängten Olivieri zur Verfügung gestellt wurde, beschließt Krieg auf eigene Faust. Er hat sich einen geschützten Platz gefunden und arbeitet dort mit Karton und Schere. Statt sich den Italienern anzuschließen, hat er sich mit einem österreichischen Mönch zusammengetan, dem Bruder Gartner, der an der Wiener Technik studiert hatte, bevor er ins Pekinger Seminar eintrat. Jeder mit einem Gewehr bewaffnet, stellen sie oberhalb ihres Postens eine Pappfigur auf, der sie eine französische Matrosenkappe aufsetzen.

Die Boxer nehmen die Attrappe zum Ziel, aber kaum fällt sie, steht sie von neuem auf. Die Chinesen schießen heftiger, vergessen alle Vorsicht und kommen aus ihren Stellungen heraus. Delmas und sein Freund, geduckt auf dem Dach, haben leichtes Spiel. Das grausame Scheibenschießen erfreut sie offensichtlich, und auch Bischof Favier sowie Pater Giron sind stolz auf die Erfolge ihres

Seminaristen. Oberleutnant Henry beschließt sogar, dem jungen Österreicher eine Auszeichnung zu verleihen. Er überreicht ihm eine goldene Borte, die auf die schwarze Soutane genäht wird. Gartner heißt von nun an »General der Hilfsarmee« und erhält bei Stoßtrupps das Kommando über die chinesischen Milizen.

Donnerstag, 5. Juli 1900

Der französische Gesandte überliest die Stelle in seinem Tagebuch, an der er die Verluste der Verteidiger vermerkt hat. Sie sind schwer: Fünfunddreißig Tote. An der Spitze stehen die Franzosen mit sieben, gefolgt von den Deutschen, Italienern und Amerikanern mit je sechs, den Japanern mit fünf, den Österreichern mit drei Toten und schließlich den Engländern mit nur zwei.

»Wir leisten den schwersten Beitrag für diesen Krieg«, sagt er ohne Einleitung zu Georges Bouillard, dem Eisenbahningenieur.

»Was mich am meisten beunruhigt, Herr Minister, sind die chinesischen Kanonen. Ich habe an verschiedenen Stellen des Geländes die Splitter gesammelt und sie untersucht. Es handelt sich um Krupp-Kanonen, Kaliber 70 Millimeter und 55 Millimeter, ferner um eine kleine 37er mit Zügen und eine 50er. Dazu kommen noch ein paar alte Stücke mit drei-, sechs- und zwölfpfündigen Vollkugeln. Die Chinesen haben eine Stellung oben auf der Mauer der Kaiserstadt errichtet. Von dort können sie mühelos unser Gelände beherrschen.«

Stephen Pichon erinnert sich an den Besuch in seiner Residenz. Trostlos! Was ist in wenigen Tagen aus ihr geworden! Zerstörte Pavillons, verstümmelte, verkohlte Bäume ... Entsetzlich. Das Dach des Speisesaals ist durchlöchert, überall Einschüsse, Schutt, aufgerissene Plafonds, durch die man den Himmel sieht.

Die feindlichen Geschütze stehen kaum zweihundert Meter von dieser Residenz entfernt, und die Bogenschützen machen gemeinsame Sache mit den Artilleristen; sie schicken ihre brennenden Pfeile ins Europäerviertel.

Im Park halten sich französische und österreichische Matrosen schlecht und recht in Deckung, und mit ihnen die Freiwilligen, die schon fest in die kleine Truppe eingegliedert sind. Da plötzlich erscheinen Gäste.

»Mir scheint«, sagt Thomann zu Darcy, »man kommt zum Bombardement wie zu einer Galavorstellung.«

Die Ankömmlinge sind Herr von Below, Oberleutnant Graf Soden und der Sekretär von Bergen.

»Wir statten Ihnen eine nachbarliche Visite ab«, sagen sie zur Begrüßung.

Da sich Stephen Pichon nach wie vor in seinem Asyl bei den Engländern aufhält, macht Dr. Rosthorn mit Gattin die Honneurs in der französischen Gesandtschaft.

»Ich bedaure, daß ich sie nur im kleinen Salon empfangen kann. Aber die Chinesen sind eben dabei, den Speisesaal zu zerlegen.«

Rosthorn bietet den Besuchern Platz an und läßt eine Flasche Champagner entkorken.

»Ich weiß um Ihre musikalische Begabung«, wendet sich Frau von Rosthorn an den deutschen Gesandtschaftssekretär. »Wenn Madame Pichon hier wäre, würde sie Ihnen sicher gestatten, ihr Klavier zu benützen. Bitte . . .«

Below macht eine formvollendete Verbeugung: »Mit Vergnügen, Madame . . .«

Er setzt sich auf den Hocker, blättert in den Noten und beginnt virtuos zu spielen. Lebhafter Applaus nach jedem Stück.

Plötzlich landet eine Granate mitten auf dem Teppich. Sie hat die Türe des Eßzimmers, den Vorraum und die Salontür durchschlagen.

»Verzeihen Sie«, entschuldigt sich Fregattenkapitän Thomann von Montalmar, »ich muß Sie bitten, ein wenig in die Ecken zu rücken. Ich wäre untröstlich, sollte Ihnen etwas zustoßen.«

Auf ein Zeichen seines Chefs entkorkt Gefreiter Dupret, nach dem Tod Corselins die Ordonnanz Darcys, weitere Champagnerflaschen.

Erst am späten Nachmittag verstummt das Feuer. Eine letzte Salve hat eine der beiden Stallungen seitlich vom Eingangstor beschädigt. Gefreiter Bargain ist verwundet. Während ihn seine

Kameraden zur Ambulanz tragen, wird Darcy ein Rundschreiben zur Kenntnis gebracht, das der englische Gesandte an alle Detachementchefs richtet. »Sir Claude MacDonald bittet, einige Offiziere mögen sich zur Sicherung der von den Amerikanern besetzten Mauer freiwillig melden.«

»Mach' ich!« ruft Labrousse sofort. »Ich möchte ohnehin gerne sehen, was sich im Westsektor abspielt!«

Die Herren lächeln. Er ist ein unruhiger Geist, dieser »Marsouin«. Seine Schneid und seine gute Laune werden sicher von wohltuendem Einfluß auf die Matrosen sein, die durch die Verwundung Captain Myers' etwas außer Tritt geraten sind.

Wieder geht ein Tag zu Ende. Auch in der Nacht fallen vereinzelt Schüsse. Es kommt in der Nordostecke zu Gefechten, nicht weit von den Ruinen des Pichon'schen Kellers. Dann flammt der Kampf am Fuß der Mauer von neuem auf.

»Jetzt haben sie's auf die Deutschen abgesehen!«

Stimmt! Ein Matrose Graf Sodens bringt die Meldung: Die Chinesen scheinen mit starken Kräften anzugreifen, die Bauwerke oben auf der Mauer sind bereits unter ihrem Beschuß. Es ist elf Uhr nachts. Thomann und Darcy reagieren sofort.

»Unser lieber Klavierkünstler scheint Verstärkung zu brauchen. Wieviel Mann können Sie abgeben?«

»Drei, mehr nicht.«

»Schön, dann gebe ich noch zwei von den Österreichern dazu. Sie sollen sich unverzüglich unter dem Obergefreiten Raschka auf den Weg machen.«

Noch in der Nacht wird der Feind zurückgeworfen. Die Südfront des Viertels hält stand, trotz der schweren Bedrohung von der Mauer her.

Freitag, 6. Juli 1900

Nur wenige Schüsse fallen am Vormittag, während das Geschützfeuer mit unverminderter Kraft anhält. Die Belagerten gewöhnen sich allmählich an die chinesische Artillerie.

Die meisten Granaten explodieren im Fu-Park, in der englischen Gesandtschaft haben Vollkugeln die Ziegelmauern durchschlagen und häufen sich im Ehrenhof, wo sie eingesammelt werden.

Am frühen Nachmittag wird es wieder ruhig. Die Offiziere, die sich zum Mittagmahl im Salon der französischen Legation treffen, atmen auf.

»Vielleicht sind die Chinesen abgezogen«, meint Theodor von Winterhalder hoffnungsvoll.

»Ob so oder so, Sir Claude ist fest überzeugt, daß die Hilfstruppe in Kürze eintrifft«, meint Darcy. Er ist sehr aufgeräumt, denn es ist ihm eine ausgezeichnete Idee gekommen, die er sofort seinen österreichischen Freunden bekanntgibt: »Ich habe große Lust, die beiden Doppel-Barrikaden an der Zoll- und der Gesandtschaftsstraße zurückzuerobern, die wir vor zwei Tagen aufgeben mußten. Was meinen Sie dazu? Ich brauche nicht mehr als etwa sechs Mann.«

»Sie sind verrückt!« ruft Winterhalder.

»Durchaus nicht. Es genügt mir, wenn mir Ihre Landsleute Feuerschutz geben.«

Darcy fordert den Obergefreiten Pesqueur auf, ihn mit fünf Mann zu begleiten. Die Barrikaden sind leer, aber kaum hat der Feind den kleinen Trupp erspäht, hagelt es Schüsse. Die Franzosen müssen sich hinter den Balken platt auf den Boden werfen und nach vorne robben.

»Siehst du, woher die Schüsse kommen?« flüstert Darcy seiner Ordonnanz zu.

Pesqueur antwortet mit einem Kopfnicken und erwidert noch leiser: »Die Chinesen sind fünfzehn Meter vor uns, hinter einer Barrikade. Wir müssen zurück, ich gebe Ihnen Deckung.«

Und er legt ruhig das Gewehr an und beginnt zu schießen. Bedächtig, sicher, systematisch, wie auf dem Schießplatz. Seine Kameraden ziehen sich geordnet zurück, einer nach dem andern. Darcy bleibt als letzter.

»Nach Ihnen, mon capitaine«, sagt Pesqueur.

Aber Darcy will nicht. Auf Pesqueurs Erklärung, daß schließlich er die Patrouille befehlige, kann der Kapitänleutnant nur antworten, daß er die Landekompanie kommandiere, folglich als letzter gehen müsse. Keiner der beiden gibt nach, der geflüsterte Disput nimmt kein Ende. Schließlich muß doch der Unteroffizier gehorchen. Widerwillig, murrend verläßt er die Stellung und zieht sich mit den Kameraden in den Gesandtschaftspark zurück.

Winterhalder empfängt den Stoßtrupp sehr erleichtert: »Bei diesem Feuer hatte ich schon alle Hoffnung aufgegeben, euch lebend wiederzusehen!«

Darcy schweigt. Er ist wütend über das Fehlschlagen seiner Aktion. »Vor dieser Horde mußte ich Fersengeld geben!« murmelt er immer wieder und kann sich nicht beruhigen.

»Kommen Sie lieber ins Blockhaus und ruhen Sie aus«, rät Winterhalder. »Ich habe eine Flasche Champagner eingekühlt. Und wenn Sie Trüffeln mögen ... Diese Pichons sind wirklich ein Gottesgeschenk für die armen hungernden und durstenden Seeleute!«

Darcy gibt grollend nach. Während er die Trüffeln mit einem kleinen Löffel ißt, ruft sein österreichischer Kamerad: »Sehen Sie doch, das ist einmalig! Wirklich, es gibt sonderbare Typen hier in Peking!«

Ein Zivilist, sichtlich volltrunken, wankt im Zick-Zack durch die Gesandtschaftsstraße. Wie ein Segler, der in einer steifen Brise in einem engen Kanal ständig Kurs wechseln muß, rollt er von einer Straßenseite zur andern. Die beiden Offiziere sind starr. Jeden Augenblick können die Chinesen das Feuer auf diese prächtige Zielscheibe eröffnen. Nur ein Russe oder ein Amerikaner kann etwas so Hirnverbranntes zustandebringen, denkt Winterhalder.

»Stoj!« schreit er.

Aber es macht nicht den geringsten Eindruck auf den Betrunkenen.

»Halt!«

Der Mann bleibt noch immer nicht stehen, er stolpert, souverän, unbekümmert, an dem kleinen Blockhaus vorbei, das die Österreicher vor dem Torgebäude der französischen Gesandtschaft errichtet haben.

»Pericoloso!« brüllt Winterhalder nun.

Aber der Säufer scheint auch nicht italienisch zu verstehen. Er torkelt weiter zu der Barrikade, die noch immer unter dem Beschuß der Chinesen liegt, steigt auf eine Kiste und will dort weiter klettern.

»Nieder!« schreit Darcy – ebenfalls ohne den geringsten Erfolg.

Der Mann steht aufrecht auf der Barrikade, Gewehr im Anschlag. Er schwankt und kann sich kaum auf den Beinen halten. Endlich hebt er sein Gewehr und schießt mit einem Freudengeheul in die Luft: »Karascho!«

»Das ist ein Russe«, konstatiert Winterhalder trocken.

»Das war ein Russe«, korrigiert Darcy, denn der Unglückliche hat einen Kopfschuß erhalten und fällt mit blutendem Gesicht zu Boden. Aber er ist nicht tot! Er stützt sich auf sein Gewehr und erhebt sich langsam, dann lädt er wieder, ungeschickt und schwerfällig, denn seine Hände zittern – nicht aus Angst, sondern wegen des Alkohols.

Eine neue Salve der Chinesen, und jetzt stürzt der Russe, verkrümmt, tödlich getroffen, nach hinten. Er hat sich sinnlos, kaum fünfzehn Meter von seinen Kameraden entfernt, umbringen lassen. Da liegt er in einer Blutlache zwischen den Barrikaden.

Ein Chinese springt aus seinem Unterstand, um den Toten auszuplündern, ein österreichischer Wachtposten beim Blockhaus zielt und trifft ihn mit dem ersten Schuß. Ein zweiter Chinese taucht auf, der Schütze läßt ihn näher kommen und erledigt ihn ebenfalls. Ein halbes Dutzend Boxer erleidet das gleiche Schicksal. Eiskalt, in völliger Ruhe, rächen die Weißen den Tod des russischen Kameraden. Aber schließlich werden sie von einem Gelben überlistet, der die Leiche mit einem Haken an einem langen Bambusstab in die chinesische Stellung zieht.

Am späten Nachmittag, gegen vier oder fünf Uhr, während die Engländer ihren Tee trinken, meldet ein Offizier Ihrer britischen Majestät seinem Gesandten, daß die Chinesen eine Plattform auf der Umwallung der Kaiserstadt nördlich des Europäerviertels errichten – eine ideale Abschußrampe für ihre Artillerie.

»Verdammt«, murmelt der wortkarge Schotte. »Wir müssen etwas unternehmen.«

Ein paar Stunden zuvor ist der Versuch italienischer und japanischer Soldaten fehlgeschlagen, sich durch Handstreich eines feindlichen Geschützes zu bemächtigen. Kapitän Tatsugoro-Ando verdaut diesen Mißerfolg nur schwer.

Er meldet sich bei Oberst Shiba: »Wenn Euer Exzellenz erlauben, wiederhole ich den Versuch. Ich habe das Gefühl, meine Pflicht nicht erfüllt zu haben.«

Finster und entschlossen steht er vor seinem Chef, durchaus zum Opfertod nach alter Samurai-Art bereit, wenn er neuerlich versagen sollte. Aber die Stellungen des Fu-Parks werden unter dem Feuer der chinesischen Kanonen nicht mehr lange zu halten sein.

So verneigt sich nun Oberst Shiba seinerseits: »Ich gebe Ihnen gerne die Erlaubnis, Ihre Pflicht zu erfüllen.«

Mit beispiellosem Elan stürzen sich Italiener und Japaner auf den Feind. Aber sie müssen die Barrikade im Nahkampf nehmen. Plötzlich wankt Kapitän Tatsogoro-Ando und sinkt tödlich getroffen zu Boden. Man zieht ihn nach hinten, während seine Faust noch immer den Säbel umklammert. Zwei weitere Japaner werden verwundet. Die Patrouille gibt auf. Für Oberst Shiba scheint der Fu-Park nach menschlichem Ermessen verloren.

Aber wieder einmal wagt der Gegner keinen direkten Angriff und nützt den plötzlichen Rückzug der Italiener und Japaner nicht aus. Im Gegenteil, Geschütz und Gewehre verstummen, plötzlich herrscht eine sonderbare Stille im Gelände, nur hie und da durch einen Schuß unterbrochen.

Samstag, 9. Juli 1900

Seit mehr als zwei Wochen sind Oberleutnant Henry und Leutnant Olivieri im Pe-Tang abgeschnitten. Sie fühlen sich samt ihren dreitausend chinesischen Flüchtlingen und den Klerikern Monsignore Faviers völlig eingekreist. Mit jedem Tag wächst die

17 *Die Befreiung: Englische Truppen unter General Gaselee stoßen als erste bis zum Gesandtschaftsviertel vor. Hier Sikhs beim Übersteigen der von den Boxern geräumten Stadtmauer.*

18–20 Im Verteidigungsabschnitt der französischen Legation. Bild links oben: Die Freiwilligen. In der Mitte der vorderen Reihe Père d'Addosio, links von ihm das Ehepaar Rosthorn, rechts außen Mathieu; dahinter stehend von links Benvenuti, Pelliot, Veroudart, Bartholin. Bild links unten: Die Offiziere. Sitzend, von links die Österreicher Kollař, Winterhalder, Boyneburg und der französische Kommandant Darcy. Stehend, von links die Franzosen Labrousse, Matignon und der Österreicher Mayer. Oben: Darcy mit dem französischen Gesandten Pichon, der mit seiner Jagdflinte Verteidigungsbereitschaft markiert.

21/22 Die Befreiung des Petang. Das geistige Rückgrat der Verteidigung war der Apostolische Nuntius Bischof Favier, dem die chinesische Regierung den Rang eines Vizekönigs verliehen hatte. Einen Tag nach dem Entsatz des Legationsviertels überstiegen französische Truppen, unterstützt von chinesischen Freiwilligen, die heißumkämpften Mauern des Pe-Tang.

Gefahr eines brutalen Überfalls der Boxer und der Regulären. Seit dem Tod Jouannic's hat Paul Henry nur mehr zwei Gefreite zur Seite, Mingam und Elias. Auch wenn sich die wehrhafte Geistlichkeit alle Mühe gibt, ein paar Dutzend Chinesen den Umgang mit der Lanze beizubringen, lastet doch dumpfe Furcht über den Eingeschlossenen des Pe-Tang, die an allem Mangel leiden, an Kämpfern, an Waffen, an Verpflegung, an Medikamenten. Am schwersten ist wohl das Fehlen aller Nachrichten aus dem Hauptsektor zu ertragen, doch der Kirchenfürst und der Offizier lassen sich nichts anmerken. Oberleutnant Henry, stets als erster auf Posten, oft nach einer durch Rundgänge unterbrochenen Nacht, bürstet erst einmal sorgfältig seinen kurzen schwarzen Bart, dann inspiziert er die verschiedenen Missionsgebäude, deren Verteidigung ihm übertragen ist.

Um fünf Uhr morgens bereits wird die ganze Garnison des Pe-Tang durch eine erste chinesische Attacke geweckt. Die Marinesoldaten rennen in ihre Stellungen. Mit allen Mitteln suchen die Boxer die Gebäude des Pe-Tang in Brand zu stecken, sie schleudern primitive Feuertöpfe und selbstgebastelte Granaten herüber. Ein bloßes Störfeuer, aber nervenaufreibend, so daß die Leute von früh an nicht zur Ruhe kommen. Matrosen werden zu Feuerwehrmännern und löschen in fliegender Hast die glosenden Brandherde.

»Keine Verwundeten?« fragt Henry.

»Keine. Aber es wird höllisch heiß . . .«

Gegen sieben Uhr sind nur mehr Wasserlachen, Asche und Rauch verblieben. Da aber ist die feindliche Artillerie im Norden der Kathedrale hörbar. Paul Henry gibt sofort Alarm.

»Das kann für Olivieri und seine Italiener böse ausgehen«, sagt er zu Mingam und Elias.

Er bezeichnet fünf Männer, die ihm mit der am 22. Juni erbeuteten Kanone folgen. In rasender Eile bringen sie das Geschütz hinter der Nordmauer in Stellung. Eineinhalb Stunden lang schlagen die chinesischen Granaten ein, ohne besonderen Schaden anzurichten, dann antworten die Franzosen – ein wenig auf gut Glück – doch die Chinesen verschanzen sich hinter Erdwällen. Der Ordnung halber läßt Henry noch ein paar Kanonenschüsse nach Norden und Osten abgeben, dann befiehlt er Feuer einstellen.

»Wir werden ja sehen, ob wir sie erledigt haben«, sagt er.

Zehn Minuten vergehen, doch gegen neun setzt das feindliche Feuer wieder ein. Henry muß erkennen, daß der Feind europäische Kanonen, sicher Kaliber 80 und 90, benützt, und das beunruhigt ihn sehr. Zwei Matrosen werden leicht verwundet, und auch die Chinesen haben zweifellos schwere Verluste erlitten, doch die Ausfälle sofort wieder ersetzt.

»Sinnlos! Feuer einstellen!« befiehlt Henry. »Steht nicht dafür, unsere Munition zu vergeuden. Ab in die Unterstände! Ein Mann bleibt als Wachtposten zurück.«

Aber die Chinesen lassen nicht locker. Hundertdreißig Kanonenschüsse geben sie ab, fünfhundert Brandraketen schleudern sie ins feindliche Lager. Trotzdem verlieren die Belagerten nur zwei Leute, beide christliche Flüchtlinge.

In der englischen Gesandtschaft ist nur wenig Schaden entstanden, doch Sir Claude muß eine Kugel der Majestätsbeleidigung anklagen: das Projektil hat den ganzen Speisesaal durchquert und den Goldrahmen des offiziellen Porträts Ihrer Majestät der Königin Victoria getroffen.

Auch die französische Gesandtschaft und das »Hotel Peking« liegen unter ständigem Beschuß, doch der Lärm ist ärger als der Schaden.

»Alles wird zur Gewohnheit«, meint Auguste Chamot philosophisch zu Doktor Matignon, der gekommen ist, um nach seinen Verwundeten zu sehen.

Etwa fünfzig Meter vom Speisezimmer der französischen Legation dauert das Gefecht an. Kurz vor Mittag kommt Gefreiter Dupret mit einer Meldung: »Mon capitaine, vier Chinesen sind durch die Bresche im Norden der Zollstraße eingedrungen. Sie müssen sich in den Brandruinen der Stallungen versteckt haben.«

»Wir werden sie gleich delogieren.«

Als Darcy an Ort und Stelle eintrifft, feuern die Matrosen bereits aus dem Küchenfenster. Sie haben die vier verwegenen Burschen schon ausgemacht – und die sind nun nur mehr vier Leichen.

»Sollen wir ihre Waffen und ihre Munition holen, Herr Kapitän?«

Der Freiwillige Henri Picard-Destelan will schon loslaufen, und Darcy hat alle Mühe, ihn zurückzuhalten.

»Ich habe einer Freundin versprochen, ihr einen chinesischen Säbel mitzubringen«, trotzt der Junge.

»Schauen Sie lieber dazu, daß Sie sich selbst zurückbringen! Ein solcher Leichtsinn! Die Säbel können Sie später einsammeln.«

Die Offiziere setzen sich zu Tisch. Menü: Ponyfleisch mit Trüffeln. Champagner ist noch immer vorhanden. Aber um ein Uhr wird die Mahlzeit rüde durch heftiges Gewehrfeuer unterbrochen.

»Was ist schon wieder los, Dupret?«

»Ich sehe nach, Herr Kapitän.«

Ein paar Minuten später kommt der Bursche mit der Meldung zurück, daß die Chinesen von der Zollstraße aus angreifen.

»Die arme Mauer wird nicht mehr lange halten!« ruft Darcy. »Also los, alle auf Posten.«

Matrosen und Freiwillige feuern auf die Chinesen, wo immer sie sich über der Mauer zeigen. Aber die Feinde sind klüger geworden, sie setzen mit bis zu acht Meter langen Fackelstangen die Gebäude in Brand, die sie noch nicht nehmen können.

»Saussines Küche hat Feuer gefangen!«

»Dann löscht es, statt herumzuschreien!« ruft Darcy. »Wir bleiben hier, wir geben euch Deckung.«

Er nimmt seine Lebel und bezieht am Fenster, genau vor einer großen Bresche der Gesandtschaftsmauer, Posten. Der Freiwillige Léon Bartholin, der sich nach seiner Verwundung erholt hat, meldet sich bei ihm.

»Sie erlauben, daß ich mich anschließe, Herr Kapitän?«

Ein Chinese erscheint mit einer riesigen weißen Kriegsfahne, die mit chinesischen Schriftzeichen bedeckt ist.

»Bitte, überlassen Sie mir den Kerl!«

»Wenn Ihnen soviel daran liegt!«

Der Mann vom Crédit Lyonnais schultert das Gewehr, visiert, drückt ab, der Fahnenträger fällt genau vor der Bresche zusammen. Ein anderer Chinese springt vor, reißt die blutbefleckte Fahne an sich, schwingt sie. Die Mauer liegt unter totalem Beschuß, ein Kugelregen ergießt sich auf die sorgfältig verbarrikadierten Fenster der französischen Gesandtschaft. Domallain, Schütze Lesneven und Zimmermann Prigent sind verwundet. Aber die Chinesen können die Mauer nicht nehmen. Der österreichische Geschäftsträger, Dr. Arthur von Rosthorn, kommt seinen französischen Kameraden zu Hilfe. Plötzlich schlägt er die Hand vors Gesicht.

Darcy läuft erschrocken auf ihn zu. »Was ist passiert?«

»Nein, nichts, nur ein paar Ziegelsplitter . . .«

»Ich bringe Sie weg.«

»Nein, ich bleibe.«

Doktor Matignon stellt beim Verbinden fest, daß Rosthorn schwerer verletzt ist, als es den Anschein hatte, und läßt ihn ins Krankenrevier der englischen Gesandtschaft schaffen. Gleich darauf wird der Arzt zum Matrosen Saliou gerufen, der einen Kopfschuß erlitten hat. Aber der Mann ist nicht tot – das Projektil hat den Schädel nur gestreift und eine tiefe Furche auf dem Haarboden hinterlassen. Kaum ist Saliou verbunden, läuft der eigensinnige Bretone schon wieder an seinen Platz.

Auch bei den Österreichern geht es stürmisch zu. Der Torbogen über ihrem Blockhaus wird von Artilleriegeschoßen zerstört, Einschüsse überall, Kugeln pfeifen und prallen an den Mauern ab. Ein Matrose, in den Rücken getroffen, wälzt sich auf der Erde. Trotzdem kommen die Chinesen nicht weiter und können nur ihre Brandgeschosse ins feindliche Lager schleudern.

Gegen acht Uhr abends erscheint ein Bote von der englischen Gesandtschaft mit einer offiziellen Nachricht von Stephen Pichon.

»Der französische Gesandte läßt euch seine Glückwünsche aussprechen«, teilt Darcy seinen Männern mit.

»Und den Österreichern?« fragt Gefreiter Lohézic.

»Sie sind nicht vergessen, ebensowenig wie die Freiwilligen unter den Zivilisten.«

Kommandant Thomann übersetzt seinen Matrosen das Schreiben. Auch Herr und Frau von Rosthorn werden vom französischen Gesandten dankend erwähnt. Freilich findet es die Familie Pichon nicht nötig, deren Beispiel zu folgen und sich in die Kampflinie zu begeben. Somit werden diese Glückwünsche auch mit einem etwas ironischen Lächeln aufgenommen. Rosthorn ist mit seinem verbundenen Auge zu den Matrosen zurückgekehrt, und was seine Gattin betrifft, so ist sie von früh bis spät mit der Versorgung der Verwundeten und der Verpflegung der Kämpfenden beschäftigt. In den zerschossenen Pavillons der französischen Gesandtschaft hat sich eine Kameradschaft sondergleichen entwickelt. Die oberste Befehlsgewalt Sir Claudes scheint etwas in die Ferne gerückt, niemals tritt er persönlich auf, immer schickt er Boten. Und seine Nachrichten lauten stets gleich: »Die internationale Armee ist im Anmarsch.« – »Wir haben schon die Signale gesehen!« – »Die Kanonen sind bereits zu hören!« – »Morgen sind sie da.«

Morgen, immer morgen! Gerüchte, Gerüchte ... Die Chinesen aber greifen bis tief in die Nacht an, um die Mauer an der Zollstraße zu stürmen.

Unter all diesen Falschmeldungen ist nur eine einzige wahre. Sie scheint allerdings kaum von Bedeutung, schafft aber doch eine gewisse Erleichterung.

Es ist nämlich gelungen, eine Kanone zu konstruieren. Diese sonderbare Sache hat sich im Rahmen der englischen Gesandtschaft zugetragen. Ein chinesischer Diener, der die verlassenen Magazine durchstöbert hat, fand ein Feuerrohr zweifelhaften Ursprungs, Rest eines total veralteten Geschützes, das noch von vorn zu laden ist; das verrostete Gerät ist zweifellos ein Relikt aus dem Opiumkrieg von 1860.

Der Chinese, der diese Entdeckung gemacht hat, wird allerdings von einem Freund ausgelacht: »Dieses Wrack ist doch völlig unbrauchbar!«

»Davon verstehst du nichts.« Der Kuli ist stolz auf seinen Fund, er erstattet dem amerikanischen Sergeanten Mitchell Bericht und bittet ihn, sich diese Kriegsmaschine anzuschauen.

Der Unteroffizier ist nicht so ablehnend: »Sie hat sich einmal als nützlich erwiesen, warum soll sie es jetzt nicht mehr sein?«

Aber das historische Relikt besitzt nicht einmal mehr eine Lafette. Man muß sich eine von dem 37er-Geschütz der Italiener borgen; und was die Munition betrifft, so verwenden die Laien-Artilleristen einfach die der Russen, deren dazugehörige Kanone ja ohnehin auf dem Bahnhof von Tientsin vergessen wurde. Ein französisch-englisches Rohr, eine italienische Lafette, russische Munition, amerikanisches Bedienungspersonal – für dieses Unikum paßt nur der Name »Die Internationale«. Aber Mitchell und seine Matrosen bevorzugen den Kosenamen »Betsy«.

Sonntag, 8. Juli 1900

Gegen zehn Uhr morgens eröffnet die chinesische Artillerie das Feuer. Erst einmal wird der Pe-Tang unter Beschuß genommen. Mehr als hundert Granaten schlagen in die Kathedrale und in die Nebengebäude ein. Die französisch-italienische Besatzung schützt sich so gut sie kann und wartet geduldig das Ende der Kanonade ab. Glücklicherweise sind die feindlichen Artilleristen nicht gerade die erfahrensten.

»Seht nur, wie sie für uns arbeiten«, bemerkt Oberleutnant Henry zu seiner Wachmannschaft. Die Chinesen zielen wieder viel zu hoch, die Granaten fliegen über die Köpfe der Verteidiger, ehe sie im Süden des Pe-Tang bei den Häusern einschlagen, wo sich für gewöhnlich die Angriffsbasen der Boxer befinden. Die dortigen Ruinen stehen in Flammen, in wilder Flucht stürzt die chinesische Besatzung davon.

Oberfähnrich Olivieri bittet den französischen Kameraden um Verstärkung. »Die Chinesen bringen ein neues Geschütz im Ostteil in Stellung«, meldet er.

Ein Dutzend Matrosen begeben sich auf den Schutzwall und nehmen die feindliche Abschußbasis unter Feuer. Eine einzige gut gezielte Salve genügt, um drüben heillose Panik auszulösen. Die Schützen verschwinden in den Erdlöchern, werden unsichtbar,

Bischof Favier benützt die kurze Kampfpause, um seine chinesischen Schützlinge zu besuchen. Er ist guten Mutes.

»Selbst wenn sich die Hilfstruppe weiter Zeit läßt, Gott wird uns nicht verlassen«, sagt er zu seinem Koadjutor Monsignore Jarlin.

Der fromme Mann handelt allerdings trotzdem nach dem alten Spruch ›Hilf dir selbst, dann hilft dir Gott‹, und trainiert eifrig mit seinen chinesischen Freiwilligen, die den französischen und italienischen Matrosen zur Seite stehen sollen. Die Männer Olivieris und Henrys haben nicht mehr als hundert Schuß an diesem Tag verfeuert; noch herrscht bei ihnen kein Mangel an Munition.

Im Gesandtschaftsviertel hat die Kanonade gegen zehn Uhr morgens eingesetzt. Den ganzen Vormittag hindurch sind Matrosen und Kulis damit beschäftigt, die Verteidigung zu verstärken. Da die Sandsäcke ausgehen, wird um Nachschub zur englischen Legation geschickt. Als es an grobem Leinen fehlt, verschanzen sich die Männer hinter Seidensäcken und sogar hinter Pelzen. Man bessert die schwer beschädigten Küchenfenster, die nach Osten zur Zollstraße gehen, aus; Schießscharten werden in die Mauer gebrochen. Und man befestigt den Schweinestall gegenüber dem ausgebrannten französischen Keller und die Dienerhäuser im Nordteil des Parks.

»Sie sprechen doch chinesisch«, sagt Darcy zu Paul Pelliot, »tragen Sie bitte den Kulis auf, die Bäume zu fällen, die unser Schußfeld behindern. Auch alles, was sonst herumliegt, muß weggeräumt werden. Ich brauche ein leeres Terrain.«

Andere chinesische Boys sind damit beschäftigt, eine neue Barrikade zwischen dem Haus des Dolmetschers Morisse und der Ehrenhalle zu errichten, die sich noch immer in den Händen der österreichischen Matrosen befindet. Eine weitere Barrikade wird im linken Flügel der Anlage gebaut. Aber man braucht jemanden, der die Leute führt. Darcy bittet den Freiwilligen Paul Veroudart, das zu tun. Veroudart wird im Lager nur der »Zopfjäger« genannt, weil er trotz seiner Kurzsichtigkeit Verheerungen unter den bezopften Feinden anrichtet.

Er ist sofort bereit, drückt seinen hellen Hut mit der breiten, aufgebogenen Krempe fester in die Stirn, knöpft den Leinenrock bis zum Hals zu und begibt sich auf seinen Posten. Fast sein ganzes Hab und Gut ist in den ersten Tagen der Belagerung verbrannt, er hat nur ein paar Schuhe gerettet, wunderbare Lackschuhe, zu denen er freilich keine Socken besitzt.

Das Feuer hält an, die Chinesen scheinen sich auf das Haus Morisse zu konzentrieren, ganze Brocken fallen aus den Mauern. Bald ist das Gebäude nichts als ein Haufen Schutt. Es wird immer schwerer, dem Kugelregen standzuhalten, aber die Männer harren aus. Es sind sogar drei neue Freiwillige eingetroffen.

»Ich habe es satt, untätig herumzusitzen«, erklärt Monsieur Bureau, der einzige Franzose unter ihnen.

»Geben Sie mir ein Gewehr«, sagt der Italiener Primo Benvenuti kurz.

»Ich bin tief betrübt, daß die Belgier so schwach vertreten sind«, beteuert Leopold Merghelinck von der belgischen Legation, der ebenfalls entschlossen ist, sich in vorderster Reihe zu schlagen.

Um elf Uhr vormittag trifft eine Granate das Haus von Morisse. Die Chinesen scheinen ganz methodisch vorzugehen. Darcy befindet sich mit Thomann in dem kleinen Hof zwischen den beiden Dolmetscherhäusern. Schnell begeben sie sich ins Innere von Saussines Haus, wo sich ein Dutzend Matrosen und zwei Freiwillige, der kleine Picard-Destelan und der große Bartholin mit seinem gewaltigen Trapper-Hut, aufhalten.

»Sofort in den blauen Salon!« befiehlt Darcy. »Hier brauche ich nur Gefreiten Pesqueur und fünf Matrosen.«

Wieder schlägt eine Granate ein. Die Splitter spritzen von den Wänden zurück, eine dicke Staubwolke benimmt die Sicht.

In die allgemeine Verwirrung hinein fragt Darcy: »Verwundete?«

»Ja, Kapitän, Saliou!«

»Schon wieder! Du hast doch erst gestern was abgekriegt! Laß dich verbinden und verschwinde, sonst erwischt's dich noch einmal!«

Und wieder ein Treffer, diesmal am nördlichen Giebel. Marineartillerist Le Gat wird verwundet. Die Matrosen hinter ihren Schießscharten bemühen sich vergeblich, den Standort der feindlichen Schützen auszumachen.

»Es bleibt uns hier nichts mehr zu tun«, erklärt Darcy.

In diesem Augenblick trifft Hauptmann Labrousse ein, der für den Nordteil der Legation zuständig ist. Er erkundigt sich nach der Lage.

»Schlecht steht's bei uns«, antwortet Darcy. »Wir sind ihnen einfach ausgeliefert, und zwei Verwundete habe ich auch schon. Und bei euch?«

»Eine Weile geht's noch. Aber die Chinesen sind eben dabei, eine Barrikade in den Ruinen des Pichon-Kellers zu errichten. Man kann sie sogar von hier aus sehen.«

Kommandant Thomann tritt vor, um über die Mauer des kleinen Hofes zu schauen. In dem Moment erfolgt eine Detonation, ein greller Blitz, Splitter nach allen Seiten: eine vierte Granate hat im Haus Saussine eingeschlagen.

Der Österreicher röchelt, seine Brust ist aufgerissen, er kann kaum atmen, das Blut quillt aus einer gräßlichen offenen Wunde. Zwei Matrosen tragen ihn in den Salon der Legation, wo er nach wenigen Minuten stirbt.

Darcy muß Linienschiffsleutnant Winterhalder die traurige Nachricht vom Tod seines Landsmanns und Kommandanten bringen. »Er war ein tapferer Mann«, schließt er seinen kurzen Bericht.

»Wissen Sie, daß er eigentlich gar nicht hier sein sollte?« sagt Winterhalder, der ab nun das österreichisch-ungarische Detachement befehligt. »Er war Kommandant der *Zenta*, die unsere Landetruppe mit Kriegsmaterial versorgte, und kam nur nach Peking, um meinen Freund Kollař und unsere Leute hier zu installieren. Nun hat ihn ein böses Geschick auf immer nach Peking verbannt.«

K. u. k. Fregattenkapitän Eduard Thomann Edler von Montalmar wird noch am selben Tag im Park der französischen Gesandtschaft beerdigt, während die chinesischen Geschütze mit unverminderter Kraft auf die Reste des Hauses Morisse feuern.

Auch im Fu-Park dauern die Kämpfe an. Den Chinesen gelingt es, die Italiener und Japaner zurückzudrängen, die Schritt für Schritt Terrain verlieren. Aber unermüdlich heben sie neue Gräben aus und errichten neue Barrikaden.

»Glücklicherweise haben wir noch genügend Raum zum Manövrieren«, sagt Oberst Shiba zu Paolini. »Aber ewig kann das so nicht weitergehen.«

»Wir brauchen Nachschub.«

»Stimmt. Doch woher nehmen?«

Franzosen und Österreicher können keinen einzigen Mann entbehren, um den Verteidigern des Fu zu helfen. Da sich das Feuer etwas beruhigt und die Chinesen hinter der Zollstraßen-Mauer verborgen bleiben, gehen die verfügbaren Matrosen und Kulis fieberhaft daran, zwei Öffnungen zu schlagen, um die Verbindungen zu erleichtern. Die eine in der Nordmauer ermöglicht den Zugang zu den Verteidigern der Barrikade, die das Gässchen versperrt; die andere bei der Säulenhalle schafft eine Verbindung zwischen Franzosen und Österreichern. Außerdem beschließt man, das Haus Saussines um jeden Preis zurückzuerobern.

Mit Einbruch der Dunkelheit läßt das Artilleriefeuer allmählich nach, aber nun gehen plötzlich die Infanteristen zur Offensive über. Gegen zehn Uhr greifen sie den Fu-Park an, gegen elf die französische Gesandtschaft. Zum ersten Mal tritt die »internationale Betsy« in Tätigkeit. Sie feuert ihre gebastelten Granaten mit Höllenlärm in die Luft. Die Bedienung hat zwar Angst, daß ihr die Geschosse in den Händen zerplatzen, doch Sergeant Mitchell duldet kein Zögern.

Im sicheren Schutz der englischen Gesandtschaft sitzt Stephen Pichon, der am Nachmittag zu spät zum Begräbnis von Thomann gekommen ist und nur ein paar Blumen neben den Laubkranz Sodens und Belows legen konnte. Er beschließt seine Tagebuch-Eintragung mit dem stolzen Satz: »Eine ganze vollkommen ausgerüstete Armee, deren Feigheit und Unfähigkeit ihrer Ruchlosigkeit die Waage hält, wird somit von einer Handvoll zum äußersten entschlossener, aller Mittel beraubter Männer in Schach gehalten.«

Montag, 9. Juli 1900

Nachts wurde die Mauer der Zollstraße beschossen, gegen Morgen aber scheinen die Chinesen eine Atempause einzuschalten. Den Boxern und den regulären Truppen Ton-Fu-Sians schließen sich nun überdies die Soldaten Yung-Lus an. Ganz China mobilisiert gegen die »fremden Teufel«. In Peking weiß man trotzdem nichts von den Kämpfen, die das Entsatzheer in Tientsin zu bestehen hat.

In der französischen Gesandtschaft herrscht relative Ruhe. Deshalb schlägt Winterhalder seinem Kameraden Darcy vor, mit ihm zum Fu-Park zu gehen, um zu sehen, wie weit die Nordwestflanke gesichert ist.

Darcy ist gerne einverstanden. Ausnahmsweise scheint dieser Sektor nicht unter Feuer zu liegen. Und was spielt sich bei Oberst Shiba ab? Der Chef des japanischen Detachements nützt die seltene Gelegenheit aus, bequem im Liegestuhl eine Tasse Tee zu trinken. Mit einer Handbewegung lädt er die beiden Offiziere ein, Platz zu nehmen, und läßt ihnen durch seinen Boy in winzigen Porzellantassen das kochende Getränk servieren.

»Spätestens in vier oder fünf Tagen sind wir befreit«, behauptet er. »Ich habe es mir genau ausgerechnet.«

Er zeigt den Besuchern ein Blatt Papier, auf dem er den Vormarsch der Hilfstruppe Tag für Tag eingezeichnet hat. Er hält diese Skizze für unanfechtbar.

»Was sagen Sie dazu?« fragt er lächelnd.

»Wir können nur wünschen, daß Sie recht haben.«

»Ich bin ganz sicher.«

»Und werden wir bis dahin durchhalten?«

»Kommen Sie und sehen Sie sich meine Verteidigungsarbeit an.«

Oberst Shiba wirkt heute ganz entschieden optimistisch. Er hat gewaltige Erdmassen bewegt und seinen Feuerplan genau berechnet. Und endlich hat er auch Verstärkung erhalten: englische Zivilisten, Zollbeamte und Dolmetschschüler.

»Wenn ich von Graben zu Graben zurückgehe, kann ich mich

noch acht Tage halten. Und da der Entsatz gewiß früher eintreffen wird . . .«

Die beiden Europäer können diese Zuversicht nicht recht teilen. Trotzdem geben ihnen die Berechnungen Shibas zu denken.

»Vielleicht feiern wir den 14. Juli mit einer japanischen Division auf den Mauern von Peking«, sagt Darcy lächelnd, als sie zu ihren Stellungen zurückkehren.

»Wer weiß, ob die sich nicht noch in Tokio befindet«, ist Winterhalders skeptische Antwort.

In der französischen Gesandtschaft holt sie ein Freiwilliger in die Kapelle. »Da, sehen Sie, schnell! Das ist einmalig.«

Die beiden Offiziere klettern auf eine Leiter an der Kapellenwand, wo eine Granate ein Loch gerissen hat, und schauen hinaus.

»Ah, prachtvolle Ziele!«

Kaum dreißig Meter entfernt sieht man ein paar chinesische Soldaten, die keine Ahnung haben, daß sie beobachtet werden.

»Nur nicht schießen!« befiehlt Darcy. »Geben Sie aber genau acht, was dort geschieht, und erstatten Sie mir von der geringsten Bewegung Bericht.«

Um neun Uhr morgens erscheint Paul Veroudart, der Freiwillige, der die Barrikade in dem Gässchen nördlich der französischen Legation hält, an der Spitze eines kleinen Trupps. Chinesische Konvertiten führen drei Männer in ihrer Mitte, die in den verlassenen Häusern aufgestöbert wurden. Ohne viel Umstände bindet man sie mit ihren langen Zöpfen an die Bäume im Park.

»Vernehmen Sie die Burschen«, sagt Darcy zu Veroudart.

Die verschreckten Chinesen machen keine Schwierigkeiten und gestehen sofort, was sie vor den französischen Linien tun wollten: »Die Soldaten Ton-Fu-Sians haben uns befohlen, Ihre Stellungen auszukundschaften und Brände zu legen.«

Ebenso offen geben sie zu, daß sie als Belohnung für diese Dienste das Recht zur Plünderung erhielten und daß sie dieses Recht zweifellos gründlich ausgenützt hätten.

»Wie viele Chinesen stehen uns gegenüber?« fragt Veroudart.

»Achttausendfünfhundert vor dem Fu-Park und der französischen Gesandtschaft.«

Eine Zahl, die auf den französischen Offizier sichtlich Eindruck macht. Aber der Dolmetscher beruhigt ihn: »Die drei Räuber haben mir auch anvertraut, daß zwischen den Boxern und den Regulären nicht das beste Einvernehmen herrscht. Die sogenannten ›Unverwundbaren‹ weigern sich immer energischer, in vorderster Linie zu kämpfen.«

»Und was wissen sie über die Entsatzarmee?«

»Das hört sich schlechter an. Die internationalen Truppen sollen noch immer in Tientsin festsitzen.«

»Dann kommen wir niemals hier heraus!« ruft Darcy bestürzt.

Die drei Mordbrenner werden an Ort und Stelle liquidiert. Da man mit der Munition sparen muß, werden sie nicht füsiliert, sondern mit einfachem Kopfschuß erledigt.

»Das ist wesentlich günstiger für sie, als wenn sie von ihren christlichen Landsleuten in Stücke gerissen werden, wie es deren reizende Gepflogenheit ist«, erklärt Doktor Matignon und schildert seinen entsetzten Zuhörern die Einzelheiten der ortsüblichen Todesstrafe.

»Man nennt diesen . . . Vorgang die ›Hinrichtung in zehntausend Stückchen‹ und beginnt damit, die Brust und die Brustmuskeln abzuschneiden, dann die Hüft- und die Armmuskeln. Sodann schlägt man Hände und Füße ab, zum Schluß den Kopf. Nur wenn die Verwandten des Missetäters den Henker brav geschmiert haben, gibt er seinem Opfer vorher eine Dosis Opium ein. Der Vollstrekker kann die Dauer der Tortur auch verkürzen, indem er den armen Teufel gleich zu Beginn durch Herzstich erledigt.«

»Eine grauenhafte Zeremonie.«

»Aber ein sehr beliebtes Schauspiel! Die Menge scheint geradezu versessen darauf. Jeder Fetzen Fleisch, den der Henker heruntersäbelt, wird unter die Leute geworfen – Sie können sich nicht vorstellen, wie die sich darum raufen. Ein richtiges Gedränge!«

Die Waffenruhe erweist sich bald als trügerisch, denn die Chinesen haben das Feuer nur eingestellt, um einen unterirdischen Gang auszuheben. Sie beginnen damit bei der Zollstraße, kaum fünf Meter von den französischen Stellungen entfernt.

»Sie wollen uns wohl durch eine Mine in die Luft sprengen! Ich lasse das Saussine-Haus räumen und verlege meine Leute in den Blauen Salon der Gesandtschaft«, sagt Darcy zu Winterhalder.

Auch in der Halle des Bienenpavillons stellt der französische Kommandant zwei Posten auf, die von den Gefreiten Pesqueur und Saliou befehligt werden. Saliou ist bei den Kämpfenden geblieben, trotz seiner Verwundungen an den letzten beiden Tagen.

»Sie beobachten die Passage zwischen dem Haus Saussine und dem Blauen Salon.«

»Und die Ruine des Hauses Saussine besetzen wir nicht?«

»Es genügt, wenn ihr stündlich die Runde macht. Ihr bleibt nur dort, wenn ein Angriff erfolgt.«

Während die Matrosen ihre neuen Stellungen beziehen, bohren ihre Kameraden im Blauen Salon Schießscharten, um die nur wenige Meter entfernte Mauer der Zollstraße zu decken, die bereits von Einschüssen übersät ist.

Léon Bartholin leitet die Arbeiten, während sein Kamerad Picard-Destelan bei Darcy bleibt. Darcy hat keine Angst, daß man ihn im Stich läßt, er weiß, daß er auf Labrousse zu seiner Linken und Winterhalder zu seiner Rechten zählen kann.

Eben kommt der Österreicher, um einen Dienst von ihm zu erbitten: »Könnten Sie nicht die italienische Schnellfeuerkanone von der englischen Gesandtschaft anfordern? Ich möchte die Mauerreste erledigen, die noch im Süden unseres Blockhauses stehen.«

Gegen Abend wird ein Halbdutzend Schüsse abgegeben. Lebhaftes Gewehrfeuer ist die Antwort. Stundenlang schießen die Chinesen, mit dem einzigen Erfolg, daß sie die Barrikaden beschädigen und ihre Munition verschwenden.

Aber es ist ihnen immerhin gelungen, im Lauf des Tages etwas vorzudringen. Kaum fünfzig Meter vor den deutschen Stellungen wurde von ein paar Draufgängern als Herausforderung eine Fahne mit chinesischen Schriftzeichen aufgepflanzt. Das ärgert die Verteidiger gründlich, die ihre Stellungen nicht verlassen können. Kurz nach Dunkelheitseinbruch müssen Soden und seine Leute ein heftiges Gewehrfeuer über sich ergehen lassen, an das sich eine starke Kanonade schließt. Sie erleiden keine Verluste, aber alle sind erschöpft und reizbar; sie haben sich auf eine unruhige Nacht gefaßt zu machen.

Dienstag, 10. Juli 1900

Um fünf Uhr früh eröffnen die Belagerer das Feuer mit Gewehren und Kanonen. Die Matrosen haben sich allmählich an diese Art Weckruf gewöhnt und begeben sich ohne sonderliche Eile auf ihre Posten, wo sie die Breschen im Auge behalten können. Der jämmerliche Zustand der Mauer an der Zollstraße macht den Verteidigern des Südostsektors immer größere Sorgen. Diese schlecht geschichteten, wackeligen Ziegel bilden nur mehr ein sehr fragwürdiges Hindernis für den Feind. Jeden Augenblick kann sie ein stärkerer Angriff in Trümmer legen.

»Herr Kapitän«, meldet ein französischer Matrose, »Monsieur Veroudart bringt uns wieder drei Gefangene.«

»Das wird schon zur lieben Gewohnheit«, murrt Darcy, der heute genausowenig milde gestimmt ist wie gestern.

Die drei Plünderer haben nichts Interessantes zu berichten, im chinesischen Lager weiß man nichts von einer zu erwartenden Entsatztruppe. Die drei haben auch keine Ahnung von der allgemeinen Lage in der Stadt und glauben nur, daß der Pe-Tang noch immer Widerstand leistet.

»Immerhin eine gute Nachricht«, sagt Darcy zu Winterhalder, während ein paar Schritte weiter die Schüsse seiner summarischen Justiz fallen.

»Ich hoffe, daß sich Fu genau so gut hält«, lautet die kurze Antwort. »Die Japaner scheinen heute früh sehr heftig attackiert worden zu sein.«

Noch immer schießen die chinesischen Artilleristen schlecht. Die

Granaten, die sie für die Japaner bestimmt haben, fliegen hoch über deren Köpfe hinweg und schlagen viel weiter südlich, mitten im Park der französischen Legation, ein. Was Winterhalder und Darcy am meisten beunruhigt, sind die Minen. Ständig hört man nur wenige Meter entfernt das Bohren. Die Chinesen haben große Erdmassen gegenüber dem Haus Saussine aufgehäuft. Sie scheinen einen Stollen zum europäischen Lager zu graben. Allmählich breitet sich dumpfe Angst unter den Männern aus, die sich durch diese Maulwurfsarbeit bedroht fühlen. Furcht hält dem Haß die Waage.

Ein Soldat der Armee General Yung-Lus wird von einer französischen Patrouille gefangen und zum Chef geführt. Darcy schäumt vor Wut.

»Die Boxer sind offen unsere Feind«, tobt er vor Winterhalder, »sie sind wenigstens ehrlich und machen aus ihrem Haß gegen die Ausländer kein Hehl. Daß sich die regulären Truppen Ton-Fu-Sians mit ihnen verbünden, ist schon ein Skandal. Daß sie aber jetzt noch von den Soldaten Yung-Lus verstärkt werden, ist ungeheuerlich! Vergessen Sie nicht, daß gerade diese Einheiten unsere Diplomaten samt Familien nach Tientsin geleiten und deren Sicherheit gewährleisten sollten! Und diese Schweinehunde verraten uns ganz einfach! Aber ich werde ihnen die Suppe versalzen, verlassen Sie sich darauf!«

Niemals noch hat der Österreicher den Franzosen so außer sich gesehen. In dem mageren, gelblichen Gesicht, das durch den Schnurrbart und den kurzen schwarzen Bart noch dunkler wirkt, glänzen seine Augen wie im Fieber. Er befiehlt, den Gefangenen zu enthaupten und den Kopf ins chinesische Lager zu werfen, um zu beweisen, daß die Europäer durchaus imstande sind, Greuel mit Greuel zu vergelten.

Gegen Mittag müssen die Deutschen des Seebataillons das kleine Haus hinter dem ehemaligen Pekinger Klub und die hölzerne Barrikade räumen, die sie neben dem Hof errichtet haben. Die chinesischen Kanonen haben diese Stellungen so verwüstet, daß sie nicht mehr zu halten sind.

Soden befiehlt Feldwebel Morgenstern, sofort eine neue Barrikade zu bauen und gibt ihm genau deren Lage bekannt: ein wenig weiter hinten, neben dem Pekinger Klub. Er will seinem Verteidigungsbezirk Tiefe verleihen, um einen eventuellen Rückzug in Etappen zu ermöglichen. Eine weitere Barrikade wird beim Tor des Geschäfts von Jardine Matheson, das gegenüber den chinesischen Stellungen liegt, aufgestellt. Eine Gruppe deutscher Matrosen erhält außerdem Befehl, den Klub zu besetzen.

Nach und nach wandelt sich die deutsche Legation in eine uneinnehmbare Festung, von der aus, wie Soden hofft, Gegenangriffe starten können, wenn die Lage noch gefährlicher wird.

Die Chinesen greifen auch im Pe-Tang an. Kurz vor elf Uhr vormittag hat das Bombardement eingesetzt und dauert den ganzen Tag, diesmal kommt es von allen Seiten. Heftiges Gewehrfeuer begleitet die Artillerie. Alle Matrosen Olivieris und Henrys sind auf Posten, trotz der erschreckenden Übermacht der Feinde verlieren sie ihre Ruhe nicht. Dabei können sie hundertvierzehn Kanonenschüsse nur mit hundertachtzig Gewehrschüssen erwidern!

Nach einer gut gezielten Salve kommt Henry zu seinen Leuten: »Und jetzt setzt euch hinter die Barrikaden und ruht euch aus. Wir werden weder unsere Patronen noch unsere Kräfte vergeuden. Erholt euch!«

Plötzlich sackt der Matrose David, von einem Kopfschuß getroffen, zusammen. Man meldet es dem Kommandanten.

»Leider, ich habe es gesehen«, murmelt Paul Henry. Nichts weiter. Von Anfang an ist ihm die an Wagemut grenzende Kühnheit dieses Hilfsfahrers aufgefallen, der sich stets an den gefährdetsten Punkten aufhielt.

Nun gibt es schon drei Verwundete unter den Zivilisten. Die chinesischen Konvertiten hocken zusammengedrängt in der Kathedrale, die zur Festung wurde. Sie sterben vor Angst. Den weißen Bart kriegerisch gesträubt, ist Bischof Favier ständig zwischen den Vorposten und dem überfüllten Flüchtlingslager unterwegs.

»Mut, Mut«, wiederholt er unablässig. »Die Entsatztruppe kann nicht mehr lange auf sich warten lassen.«

Eine chinesische Kanone am Tsien-Men-Tor hat sich die deutsche Gesandtschaft und den Fu-Park zum Ziel genommen, die noch immer von Deutschen und Japanern gehalten werden. Weitere Geschütze werden in Stellung gebracht. Man zählt siebzig Kanonenschüsse am Vormittag und vierzig bis zum Einbruch der Dunkelheit. Die Granaten zischen über die Dächer, die glasierten Ziegel wirbeln durch die Luft und verbreiten einen grünlichen Staub, der an den schweißgetränkten Kleidern der Belagerten klebt.

Unvermindert hält der Druck der Boxer und der Regulären auf das europäische Gelände an. Im Osten wird die französische Gesandtschaft schwer bedrängt, im Westen ist wieder einmal die von Amerikanern und Russen gehaltene Barrikade böse gefährdet. Und ihre Verteidiger, dreizehn Matrosen unter dem Kommando Captain Newt Halls, scheinen nicht gerade in bester Form zu sein. Sie sind weder erschöpft, noch verstört, sondern total betrunken. Ihr Chef bleibt unsichtbar, er ist nicht einmal auf die Umwallung gestiegen, und seine Leute machen sich offen über ihn lustig. Er hat nur einen Unteroffizier bei ihnen gelassen, den sie alle beschimpfen. Die Soldaten schießen blind in die Luft. Einer zielt auf einen Unteroffizier – aber einen russischen. Er ist allerdings so betrunken, daß er den Mann nicht erwischt, der gerade noch in Deckung gehen kann.

»Du kommst vor's Kriegsgericht, wenn du wieder an Bord bist!« brüllt Captain Newt Hall vom Fuß der Mauer hinauf.

Auf den Betrunkenen macht das nicht den geringsten Eindruck. Da fährt sein Chef mit schwerem Geschütz auf: »Wenn du weiter auf unsere russischen Freunde zielst, wird dir deine Tabakration entzogen!«

Der Schütze drückt sich in eine Ecke – aus Furcht vor der Strafe oder unter der Wirkung des Alkohols? Seine Kameraden kommen zur Besinnung und beziehen wieder ihre Posten, was sie nicht hindert, den Unteroffizier, der sie zu kommandieren sucht, weiter zu beschimpfen.

Am Abend verstummen mit einem Mal die Geschütze. Es wird sonderbar ruhig. Das ist die Zeit der Visiten. Ein paar neugierige Herren kommen von der englischen Gesandtschaft und promenieren durch die verwüsteten Gärten Stephen Pichons. Die Frontkämpfer können solchen fast mondänen Besuchen keinerlei Geschmack abgewinnen. Diese Engländer, mit Bambusstock, engen karierten Hosen und prachtvollen roten Dolmans mit Kupferknöpfen erinnern allzusehr an Bilder aus einem Modejournal.

Die französischen und die österreichischen Offiziere halten sich nicht zurück:

»Sie sind hier nicht auf einer Garden-Party! Erzählen Sie uns lieber, wo die berühmten Hilfstruppen Ihres sauberen Admirals Seymour stehen!«

»Es wird nicht mehr lange dauern. Eine Frage von Stunden, höchstens von Tagen!«

»Und diese Lichtsignale, die ihr angeblich gesehen habt? Und die sagenhaften Kanonen ...? Hört endlich mit dem Schwindel und den Gerüchten auf!«

Die Offiziere Ihrer britischen Majestät ziehen ein betrübtes Gesicht und heben die Arme in einer hilflosen Geste.

»Sorry«, ist alles, was sie zu sagen wissen.

Schon einen Monat ist Peking völlig isoliert, und keiner der Verteidiger kann glauben, daß es zehntausend alliierten Soldaten nicht gelingen sollte, die hundert Kilometer zu überwinden und den Eingeschlossenen Hilfe zu bringen, die von Tag zu Tag verzagter werden.

»Nun, wir begreifen«, murren die Matrosen und die Freiwilligen, »wir können uns nur mehr auf uns selbst verlassen. Aber wir werden immer weniger ...«

Vor kurzer Zeit noch ist das Wort »Fahrlässigkeit« gefallen, wenn von der Aktion Seymours die Rede war. Jetzt aber, mit der wachsenden Angst, wird immer häufiger das Wort »Verrat« laut ...

Mittwoch, 11. Juli 1900

Die Matrosen, die das Gesandtschaftsviertel verteidigen, kennen keine Schonung mehr. An der Barrikade bei dem Gässchen nördlich der französischen und österreichischen Stellungen werden Räuber festgenommen und ohne viel Federlesens erledigt. Gefühle sind in dieser Festung nicht am Platz, die von tausenden und abertausenden hemmungslosen Fanatikern belagert wird, von Menschen, die erfüllt sind von blindem Hass gegen die »fremden Teufel«.

Winterhalder stellt eine kurze Frage: »Haben Sie die Leute vorher verhört, Darcy?«

»Nur zwei. Aber sie wollten uns nichts sagen. Unmöglich herauszubekommen, wo sich die europäischen und japanischen Hilfstruppen befinden.«

»Und was gibt es im Pe-Tang?«

»Unsere Kameraden halten die Stellung nach wie vor.«

Die Kanonade geht weiter, Geschosse zischen durch die Luft, explodieren, Mauertrümmer und Ziegel fliegen umher, bedecken die Belagerten mit einer dicken Staubschicht, ein Projektil hat das Dach des Blauen Salons aufgerissen.

»Da hätten wir nun einen guten Auslug«, sagt Darcy zu den bei ihm stehenden Freiwilligen.

»Man braucht nur den Plafond zu durchbohren und ist schon unter dem Dach«, meint einer.

»Also, an die Arbeit!«

Ein paar kräftige Hiebe mit der Schaufel, eine Leiter, zwei oder drei Ziegel losgemacht, und schon liegt ein großer Teil des chinesischen Lagers vor den Blicken der Beobachter. Die Belagerten sind sehr bestürzt über die soliden Verteidigungsbauten des Feindes, denn auch drüben wurden Barrikaden errichtet.

»Man könnte fast glauben, sie fürchten, von uns angegriffen zu werden«, sagt Darcy zu dem belgischen Freiwilligen Leopold Merghelinck, der ihn unbedingt begleiten wollte.

»Verkehrte Welt!«

»Die sind so gut verschanzt, daß ein Ausfall Wahnsinn wäre. Wir können einfach nichts unternehmen«, stellt Darcy seufzend fest.

Jetzt steigt Paul Pelliot seinerseits zum Ausguck hinauf. Die Chinesen sind kaum fünfzig Meter entfernt, rauchen Pfeife und trinken unbekümmert Tee. Plötzlich fahren sie auf, greifen nach ihren Gewehren und geben eine Salve in Richtung Blauer Salon ab.

»Achtung! Gleich geht's los!«

Die drei Männer hasten die Leiter hinunter. Darcy ruft dem Gefreiten Pesqueur zu: »Folg mir mit deinen Leuten zum Haus Saussine!«

In den Ruinen sind sie genügend gedeckt, um einem eventuellen Angriff von der Mauer der Zollstraße her zu begegnen. Aber die Chinesen zögern. Nur ein paar Unvorsichtige tauchen auf und werfen einen Blick über die Mauer. Doch jeder Kopf, der sich da zeigt, wird sofort abgeknallt, wie bei einem Jahrmarkts-Schießstand.

Heißer noch geht es beim Blockhaus der Österreicher zu, wo der Matrose Paul Triscoli schwer verwundet wird. Und um elf Uhr vormittags erhält ein deutscher Matrose namens Rentmeister einen Bauchschuß.

Im Pe-Tang wird um neun Uhr morgens der Koadjutor des Bischofs, Jarlin, mit einem Kopfschuß weggetragen. Gegen ein Uhr setzt das Bombardement neuerlich ein. Fünf Minuten später erfolgt eine Explosion, die die Erde erzittern läßt. Panik bricht aus. Die Boxer haben eine Mine genau an der Umfassungsmauer gelegt. Beim Haus der Oberin der Barmherzigen Schwestern ist sie in die Luft gegangen und hat einen Toten sowie mehrere Verletzte gefordert.

Damit hat sich die Lage im Pe-Tang weitgehend verschärft. Was kann man gegen diese schreckliche neue Waffe unternehmen?

Die Offiziere werden einer längeren Besprechung zu diesem Thema enthoben, da das Feuer von neuem einsetzt. Henry und Olivieri laufen auf ihre Posten zurück. Es scheint, daß sich der Feind eine neue Quälerei ausgedacht hat: das Bombardement im Kreis. Das Feuer beginnt im Osten, verstummt, geht zum Westen über, verstummt wieder und beginnt im Süden von neuem. Paul

Henry wütet. Es gibt kein Mittel, die Geschütze zum Schweigen zu bringen, man kann nur in Deckung gehen, warten, sich halbtot ärgern. Er bringt seine französischen und italienischen Matrosen in sichere Stellungen und bemüht sich, das Schußfeld für den Fall eines feindlichen Einfalls freizubekommen.

»Ich möchte erst einmal die Häuser hier niederbrennen«, sagt er etwas zögernd, da er eine mitleidige Regung des Bischofs fürchtet.

Aber Favier versteht ihn sofort. »Ausgezeichnete Idee! Wir müssen einen Sturmangriff stoppen können. Ich schicke Ihnen einige meiner Christen, Sie werden sehen, daß sie genauso gute Brandstifter sind wie die Boxer.«

Und tatsächlich gelingt es den katholischen Flüchtlingen binnen kurzem, die Hütten aus Holz, Stroh und Pappe, die sich im Osten, Westen und Süden des Pe-Tang befinden, lichterloh in Flammen zu setzen. Die Lazaristen- und Maristenbrüder, die diese Zerstörungstrupps lenken, scheinen von dem Eifer ihrer Gläubigen begeistert.

Aber mitten im Prasseln und Knattern des Feuers ist das Scharren von Schaufeln und Hauen nicht zu überhören. Feindliche Maulwürfe untergraben die Stellungen der Pe-Tang-Verteidiger.

Die Hilfstruppen! Das Gerede von ihrem baldigen Erscheinen kommt den Belagerten wie ein übler Scherz vor. Die Mutigen lachen darüber, die Furchtsamen aber zeigen offen ihre Verzweiflung. Trotzdem gibt sich das Lager immer wieder falschen Hoffnungen hin. Am Nachmittag des 11. Juli läßt das feindliche Artillerie- und Infanteriefeuer nach.

»Jetzt sind sie da! Jetzt kommen sie wirklich! Die Seymour-Armee ist im Anmarsch! Wir werden befreit!«

Seit einem Monat gab es keine neue Nachricht mehr, die Phantasie hat freien Lauf. Plötzlich fassen auch die Verzweifeltsten wieder Mut und führen große Reden. Der französische Gesandte bequemt sich zu einem Besuch seiner ehemaligen Residenz.

»Mein armes Haus«, seufzt er.

Der Anblick des alten Pekinger Palastes, in dem die französische

Republik ihre Vertretungsbehörde eingerichtet hat, kann einen Mann, der hier festliche Empfänge gab, mit Fug und Recht trübe stimmen. Geborstenes Mauerwerk, eingestürzte Plafonds, zerbrochenes Mobiliar, kostbares Porzellan in Scherben ... nichts ist mehr von der prächtigsten Diplomatenresidenz Pekings verblieben.

Pichon öffnet einen Schrank, der über und über mit Staub und Splittern bedeckt und in seinem Innern bis oben mit feinsten Seiden gefüllt ist.

»Ein Vermögen«, seufzt Pichon, »aber wie kann man diese Schätze vor Plünderern sichern?«

Darcy unterdrückt ein spöttisches Lächeln. Seine Matrosen lassen sich nicht umbringen, damit die Möbel und der Krimskrams eines Diplomaten geschützt werden ... Die Aufregung des Gesandten ärgert ihn nur, besonders wenn er sie mit der überlegenen Ruhe des Ehepaars Rosthorn vergleicht, das alles verloren hat, aber niemals klagte und nie die vorderste Kampflinie verlassen hat.

Wenn sich die einen vor einer Gefahr ängstlich verbergen, so werden andere durch sie geradezu angezogen. Im Lauf des Tages kommt ein weiterer Freiwilliger von der englischen Legation.

»Ich langweile mich so weit hinter der Front«, sagt Marcel-Albert Feit, ein spindeldürrer Bursche mit kurz geschorenem Haar, wie ein Soldat, und einem schmalen Zwicker auf einer langen, spitzen Nase. Er trägt – wie alle Freiwilligen – einen breitkrempigen Filzhut und sieht wie ein phlegmatischer Cowboy aus. Seine dünnen Waden stecken in Reitergamaschen. Ohne viel Worte zu machen, schlendert er gemächlich auf den ihm angewiesenen Posten zu.

»Wieder einer, der in den Krieg zieht wie zur Jagd«, sagt Doktor Matignon. Er weiß den Wert dieser etwa zwanzig Freiwilligen sehr zu schätzen, die meist gute Schützen und noch dazu stets bereit sind, Verwundete oder Kranke auch an gefährlichsten Plätzen zu ersetzen.

Die Ruhr richtet bald größere Verheerungen an als das Pulver der Chinesen. Die schwersten Fälle sucht Doktor Matignon mit einer Spezialmedizin zu lindern, einem Absud, dessen Zusammensetzung sein Geheimnis ist. Frau von Rosthorn, die ihm bei der Pflege hilft, ist es sogar gelungen, etwas Kondensmilch aufzutreiben. Lächelnd wie immer, ja fröhlich, nimmt sie mit ihrem Gatten an den Mahlzeiten der Offiziere teil. Heute sind auch die Deutschen zu der kleinen österreichisch-französischen Gruppe gestoßen. Alle sind bester Laune.

Da aber stimmt Oberleutnant Soden ein Lied an, eine wehmütige Weise: »Mein Regiment, mein Vaterland ...«

Die Franzosen antworten mit flotten Soldatenschlagern, die sie mit mehr Schwung als Kunstfertigkeit hinausschmettern: »Im Garten meines Vaters, da blühen schon die Lilien ...«

Und bei der Strophe über das blonde Mädchen, bei dem es sich so gut schlafen läßt, heben alle in schöner Einmütigkeit ihr Glas und trinken Frau von Rosthorn zu, die sich lächelnd verneigt.

Bis spät in der Nacht sitzen die Offiziere singend beisammen mit ihren alten französischen Weisen und den deutschen Volksliedern. Keiner denkt an die Boxer.

Donnerstag, 12. Juli 1900

Während ihre Komplizen die Belagerten beschießen, um sie abzulenken, nähern sich die Boxer den Österreichern und Franzosen mit Brandfackeln an langen Stäben. Aber die Matrosen reagieren rasch. Als Seeleute sind sie gewöhnt, allerhand totes Zeug aus den Hafengewässern zu fischen, und so setzen sie alle ihre Geschicklichkeit ein, um die Fackeln der Chinesen zu »angeln«. Die Gegner sind nur ein paar Meter voneinander entfernt, durch nichts anderes getrennt als durch die langen Stangen. Es ist wie ein mittelalterliches Turnier: Lanze gegen Lanze.

»Wieder einer!« schreit Jean-Mathurin Auffret triumphierend, der mit seinem Bootshaken ein brennendes Strohbüschel heruntergerissen hat.

»Gib acht!« ruft ihm Obergefreiter Pesqueur zu. »Die Chinesen warten bloß darauf, daß wir die Köpfe herausstrecken, um uns wie die Hasen abzuknallen!«

Wenn auch das Feuer nicht weiter um sich greift, so haben doch

Granaten und Kugeln die Pavillons der französischen Legation übel zugerichtet. Die Dächer klaffen und die Mauertrümmer bieten nur mehr geringen Schutz.

»Wir müssen eine solide Verteidigungslinie schaffen«, sagt Darcy zu Rosthorn, dessen Gesichtsverletzung im Heilen begriffen ist.

»Aber wo?«

»Bei der Mauer, die uns vom Hotel unseres braven Chamot trennt. Es ist eine sehr starke und hohe Mauer. Dort werden wir leicht zwei Reihen Schießscharten ausbrechen können. Dahinter ein Gerüst, dann sind unsere Schützen in guter Deckung.«

»Eine ausgezeichnete Idee«, stimmt der Geschäftsträger zu. »Nicht schlecht, wenn wir unsere Front verkürzen und näher an unsere Kameraden herankommen. Mit den Italienern und den Japanern des Fu zu unserer Linken und den Deutschen zu unserer Rechten, können wir noch eine Zeitlang durchhalten. Und die Hilfstruppen werden ja doch einmal kommen ...«

Der Freiwillige Léon Bartholin hat dieses Gespräch gehört. Er ist Angestellter des Crédit Lyonnais und zugleich Ingenieur. Nach seiner Verwundung vor zehn Tagen hatte er es eilig, an die Front zurückzukommen. Er weiß, daß er in diesem Stellungskrieg mit seinen technischen Kenntnissen unentbehrlich ist.

»Ich habe eine andere Idee. Wenn Sie erlauben, Capitaine ...«

Darcy macht eine einladende Geste, und Bartholin fährt fort: »Nun, sagen wir, eine etwas andere Idee. Aber sie kann Ihnen nützen. Unsere Kulis sollten einen Graben parallel zur Mauer, ungefähr in der Mitte zwischen diesem hier und unserer gegenwärtigen Linie, ausheben. Auf diese Weise bleiben wir innerhalb der Gesandtschaft.«

»Gewiß. Aber unser Schußfeld ist kürzer, als wenn wir die Stellung hinter der Mauer des ›Hotel Peking‹ beziehen. Sollten diese Burschen einen Großangriff starten, und sei's mit blanker Waffe, dann brauchen wir einen größeren Abstand, um sie zum Stehen zu bringen. Diese hohe Mauer mit ihren Schußlöchern wäre eine ideale Bastion.«

Bartholin scheint nicht ganz überzeugt, auch Rosthorn nicht. Seit einigen Tagen klammern sich alle an das Symbol, das die Verteidigung dieser Gesandtschaft darstellt. Selbst die Österreicher, Belgier oder Schweizer weigern sich, einen Fußbreit französischen Boden aufzugeben. Schließlich stimmt Darcy zu.

»Gut«, sagt er. »Wir können noch immer den Schutz der Mauer aufsuchen, wenn die Sache schiefgehen sollte. Bis dahin bleiben wir also in Frankreich ...«

Die Kulis gehen sofort an die Arbeit. Der Graben läuft vom Südosten nach Nordwesten und teilt den Gesandtschaftspark in einer schrägen Linie. Dahinter, vor der hohen, befestigten Mauer des »Hotel Peking«, ziehen sich die Tennisplätze hin, die, wenn der Graben genommen werden sollte, ein letztes Glacis bilden.

Während Schaufeln und Hauen in Tätigkeit treten, setzt der Kampf in den vordersten Linien neuerlich ein. Die Chinesen, die sich in Pichons Keller eingeschlichen haben, errichten eine Barrikade.

»Ein starkes Stück!« ruft Paul Pelliot. »Wir werden sie ausräuchern. Los, zwei Matrosen zu mir!«

Pelliot stürzt davon, ohne erst die Genehmigung des Chefs einzuholen. Jetzt sind es die Belagerten, die brennende Strohbüschel auf langen Stäben zum Feind schleudern. Die Barrikade steht in Flammen, die Chinesen brüllen vor Wut, aber Pelliot will noch mehr. Er hat an der Mauer der Zollstraße eine große Chinesenfahne entdeckt, deren Spitze über das einige Meter breite Niemandsland hinausragt.

»Schnell, einen Bootshaken!« ruft er.

Ein Matrose kommt mit einer Maststange gelaufen, Pelliot packt sie, gleitet mit ihr unter die besetzte Mauer und schwingt sie mit einer blitzschnellen, kräftigen Bewegung über seinen Kopf. Mit einem Ruck erwischt er den Schaft und die Fahne gerät ins Wanken. Er zieht sie herüber und rennt mit seiner Beute und den beiden Matrosen zu seinen Freunden in die Stellung zurück. Das Ganze hat nur ein paar Sekunden gedauert. Die drei Männer lachen wie Kinder über den Streich, den sie den Chinesen da gespielt haben.

Kapitänleutnant Darcy ist über das Heldenstück weniger erbaut.

Dieser Ausfall, so kühn er war, hätte teuer zu stehen kommen können. Die Belagerten können es sich nicht leisten, auch nur einen einzigen Mann sinnlos zu gefährden.

»Sind Sie nicht auch dieser Meinung?« fragt er Winterhalder. »Wir dürfen die Chinesen nicht reizen, wenn sie uns ausnahmsweise etwas Ruhe gönnen. Bei einem solchen Spiel sind wir notgedrungen die Verlierer.«

»Vielleicht, mein Lieber. Aber wir können sehr glücklich sein, wenn unsere Freiwilligen und unsere Matrosen in diesem Krieg auch ein Spiel sehen und ihre Spässe treiben. Nur eines ist wichtig: daß sie bei Stimmung bleiben.«

»Aber auch, daß sie sich nicht wegen eines Unsinns umbringen lassen«, grollt Darcy.

Wie um diese Worte zu bestätigen, setzt im Nordosten, in der Nähe der zerstörten Dienerhäuser, neuerlich Feuer ein. Ein Kugelhagel geht auf die französischen Stellungen nieder. Die Chinesen schießen noch immer elend, aber sie haben den Vorteil, zahlenmäßig unendlich viel stärker zu sein. Es schlagen sogar Projektile durch die Schießscharten ein. Und so gibt es wieder einen Verwundeten, den Gefreiten L'Anthoen.

L'Anthoen ist schon einmal, am 28. Juni, getroffen worden, aber weiter auf seinem Posten verblieben. Er ist ein erfahrener Schütze und so gut wie unersetzlich. Diesmal hat es ihn arg erwischt, er preßt seine Hand auf die blutende Schulter. Kaum ist er ins Revier Doktor Matignons gebracht, erhält ein zweiter bretonischer Matrose, Jean Pochennec, einen Oberschenkeldurchschuß.

Zwei Männer binnen weniger Minuten kampfunfähig, das ängstigt Darcy um so mehr, als auch unter den Freiwilligen fühlbare Ausfälle zu verzeichnen sind. Vicomte Guy de Cholet ist an der linken Hand und André Gruindtgens am Hals verletzt.

»Schaut böse aus«, meint der Arzt, »wir müssen sie sofort ins Lazarett zu den Engländern bringen. Wer übernimmt das?«

»Ich«, sagt der italienische Freiwillige Primo Benvenuti kurz.

Er stützt seinen flämischen Kameraden und führt ihn zur Brücke des Jade-Flußes. Aber plötzlich schwankt der Italiener; ein Splitter hat ihn unter dem Auge getroffen. Zum Glück mildert die Entfernung die Stärke des Anpralls. Mit einer Blutspur wie von einem Peitschenhieb auf der weißen Bluse, setzt der Italiener seinen Weg fort. Gruindtgens erfaßt nichts, er ist kaum bei Besinnung und schleppt sich wie im Schlaf weiter. Seine Halswunde scheint sehr schwer zu sein, denn kaum ist er im Revier angelangt, sinkt er bewußtlos auf das Lager.

Der Tag geht weiter, im monotonen Rhythmus: Angriff, versuchte Brandstiftungen, Kanonaden.

Winterhalder ruft Darcy zu: »Sie nehmen die Säulenhalle und das Blockhaus aufs Korn! Dreizehn Artillerieeinschüsse bereits . . .«

»Schaden?«

»Bis jetzt noch nicht.«

»Und haben Sie herausgebracht, wo das Geschütz steht?«

»Diese Kanone müssen wir fertigmachen. Geben wir Feuer.« Die beiden Offiziere bemühen sich, das Geschütz zu treffen. Aber die Chinesen sind vorsichtig, man kann nur die Rohrmündung ausnehmen. Bei jedem Schuß müssen die Offiziere in Deckung gehen, doch sofort darnach sind sie wieder auf Posten.

»Ich erwische diese verdammten Burschen nicht«, murmelt Winterhalder ärgerlich. »Aber ich versuche jetzt, in die Kanone selbst zu schießen.«

»Das gibt ein nettes Feuerwerk«, ist die kurze Antwort seines Kameraden.

Doch nach einigen Versuchen muß es der Österreicher aufgeben. »Geht nicht. Versuchen Sie's einmal!«

Nun schießt der Franzose, – ebenso erfolglos. Es ist sehr schwierig, mit einer Kugel direkt in das Rohr zu treffen, selbst für einen ausgezeichneten Schützen.

»Uns bleibt nichts anderes übrig, als unsere Leute in Deckung zu lassen und zu warten, bis die da drüben genug haben«, sagt Winterhalder.

Der Angriff weitet sich aus. Im Fu-Park geht es besonders heiß zu: Angriffe, Gegenangriffe. Oberst Shiba hofft, mit seiner Handvoll Leuten die Stellung zurückzugewinnen, obwohl er in diesem

Gefecht zwei japanische Matrosen und einen Italiener verloren hat. Der Italiener, Gesandtschaftssekretär und Sohn des Herzogs von Sermonetta, hat freiwillig den Platz Paolinis eingenommen.

Und ebenso erbittert wird beim Ha-Ta-Men-Tor im Osten des Geländes gekämpft. Den Chinesen ist es gelungen, bis zur deutschen Verteidigungslinie vorzudringen. Schon bringen sie ihre Kanonen in Stellung und gefährden damit den Südsektor der Verteidigung.

Auch in der eingekesselten christlichen Mission wird scharf geschossen. Man hört es bis ins Legationsviertel. Denn im Pe-Tang sieht die Lage noch ernster aus. Seit halb elf Uhr wird das riesige Portal bombardiert, sechs Stunden lang setzt sich das nervenaufreibende, monotone Schießen fort. Ohne Unterlaß schlagen die Kugeln ein, zertrümmern Mauern, zerreißen Dächer und zerstören die letzten Reste des Großen Seminars.

Unmöglich, den Standort des Geschützes auszumachen und es zum Schweigen zu bringen. Man kann nur auf gut Glück schießen, was jedoch zuviel Munition kostet.

»An einem ›ruhigen‹ Tag wie heute erlaube ich höchstens fünfzig Gewehrschüsse«, sagt Paul Henry zum Pekinger Bischof. »Ich muß gestehen, daß mir die Minen größere Sorgen bereiten als die Artillerie.«

Denn jetzt hört man im Osten sehr deutlich die Geräusche unterirdischer Grabungen. Sollten tatsächlich Minen gelegt werden, dann wäre die gesamte Verteidigung außer Gefecht gesetzt. Gegenmaßnahmen sind unbedingt nötig.

»Geben Sie mir ein paar Ihrer Schäfchen, Monseigneur. Wir müssen einen tiefen Gang ausheben, um eventuell den Stollen anzuschneiden.«

Sofort machen sich ein paar Dutzend Freiwillige mit Schaufeln und Hauen längs der Umfassungsmauer an die Arbeit. Nun können auch die Boxer das Geräusch des Grabens hören, und sie stellen ihre Maulwurfsarbeit ein. Das Artilleriefeuer verstummt, kein

Schuß fällt. Mit einem Male herrscht ungewohnte Stille im Pe-Tang.

»Wieder ein Tag gewonnen«, sagt Paul Henry zu seinem Kameraden Olivieri. »Vielleicht erleben wir die Befreiung doch noch.«

Freitag, 13. Juli 1900

Zeitig am Morgen setzt das Feuer von neuem in der Nordostecke der französischen Legation ein, dort, wo die Matrosen die Reste des Schweinestalls und der Dienerhäuser besetzen. Schütze Lenne wird durch einen Kopfschuß getötet. Unerbittlich verringert sich die kleine Garnison.

Man kämpft auch in dem Gässchen im Nordteil des Parks. Die Soldaten erledigen drei Chinesen aus nächster Nähe, die sich zu ihrer Stellung vorgewagt hatten. Das scheint die Angreifer in Verwirrung zu bringen. Sie zeigen sich nicht mehr. Kein Schuß fällt, während Lenne von seinen Kameraden an der Seite der gefallenen Österreicher und Franzosen bestattet wird.

Obergefreiter Pesqueur nützt die Kampfpause, um sich einen langen Bambusstab zu suchen, den er triumphierend seinem erstaunten Chef bringt.

»Morgen ist der 14. Juli«, erklärt er. »Das ist der Fahnenmast, an dem wir die Trikolore aufziehen.«

Er ist dabei, einen Flaschenzug und ein Hißtau zu basteln, als Frau von Rosthorn erscheint. Sie begreift gleich, was er vorhat.

»Könnten Sie die Fahne meines Landes neben der Ihren hissen?« fragt sie.

Seit ihre Residenz niedergebrannt ist, hat sie nur eines im Sinn gehabt: die Fahne zu retten, die sie zusammen mit der Trikolore flattern sehen will. Pesqueur kann der Dame, die all die Tage so tapfer an der Seite der Kämpfenden gestanden ist, ihren Wunsch nicht abschlagen. Die kleine Garnison hier fühlt sich im Guten wie im Schlechten wie eine einzige Familie.

Ein eigenartiger Nachmittag. Völlige Ruhe. Die Geschütze schweigen, ja selbst die Gewehre.

»Das bedeutet nichts Gutes«, meint Darcy zu Kollař und Winterhalder.

Wie um ihm recht zu geben, ertönen mit einem Mal die durchdringenden Laute der langen chinesischen Trompeten. Dann steigen Fahnen hinter der Mauer der Zollstraße hoch. Plötzlich wütendes Gewehrfeuer. Es beginnt im nordöstlichen Winkel, dem exponiertesten Teil, den Kapitän Labrousse mit ungefähr zwanzig Freiwilligen und Matrosen hält. Sie schießen sofort zurück. Der Angriff scheint gestoppt. Aber im Süden donnert eine Kanone. Dort liegen Österreicher und Deutsche in heftigem Feuer.

Gleich zu Beginn muß man im deutschen Lager zwei Verwundete versorgen: den Matrosen Claus, der am Arm, und dessen Kameraden Seyffert, der am Knie verletzt ist. Beide befanden sich im Gässchen beim Pekinger Klub.

Pausenlos schlagen Granaten ein. Das Haus des deutschen Gesandten wird getroffen, Dachziegel spritzen gegen den Himmel, Mauern bersten. Der chinesische Angriff hat nur fünf Minuten gedauert, aber schwere Schäden angerichtet.

Nun stürmen sie unter Trompetenschall neuerlich heran: zweihundert Reguläre und Boxer bedrängen die Verteidiger des Pekinger Klubs. Von Soden fürchtet, nicht mehr lange halten zu können und überrannt zu werden.

Da kommt atemlos einer seiner Leute gelaufen: »Herr Oberleutnant, die Chinesen greifen auch von der Gasse bei der Mauer her an!«

»Wie viele?«

»Hunderte.«

Es muß schnell gehandelt werden. »Die Stellung halten, um jeden Preis!« befiehlt Soden dem Feldwebel Morgenstern. »Ich bleibe beim Pekinger Klub und werde versuchen, die Chinesen zu bremsen.«

Aber die Marineinfanteristen, die den Klub besetzten, sind unter dem Feuer leicht zurückgewichen. Die Chinesen dringen vor. Jetzt haben sie die Tennisplätze erreicht! Plötzlich sieht die Lage hoffnungslos aus.

Da befiehlt Soden: »Bajonett auf! Gegenangriff! Nahkampf!«

Unter Hurrah-Geschrei stürzen sich die Deutschen auf den Gegner. Sie nehmen ihn von der Flanke, es gelingt ihnen, ihn auseinanderzutreiben. Die Bajonette versenken sich in die Leiber der Regulären und der Boxer. Von allen Seiten wird geschossen. Die Verteidiger scheinen wie besessen von Wut und Zorn.

»Sie fliehen, Herr Oberleutnant! Sie fliehen! Sieg!«

Die Chinesen, von diesem Furor überrumpelt, flüchten in den Hof des Klubs. Zahlreiche Tote und eine Fahne bleiben zurück.

»Sieg!«

Aber ein Verbindungsmann dämpft diese Begeisterung: »Die Wachen bei den Ställen wurden zurückgeworfen!«

Doch die Stellungen sind unbedingt zu halten. Dutzende chinesische Leichen liegen auf den Tennisplätzen. Wenn das dem Feind nur zur Lehre dienen könnte ... Unter den Toten zwei Offiziere mit Revolvern und Patronen. Auch ein Mauser-Gewehr, Modell 1888, und rund hundert Patronen werden erbeutet. Die Matrosen durchsuchen die Toten. Fast jeder hat in einem kleinen gelben Lederbeutel den Talisman bei sich, der ihn unverwundbar machen sollte.

Nicht ohne Mühe wird der Feind zum Stehen gebracht. Kaum hundert Meter nördlich, im französisch-österreichischen Sektor, hält der feindliche Druck noch immer an. Darcy hat seinen Befehlsstand in den Resten des Hauses Saussine errichtet und lenkt von dort aus die Aktionen. Der Freiwillige Picard-Destelan und Arthur von Rosthorn, der es niemals in der Etappe aushält, sind an seiner Seite.

»Diesmal feuern die Chinesen aus allen Rohren«, stellen sie fest. Die Kugeln hageln auf die Mauerreste, und die Stärke nimmt immer noch zu. Doktor Matignon kommt gelaufen, denn ihm ist klar, daß man ihn bald brauchen wird.

»Sieht wie ein Großangriff aus«, murmelt er.

Im gleichen Augenblick erfolgt eine furchtbare Explosion. Das Haus scheint in die Luft zu fliegen, dann stürzen die Mauerreste und das Dach ein.

»Eine Mine!« brüllt Darcy, wirft sich auf den Boden, die Arme über den Kopf gekreuzt, um sich vor den Splittern, den Ziegeln und den Kacheln zu schützen, die auf ihn niederprasseln.

Bis zum Gürtel steckt er im Schutt, kann sich nicht herausarbeiten, und glaubt, daß er die Beine gebrochen hat. Eine zweite Explosion erschüttert die Erde, schleudert ihn aus dem Schutthaufen. Nun ist er frei, er kann sich bewegen, aber er ist wie blind, kann nichts ausnehmen als einen grauen, undurchdringlichen Nebel. Ein scharfer, ätzender Geruch verbreitet sich. Wo sind die Kameraden? Darcy schreit, aber als Antwort hört er nur das Geheul der Chinesen, die zum Sturm ansetzen. In Massen erklimmen sie die Mauer der Zollstraße, nur ein paar Meter von ihm entfernt. Nun gibt's nur eines: sich freimachen, weglaufen und aus den Ruinen des Hauses Saussine flüchten, das in nur wenigen Sekunden zur Beute der Feinde werden kann. Aber wo sind die Türen, die Fenster?

»Tscha, Tscha! Tscho, Tscho!«

Die Mörder kommen. Nur ein paar Schritte noch, dann sind sie mit ihren jämmerlichen Gewehren, ihren Lanzen, ihren Dolchen da. Darcy tastet sich durch den Staub, völlig benommen von den beiden Minenexplosionen. Aber es gelingt ihm, seinem Gefängnis zu entweichen und sich in die Bienenhalle zu retten.

Dort endlich sind seine Gefährten. Arthur von Rosthorn scheint heil zu sein, aber er wirkt wie in Staub paniert.

»Da sind Sie endlich!« begrüßt der Österreicher Darcy voll Freude. »Sind Sie verwundet?«

»Überhaupt nicht – nur Beine und Arme geprellt – aber nichts gebrochen.«

»Und Ihr Kopf?«

»Mein Kopf?«

»Er ist voll Blut.«

Ein tiefer Riß am Hinterkopf blutet heftig, doch Darcy hat das gar nicht gespürt. Sein Gesicht und seine Bluse sind mit einer breiigen Masse aus Blut und Staub beschmiert. »Es ist nichts«, beteuert er noch einmal.

Und nun berichtet ihm Picard-Destelan: »Ich war bis zu den

Schultern verschüttet und wäre ohne den braven Saliou niemals herausgekommen. Ihm ist nichts passiert.«

Dieser tapfere Matrose, der schon am 7. und 8. Juli verwundet worden war, erklärt: »Heute habe ich nichts abbekommen. Aber Auffret wurde am Bein getroffen, Doktor Matignon versorgt ihn.«

»Wo sind Pesqueur und Bougeard?«

»Niemand hat sie gesehen, mon capitaine.«

In diesem Moment erscheint ein Matrose schreiend in der Bienenhalle:

»Eine Mine hat das Blockhaus der Österreicher in die Luft gesprengt! Alles ist in Trümmern! Die Chinesen greifen überall an! Das ist das Ende!«

»Etwas Ruhe, bitte«, befiehlt Darcy. »Ich sehe nach.«

Die Lage erweist sich als nicht so ernst wie befürchtet. Es war keine Mine, sondern es waren vier Geschütztreffer; die Barrikade der Säulenhalle ist zerstört. Ein einziger österreichischer Matrose wurde verwundet.

»Die Chinesen greifen an!«

Diesmal stimmt die Meldung. Der Feind hat die Reste des Hauses Saussine in Brand gesteckt und geht vor.

»Wo ist der Posten, der den Blauen Salon zu halten hat?«

»Ins Büro Monsieur Pichons geflüchtet. Er konnte nichts mehr tun.«

Das Feuer greift nun auf die Ruinen des Hauses Morisse und die Küchen über. Im Nordosten geht der Kampf weiter, aber die Matrosen und die Freiwilligen ziehen sich langsam unter dem Befehl von Hauptmann Labrousse zurück.

»Unmöglich, die Stellung zu halten«, erklärt der. »Die Chinesen greifen in breiter Front an.«

Das Feuer breitet sich mit erschreckender Schnelligkeit aus, die Hitze ist unerträglich, überall fliegen Funken, ein stinkender, schwärzlicher Rauch benimmt den Atem, raubt jede Sicht. Die Soldaten können nicht einmal mehr schießen.

»Hier ist wirklich nichts zu retten«, stellt Darcy fest.

»Also, Herr Kapitän?«

»Wir ziehen uns so schnell wie möglich in den Laufgraben zurück.«

Die Arbeiten waren glücklicherweise noch diesen Morgen beendet worden, denn Bartholin hatte die Kulis energisch angefeuert. In wenigen Minuten sind alle Kämpfer in Sicherheit gebracht.

Im Unterstand, sechzig Meter von der Frontlinie westlich der französischen Residenz, formieren sich die Männer neu. Darcy läßt sich endlich von Doktor Matignon verbinden, während Schüsse über den Graben hinpfeifen. Marcel Feit, der Freiwillige von der englischen Gesandtschaft, fällt mit blutendem Kopf zu Boden.

»Der Knochen ist nicht verletzt«, sagt der Arzt lakonisch, während er ihn untersucht. »Nur eine tiefe Fleischwunde.«

Es sieht somit aus, als hätte sich die französische Garnison – abgesehen von zwei Männern, die vermißt werden – nicht so übel aus der Affäre gezogen. Auch den Österreichern ist der Rückzug gelungen, auch sie haben sich in einem Unterstand in relative Sicherheit gebracht. Die Chinesen gehen nicht vor, aber sie feuern ohne Unterlaß und rüsten sichtlich zu einer weiteren Attacke.

Mit dick verbundenem Kopf gibt Darcy seine Anweisungen:

»Wir dürfen das Haus Filipini nicht stehen lassen. Es könnte unseren Feinden als Schießstand dienen. Schnell, Freiwillige zur Brandlegung!«

Ein paar Matrosen stürzen vor. In kürzester Zeit ist das Haus, in dem früher der Chefdolmetscher wohnte, ein Raub der Flammen geworden.

Jenseits des Brandstelle erschallt das chinesische Wut- und Haßgeschrei: »Tscha, Tscha! Tscho, Tscho!«

Bei den Deutschen scheint es ebenso heiß zuzugehen. Die Soldaten des Seebataillons bemühen sich, die wiederholten Attacken der Regulären und der Boxer zurückzuschlagen.

»Sie werden uns überrennen«, sagt Graf Soden. »Wir brauchen unbedingt Verstärkung.«

»Sollen wir Franzosen und Österreicher darum ersuchen?« fragt Sekretär von Below.

»Sie sind in der gleichen Lage wie wir.«

»Dann schreibe ich dem englischen Gesandten.«

Von Below zieht eine Visitkarte heraus, die, wie im diplomatischen Dienst üblich, französisch bedruckt ist: »Chevalier de Below/Gentilhomme de la Chambre de S.M.le Roi de Prusse/Premier Secrétaire de la Légation impérial de l'Allemagne en Chine.«

Und ebenfalls in französischer Sprache wirft er ein paar Zeilen auf das Billett: »Verstärkung dringend nötig. Werden schwerstens angegriffen.«

Diese wenigen, hastig mit Bleistift hingekritzelten Worte, schlagen wie eine Bombe auf der englischen Gesandtschaft ein.

»Niemals hätte ich gedacht, daß es so ernst ist«, sagt Sir Claude zu seinem Adjutanten Strouts.

»Was können wir für die Deutschen tun, Exzellenz?«

»Nicht viel. Keinesfalls kommt es in Frage, Engländer zu ihnen zu schicken. Wir werden bei den Russen anfragen . . .«

In fliegender Eile stellt ein Unteroffizier des Zaren einen kleinen Trupp, bestehend aus acht russischen Matrosen und drei freiwilligen Zivilisten, zusammen. Ein Holländer namens Zuylen, der in der elektrischen Zentrale arbeitete, schließt sich ihnen an.

Die Männer, die im Laufschritt in der deutschen Legation eintreffen, werden freudig empfangen:

»Gott sei Dank!« sagt Graf Soden aufatmend. »Meine Leute sind nach so vielen Stunden fortwährenden Kampfes mehr tot als lebendig.«

»Wir sind bereit sie zu ersetzen und weiterzukämpfen«, sagt der Russe einfach.

»Im Augenblick scheinen die Chinesen Ruhe zu geben. Deshalb werden wir jetzt eine neue Barrikade zwischen dem Klub und der Ostmauer der Legation errichten.«

Die Russen gehen an die Arbeit, das deutsche Personal der Legation und Kulis helfen ihnen. Sie werken mehrere Stunden.

Als die Barrikade fertig ist, sagt Graf Soden: »Ich möchte Sie ja wirklich nicht ausnützen, aber ich glaube, es wäre günstig, eine weitere Barrikade am Ende der Klubstraße zu errichten.«

Den Leuten ist klar, daß die Front zusammenbricht, wenn auch nur ein Glied der Verteidigungskette ausfällt. So arbeiten sie trotz ihrer Übermüdung weiter, russische Matrosen ebenso wie deutsche Zivilisten.

Währenddessen setzen sich die Gefechte bei der französischen Gesandtschaft fort. Die Chinesen, Boxer und Reguläre, haben soviel Terrain gewonnen, daß sie ihres Sieges sicher sind.

Kapitänleutnant Darcy und seine Leute können den Graben nicht verlassen, unablässig pfeifen die Kugeln über sie hin. Aber ihre Verteidigungslinie hält. Die Barrikade in der nördlichen Gasse ist in ihrer Hand, und sie haben keinen Meter Terrain aufgegeben.

Der »Laufgraben Bartholin« bildet ab nun die Hauptlinie des Widerstandes, die sich gegen Süden mit dem Musikkiosk, dem Fremdenpavillon, dem Haus des Gesandtschaftssekretärs Baron d'Anthouard und der Kapelle fortsetzt. Etwas weiter hinten, auf der anderen Seite der Gesandtschaftsstraße, halten sich die Matrosen noch in ihrer Legation am Fuß der chinesisch besetzten Mauer. Kein Honiglecken in dieser Südostecke des Verteidigungsgeländes! Und im Norden, im Fu-Park, müssen die Italiener und Japaner jeden Augenblick gewärtig sein, von den Chinesen überrannt zu werden.

Um acht Uhr abends beruhigt sich das Feuer. Darcy, Labrousse, Winterhalder und Kollař machen einen raschen Überschlag. Sie wurden gezwungen, fast zwei Drittel des Gesandtschaftsviertels zu räumen. Und die Franzosen haben beinahe alle Leute der Landekompanie verloren. Herber ist als erster gefallen, zwei Tage später fielen Maat Le Gloanec und Maat Le Coquen aus; der eine tot, der andere verwundet. Schwere Verluste auch bei den Gefreiten, von sechsen ist einer verschollen und vier sind schwer verwundet. Ein einziger ist unversehrt geblieben: Richard, der Bäcker der Verpflegungstruppe. Darcy hat nur mehr Matrosen zur Verfügung und die Zivil-Freiwilligen, die sich allerdings schon zu richtigen Kriegern gewandelt haben. Er weist jedem seinen Posten zu und befiehlt, die Lebel-Gewehre mit ihren je acht Patronen zu versehen.

»Achtung«, sagt er, »die Chinesen sind nur sechzig Meter von uns entfernt.« Und dann zum Arzt: »Ich verlasse Sie für eine Weile.«

»Wohin gehen Sie?«

»Zu den Deutschen. Ich habe ganz vergessen, daß sie mich zum Abendessen eingeladen haben. Ich muß mich wegen meiner Verspätung entschuldigen.«

Als er um neun Uhr abends mit verbundenem Kopf bei ihnen eintrifft, wird er mit Hallo empfangen.

»Auch wir haben einen harten Tag hinter uns«, erzählt ihm Gesandtschaftssekretär von Below. »Zum Glück war Sir Claude ausnahmsweise einmal einsichtig und hat uns ein paar Russen als Verstärkung geschickt.«

Graf Soden ist noch ganz erregt über den Kampftag, den er seinem Kameraden in allen Details schildert: »Wir haben sie immer wieder zurückschlagen müssen. Bis aufs Messer wurde gekämpft. Niemals noch habe ich so fanatische, so mörderische Angriffe erlebt . . .«

»Meinen Glückwunsch, daß Sie alles durchgestanden haben.«

»Die Chinesen haben heute ihren Meister gefunden. Mindestens vierzig haben wir erledigt.«

Der junge Diplomat von Bergen unterbricht den Diskurs und nimmt die beiden Herren beim Arm: »Sie haben den ganzen Abend Zeit, sich Ihre Heldentaten zu erzählen. Jetzt trinken wir lieber ein Glas Champagner.«

Es dauert nicht lange, und alle sind bester Laune, man lacht, man unterhält sich. Aber der Franzose ist unruhig und hat es eilig, in seinen Graben zurückzukehren, wo er die neue Verteidigungslinie aufstellen muß. Er verabschiedet sich bald.

Im Unterstand gibt er die nötigen Anweisungen: »Wer keinen Wachtdienst hat, kann sich im Haus von Baron d'Anthouard, gleich südlich des Schützengrabens, ausruhen. Offiziere und Freiwillige begeben sich in den Pavillon von Kanzler Berteaux.«

»Sie könne auch zu mir kommen«, schlägt Doktor Matignon vor, »und ich nehme an, daß uns der brave Chamot an seiner Tafel im ›Hotel Peking‹ aufnimmt.

»Bestimmt«, antwortet Darcy. »Aber heute abend ziehe ich es vor, im Freien zu schlafen.«

Er läßt eine Hängematte zwischen zwei Parkbäumen befestigen, nur ein paar Meter vom Unterstand entfernt.

»Wenn Sie mir eine Hängematte leihen könnten, würde ich gerne bei Ihnen bleiben«, sagt Arthur von Rosthorn.

Der Franzose und der Österreicher richten sich rasch für die Nacht ein, die nach dem aufregenden Tag ruhig zu werden scheint.

Doktor Matignon tritt zu ihnen. »Ruhen Sie sich aus. Wir haben heute die aufregendsten Stunden seit Beginn der Belagerung durchgemacht. Sie haben sich einen ausgiebigen Schlaf verdient.«

Darcy hat Schmerzen, seine Wunde brennt; außerdem plagt ihn die Sorge um Oberleutnant Henry, der eingekreist im Pe-Tang auf einsamem Posten steht. Er weiß nicht, daß die dortige französische Abteilung wieder einen Toten zu beklagen hat. Am frühen Nachmittag hat eine chinesische Vollkugel in der Kirche mitten in eine Gruppe Matrosen eingeschlagen. Gefreiter Le Goff hat eine schwere Kopfwunde erlitten, auch Matrose Fay wurde getroffen. Drei Lebel sind unbrauchbar. Am späten Nachmittag dann hörte man in der ganzen Mission die Detonationen und das Gewehrfeuer vom Südosten her.

»Sollte das die Entsatzarmee sein?« fragt Bischof Favier.

»Ich fürchte, daß es eher ein starker Angriff auf die Gesandtschaften ist«, antwortet Henry.

»Ja, kommt ›sie‹ denn überhaupt nicht mehr?«

Der Bischof ist zutiefst empört und begreift nicht, wieso es ein paar tausend Soldaten nicht gelingt, der Chinesen Herr zu werden, denen doch hier eine Handvoll überforderter Matrosen seit mehr als einem Monat die Stirn bietet.

Am Abend setzt das Gewehrfeuer von neuem ein. Mitten im Kugelregen wagen zwei chinesische Christen einen Ausfall und stecken ein paar Häuser im Osten des Pe-Tang in Brand, die den Verteidigern im Weg sind.

Kurz vor Mitternacht beschießen die Chinesen neuerlich das Gesandtschaftsviertel. Alle sind wach, Gewehr im Anschlag, und warten in den Unterständen. Im Behelfslazarett stirbt der Freiwillige

André Gruindtgens an seiner Halswunde, während Stephen Pichon gebrochen die Nachrichten aus seiner Legation empfängt.

»Alles haben sie verbrannt!« wiederholt er pausenlos. »Meinen Speisesaal, meinen großen und meinen kleinen Salon, mein Schlafzimmer, mein Arbeitskabinett! Meine Möbel! Mein Porzellan! Meine Seiden – Kostbarkeiten! – Eine Katastrophe! Und jetzt kommt erst das Massaker! Keiner von uns wird überleben!«

Einen Großteil des Nachmittags hat Pichon damit verbracht, zusammen mit seiner Frau seine Archive zu verbrennen. Es war ein solcher Haufen Papier, daß das Feuer bei einem plötzlichen Windstoß fast Madame zur lebenden Fackel gemacht hätte.

Während sich also der französische Gesandte mit rußigen Brauen und rußigem Schnurrbart in pessimistischen Voraussagen ergeht, verbringen die Matrosen im »Laufgraben Bartholin« eine schlaflose Nacht, ständig darauf gefaßt, die Chinesen aus ihren rötlichen Ruinen auftauchen zu sehen. Die Nacht riecht nach Pulver und Rauch. Und nach Angst.

Samstag, 14. Juli 1900

Um acht Uhr früh erscheint Stephen Pichon in seiner ehemaligen Residenz. Er hat den Soldaten versprochen, zum Nationalfeiertag an die Front zu kommen. Aber was er dort sieht, übertrifft seine schlimmsten Befürchtungen. Vor den Verteidigungsbarrikaden flattern überall chinesische Fahnen, die Belagerer arbeiten emsig, sie bohren Schießscharten, verstopfen Türöffnungen und Fenster, errichten Wälle. Pichon hält sich nicht lange auf und eilt schleunigst zurück in den Schutz der englischen Gesandtschaft, während Geschütze und Gewehre von neuem losballern. Diesmal haben sich die Chinesen die Reste des Hauses Filipini zum Ziel genommen.

»Wir müssen unser Schußfeld freimachen«, betont Darcy von neuem.

Unter dem Feuerschutz der Matrosen schneiden Kulis die Sträucher des Parks ab und sprengen den Westgiebel des Filipini-Hauses; zugleich werden die Laufgräben weiter ausgebaut und die

Bastionen mit Sandsäcken verstärkt. Die Kopfwunde hindert Marcel Feit keineswegs an der Arbeit, und es gelingt ihm sogar, eine Ziegelmauer vor dem Graben zu errichten.

»Kolossal!« rufen die deutschen Offiziere bewundernd, die nun ihren linken Flügel für verläßlich gesichert halten.

Zugleich fragen sie Darcy, ob er ihnen nicht »die Ehre seiner Anwesenheit« beim heutigen Abendessen geben wolle? Auch Frau von Rosthorn werde da sein, da sie ja ihr früheres Asyl eingebüßt hat.

»Ich werde nicht verfehlen, Ihrer liebenswürdigen Einladung Folge zu leisten ... falls es die Herren Boxer erlauben, mein lieber von Below!«

»Die Burschen werden doch nicht Ihren Nationalfeiertag stören!«

»Daran haben Sie gedacht? Wie nett!« sagt Darcy lächelnd.

Auch Auguste Chamot hat daran gedacht. Er will seine Freunde heute fröhlich sehen, und er weiß genau, was ihnen am meisten abgeht. Seit Tagen und Tagen essen sie nichts anderes als Pferde- oder Eselsragout. Chamot hat wie alle anderen in der Festung die Kuh mit dem Kalb gesehen, die der englischen Gesandtschaft gehört und die Tag und Nacht von zwei Männern bewacht wird.

Am Morgen sucht er sie auf und fängt mit unschuldigen Blick ein leutseliges Gespräch an: »Wißt Ihr, daß heute der 14. Juli ist?«

»Na und?« brummt einer der Matrosen Ihrer britischen Majestät.

»Das ist doch der französische Nationalfeiertag!«

»Was geht das uns an?« murrt der andere.

Da zieht der Hotelier zwei Flaschen Whisky aus der Tasche und reicht sie den beiden. Denen bleibt der Mund offen.

»Da, feiert mit uns als gute Nachbarn! Hier gehören wir doch alle zusammen.«

»All right«, antworten die beiden Engländer einmütig.

Auguste Chamot weiß genau, wie die Sache ausgehen wird. Als er eine halbe Stunde später zurückkommt, findet er die beiden Soldaten neben Kuh und Kalb sternhagelvoll vor, in tiefem Schlaf. Er bindet dem Kalb einen Strick um den Hals und lädt es auf seinen Karren. Am selben Abend erweisen die französischen Matrosen und ihre österreichischen Freunde dem ex-englischen Kalb alle Ehre.

Auch auf der deutschen Gesandtschaft herrscht gute Stimmung, und die Gäste werden wie auf einer mondänen Reunion empfangen.

»Hauptmann Labrousse ist nicht mitgekommen?«

»Leider nicht«, antwortet Darcy, »heute abend hat er an der Mauer bei den Amerikanern Dienst.«

»Wie schade! Wir hätten so gerne den 14. Juli mit ihm gefeiert!«

Es versteht sich von selbst, daß Frau von Rosthorn den Ehrenplatz an der Tafel einnimmt. Und Sekretär von Below kann seinen Gästen sofort eine große Neuigkeit präsentieren.

»Ich habe gehört, daß wir einen Boten zu der Hilfstruppe geschickt haben. Er ist zurückgekommen . . .«

»Hat er denn bis zu den Unseren durchdringen können?« fragt Darcy erregt.

»Leider nicht. Er wurde gefangen, geprügelt und von seinen chinesischen Landsleuten gefoltert. Aber man hat ihm im Lager Yung-Lus einen Brief mitgegeben, den Prinz King und andere Mitglieder des Außenamts unterzeichnet haben. Und da wird die Geschichte interessant.«

Der junge Diplomat macht eine wirkungsvolle Kunstpause und spricht nach ein paar Sekunden weiter:

»Sie tun, als würden wir wegen eines ganz gewöhnlichen Mißverständnisses beschossen! Der Prinz erklärt sich glücklich, zu erfahren, daß sich unsere Gesandten wohl befinden und lädt sie ein, ihn im Tsung-li ya-men zu besuchen. Dort sollen sie unter seinem Schutz die Abreise aus Peking abwarten. Sie sehen, es ist alles ganz einfach!«

»Und die Hilfstruppen?« fragt Graf Soden verwundert.

»Die sollen von den Boxern zurückgeworfen worden sein. Aber davon glaube ich kein Wort.«

Die Herren lachen laut heraus. Diese Boxer, die nicht einmal mit der winzigen Besatzung der Pekinger Garnison fertig werden!

»Lachen Sie nicht, meine Herren«, fährt von Below fort. »Dieser ›liebenswürdige‹ Brief schließt mit einer sehr deutlichen Aufforderung. Sollten unsere Diplomaten nicht bis morgen Mittag das großmütige Angebot des Prinzen King angenommen haben, dann, so erklärt er, ›könnte er nichts mehr‹ für uns tun!«

»Das ist ja ein Ultimatum!« ruft Graf Soden empört.

»Es hat ganz den Anschein«, bestätigt von Below. »Aber das Gute daran ist, daß die diplomatischen Gespräche wieder aufgenommen werden können. Und die lassen sich in die Länge ziehen. Wir gewinnen also Zeit.«

»Und inzwischen treffen unsere Hilfstruppen ein«, lächelt Frau von Rosthorn. – Niemand wagt es, ihr diese Illusion zu rauben.

Sonntag, 15. Juli 1900

Sir Claude MacDonald, der sich stets als Haupt der bei Ihrer Majestät, der Kaiserin, akkreditierten Diplomaten gefühlt hat, verfaßt eine entschiedene Antwort auf den Vorschlag des Prinzen King. Er streicht seinen langen Schnurrbart und scheint mit der Formulierung seiner kurzen Note sehr zufrieden.

»Ich darf Sie daran erinnern«, liest er, »daß die Chinesen das Feuer gegen uns eröffnet haben. Wenn sie es einstellen, werden auch unsere Waffen schweigen. Was etwaige Verhandlungen betrifft, so wird niemand geeigneter sein sie zu führen, als ein vom Tsung-li ya-men bestellter Delegierter. Wir erwarten gerne sein Erscheinen.«

Er überlegt, ehe er sich entschließt, einen weiteren, mehr militärischen als diplomatischen Absatz hinzuzufügen: »Ich erlaube mir, darauf hinzuweisen, daß Diplomaten Immunität genießen – selbst in Kriegszeiten. Es sind daher seitens der ausländischen Mächte strengste Vergeltungsmaßnahmen zu befürchten, sobald unsere Truppen in Peking eintreffen. Um dies zu verhindern, ist es höchste Zeit, die Greuel einzustellen, denen wir hier ausgesetzt sind.«

Aber trotz dieser zur Schau getragenen Festigkeit ist der Schotte tief besorgt. Die beiden Explosionen, die tags zuvor die französische Gesandtschaft verwüsteten, haben gezeigt, in welch furchtbarer Gefahr man sich befindet. Wie die meisten seiner englischen Landsleute wollte Sir Claude nicht daran glauben, daß der Feind

Minen einsetzen könnte. Aber die häßliche Wirklichkeit kann nicht mehr geleugnet werden. Wie soll man sich vor solchen Gefahren schützen?

»Wir müssen Gräben ausheben und die Kanäle aufreißen«, sagt er schließlich.

Sofort machen sich hunderte Kulis ans Werk. Aber diese Arbeiten hindern nicht, daß der Nahkampf mit unverminderter Stärke weitergeht, ebenso wie im Fu-Park, wo die Chinesen einen Keil zwischen die englische Gesandtschaft, das Herz der Verteidigung, und die französischen, österreichischen und deutschen Vorposten zu treiben versuchen. Der Fu-Park ist damit ins Zentrum der Kämpfe gerückt.

Captain Strouts, Generalstabschef Sir Claudes, begibt sich mit seinem Freund Dr. Morrisson, dem Korrespondenten der *Times,* in diesen Abschnitt. Sie gehen die Wachen ab und stellen fest, daß die Chinesen das Feuer anscheinend eingestellt haben. Darum beschließen sie, in die Gesandtschaft zurückzukehren, bleiben aber vorher noch einen Augenblick an der Ecke eines zerschossenen Hauses mit geborstenem Dach stehen.

»Achtung, das ist ein lausiger Platz«, warnt Strouts.

»Ja, wir müssen weg von hier – und zwar schnell.«

Ein kurzer Blick zur nächsten Mauerdeckung, die nicht weit, nur ein paar Schritte, entfernt ist. Wenn sie schnell machen, können sie die chinesischen Beobachter überlisten.

»Sind Sie bereit, Strouts?«

»Nach Ihnen, Doktor.«

Der Journalist nimmt einen Anlauf und springt los. Und schon knallen Schüsse. Er hört seinen Freund noch »Schnell, schneller!« rufen, da spürt er einen stechenden Schmerz am Bein, strauchelt und fällt zu Boden.

Sein Gefährte rennt auf ihn zu: »Wo hat Sie's erwischt, mein Alter?«

»Am Bein. Aber laufen Sie weiter, rasch! Lassen Sie mich da.«

»Kommt nicht in Frage.«

Strouts bemüht sich, den Verletzten zum Unterstand zu zerren.

Die Chinesen schießen weiter, und nun wird auch Strouts getroffen – mitten in die Brust. Er schwankt, Morrisson legt ihm den Arm um die Schulter und versucht, auf einem Bein hüpfend, die schützende Mauer zu erreichen, die sie vorhin angepeilt haben. Kugeln zischen über ihre Köpfe, aber keine trifft. Sie schleppen sich langsam, viel zu langsam, weiter. Verzweifelt spürt Morrisson seine Kräfte schwinden, er wird den Freund nicht mehr lange stützen können. Da, endlich, erscheint Oberst Shiba und bringt Strouts in Sicherheit. Dann läuft er zu Morrisson zurück; an seinem Arm kann der Journalist aus der Schußlinie weghumpeln.

»Hier sind Sie geschützt. Bleiben Sie ruhig da, ich hole Hilfe.« Wenige Minuten später kommen Krankenträger und schaffen die Verwundeten ins Revier der englischen Gesandtschaft. Drei Stunden später erliegt Kapitän Strouts seinen Verletzungen.

Die Wunde Morrissons hingegen ist nicht allzu schwer, wegen des gebrochenen Beins bleibt er allerdings ans Bett gefesselt, bis zum Ende der Belagerung. Was nicht hindert, daß er überaus farbige Berichte für die *Times* schreibt.

Man schlägt sich im Norden, im Fu-Park und ebenso im Süden, bei der deutschen Gesandtschaft. Die chinesische Artillerie liegt, kaum hundert Meter vom Gegner entfernt, auf der Lauer und beschießt die Männer des Seebataillons mit Geschützen und Feldschlangen. Ihre Ziele sind das Wohnhaus des Gesandten und das des Ersten Sekretärs. Bald sind die Appartements des unglücklichen Baron Ketteler ebenso verwüstet wie die Räume Herrn von Belows.

Dann richten die chinesischen Kanoniere die Rohre auf das Klubgebäude. Die Granaten zerstören auch die Barrikaden, die erst zwei Tage zuvor mit Hilfe der Russen errichtet wurden. Vollkugeln und Schrapnells wirbeln Möbel, Matratzen und Ziegel durch die Luft.

Die Munition wird knapp, was Soden sehr beunruhigt. »Schärfen Sie den Leuten ein, mit jeder Kugel zu geizen«, befiehlt er seinem Feldwebel Morgenstern.

»Glauben Sie denn, daß die Belagerung noch lange dauern wird, Herr Oberleutnant?«

»Ich fürchte es immer mehr. Und vor allem dürfen wir uns nicht durch kleine Atempausen täuschen lassen. Die Chinesen lauern nur auf das geringste Nachlassen unserer Wachsamkeit, um von neuem über uns herzufallen.«

Einige Diplomaten, umgeben von Offizieren, Missionaren, Frauen und sogar Kindern nehmen im Garten der englischen Gesandtschaft an der Beerdigung von Generalstabschef Strouts teil. Neben ihn, ins selbe Grab, wird ein junger Dolmetschschüler, Warren, gebettet, der tags zuvor getötet wurde. Während dieser doppelten Zeremonie erscheint plötzlich ein uralter chinesischer Konvertit mit einer weißen Fahne in der Hand und trippelt mit kleinen Schritten auf Sir Claude zu. Der wartet das Ende der Grabrede ab und fragt dann verwundert:

»Wo kommt denn dieser Alte her?«

»Von den chinesischen Linien. Er bringt zwei Botschaften, davon eine für Sie.«

Es handelt sich wieder um einen Brief des Prinzen King, der als Feind der Boxer bekannt ist, und beteuert, die chinesische Regierung sei weiterhin entschlossen, die Diplomaten unter ihren Schutz zu nehmen.

Der zweite Brief stammt von der amerikanischen Regierung und ist an den amerikanischen Gesandten gerichtet. Erstaunlich, daß er von den chinesischen Behörden ausgefolgt wurde – sollte das eine versöhnliche Geste sein? Der verschlüsselte Text sagt gar nichts, denn er lautet nur: »Vertrauen Sie dem Überbringer Ihre Mitteilungen an.«

Sir Claude steckt die Depesche kommentarlos ein. Er muß sich die Antwort gut überlegen. Seine Vernunft als Diplomat befiehlt ihm zu verhandeln, aber sein Instinkt als alter Kolonialoffizier sagt ihm, daß es jetzt wichtiger denn je ist, die Befestigungen zu verstärken und das Europäerviertel in den bestmöglichen Verteidigungszustand zu versetzen. Dazu quält ihn die Ungewißheit über das Schicksal der Hilfstruppe. Also trifft er die Entscheidung, die Kapitulation abzulehnen und sich nicht »unter den Schutz« des Tsung-li ya-men zu stellen. Freilich, das ist nur seine persönliche Meinung, für die er erst Zustimmung des gesamten diplomatischen Korps einholen muß. Somit bittet er für den nächsten Tag zu einer Diplomatenkonferenz.

Montag, 16. Juli 1900

Der Pe-Tang liegt seit dem Vorabend fast ununterbrochen unter Beschuß. Die Chinesen schicken Granaten und Vollkugeln ins feindliche Lager, die Matrosen heben sie auf und spielen Ball mit ihnen ... zum fassungslosen Staunen der chinesischen Flüchtlinge, die in Scharen in den Höfen zusammengedrängt sind, an ihren Kochtöpfen hocken oder ihre Wäsche in der Sonne trocknen. Manchmal trifft ein Schuß. Im Morgengrauen hat das Feuer begonnen, etwas nach neun Uhr verstummt es. Die letzte Granate verwundet den Wachtposten am großen Portal.

Paul Henry kommt gelaufen: »Ist es ernst?«

»Constanza kann nichts sehen!«

Dem Hilfsfahrer ist Kalk in die Augen gespritzt, er ist zwanzig Tage völlig blind und sieht danach nur auf einem Auge.

Während es einigermaßen ruhig ist, begeben sich Favier, Paul Henry und Olivieri auf einen Beobachtungsposten an der Südostekke des Pe-Tang. Sie lauschen.

»Sonderbar«, sagt der Bischof nach einer Weile. »Drüben bei den Gesandtschaften scheint es heute ganz still zu sein. Was geht da vor?«

Dort ist es den Chinesen gelungen, im Schutz der Nacht ihre Mauerbarrikade jenseits des Ha-Ta-Men-Tors um ungefähr fünfzig Meter näher zu schieben, was die Deutschen sehr beunruhigt.

»Jetzt sind sie im Westen ungefähr in der Höhe des Pekinger

Klubs«, stellt Sekretär von Below besorgt fest. »Könnten Sie ihnen nicht das Handwerk legen, lieber Soden?«

»Die Lage ist noch viel ernster, als Sie annehmen«, sagt Soden bitter. »Wir stehen bald ohne Munition da. Also müssen wir höchst sparsam mit den Patronen ungehen und dürfen nicht eine ziellos auf einen gutgedeckten Feind verschwenden.«

Während sich die Diplomaten in der englischen Gesandtschaft versammeln, scheinen die Chinesen endlich eine Waffenpause einzulegen. Die Eingeschlossenen befällt ein sonderbares Gefühl bei diesem plötzlichen Schweigen, das in so krassem Gegensatz zum Feuer der vorhergehenden Tage steht.

Es ist sehr heiß. Die Matrosen tragen nichts als ihre Trikotleibchen, Offiziere und Freiwillige sind in Hemdärmeln. Der Schweiß rinnt über die gebräunten und staubigen Gesichter unter den breitkrempigen Filz- oder Strohhüten. Plötzlich herrscht so etwas wie Ferienstimmung.

»Vorsicht«, warnen die Offiziere. »Die Chinesen schießen zwar nicht, aber sie beobachten uns unentwegt. Wenn euch euer Kopf lieb ist, dann steckt ihn nicht über die Erdsäcke hinaus!«

Aber die Matrosen finden bald zu ihrer alten Unbekümmertheit zurück und streifen durch die Ruinen. Der mutige Schütze Saliou, der schon zweimal verwundet wurde und trotzdem weiter Dienst macht, spaziert gemächlich zwischen dem äußersten Ende des »Bartholin-Laufgrabens« und dem Pavillon d'Anthouards herum.

Darcy ruft ihn wütend zurück: »Willst du dich unbedingt umbringen lassen? Für diesen Ungehorsam wirst du heute eine Stunde strafexerzieren!«

Es ist die erste Strafe, die Kapitänleutnant Darcy seit der Ankunft in Peking verhängt, und sie trifft einen seiner tapfersten Matrosen. Es scheint das einzige Mittel, einen Funken Vernunft in die harten bretonischen Schädel zu pressen.

»Eine Meldung für Sie, Kapitän.«

Es ist ein Brief von Sir Claude MacDonald, der mitteilt, daß er den ersten Sekretär der amerikanischen Gesandtschaft, Herbert

Squiers, ersucht hat, das Amt des gefallenen Kapitän Strouts zu übernehmen.

Diese Wahl kann die gesamte Kampftruppe nur begrüßen. Der amerikanische Diplomat hat während der Kämpfe mit den Indianern in einer der berühmtesten Kavallerie-Einheiten der Vereinigten Staaten gedient. Seine Erfahrungen aus dem »Fernen Westen« können ihm im »Fernen Osten« nur nützen. Tapfer bis zum Wagemut, energisch bis zur Brutalität, ist er stets mehr Soldat als Diplomat gewesen. Keinen Augenblick hat er gezögert, Leib und Leben bei dieser Belagerung einzusetzen, ja, er schonte seine eigene Familie nicht: Mrs. Squiers und ihr sechzehnjähriger Sohn machen den gleichen Dienst wie jeder andere in der Gesandtschaft und schieben Wache in der vordersten Linie.

»Eine richtige Pioniersfamilie«, sagt Gesandter Edwin Conger ohne weiteren Kommentar.

Squiers ist übrigens populärer bei den Europäern als bei seinen eigenen Landsleuten. Er hat die schwere Aufgabe, mit seinen Matrosen um jeden Preis die Barrikade auf der Mauer gegenüber dem Ha-Ta-Men-Tor zu halten, die durch die Brände schwer beschädigt wurde. Das ist eine der gefährdetsten Stellen im ganzen Gesandtschaftsviertel. Die Arbeiten auf der völlig zerschossenen Mauer, die breit wie eine Fahrstraße ist, können nur in der Nacht vorgenommen werden. Alle Verteidiger hassen diesen Posten und verfluchen die Befehlshaber, die sie dorthin schicken. Und außerdem ärgern sich die »Ledernacken«, daß sie einem Herbert Squiers gehorchen müssen.

»Bedenkt doch«, schimpft ein alter Sergeant, »er ist ein ehemaliger Kavallerist. Und haben wir je erlebt, daß ein Angehöriger unseres glorreichen Marinekorps einer Landratte gehorchen mußte?«

Trotz aller Gerüchte über einen Waffenstillstand erinnert Sir Claude in seinem Rundschreiben an die Führer der Militär-Detachements daran, daß er als Verantwortlicher für die Verteidigung besonderen Wert auf die Befestigungsarbeiten legt. Und er betont auch, daß die englische Gesandtschaft den letzten Zufluchtsort für

Zivilisten und Soldaten im Fall einer weiteren Verschärfung der Lage darstellt. Freilich muß vorher alles niedergebrannt und zerstört werden, was dem Feind als Deckung dienen könnte.

So muß Darcy die spanische Legation im Süden des Geländes anzünden, weil sie Kampfstellungen der Amerikaner und Russen behindert. Tag und Nacht sind die Russen mit der Verstärkung ihrer Barrikaden beschäftigt. Unter der Leitung von Vater Gamewell, dem Ingenieur und protestantischen Missionar, arbeiten Matrosen und Kosaken im Westen des Verteidigungsfeldes.

Die Chinesen behindern diese Tätigkeit nicht, auch sie warten. Boxer wie Reguläre hocken hinter Barrikaden und Mauerresten und beobachten das Gebiet, das noch von den »fremden Teufeln« besetzt ist. Da man sie bisher nicht mit Gewalt verjagen konnte, bleibt nur die List. Das heißt: die Diplomatie.

III

DER WAFFENSTILLSTAND

Dienstag, 17. Juli 1900

Nach zwanzig Kanonenschüssen von fast symbolischem Charakter verstummt das Feuer völlig. Von ihren Barrikaden winken chinesische Soldaten lebhaft mit weißen Fahnen, stecken die Köpfe heraus, lachen und können sich nicht genug tun an freundlichen Gesten. Die Belagerten bedeuten ihnen, die Waffen abzulegen und näher zu kommen. Drei oder vier Reguläre steigen vorsichtig aus ihren Schanzen heraus, ein paar Matrosen, begleitet von drei Freiwilligen, verlassen ihre Gräben und gehen ihnen entgegen. Großes Händeschütteln.

Mit Hilfe der Dolmetscher kommt das Gespräch in Gang.

»Kennt ihr die letzten Nachrichten?« fragen die Chinesen.

Die Verteidiger antworten ausweichend. Seit dem neunzehnten Juni, also seit fast einem Monat, gehen im Gesandtschaftsviertel nur unverbürgte Gerüchte um. Die Chinesen lachen breit.

»Gestern abend hat der General befohlen, das Feuer einzustellen«, sagen sie. »Wir schließen Frieden.«

Auf allen Lippen brennt die gleiche Frage: Und was ist mit den Hilfstruppen? Die Matrosen versuchen geschickt, es herauszubekommen, und mit einiger Mühe erfahren sie es auch.

»Die Alliierten haben Tientsin genommen. Hundert Kriegsschiffe liegen an der Ta-Ku-Reede. Wir haben gekämpft, aber wir sind geschlagen worden. Unser General Nieh wollte die Niederlage nicht überleben und hat sich die Gurgel durchgeschnitten.« Das klingt zu schön, um wahr zu sein. Die Soldaten der Kaiserin geben den Erfolg der »fremden Teufel« zu! Von den Boxern ist nicht mehr die Rede. Die Männer im roten Turban scheinen sich verflüchtigt zu haben, verschwunden zu sein hinter den verkohlten Mauertrümmern, die, so weit das Auge reicht, vor den Gesandtschaften liegen.

An der ganzen Front Lachen, spontanes Fraternisieren. Die Belagerten sind zwar noch etwas mißtrauisch, aber die chinesischen Soldaten überbieten sich an Freundlichkeit. Einer, mit einem alten Korb in der Hand, tritt unbekümmert zu der amerikanischen Barrikade hin.

»Good morning, Sir«, sagt er.

Die Soldaten schauen ihn erstaunt an und rufen dann einen Unteroffizier: »Sergeant, dieser Mandschu spricht englisch!«

Der Chinese lächelt weiter. »Natürlich! Ich habe ja eure Sprache in der Missionsschule gelernt und spreche sie sehr gut.«

»Bist du Christ?« fragt Sergeant Mitchell.

Der Soldat lächelt noch immer: »Nein, Sir.«

Die Matrosen würden gerne ein Gespräch mit ihm beginnen, und so fragen sie ihren Gegner von gestern: »Aber warum wolltet ihr uns eigentlich umbringen?«

»Ich bin Soldat wie ihr. Der Offizier sagt mir, daß ich marschieren soll, also marschiere ich. Er sagt mir, daß ich schießen soll, also schieße ich. Genau wie ihr.«

Der Unteroffizier brummt etwas Unverständliches; er zieht es vor, das Thema zu wechseln. »Und was hast du in diesem Korb?« fragt er.

»Mögt ihr Eier? Ich habe welche.«

Der Chinese zieht einen Zipfel des Tuches weg und ein halbes Dutzend Eier werden sichtbar. Aber er schenkt sie nicht her, er verkauft sie. Das Handeln und das Feilschen beginnt.

Die Europäer merken sehr bald, daß ihre Gegner den Krieg mehr als satt haben. Ein Soldat erzählt Doktor Matignon, daß er für einen Monat nur fünf Taels Sold bekommen hat, und daß die letzte Zahlung am 15. Juni erfolgt ist. Somit sind die Regulären bereit, alles zu verkaufen. Die japanischen Matrosen, vorausschauend wie immer, nützen die Situation und kaufen chinesische Gewehre. Die Waffen wandern zur großen Freude des Obersten Shiba von einem Lager zum andern; er ist begeistert, daß das Arsenal der Fu-Verteidiger auf diese Weise Zuwachs erhält.

Zwei Chinesen, die behaupten, Deserteure zu sein, stellen sich bei den Barrikaden der Deutschen ein. Der eine ist verwundet und bittet um die Hilfe eines europäischen Arztes. Below führt ihn zu Doktor Matignon.

»Sonderbare Verwundung«, meint der Arzt kopfschüttelnd.

Dem Mann fehlt ein Ohr. Zögernd erzählt er den verblüfften Europäern seine Geschichte: »Die Soldaten Ton-Fu-Sians haben es mir abgeschnitten, weil ich nicht schön genug Trompete blase . . .«

Die beiden Chinesen werden mit verbundenen Augen in die englische Gesandtschaft geführt. Dort erkennt Sir Robert Hart, der Direktor des Seezollinspektorats, den einen: der Mann ist tatsächlich Musiker und war Posaunist in der Zoll-Musikkapelle, die ein portugiesischer Dirigent leitete. Der Chinese wird behandelt und fühlt sich bald viel besser.

Nun plaudert er drauflos: »Es stimmt, General Nieh hat Selbstmord begangen. Jetzt wurde Li-Hung-Tschang nach Nordchina beordert, er hat das Oberkommando unserer Truppen übernommen.«

Auch dieser Überläufer bestätigt die Einnahme der ummauerten City von Tientsin am 14. Juli. Jetzt naht die Hilfe wirklich! Die Truppen der Alliierten sind nicht mehr als hundert Kilometer entfernt – und das nach Aussagen der chinesischen Soldaten selbst!

Winterhalder und Darcy nützen die Waffenruhe aus, um die französische Gesandtschaft am andern Ende des Parks aufzusuchen. Paul Pelliot, der fließend chinesisch spricht, begleitet die beiden Offiziere. Alle drei durchstöbern die ehemalige Residenz Stephen Pichons, die von den Chinesen in eine richtige kleine Festung verwandelt wurde. Die wenigen dort verbliebenen chinesischen Wachen sehen die »fremden Teufel« auf sich zukommen und zeigen weder Überraschung noch Feindseligkeit. Einige strecken ihnen sogar die Hände entgegen, die Paul Pelliot ergreift, während er sich mit ihnen unterhält. Da, mit einem Mal, springt er über die Barrikade und läuft zu den Stellungen der Chinesen.

»Sind Sie verrückt?« schreit Darcy.

Auch Winterhalder beschwört ihn laut, sofort zurückzukommen. Aber der lange Sinologe scheint sie gar nicht zu hören und geht unbekümmert weiter, umringt von einer buntscheckigen chinesischen Eskorte.

Winterhalder und Darcy warten eine Viertelstunde, dann entschließen sie sich, zum Fremdenpavillon zurückzugehen, wo Darcy seine Befehlsstelle errichtet hat. Der österreichische Geschäftsträger schließt sich ihnen an. Alle drei sind aufgeregt und besorgt wegen dieser leichtsinnigen Eskapade ihres Gefährten. Da erscheint ein chinesischer Soldat im Pavillon und läßt sich wortlos in einen Rohrstuhl fallen.

Ein Kuli wagt es, sich zu setzen, während die Europäer stehen. Rosthorn ist über diese Unverschämtheit empört. Er will seinem Ärger Luft machen, aber Winterhalder besänftigt ihn:

»Vorsicht! Solange unser Freund Pelliot noch nicht heil zurückgekommen ist, müssen wir jeden chinesischen Soldaten als Mandarin Erster Klasse behandeln!«

Deshalb wendet sich Darcy mit ausgesuchter Höflichkeit an den Eindringling, der noch immer auf seinem Rohrstuhl sitzt: »Könnten Sie einem Europäer, der sich bei Ihren Leuten befindet, eine Botschaft übermitteln?«

Er reicht ihm ein Blatt Papier, auf das er geschrieben hat: »Befehle Ihnen unverzügliche Rückkehr.«

Niemals noch hat er einen so schroffen Ton gegen einen zivilen Mitkämpfer angeschlagen. Aber der Leichtsinn des jungen Sinologen macht ihn rasend.

Der chinesische Soldat übernimmt den Zettel, nach zwei tiefen Verbeugungen vor den beiden Offizieren zieht er sich zurück. Der österreichische Diplomat scheint Luft für ihn zu sein, was Rosthorn sehr verstimmt.

»Was ist Pelliot nur eingefallen, sich in die Höhle des Löwen zu stürzen«, murrt Darcy.

»Nur keine Aufregung«, begütigt Winterhalder, »Pelliot kennt die Chinesen besser als wir.«

Zwei Stunden später erscheint ein chinesischer Soldat. Er hält ein Stückchen Papier in der Hand, auf das die kurze Antwort Pelliots gekritzelt ist: »Ich bin bei Yung-Lu, trinke Tee und esse Obst. Man ist sehr freundlich mit mir. Ich hoffe in einer Stunde zurück zu sein.«

Ungeduldig wartet man weiter. Inzwischen sind die chinesischen Soldaten nicht müßig, sie heben vor der Barrikade einen Graben aus.

»Ein schlechtes Zeichen«, meint Winterhalder. »Sie werden bald wieder schießen.«

»Unmöglich, etwas zu unternehmen, bevor Pelliot zurück ist.«

Die Zeit vergeht, die Sorge um den Sinologen wird immer peinigender. Endlich, vier Stunden nach seinem Husarenstück, läuft ein Matrose herbei: »Mon capitaine, sehen Sie, Monsieur Pelliot kommt durch die Gesandtschaftsstraße, direkt von der chinesischen Front!«

Die beiden Offiziere und Rosthorn laufen zu dem kleinen Blockhaus, das Auguste Chamot vor seinem Hotel errichtet hat. Von dort können sie die Barrikade sehen, die erst kürzlich von französischen Matrosen erbaut wurde, um den Angriff der Boxer von der italienischen Gesandtschaft aus abzuwehren.

Paul Pelliot steht dort inmitten chinesischer Soldaten und scheint sich bestens zu unterhalten.

»Wann hört er endlich auf, ihnen die Hände zu schütteln!« ruft Rosthorn und verzieht angewidert das Gesicht.

Und jetzt kehrt der Sinologe endlich zu seinen Leuten zurück. Er ist ganz aufgeräumt, der Ausflug scheint ihm Spaß gemacht zu haben.

»Haben Sie nicht gehört, daß wir Sie zurückgerufen haben?« fährt ihn Darcy an.

»Gar nichts habe ich gehört, Herr Kapitän. Die Chinesen haben mir die Ohren vollgeschrien.«

»Ich hätte große Lust, Ihnen zur Strafe für Ihre Narrheit das

Dessert zu entziehen. Leider haben wir schon längst keines mehr.« Aber ein zähes Stück Maultier wird geopfert, um die Heimkehr des verlorenen Sohnes zu feiern.

Pelliot berichtet mit vielen Details, was er im gegnerischen Lager erlebt hat: »Ich wurde zu Yung-Lu geführt. Wirklich, ich hatte keine besondere Lust hinzugehen, aber die Chinesen haben mir keine Wahl gelassen. Ich wußte nicht so genau, ob ich Gast oder Gefangener war. Mindestens fünfzehn Mann haben mich durch die ganze Stadt begleitet. Dann wurde ich von zwei Mandarinen mit blauem Abzeichen und von einem dritten mit korallenrotem empfangen. Lauter überhöfliche Leute.«

»Und der General?«

»Er hat mich lange nach der Anzahl unserer Truppen, unseren Verteidigungsmitteln, unserer Verpflegung und unserer Munition ausgefragt. Ich habe ihm sehr ausweichend und sehr unbestimmt geantwortet. Natürlich war ihm klar, daß ich ein einfacher Zivilist bin, ein Gelehrter, der wenig von militärischen Dingen versteht. Ich habe ihm trotzdem gesagt, daß wir zahlenmäßig sehr stark sind, sehr entschlossen und mit allem ausreichend versehen.«

»Gut so«, nickt Darcy. »Und wie sind Sie zu unseren Linien zurückgekommen?«

»Sie haben mich gefragt, ob wir bereit wären, Peking unter dem Geleit und dem Schutz chinesischer Soldaten zu verlassen. Ich antwortete, daß ich nur Privatmann sei und gar nichts sagen könne, und daß es wünschenswert wäre, einen hohen Offizier als Unterhändler zu schicken. Dann hat mir Yung-Lu eine Eskorte gegeben, die mich zur Barrikade der Gesandtschaftsstraße begleitete. Er hat sehr nachdrücklich betont, daß diese Soldaten speziell damit betraut wären, mich vor den Boxern zu schützen.«

»Sonderbar«, murmelt Winterhalder. »Es scheint wirklich bei unseren Gegnern nicht zum besten zu stehen. Sollten Reguläre und Boxer doch nicht mehr ein Herz und eine Seele sein?«

»Das weiß ich nicht. Jedenfalls habe ich drüben keinen einzigen roten Turban gesehen.«

»Das alles klingt ja sehr nett«, sagt Darcy. »Aber diese Höflichkeiten überzeugen mich nicht. Von einer Stunde zur andern können die Kämpfe wieder ausbrechen. Ich werde die entsprechenden Befehle erteilen.«

Am Abend erhält der englische Gesandte eine weitere Note des Tsung-li ya-men. Er liest sie und zerknüllt sie voll Empörung.

»Ein schlechter Scherz«, sagt er zu Sekretär Cockburn und zu Herbert Squiers, dem neuen Generalstabchef. »Niemals noch habe ich eine so schamlose Entstellung von Tatsachen gehört. Wir sollen als erste das Feuer eröffnet und auf chinesische Soldaten und Zivilisten geschossen haben. Deshalb der Gegenschlag der regulären Truppen ... Die Boxer werden nicht einmal erwähnt! Aber das ist nicht alles ... Es ist nun wieder Frieden eingetreten, sagen sie, was ich stark bezweifle. Folglich werden wir gebeten, den Teil der Mauer zu evakuieren, den wir besetzen. Das kommt selbstverständlich nicht in Frage! Wenn die Chinesen eine so entscheidende Position innehaben, dann ist das ganze Gesandtschaftsviertel in ihren Händen. Ich bin mit der Einstellung der Kampfhandlungen sehr einverstanden, aber in diese Falle gehe ich ihnen nicht!«

Man teilt den Chinesen mit, daß die Fremden nicht gewillt sind, die Mauer zu räumen. Die Antwort des Gegners ist Schweigen. Zum ersten Mal seit Wochen und Wochen wird es Nacht in Peking, ohne daß ein Schuß zu hören ist.

Mittwoch, 18. Juli 1900

Die diplomatischen Gespräche werden fortgesetzt. Ein Delegierter des Tsung-li ya-men bringt eine Note zur englischen Gesandtschaft, in der die chinesische Regierung beteuert, daß sie die besten Absichten gegen die fremden Mächte hege. Beweis: der Leichnam des am 20. Juni ermordeten Baron Ketteler sei gefunden und in einen Sarg gebettet worden. Auch die übrigen Gesandten erhalten Meldungen; alle scheinen offiziell zu bestätigen, daß China über die dramatische Entwicklung in Peking bestürzt und beunruhigt ist.

»Jetzt besteht kein Zweifel«, behauptet Sir Claude. »Sie haben Angst vor der Reaktion der Weltmächte. Das ist das beste Zeichen dafür, daß unsere Truppen siegreich vorgehen.«

Der Tsung-li ya-men überschlägt sich mit Beweisen seines guten Willens. Er geht so weit, die diplomatischen Gepflogenheiten wieder aufzunehmen und einigen Gesandten die Schreiben ihrer Regierungen zuzustellen. Stephen Pichon stolziert wie ein Pfau daher: Théophile Delcassé, der französische Außenminister, drückt ihm offiziell die »sympathie cordiale« der Regierung und des Parlaments aus!

»Wissen Sie«, sagt er jedem, dessen er habhaft werden kann, »daß die Ehrung mit Stimmeneinhelligkeit beschlossen wurde? Einhellig ... Eine Sensation! Und überdies wurde ich zum Kommandeur der Ehrenlegion ernannt.«

Er platzt fast vor Stolz. Jetzt, da die Waffen schweigen, ist er unerhört tapfer, spielt sich auf und gibt an, daß sich die Balken biegen. Er wäre sogar bereit, in seine Gesandtschaft zurückzukehren ... wenn sie nicht in Trümmern läge. Und wenn nicht die eifrige Schanzarbeit der chinesischen Soldaten und ihre pausenlose Tätigkeit an den Barrikaden ein Zeichen dafür wäre, daß die Kämpfe ja doch wieder beginnen könnten – und zwar bald!

Sir Claude MacDonald schneidet diese Selbstbeweihräucherungen kurzerhand ab: »Ich habe eben wieder einen reichlich beunruhigenden Brief von Prinz King erhalten, in dem er von den Boxern spricht. Er sagt uns allerdings nichts Neues, wenn er darauf hinweist, daß sich diese Sekte die Vernichtung der Christen und die Zerstörung des Gesandtschaftsviertels zum Ziel gesetzt hat. Aber wieder einmal werden wir alle eingeladen, uns unter ›militärischem Geleit‹ nach Tientsin zu begeben. Sicherlich eine Falle.«

Das Ziel der kaiserlichen Regierung ist klar. Offiziell kann der gute Wille nicht genug beteuert werden, er wird aber zugleich mit einem richtigen Ultimatum verbunden. Im Augenblick, da sich die Gesandten mit Frauen, Kindern, Verwundeten, Kranken hinaus aufs flache Land wagen, wird man sie überfallen. Gewiß, die chinesischen Soldaten wären »trostlos«, aber es wäre ihnen eben nicht gelungen, die Boxer am Massakrieren der Überlebenden aus dem Gesandtschaftsviertel zu hindern.

»Also?« fragt Stephen Pichon ängstlich.

»Also – wir rühren uns keinen Fingerbreit weg. Und wir warten auf Hilfe.«

Baron Ishi, der japanische Gesandte, meldet seinen Besuch an. Auch er hat über den Tsung-li ya-men eine Nachricht aus seiner Heimat erhalten.

»Es ist unglaublich«, sagt er, »die Chinesen übermitteln uns sogar militärische Geheimnisse. Auf jeden Fall handelt es sich um einen sicheren Bericht, denn er stammt von unserem Generalstab. Ich kenne die genaue Zahl der Soldaten, die sich auf dem Marsch nach Peking befinden.«

»Verraten Sie also bitte dieses militärische Geheimnis, Baron.«

»Gerne. Es sind genau viertausend Japaner, viertausend Russen, zweitausend Engländer, fünfzehnhundert Franzosen, fünfzehnhundert Amerikaner und fünfhundert Deutsche. Sie sollten Tientsin um den 18. Juli verlassen, das heißt also, heute.«

»Ja, worauf warten sie dann noch?«

»Zweifellos auf die zwanzigtausend Japaner, die zu ihrer Verstärkung herbeieilen. Dann setzen sie sich sofort in Bewegung.«

Ein Augenblick der Euphorie.

Auf den Barrikaden wird fraternisiert und vor allem gefeilscht. Die Regulären, die ihre Waffen abgelegt haben, verkaufen Eier, Obst, Melonen.

Um fünf Uhr nachmittags erscheint ein Sekretär des Tsung-li ya-men vor einer Barrikade der englischen Legation. Er kommt in hochoffizieller Mission, eine Eskorte kaiserlicher Soldaten begleitet ihn. Der Delegierte bringt eine Botschaft des Generals Yung-Lu und ersucht um eine Vorsprache bei den Gesandten der fremden Mächte. Die Zusammenkunft findet bei dem Portal vor der Barrikade, die den Eingang ins Legationsviertel schützt, statt; einige Herren machen sich sofort auf den Weg.

Die Hitze ist erstickend, die faulenden Abfälle, die sich an den Ufern des Kanals angesammelt haben, verbreiten einen bestialischen

Gestank. Der Erde ist übersät mit Zweigen und Laub, mit Schutt, Ziegeln, Müll. Die Gesandten in ihren weißen Leinenanzügen bemühen sich um ein würdiges Auftreten, doch sie können kaum atmen in der Gluthitze, und ihr Magen verkrampft sich bei dem widerlichen Verwesungsgeruch, der über dem ganzen Gelände lastet, besonders über dem Bett des jetzt völlig ausgetrockneten Jade-Flußes.

Der chinesische Diplomat verbeugt sich tief vor seinen japanischen, amerikanischen und europäischen Kollegen. Er ergeht sich in Schmeicheleien, er kriecht geradezu. Immer wieder betont er, wie wohlgeneigt die kaiserliche Regierung den Vertretern der fremden Mächte sei.

Sir Claude antwortet im Namen aller: »Wir werden die Wohlgeneigtheit Ihrer Regierung nach den Möglichkeiten beurteilen, die sie uns zur Erfüllung unserer diplomatischen Aufgaben gibt. Und auch an den Maßnahmen, die sie ergreifen wird, um die endgültige Feuereinstellung durchzusetzen.«

Er dreht sich zu seinen Kollegen und fragt: »Hat einer der Herren etwas hinzuzufügen?«

»Ja«, erklären Pichon und Salvago-Raggi. »Die Verbindung zu unseren Matrosen im Pe-Tang muß wiederhergestellt werden.«

Der Sekretär des Tsung-li ya-men verspricht das Blaue vom Himmel. Aber genau in dem Augenblick, da er vor dem Portal der englischen Gesandtschaft empfangen wird, explodiert eine Mine bei der Kathedrale.

Denn wenn die Regulären auch das Feuer im Gesandtschaftsviertel eingestellt haben, lassen sie doch die Boxer in der katholischen Mission ungestraft wüten, ja, sie unterstützen sie sogar. Bischof Favier läuft zu dem Loch, das die Mine gerissen hat. »Und dabei war gestern der ruhigste Tag der Belagerung! Was haben diese Verbrecher hier angerichtet!«

Seine Christen waren unter der Leitung des Maristenbruders Joseph Felicité daran, einen Graben auszuheben, als sie von der Explosion überrascht wurden. Zwanzig Meter flogen Fleischfetzen, Rümpfe ohne Beine, ohne Arme, Leiber ohne Kopf, durch die Luft.

Verletzte, halb im Schutt begraben, brüllen vor Schmerz. Matrosen und chinesische Arbeiter eilen zu Hilfe, doch die Boxer, die auf die kaiserliche, die Gelbe Mauer, geklettert sind, beschießen sie von der Höhe aus. Franzosen und Italiener erwidern das Feuer, während die chinesischen Flüchtlinge fieberhaft in den Ruinen rund um den gigantischen blutigen Krater wimmeln. Der österreichische Seminarist Gartner leitet sie, ohne sich um die von allen Seiten um ihn pfeifenden Kugeln zu kümmern. Er wühlt in den Trümmern, verschwindet eine Weile und erscheint dann über und über von Staub bedeckt, mit einem bewußtlosen Kind in den Armen.

Die Bilanz, die Favier Oberleutnant Henry und Fähnrich Olivieri bekanntgibt, ist grauenhaft:

»Fast zwanzig Tote und mindestens ebenso viele Verwundete. Auch Bruder Josef Felicité ist unter den Opfern. Er war der Direktor unseres Waisenhauses und noch keine fünfundzwanzig Jahre alt.«

Wieder ein Franzose für die Verteidigung des Pe-Tang gefallen ...

Während die Diplomaten versuchen, die Verbindung mit der kaiserlichen Regierung wieder aufzunehmen, sehen die Geistlichen und Soldaten der katholischen Mission mit würgender Angst ein baldiges, gräßliches Ende nahen. Oberleutnant Henry inspiziert wieder einmal seinen Verteidigungsbezirk. Es war ein großes Glück für die Belagerten, daß diese Explosion seine Pläne nicht gestört hat und daß alle Kampfposten weiter besetzt sind. Aber der Tod geht um. Am 14. Juli wurde ein Italiener durch Kopfschuß getötet und zwei Matrosen des *D'Entrecasteaux* sind gefallen.

»Wenn wir aus dem Pe-Tang heil herauskommen, dann pilgere ich zur heiligen Anne von Auray und bringe ihr eine Votivtafel«, sagt der junge Offizier zum Bischof.

In diesem Detachement, wo von dreißig Soldaten etwa vierundzwanzig Bretonen sind, herrscht eine tiefe Gläubigkeit, eine sonderbar mystische Vertrautheit mit dem Tod. Viele von diesen Männern wissen, daß sie die Calvaires und Hügel ihrer Heimat nie mehr wiedersehen werden.

In trüber Vorahnung schreibt Oberleutnant Henry am selben Abend einen Brief an seine Eltern: »Wenn ich sterben muß, dann sollen diese Worte ein letzter Gruß an euch sein. Seid nicht allzu traurig, ich falle für die beste Sache der Welt, und ich habe, so glaube ich, meine Pflicht erfüllt. Ich vermache euch das Wenige, das ich besitze, und bitte euch nur, von meinem Geld 100 Francs für die Mission in China zu spenden, die gegenwärtig so Schreckliches durchzumachen hat ... Noch einmal, lebt wohl, meine innigstgeliebten Eltern, betet für mich. Im Namen des Vaters, des Sohnes und des heiligen Geistes. Amen.«

Donnerstag, 19. Juli 1900

Der Waffenstillstand wird nach wie vor eingehalten. Dadurch bilden sich bereits feste Gewohnheiten heraus. Chinesische Reguläre kommen regelmäßig in kleinen Gruppen und unterhalten sich mit den fremden Soldaten; niemand würde glauben, daß sie noch vor wenigen Tagen erbitterte Feinde waren. Die Soldaten der Kaiserin benehmen sich ebenso höflich wie ihre Diplomaten. Sie entschuldigen sich, daß sie »gezwungen« waren, zu schießen. Von den Minen scheinen sie nichts zu wissen.

»Wir gehören zu den Truppen des Ostlagers«, sagen die Soldaten, die gegenüber den französischen und österreichischen Stellungen eingesetzt sind. »Die Minen wurden von Kameraden des Westsektors gelegt.«

Die Soldaten vor den Stellungen der Russen und Amerikaner beteuern natürlich genau das Gegenteil. Zwischen Japanern und Chinesen wird weiterhin ein reger Handel mit Gewehren und Munition getrieben; die Japaner hamstern sich auf diese Weise ein schönes Lager alter Schießprügel zusammen. Sehr bestürzt zeigen sich die Chinesen, als ihnen die Wirksamkeit westlicher Waffen klar wird. Sie hatten die europäischen Einheiten für zahlenmäßig viel stärker gehalten.

Einer der Berufssoldaten führt ein langes Gespräch mit Doktor Matignon.

»Was hat er Ihnen verraten?« erkundigt sich Darcy.

»Daß wir zehntausend der Ihrigen getötet haben.«

»Zehntausend! Unmöglich!«

»Sie müssen wissen, Kapitän, daß hierzulande, ›zehntausend‹ ›viel‹ bedeutet. Es scheint ihnen großen Eindruck gemacht zu haben, daß jede Kugel trifft.«

»Bei einer Entfernung von ein paar Metern ist das doch nicht verwunderlich. Und wir haben nur geschossen, wenn wir sicher treffen konnten. Aber wir brauchen ihnen nicht auf die Nase zu binden, wie sehr wir mit Munition sparen müssen.«

Die Verteidiger können sich während des Waffenstillstandes endlich ausruhen und schlafen. Nach dem wochenlangen Geschützdonner und dem pausenlosen Infanteriefeuer lastet nun tödliche Stille über Peking. Tausende und abertausende Grillen zirpen in den Ruinen. Die Hitze wird unerträglich. Die Soldaten liegen halbtot in Liegestühlen und Rohrsesseln, unterhalten sich, rauchen, dösen.

Jetzt, da die Gefahr gebannt scheint, sieht man Stephen Pichon immer häufiger großsprecherisch und betulich in der französischen Gesandtschaft. Er wandert gern zum Fremdenpavillon, der nur wenige Meter von den Trümmern seiner ehemaligen Residenz entfernt ist, und stattet den dort postierten Offizieren eine Visite ab. Noch immer seufzt er über den Verlust von Seidengewändern und Porzellan; daß er Kommandeur der Ehrenlegion geworden ist, tröstet ihn jedoch und steigert seine Redseligkeit. Aber er bleibt mißtrauisch und vorsichtig, und nähert sich den vorderen Linien nie ohne sein altes Jagdgewehr an der Schulter, obwohl er zuweilen auf die Munition vergißt.

Im Lager der Franzosen und Österreicher herrscht gute Laune. Hauptmann Labrousse wird seinem Ruf als blendender Unterhalter vollauf gerecht, er sprüht vor Einfällen, über die sich Winterhalder und Kollař halbtot lachen können. Die beiden k. und k. Offiziere haben sich seit Beginn der Belagerung Spitzbärte und gezwirbelte Schnurrbärte wachsen lassen, die ihnen das Aussehen mexikanischer Banditen geben, was durch die riesigen Sombreros noch verstärkt wird, die sämtliche Verteidiger des Legationsviertels tragen.

Die Verteidiger der deutschen Gesandtschaft sind durch die herrschende Entspannung nicht zu beeindrucken. Im Gegenteil, Oberleutnant Soden befiehlt, die Stellungen weiter auszubauen. Sofort machen sich die Matrosen des Seebataillons und die Kulis ans Werk. Trotz der Hitze arbeiten sie wie besessen.

Dann läßt Soden einen Graben zwischen dem Haus, in dem sich die Soldaten zwischen zwei Gefechten erholen, und den Verteidigungsstellungen der vordersten Linie ausheben. Außerdem sichert er die Barrikaden durch ein improvisiertes Annäherungshindernis aus Draht und Netzen.

Gewiß, solange sich der Feind ruhig verhält, schießen auch die Deutschen nicht. Aber sie wollen sich nicht von der Atmosphäre einschläfern lassen, die gegenwärtig im Lager der Europäer herrscht.

Don Bernardo de Cologan, der spanische Gesandte, dessen Residenz etwas hinter den Linien beim »Hotel Peking« und der japanischen Legation liegt, kommt gerne auf einen Plausch unter Nachbarn zu den Franzosen und Österreichern. Er nennt sie die Druiden, weil sie inmitten der alten Bäume des Parks leben, an denen die meisten Offiziere nach dem Muster Darcys ihre Hängematten befestigt haben.

»Das ist ein echter spanischer Grande«, sagt Doktor Matignon bewundernd. »Groß an Wuchs, groß an Blut und groß an Mut. Wie schade, der wir nicht ein paar Matrosen seines Landes bei uns haben. Diese Hidalgos würden die Verteidigung mit etwas Pfeffer würzen.«

Alle Kombattanten bewundern den Spanier. Seit Beginn der Belagerung gibt er das Beispiel äußerster Genügsamkeit, schläft in einem Vorraum, nährt sich von Resten – auf kostbarem silbernen Tafelgeschirr serviert –, putzt sich selbst die Schuhe, die trotz des unvorstellbar zähen gelben Staubs wie Spiegel glänzen. Und überdies ist Don Cologan ein einfallsreicher Musiker. Er hat einen »Boxer-Walzer« komponiert, und seinen Schicksalsgefährten gewidmet, die fest versprechen, diesen Walzer am Tag der Befreiung zu tanzen – dem Tag, der immer näher rückt. Denn überall herrscht Hoffnung und freudige Erwartung.

23/24 Für die k. u. k. Marine boten die Kämpfe in China den seltenen Fall eines Kolonialeinsatzes: Oben k. u. k. Marineinfanteristen beim Angriff auf eine chinesische Stellung, unten österreichisches Detachement mit erbeuteten chinesischen Fahnen.

25–27 Die führenden Köpfe der Entsatztruppen: links oben Admiral Seymour, darunter General Gaselee mit seinen Stabsoffizieren, rechts oben der Führer des französischen Detachements, General Frey, mit seinem Stab.

28 Die Vertreibung der Boxer aus Peking bedeutete noch nicht das Ende des Aufstandes. Mit dem Oberbefehl über die alliierten Truppen in China wurde der deutsche Feldmarschall Arthur Graf von Waldersee betraut. Er langte am 29. September 1900 in Schanghai ein.

29 Das Ende des Boxeraufstandes führte zur endgültigen Entmachtung und Demütigung Chinas. Verloren steht ein Mandarin im Regen vor der Marmorbrücke des Sommerpalastes, während wie ein Symbol der neuen Macht, die nun das Land beherrscht, ein englischer Offizier an ihm vorbeigerudert wird.

Stephen Pichon, wieder einmal von der englischen Legation kommend, schwingt die Kopie eines Briefs des Prinzen King. Er ist ganz aufgeregt.

»Das ist einmal ein netter Brief!« ruft er. »Die Abschrift einer Depesche der chinesischen Regierung an die fremden Mächte. Sie bittet sie, ihnen aus dem zu helfen, was sie ›eine schwierige Lage‹ nennen! Aber ja, meine Herren, Sie haben richtig gehört! Die Chinesen sind in einer schwierigen Lage, nicht wir! Unsere ist sogar recht gut. Sir Claude hat sich über die Depesche weidlich amüsiert.«

»Was den englischen Gesandten betrifft«, fragt Darcy lässig, »wissen Sie, ob er den Waffenstillstand benützt, um einmal die Verteidigungslinie zu inspizieren? Wenn ich nicht irre, ist er doch unser oberster Befehlshaber?«

Winterhalder schließt sich sofort an: »Wir haben unseren Generalissimus noch nie an der Front gesehen. So darf er sich auch nicht wundern, daß wir seine Befehle nicht immer strikt befolgen.«

»Seine Befehle?« sagt Labrousse spöttisch. »In den wirklich kritischen Augenblicken haben wir doch überhaupt keine Befehle erhalten! Alles, was wir gehört haben, war doch immer nur eine Variante über ein und dasselbe Thema: ›Beschützt England, das Herz der Verteidigung!‹«

Wenn es auch im Gesandtschaftsviertel ruhig bleibt, geht der Kampf im Pe-Tang doch weiter. Die Boxer hocken oben auf der Gelben Mauer und schießen auf alles, was sich dem riesigen Minentrichter nähert. Heute ist der Tag des heiligen Vinzenz, des Patrons der Lazaristen und der Barmherzigen Schwestern. Die Missionare haben zu Ehren ihres himmlischen Schirmherrn Wein an die Matrosen verteilt. So sind die Italiener und die Bretonen bester Laune und noch verwegener als sonst. Mit der Beharrlichkeit der Betrunkenen beschließt ein Dutzend Matrosen, sich an den Boxern zu rächen. Sie hüten sich wohl, die Genehmigung ihres Vorgesetzten einzuholen, treiben ein paar Leitern auf und steigen über die

Umwallung der Mission. Dann überqueren sie die Straße und klettern auf die acht Meter hohe Gelbe Mauer.

Die Boxer nehmen Reißaus. Hilfsfahrer Franck ist sehr stolz auf diese Heldentat, richtet sich auf und steht völlig eingesehen oben auf dem Rand. Seelenruhig schießt er von seinem luftigen Stand den Feinden nach.

»Paß auf!« schreit sein Kamerad Souve.

»Ich habe keine Angst!« ruft Franck zurück.

Im selben Augenblick trifft ihn eine Kugel in den Kopf. Statt sich zurückzuziehen, stoßen seine Kameraden die Sandsäcke um, hinter denen sich die Boxer versteckt halten könnten, und lassen sich außen an der Gelben Mauer hinunter, wobei sie die Gerüste der Chinesen benützen. Sie hoffen, die dreißig oder vierzig Boxer in ihrem Unterstand zu fangen, um so ihren Freund zu rächen. Eine Anzahl chinesischer Christen hat sich den Franzosen und Italienern angeschlossen, bricht gelbe Dachziegel und Steine aus der Mauer und schleudert sie in das Lager ihrer Landsleute.

Der Lärm und das Poltern ist bis zum Standort Henrys und Olivieris vernehmbar. Die beiden Offiziere eilen zur Mauer und schäumen vor Wut über den Leichtsinn ihrer Leute, der bereits den Fahrer Franck das Leben gekostet hat.

Zum ersten Mal schreit Paul Henry die Männer zornig an:

»Wer hat euch erlaubt, eure Posten zu verlassen? Wenn das noch einmal vorkommt, stelle ich euch vor ein Kriegsgericht!«

Da bemerkt Henry, daß sich auch einer seiner verläßlichsten Matrosen, Gefreiter Marrec, ein Beobachter, bei dem kleinen Trupp befindet:

»Was machst du da, Marrec?«

»Einen Kontrollgang, gibt der Mann etwas unsicher zurück.

»Und ich habe deinen Platz unbesetzt gefunden! Du weißt, was es kostet, wenn man seinen Posten vor dem Feind verläßt?«

Ehe Henry seine Leute zum Pe-Tang zurückbringt, läßt er die Gerüste mit Petroleum übergießen und anzünden; sie brennen sofort unter enormer Rauchentwicklung.

»Jetzt zurück in die Stellungen! Die Boxer werden sich nicht so bald wieder auf die Mauer wagen. Aber merkt euch, daß ich nicht den geringsten Verstoß gegen die Disziplin dulde!«

Wenig später erzählt Henry diese Geschichte dem Bischof und beklagt sich über das gedankenlose Draufgängertum seiner Bretonen.

»Aber, aber«, beschwichtigt ihn Favier, »seien Sie doch nicht böse darüber, daß Sie allzu tapfere Männer unter Ihrem Kommando haben!«

Freitag, 20. Juli 1900

Im Legationsviertel dauert der Waffenstillstand an, aber die Belagerten im Pe-Tang haben keine Ahnung von den Verhandlungen; für sie geht der Kampf weiter, Tag und Nacht. Nach dem Tod des Fahrers Franck und dem Husarenstück auf der Gelben Mauer scheint die Nacht günstig für eine Strafexpedition.

»Im Lager der Boxer dürfte nach dieser Schlappe ziemliche Verwirrung herrschen, das sollten wir vielleicht ausnützen«, meint Bischof Favier zu dem österreichischen Seminaristen Gartner.

Der Klosterschüler begreift sofort, was der alte Kirchenfürst von ihm erwartet. So stellt er eine Gruppe chinesischer Flüchtlinge zusammen, die mit Lanzen, Säbeln und Messern bewaffnet sind, und schleicht an ihrer Spitze aus dem geschützten Bereich hinaus. Binnen kurzem ist die kleine Schar im Chinesenviertel angelangt, wo sie die Häuser unter Beschuß nimmt, um das Nachbarterrain der Mission freizubekommen und die Unterstände der Chinesen zu zerstören. Drei Boxer werden im Schlaf überwältigt und auf Befehl Gartners mit den eigenen Säbeln niedergemacht. Dann kehren die Männer von ihrer Expedition zurück.

Jarlin, der Koadjutor, der sich langsam von seiner Kopfverletzung erholt, ist sehr aufgebracht, als er davon erfährt: »Sie hätten wenigstens einen am Leben lassen sollen, damit wir ihn ausfragen können!«

Es wird Tag. Oberleutnant Henry und Bischof Favier haben sich unter dem großen Portal zu einem ruhigen Gespräch eingefunden.

Der Offizier spricht wieder von seiner Pilgerfahrt zur heiligen Anne von Auray, die ihm sehr am Herzen liegt. Plötzlich ein dumpfer Lärm. Eine Vollkugel hat zwischen ihnen eingeschlagen. Beide Männer sind voll Staub und übersät mit Splittern.

Oberleutnant Henry reinigt gleichmütig seine dunkelblaue Bluse und sagt: »Wieder eine Kugel, die beinahe ein Opfer gefordert hätte!«

Dann steht er auf, um seine Befehle zu erteilen. Heute müssen seine Matrosen weitere chinesische Häuser anzünden, auch die Arbeiten an den Gräben, den Gegenstollen, sollen fortgesetzt werden. Noch immer schlagen Granaten und Vollkugeln ein. Unter der Führung der geistlichen Schwestern hat sich die große Mehrzahl der Zivilisten in die Kathedrale zurückgezogen.

Sir Claude versammelt wieder einmal das diplomatische Korps, um zu den neuen Forderungen des Tsung-li ya-men Stellung zu nehmen.

»Eines steht fest«, sagt Baron Giers, der Russe, »wir haben nicht den geringsten Grund, den Chinesen zu trauen.«

»Sie haben uns immerhin freies Geleit nach Tientsin zugesagt«, wirft Stephen Pichon ein, »und ich glaube, daß sie es ehrlich meinen. Auch sie möchten diese ganze Geschichte hinter sich haben.«

»Nun, dann brauchen sie uns ja nur ein paar Beweise ihres guten Willens zu geben«, sagt der Schotte. »Meiner Meinung nach sollten wir mit Prinz King weiter verhandeln, aber uns nicht von hier wegrühren.«

Die Herren debattieren eine Weile, bis wieder Sir Claude das Wort ergreift: »Ich habe erfahren, daß die chinesischen Soldaten weiter an ihren Befestigungen arbeiten. Das sieht nicht nach gutem Willen aus. Glauben Sie mir, wir brauchen Taten und nicht Worte, ehe wir uns wirklich entschließen, nach Tientsin zu gehen. Hier können wir uns verteidigen, draußen, auf freiem Feld, werden wir glattweg abgeschlachtet.«

Dieses immer wieder vorgebrachte Argument ist durchaus vernünftig. Also heißt es warten, weiter warten. Die Hauptsorge ist die Verpflegung. Die Belagerten leiden sehr unter dem Mangel an frischem Gemüse. Die meisten Flüchtlinge und auch die Kombattanten sind an Ruhr erkrankt, der Reis ist knapp geworden. Dabei ist es glühend heiß und der Gestank nach faulenden Abfällen und nach Verwesung unerträglich. Streunende Hunde nähren sich von Leichen, die chinesischen Christen fangen die Vierbeiner, um sie ihrerseits zu verzehren. Werden alle Insassen des Lagers Hungers sterben müssen?

Aus einer versöhnlichen Geste heraus schickt der Tsung-li ya-men zwei Karren voll Gemüse; Melonen, Gurken, Eierfrüchte. Die Kaiserin selbst hat befohlen, sechs Säcke Mehl hinzuzufügen. Die Nachricht vom Eintreffen dieses kleinen Konvois löst eine neuerliche Diskussion in der englischen Gesandtschaft aus.

Einige protestantische Missionare wollen von diesen Gaben nichts wissen: »Es ist unmoralisch, solche Almosen anzunehmen.«

»Unsinn«, entgegnen die Hungrigen. »Gemüse hat mit Moral nichts zu tun.«

»Wie können wir uns von Leuten etwas schenken lassen, die uns umzubringen trachten?«

Der Zweifel ist gesät. Manche glauben, daß die Lebensmittel vergiftet sind. Auch die verrücktesten Behauptungen finden willige Ohren, man prophezeit den Leuten, die das Geschenk der Kaiserin annehmen, einen qualvollen Tod.

Die Karren erscheinen bei der Barrikade der vom Ha-Ta-Men-Tor kommenden breiten Straße und biegen zu den Gesandtschaften ein. Bevor sie die Brücke des Jade-Flusses überqueren, fahren sie beim »Hotel Peking« vorbei. Chamot, der im Tor steht, gelingt es, einen Teil der kostbaren Fracht zu ergattern und für die Verteidiger des österreichisch-deutsch-französischen Sektors abzuzweigen.

Der Belgier Félix Debrus stellt sich als Freiwilliger bei der französischen Legation vor, er will mitkämpfen, wenn es wieder losgehen sollte. Debrus ist ein untersetzter, kräftiger, stiernackiger Mann mit einem runden Bart.

»Danke, daß Sie zu uns kommen«, sagt Darcy. »Die Chinesen haben sicher noch nicht ihr letztes Wort gesprochen.«

Denn aus dem gegnerischen Lager tönt das Scharren von Schaufeln und Hauen. Die Regulären bauen die Stellungen weiter aus, die sie seit Beginn der Belagerung erobert haben. Anscheinend geht der gute Wille der Regierung nicht so weit, daß sie die Residenz der Belgier, Italiener, Österreicher oder Franzosen den rechtmäßigen Besitzern zurückstellen wollen. Auch die Kaiserin-Witwe scheint zu vergessen, daß die fremden Diplomaten eigentlich ihre Gäste sind.

Der Tag geht ruhig zu Ende. Noch ehe es dunkel wird, legt sich Darcy in seine Hängematte genau hinter dem Unterstand eines Wachtpostens.

Eben als er einschlafen will, erscheint Doktor Arthur von Rosthorn: »Kapitän, kommen Sie mit mir!«

»Was ist passiert? Ein Angriff?«

»Nein, eine kleine Überraschung.«

Darcy steht schnell auf und folgt dem Diplomaten. Sie steigen durch die Mauerbresche und gehen zum »Hotel Peking« weiter. Als sie den Großen Saal des Hotels betreten, findet Darcy dort zu seiner Überraschung seine österreichischen Kameraden Winterhalder und Kollař, sowie Frau von Rosthorn und Mitglieder der deutschen Gesandtschaft versammelt. Die Gattin des österreichischen Geschäftsträgers ist mit Oberleutnant Soden bei der Anrichte beschäftigt.

»Wir brauen eben ein neues Getränk«, erklärt Rosthorn mit ernster Miene.

Seine Frau füllt Champagnerflöten mit einer Flüssigkeit aus einer Melone, die vom Gemüsewagen entwendet wurde.

»Köstlich«, sagt Darcy, »und wie lautet das Rezept?«

»Fruchtsaft, Zucker, Weißwein, Champagner und Rum gemischt.«

Alle lachen, die Stimmung wird ausgelassen. Plötzlich hebt von Bergen, der junge Sekretär der deutschen Gesandtschaft, sein Glas: »Auf das Wohl der Kaiserin von China!«

»Auf das Wohl des Generals Ton-Fu-Sian!« fügt lachend von Below hinzu.

»Auf die Gesundheit des Generals Yung-lu!« spottet Darcy.

»Auf die Gesundheit der Truppen, die uns befreien werden!« schließt Doktor Matignon unter jubelndem Applaus.

Die Melone ist bald leergetrunken. Soden nimmt die hohle Schale und schneidet sie so zu, daß Nase, Mund und Augen entstehen. Dann stellt er eine brennende Kerze in diese improvisierte Laterne.

Wieder klatscht alles Beifall. Dann hat jemand noch eine bessere Idee. Die fröhliche Gesellschaft begibt sich im Gänsemarsch an die Barrikade der Gesandtschaftsstraße und stellt dort laut lachend den Melonenkopf auf die Rampe. Ein paar Minuten vergehen. Plötzlich ertönen Schüsse. Chinesische Schützen suchen die unheimliche Feuerkugel zu treffen. Aber sie schießen ständig daneben und rufen damit den schallenden Applaus der Gesellschaft hervor. Schließlich wird es dem Feind zu dumm, die Nacht wird wieder ruhig.

Samstag, 21. Juli 1900

Mehr als einen Monat schon vegetieren die europäischen Zivilisten in den Pavillons der englischen Gesandtschaft, die ihnen Sir Claude zu Beginn der Kämpfe überlassen hat. Über fünfhundert Flüchtlinge sind dort zusammengepfercht, mehr als die Hälfte davon protestantische Missionare mit ihren Familien. Die Frauen und Kinder haben sich von ihren dreihundert chinesischen Dienerinnen und zweihundert Haustieren nicht trennen wollen, die sich jetzt in dem übervölkerten Park herumtreiben. Das Spiel »Wachen und Boxer« hat das alte »Räuber und Gendarm« abgelöst. Die kleinen Jungen aus zehn Nationen jagen einander mit wildem Geschrei durch die Gärten und rennen den Patrouillen zwischen die Beine, die verwundete Matrosen aus den Frontlinien zu den Verbandplätzen tragen.

Schlecht und recht hat man sich in den Pavillons eingerichtet, in einer Art Camping-Atmosphäre, wo das Komische hart an das Gemeine grenzt. Zwischen Missionaren und Diplomaten hat nie besonders gutes Einvernehmen geherrscht, da sie zwei völlig verschiedenen Welten angehören. Die Diplomatenkreise von Peking führen das kaum mehr zeitgemäße Leben einer vergangenen Ära mit mondänen Empfängen und exquisiten Parties, auf denen Raffinessen und Intrigen die erste Rolle spielen. Diese seltsame Operettenwelt wird nun plötzlich in einen Wirbel des Schreckens und des Hasses gerissen. Die Missions-Mitglieder stechen gewaltig von dem Diplomatenmilieu ab, dessen Angehörige sich noch immer an ihre Privilegien und Traditionen klammern und den schreienden und greinenden Kinderschwarm, den die protestantischen Pastoren mit sich schleppen, mißgünstig ansehen. In einer solchen Ausnahmesituation zeigt jeder sein wahres Gesicht. Niedrigste Bosheit und Kleinlichkeit grenzt hart an Opfermut und selbstlosen Einsatz.

Das größte Problem stellte erst einmal die Unterbringung all dieser Menschen dar. Da gibt es überdies das Personal des Seezollinspektorats und der Bahnverwaltung, ferner die europäischen Angestellten in chinesischen Diensten, die ihre Sympathie für die Himmlischen mitunter offen zur Schau tragen und den Diplomaten wie den Missionaren die Schuld an den tragischen Ereignissen geben, die Peking seit Wochen in Blut und Tränen stürzen.

Bei der Menge an Schutzsuchenden muß das Wasser rationiert werden, folglich trinkt man wenig und wäscht sich so gut wie gar nicht. Alle leiden entsetzlich unter der Hitze, klagen aber noch mehr über die furchtbaren, schauerartigen Regengüsse, die die Behelfsunterkünfte in Kloaken verwandeln. Am schlimmsten zu ertragen sind jedoch die chaotische Unordnung und die Ungewißheit.

»Man hat das Gefühl, sich an Bord eines Schiffes zu befinden, das den Hafen mit unbekanntem Ziel verläßt«, sagt ein Missionar. »Eines riesigen natürlich. Aber wir haben nicht einmal eine Schiffsbesatzung, die sich um uns kümmert und ein wenig nach dem Rechten sieht. Jeder Passagier muß sich allein weiterhelfen.«

Im Prinzip hat jede Nation ein kleines Gebäude für sich erhalten. Die paar Skandinavier müssen sich sogar mit einem Stall begnügen, weil sonst nichts mehr frei ist. Der größte Bau ist mehrfach unterteilt; in einem Teil wohnen die beiden Vertreter der Hong Kong- und Shanghai Banking Corporation, in einem anderen Doktor Everett Morrisson. Der Times-Korrespondent hat seine Matratze auf den nackten Boden gelegt und rund um sich einen Wall aus Büchern aufgebaut, die er aus seiner brennenden Wohnung gerade noch retten konnte.

Der holländische Gesandte Knobel schläft in einer Schranknische. Von Anfang an zeigte er einen rührenden Willen zum Mithelfen und hat sich auch sogleich für den Wachtdienst gemeldet. Man hat ihm ein Gewehr gegeben und ihm einen Platz an einer Mauerzinne anvertraut, doch bald darauf mußte er eingestehen, daß er wegen seiner starken Kurzsichtigkeit die Chinesen nicht von den Landetruppen unterscheiden könne. So hat man ihm die Waffe schleunigst wieder abgenommen. Sein belgischer Kollege Joostens liegt den ganzen Tag in einem Strecksessel und liest ganz methodisch sämtliche Werke von Alexander Dumas. Er wünscht beinahe, daß die Belagerung lang genug dauern möge, damit er die hundert Bände auslesen könne, die er aus der Bibliothek eines Kollegen entliehen hat.

Trotz der Geschicklichkeit des wackeren Chamot wird die Ernährung von Tag zu Tag ein schwierigeres Problem. Täglich kommen turnusweise rund vierzig Flüchtlingsfrauen zum Mittagessen in Lady MacDonalds Speisesaal, wo sie, sobald sie ihr ewiges Pony-Ragout verzehrt haben, zu nähen beginnen. Die Geübtesten brauchen nur vier Minuten, um einen Sandsack zu verfertigen. Viele Frauen rauchen, vor allem die Italienerinnen und die Russinnen. Nicht so sehr, um ihre Nerven zu beruhigen, sondern um den widerwärtigen Gestank aus der Nase zu kriegen, der sich ständig verstärkt. Abfälle und Aas liegen überall herum, nur ein paar Hunde besorgen die Reinigungsarbeiten und nagen die Kadaver bis auf die Knochen ab.

Die Damen, die sich in die englische Gesandtschaft geflüchtet haben, leiden seit mehr als einem Monat schwer unter der Untätigkeit und der Angst. So suchen die jüngeren von ihnen – und auch manche nicht mehr ganz so junge – anderweitige Entschädigungen. Attachés, Zoll- und Bahnbedienstete profitieren von den Gefühlen jener jungen Engländerinnen oder Schweizerinnen, die als Gouvernanten nach Peking gekommen sind und nun hoffen, diese Belagerung werde ihnen wenigstens zu einem Ehemann verhelfen. Flirts bahnen sich an und flauen wieder ab.

Während die jungen Paare ein bißchen Alleinsein im Dickicht des Gesandtschaftsparks suchen, über den oft die Kugeln pfeifen, bleiben die unentwegten Whist- und Pokerspieler eisern vom ersten bis zum letzten Tag an ihren Spieltischen. Einige, so sagt man, vereinen dabei das Glücks- mit dem Geschicklichkeitsspiel, um sich ein kleines Vermögen zu erwerben.

Aber alle halten inne, wenn in der Dämmerung die zauberhafte Stimme einer russischen Opernsängerin erklingt, die den Abend mit ihrem Gesang begrüßt.

Höhepunkt des Tages freilich ist der Augenblick, da die Neuigkeiten am Glockenturm, dem man 1887 zum Jubiläum Königin Victorias errichtete, angeschlagen werden. Man erfährt Nachrichten von der Front, man kann den Vormarsch (?) der alliierten Truppen von der Ta-Ku-Reede und von Tientsin an den abgesteckten Fähnchen auf der Landkarte verfolgen, man liest die Übersetzungen der Artikel aus dem offiziellen Organ »Gazette de Pékin« und außerdem die kleinen Anzeigen über Käufe und Verkäufe.

Seit diesem 21. Juli sind kaiserliche Edikte, Auszüge aus der »Gazette de Pékin«, am Glockenturm ausgehängt. Man kann feststellen, daß sich der Ton im gegnerischen Lager merklich geändert hat. Vor der Einnahme Tientsins durch die alliierten Truppen gab es nur Hymnen auf die Boxer und Haßgesänge gegen die Fremden, Schmähungen der fremden Mächte. Jetzt aber, nach der chinesischen Niederlage, betont man, daß die Diplomaten, Kaufleute und Missionare zu schützen seien. Ja, es ist sogar die Rede von Entschädigungen, die sie für ihre Verluste zu bekommen hätten.

Trotzdem schneidet der Tsung-li ya-men weiterhin die direkte

Verbindung der Diplomaten mit ihren Heimatländern ab. Man teilt Stephen Pichon offiziell mit, daß er seiner Regierung keine Depeschen schicken darf. Dieses Verbot ist mit Ausdrücken des Bedauerns verbrämt, deren Scheinheiligkeit den Gesandten in Rage versetzt.

In der Gesandtschaft ist alles ruhig, abgesehen von ein paar Schüssen dann und wann, von denen man nicht weiß, wer sie abgibt, noch woher sie kommen. Die Kugeln verirren sich in den hohen Ästen der letzten Bäume des Parks. Professor Léon de Gieter, der am 27. Juni verwundet wurde, hat seinen Posten wieder eingenommen. Auch er gehört zu den Freiwilligen, die nicht an die Dauer des Waffenstillstands glauben. Immerhin wird die Korrespondenz zwischen den beiden Lagern fortgesetzt.

Sir Robert Hart, Direktor des Seezoll-Inspektorats, erhält zwei Briefe des Tsung-li ya-men. Im ersten wird angefragt, ob er sich guter Gesundheit erfreue, der zweite ist dienstlich: sein Untergebener in Schanghai erkundigt sich, wie es ihm gehe und bittet um Weisungen.

Das Abenteuer setzt sich in einer sonderbaren Atmosphäre von Höflichkeit, Angst und Grausamkeit fort. Vor einigen Tagen hat Darcy einen chinesischen Christen ins gegnerische Lager geschickt, mit dem Ersuchen, die Leichen Pesqueurs und Bougeards, die zweifellos beim Angriff am 13. Juli getötet wurden, auszuliefern. Aber der Bote kehrt nicht zurück. Vermutlich hat ihn der feindliche General hinrichten lassen.

Die Atmosphäre bleibt gespannt. Man beobachtet sich gegenseitig. Schweigend. Die Fraternisierungen der ersten Tage werden eingestellt.

Die Belagerten haben Hunger. Auch im Pe-Tang droht Hungersnot. Ein Stoßtrupp muß gebildet werden, um Lebensmittel herbeizuschaffen. Die Operation wird eilends gestartet, und sie scheitert ebenso schnell. Die Boxer haben alles rund um die Kathedrale zerstört und vernichtet. Nichts ist geblieben als Ruinen, Schutt, Asche. Bischof Favier, der stets so ausgeglichen wirkt, beginnt unruhig zu werden. Er kann seinem Koadjutor wie auch dem französischen Offizier nicht verhehlen, daß die Verpflegung der Flüchtlinge zum brennendsten Problem geworden ist.

»Wir kommen mit unsern Vorräten höchstens noch fünfzehn Tage aus!«

»Gott sei Dank halten wir mit der Munition länger durch«, sagt Paul Henry. »Wir haben noch 6723 Patronen.«

Sonntag, 22. Juli 1900

Ein ruhiger Sonntag. Es wird immer heißer und gewittriger. Ein bleigrauer Himmel liegt über Peking, die Eingeschlossenen ersticken in Schwüle und Glut. Sir Claude MacDonald schreibt an den Tsung-li ya-men und bittet um Eis. Er bekommt eine Antwort, über deren chinesische Doppelzüngigkeit er in helle Wut gerät.

»Das Eis stehe zur Verfügung, schreibt man, aber die Boxer lassen den Transport nicht passieren! Das ist wohl der beste Beweis dafür, daß die Regierung machtlos ist und unsere schlimmsten Feinde ihr das Gesetz des Handelns diktieren.«

Der Optimismus der vorangegangenen Tage sinkt, die Chinesen haben die Verbesserung der Befestigungen wiederaufgenommen, was den Männern in der vordersten Linie viel Kopfzerbrechen bereitet. Reguläre und Kulis scheinen im Garten der französischen Legation einen Stollen auszuheben. Bereiten sie eine Mine vor?

»Ich sehe mir die Sache einmal näher an«, erklärt der Freiwillige Paul Veroudart.

Der kleine Dolmetschschüler, der kurzsichtig wie ein Maulwurf, aber von einer legendären Tapferkeit ist, begibt sich zu den chinesischen Linien. Wie immer trägt er prächtig glänzende Lackschuhe. Er schwingt eine weiße Fahne, um den Gegner nicht zu reizen, seine Augen zwinkern hinter dem Zwicker und zornig ruft er den chinesischen Schanzern zu: »Wißt ihr nicht, daß Festungsarbeiten während eines Waffenstillstandes verboten sind?«

Als Antwort erfolgt ein Schuß, dann ein zweiter. Veroudart läßt seine weiße Fahne fallen und rennt zum Graben zurück. Darcy hat die Schüsse gehört und läuft, die Lebel in der Hand, zum Fremdenpavillon.

»Was geht hiervor?«

»Sie haben auf mich geschossen, obwohl ich mit der weißen Fahne kam!«

»Warten Sie, Veroudart, ich werde die da drüben Mores lehren!«

Darcy begibt sich auf seinen Schießstand bei der Kapelle, legt an, zielt sorgfältig und trifft einen der Chinesen, die im Graben schaufeln.

Darcy scheint sehr übler Laune, die Gewitterschwüle zerrt an seinen Nerven. Man bringt ihm zwei junge chinesische Christen, die Lebensmittel aus dem »Hotel Peking« gestohlen haben. In der gegenwärtigen Lage kann es kein schwereres Verbrechen geben.

»Sofort exekutieren!« befiehlt Darcy.

Schon sind zwei Matrosen für das häßliche Geschäft bestimmt, da mischt sich Frau von Rosthorn ein: »Lassen Sie die beiden laufen, Kapitän. Es sind Christen.«

»Um so ärger. Sie haben ihre Brüder bestohlen.«

»Gewiß. Aber wir können sie auf andere Weise exemplarisch bestrafen.«

Die beiden werden mit Stockschlägen gezüchtigt, dann – die ärgste Schande! – schneidet ihnen ein Matrose mit einer großen Schere die Zöpfe ab.

»Sie sind zu nachsichtig«, erklärt Darcy, »wir leiden alle Hunger. Aber die Not ist bei den christlichen Flüchtlingen im Fu-Park noch größer. Wissen Sie, daß die armen Teufel bereits die Rinde von den Bäumen schälen und die Blätter abreißen, um sie zu verzehren?!«

Gegen zehn Uhr abends bricht endlich das Gewitter los. Es schüttet wie aus Kannen, binnen weniger Sekunden sind die Männer im Gesandtschaftsviertel bis auf die Haut naß. Sie frieren plötzlich und sind verzweifelt. Dieser sintflutartige Regen ohne Ende wird die Ebene überschwemmen und die Hilfstruppen werden nicht weiterkommen. Außerdem unterwaschen die Sturzbäche in kürzester Frist die Barrikaden, weichen die Erdsäcke auf und verwandeln die Schützenstände in Kloaken. Die Matrosen stehen in Schlammlöchern Wache, und der Laufgraben der Franzosen ist zur Hälfte mit fauligem Wasser gefüllt.

Im Pe-Tang sieht es noch ärger aus, die Matrosen müssen die überschwemmten Unterstände räumen.

»Ein böses Ende eines bösen Tages«, ist der einzige Kommentar, den Oberleutnant Henry seinem Adjutanten Olivieri gibt.

Am Vormittag ist den Matrosen endlich ein Ausfall gelungen. Sie konnten in das kaiserliche Schwefel- und Salpetermagazin eindringen und ihren Pulvervorrat ergänzen. Und chinesische Uhrmacher, die sich in den Bereich der Kathedrale geflüchtet haben, reparieren die leeren Lebel-Patronenhülsen und füllen sie neu. Unter der Leitung der Lazaristenbrüder ist ein richtiges behelfsmäßiges Arsenal entstanden. Aber trotz dieses Nachschubs an Munition bleibt die Lage ernst. Die Lebensmittel gehen zur Neige und die Zahl der aktiven Kämpfer verringert sich. Im Lauf des Tages wird wieder ein bretonischer Seemann durch eine Kopfwunde außer Gefecht gesetzt. Auch er hat sich, wie sein unglücklicher Kamerad Franck, zu weit vorgewagt und mußte seine Unvorsichtigkeit schwer büßen.

Sturzbäche ergießen sich auf die Kathedrale und die Missionsgebäude, es regnet durch löchrige Dächer, und das Wasser rinnt an den Wänden herab. Manchmal löst sich ein gelber Ziegel und fällt mitten unter die Flüchtlinge, die vor Angst aufschreien. Man hört ein fernes Grollen. Donner? Kanonen? Bischof Favier ist sehr bedrückt.

»Bei diesem Wetter sind die Hilfstruppen manövrierunfähig«, sagt er seufzend zu seinem Koadjutor. »Die Kanonen versinken im Schlamm.«

Montag, 23. Juli 1900

Trotz des Waffenstillstands fallen im Legationsviertel vereinzelt Schüsse. Die Chinesen bauen ganz offen sichtbar ihre Stellungen aus. Sie gehen daran, eine neue Barrikade zwischen der Ehrenhalle vor der französischen Gesandtschaft und dem Haus des Chefdolmetschers Filipini zu errichten. Österreichische Matrosen, die in der

Kapelle Posten bezogen haben, richten vergeblich ihre Störfeuer auf die Schanzen.

Gegen neun Uhr morgens hört der Regen auf. Es wird allmählich hell, und wieder brennt eine glühende, dörrende Sonne vom Himmel. Morast verwandelt sich alsbald in Staub, widerlich schillernde Fliegen umschwirren die Barrikaden, die Männer werden von Ungeziefer geplagt, der Gestank nach verwesendem Fleisch verpestet die Luft. Der Jade-Fluß, der wieder fast trocken ist, hat noch niemals so übel gerochen; nur ein winziges Rinnsal ist von den Güssen übriggeblieben, das sich in den fauligen Abfällen verliert.

Im Fu-Park liegt Oberst Shiba bequem in einem Liegestuhl und empfängt einen chinesischen Soldaten, der ihm versprochen hat, jeden Tag zu kommen und ihm über die Vorgänge im gegnerischen Lager Bericht zu erstatten. Dieser Rapport wird zur Regel und zum schlechtest gehüteten Geheimnis des Verteidigungsgeländes. Jedermann amüsiert sich über diese Geschichte, und alle nennen den Chinesen den »Spion«. Die Japaner gewöhnen sich daran, ihn täglich aus und ein gehen zu sehen. Freilich, Oberst Shiba hat eine Unvorsichtigkeit begangen, indem er dem Mann für jede gute Nachricht zehn Piaster versprach, und so schwelgt der Spion natürlich in unerschütterlichem Optimismus für die Sache der Alliierten. Außerdem betreibt der Schurke zweifellos ein Doppelspiel und verrät seinen Landsleuten prompt, was er bei den Verteidigern des Fu erspäht hat.

»Und was wirst du mir heute erzählen?« fragt Shiba.

»Eine große Neuigkeit, Exzellenz, eine sehr große Neuigkeit. Ihre Truppen sind im Anmarsch.«

»Und wo stehen sie jetzt?«

»In Yang-Tsun.«

Dieser Ort ist etwa dreißig Kilometer von Tientsin entfernt, die Hilfstruppe nähert sich also sehr langsam. Aber immerhin: sie nähert sich. Und das ist das wichtigste. Oberst Shiba zahlt dem Spion seinen Lohn aus und sagt kurz: »Auf morgen. Hoffentlich bringst du mir wieder eine gute Nachricht.«

»Gewiß, gewiß, Exzellenz«, dienert der Chinese, grinst über das ganze Gesicht und ist verschwunden.

Oberst Shiba horcht auf: Im Nordwesten wird heftig geschossen.

»Schon wieder gehen sie auf den Pe-Tang los«, sagt er zu seinem Adjutanten. »Dieses Gefasel von Waffenstillstand ist ein reiner Witz. Uns streuen sie Sand in die Augen und zur gleichen Zeit bringen sie unsere französischen und italienischen Kameraden drüben um.«

Die Boxer sind nicht die einzigen, die den Pe-Tang berennen, um die Flüchtlinge in der Kathedrale zu erledigen; die Regulären leisten ihnen wacker Schützenhilfe.

Der Angriff beginnt mit einem gewaltigen Störfeuer, die Regulären freilich hüten sich, weiter vorzugehen, sie schicken lieber die Boxer an die Front. Ein paar gut gezielte Salven vom Pe-Tang her bringen sie zum Stehen. Oberleutnant Henry ist in der Feuerstellung, als ein Matrose atemlos gelaufen kommt.

»Herr Oberleutnant«, schreit er, »die Boxer sammeln sich im Ku!«

Henry reagiert sofort und erteilt seine Befehle: »Fünf Mann in den Yen-Tse-Tang! Sie stellen sich Olivieri zur Verfügung!«

Die Franzosen schlagen mit ihren italienischen Kameraden die Angreifer sehr schnell zurück, in regelloser Flucht rennen die Chinesen zum Ku, dem Schwefel- und Salpetermagazin, wo sie ihre Unterstände haben. Henry überzeugt sich, daß die Aktion gelungen ist, da erhält er eine neue Meldung: »Herr Oberleutnant, jetzt beschießen sie das Große Portal!«

Generalangriff also, vielleicht der schwerste seit Beginn der Belagerung.

»Schade«, stellt Henry fest, »wir haben zwar dreißig Lebel-Gewehre, aber fünf Mann sind kampfunfähig.«

Glücklicherweise gelingt es, Ersatz aufzutreiben, denn Maristenbrüder und Seminaristen haben sich freiwillig zu den Waffen gemeldet. Manche Burschen haben freilich nur zu zweit ein Gewehr, das sie brüderlich teilen; nach jedem Schuß wechselt die Waffe den Besitzer.

Sie haben mehr als tausend Fanatiker gegen sich, die, aufgeputscht durch das Dröhnen der Trompeten und den aufreizenden Klang der Hörner, vom Süden her durch die Hauptstraße des Pe-Tang zur Kathedrale stürmen.

»Achtung!« ruft Henry. »Laßt sie bis auf fünfzig Meter herankommen!«

Niemals haben die Matrosen einen so wütenden Angriff erlebt.

Die Boxer mit ihren roten Turbanen und roten Schärpen, mit Gewehren, Säbeln, Lanzen rasen brüllend auf sie zu; die roten Bänder an Armen und Beinen züngeln wie blutige Flammen auf ihren weißen Leinenkitteln.

Jetzt sind sie hundert, jetzt achtzig, jetzt sechzig Meter nah ...

»Feuer!«

Eine Salve gellt auf, die Chinesen stocken jäh. Einige drehen sich wie Kreisel um die eigene Achse, ehe sie zu Boden fallen, andere stürzen platt auf die Erde, das Gesicht im Staub, Blutlachen breiten sich aus. In den ersten Reihen herrscht Verwirrung.

»Feuer!«

Die zweite Salve ist von noch verheerenderer Wirkung, und der Angriff ist abgewehrt.

»Mehr als hundert Mann haben die Boxer verloren«, sagt Oberleutnant Henry zu seinem Adjutanten, der ihm seinerseits günstige Nachrichten vom Yen-Tse-Tang bringt. »Im Norden beim Ku haben sie starke Verluste. Aber einer meiner Leute ist durch einen Rohrkrepierer im Gesicht verletzt. Mir scheint, daß die geflickten Patronen unserer chinesischen Uhrmacher nicht von bester Qualität sind!«

Oberleutnant Henry läßt sich durch diese Erfolge nicht täuschen: »Glauben Sie mir, Olivieri, die Boxer kommen abends wieder. Heute sind sie besonders angriffslustig.«

Und tatsächlich eröffnen die Regulären, die sich in den Häusern beim Großen Portal versteckt halten, gegen sieben Uhr abends ein heftiges Feuer.

»Gehen Sie sofort hinter dem Wall in Deckung«, befiehlt Henry. »Mit aufgepflanztem Bajonett!«

Der junge Offizier fürchtet einen neuen starken Angriff. Und er hat kaum hundert Meter vor sich, um den Feind zum Stehen zu bringen.

»Sie kommen nicht, Herr Oberleutnant!«

»Nur Geduld! Vor allem erst dann schießen, wenn sie fünfzig Meter vor uns sind!«

Doch der Sturm bricht nicht an dieser Stelle los, wo seit der ersten Attacke Dutzende und Aberdutzende toter Chinesen liegen. Die Boxer haben sinnlos fünftausend Mauser-Geschosse verpulvert, die sich nur in den Erdwall bohren, die Matrosen jedoch haben kaum zweihundert Kugeln verfeuert – und beinahe jede hat getroffen.

Dienstag, 24. Juli 1900

Pünktlich wie jeden Morgen erscheint der Spion bei Oberst Shiba. Das Bild, das er heute von der Lage gibt, ist nicht gerade ermutigend: »Wir haben viel Verstärkung erhalten. Genau viertausendachthundert Soldaten aus der Provinz Schansi.«

»Artillerie?« fragt der Japaner.

»Ja, Exzellenz. Neun Geschütze.«

Shiba läßt sich nicht anmerken, wie bestürzt er über diese Nachricht von größter Tragweite ist. Umgehend verständigt er seinen Gesandten, Baron Ishi, der seinerseits Sir Claude informiert.

Der Oberbefehlshaber nimmt die Meldung ebenfalls sehr ernst und diktiert sofort einen Brief an alle militärischen Führer, dem er hinzufügt, daß er für die Nacht einen Angriff befürchtet.

Was Oberst Shiba betrifft, so bemüht er sich vor allem, von seinem Spion Auskünfte über die Hilfstruppen zu bekommen.

»Weißt du, wo sie sich befinden?«

»In Yang-Tsun.«

»Aber da waren sie doch schon gestern, nach deinen Angaben!«

»Nun, dann werden sie ein bißchen vorwärtsgekommen sein, vielleicht bis Tsai-Tsun.«

Oberst Shiba wird mißtrauisch. Diese sogenannten Informationen sind nichts weiter als die Wiedergabe von Gerüchten, sie rechtfertigen kaum die Belohnung, die der Mann erhält. Mit einer müden Handbewegung entläßt er ihn, nachdem er ihm eingeschärft hat, am nächsten Tag wiederzukommen. Außerdem macht er sich, wie alle seine Landsleute, Sorgen um das Befinden von Legationssekretär Narabara. Und tatsächlich, eben als er ihn aufsuchen will, bringt man ihm die Nachricht, daß Narabara seinen Verletzungen erlegen ist. Nach Kanzler Sugiyama, der unter schrecklichen Umständen am 11. Juni ermordet wurde, ist Narabara der zweite japanische Diplomat, der sein Leben in diesem Abenteuer lassen mußte.

Es ist Oberst Shiba bewußt, daß es seine Landsleute sind, die bei den harten Kämpfen um den Fu-Park den höchsten Blutzoll leisten. Im Sektor der japanischen Matrosen ging es immer besonders heiß zu.

Trotz des Waffenstillstands melden sich weiterhin Freiwillige. So ein österreichischer Staatsbürger, Eugen Wihlfahrt, der sein Asyl in der englischen Gesandtschaft verläßt und sich im Fremdenpavillon der französischen Legation vorstellt, wo ihn Kapitänleutnant Darcy mit Freuden empfängt.

»Sehr gut, daß Sie sich melden. Wir haben jeden Mann nötig.«

Hauptmann Labrousse tritt zu den beiden; er ist aufgebracht.

»Hoffentlich glauben Sie nicht an diesen Schwindel von Waffenstillstand!« schreit er. »Die Chinesen wollen uns nur Sand in die Augen streuen, das ist alles! Aber während die Diplomaten schwätzen, bereiten wir uns auf den Kampf vor. Also willkommen, Kamerad!«

»Welchen Platz weisen Sie mir an?« fragt Wihlfahrt.

»Am besten wäre es, wenn Sie zu Ihren österreichischen Landsleuten gingen«, antwortet Darcy. »Ich bin überzeugt, daß meine Freunde Winterhalder und Kollař sehr glücklich darüber wären. Sie werden dort nicht der einzige Freiwillige sein; ein Italiener, Primo Benvenuti, dient schon in dieser Einheit und zwei Franzosen, Georges Bouillard und Edmond Mathieu.«

Wihlfahrt spricht fließend italienisch und kommt dadurch mit den österreichischen Matrosen aus Dalmatien sehr gut aus. Edmond Mathieu ist übrigens der unzertrennliche Freund Auguste Chamots geworden. Wann immer möglich, begleitet er den tapferen Schweizer und hilft ihm bei seinen mühseligen Hamsterfahrten. Die Beschäftigung mit der Küche hindert ihn aber durchaus nicht daran, beim kleinsten Alarm auf die Barrikaden zu laufen.

Der erwartete Angriff bleibt zwar aus, doch als es längst dunkel ist, fallen in der drückend heißen Nacht plötzlich Schüsse.

»An die Gewehre!«

Die Matrosen laufen in ihre Stellungen. Vielleicht hat Oberst Shibas Spion richtig vermutet. Und doch, es geschieht nichts. Die Männer schauen sich die Augen aus, aber sie sehen auch nicht einen Schatten auf den Barrikaden oder vor den Mauerresten des gegnerischen Lagers.

Plötzlich steigen Raketen vom Kaiserpalast auf und versprühen auf dem dunklen Himmel in vielfarbigen Garben. Sofort verstummt das Feuer bei den Chinesen.

»Das muß ein Signal gewesen sein«, sagt Winterhalder zu Labrousse, der mit dem Österreicher Raschka neben ihm steht.

»Na sicher! Daß sich die himmlischen Soldaten das Vergnügen eines Feuerwerks leisten, glaube ich denn doch nicht«, antwortet Labrousse.

Mittwoch, 25. Juli 1900

Vom frühen Morgen an rumoren die chinesischen Soldaten in den Ruinen der französischen Gesandtschaft. Deutlich hört man das Klirren der Schaufeln und Schippen, das Knirschen der Schubkarren, die Befehle der Unteroffiziere.

Winterhalder und Kollař sprechen mit Darcy und Labrousse über die Geschäftigkeit der Gegner.

»Kein Zweifel«, sagt Darcy, »sie bereiten etwas vor. Wahrscheinlich wollen sie eine Mine hochgehen lassen.«

»Die einzige Möglichkeit, uns hier zu delogieren«, meint Labrousse. »Unter freiem Himmel taugen unsere ›Freunde‹ nichts, aber unter der Erde sind sie perfekt.«

»Ameisen«, stimmen die Offiziere zu.

Auch die chinesischen Diplomaten bleiben nicht untätig. Der Tsung-li ya-men schickt an einem einzigen Tag drei Schreiben an den englischen Gesandten.

»Diese Chinesen sind erstaunliche Geschöpfe«, sagt Sir Claude phlegmatisch zu seinem Sekretär Cockburn, »sie machen sich die Mühe, eigens einen Brief zu verfassen, um mich zu fragen, wie es mir gesundheitlich geht. Antworten Sie bitte, daß ich mich wohl fühle.«

Die anderen Noten sind interessanter. Wieder einmal schlägt die chinesische Regierung einen Exodus der Diplomaten nach Tientsin vor.

»Diese freundlichen Aufforderungen werden immer drängender«, bemerkt der Schotte. »Ob wir sie befolgen, wird von einer Besprechung mit den Herren Kollegen abhängen. Ich für meine Person glaube kaum an den ›Schutz‹ der chinesischen Eskorte. Die Regulären wagen es niemals, die Boxer abzuwehren, falls sie uns überfallen.«

»Und die dritte Note, Exzellenz?«

»Wir erhalten die Erlaubnis, mit unsern Regierungen telegrafisch Verbindung aufzunehmen.«

»Das ist einmal eine gute Nachricht!«

»Freuen wir uns nicht zu früh. Wir dürfen nämlich keine verschlüsselten Berichte absenden. Wörtlich heißt es, es seien ›maßvolle und friedliche Ausdrücke‹ zu verwenden. Kurz gesagt, es ist verboten, auch nur die geringste Anspielung auf die militärische Lage zu machen ...«

Das Aufreibendste für alle Belagerten ist die völlige Ungewißheit über das Schicksal der Hilfstruppen.

»Dieses Gerede von einer internationalen Armee, die uns befreien soll, wird nachgerade zur Farce«, knurrt Oberleutnant von Soden. »Die Armee taucht auf, sie verschwindet, niemand hat sie gesehen; letzten Endes fragt man sich, ob sie tatsächlich existiert!«

Nur Oberst Shiba scheint am laufenden zu sein, und das dank der Auskünfte, die er von seinem Spion erhält. Aber garantieren kann er deren Richtigkeit ja doch nicht. Heute, zum Beispiel, hat ihm der Späher verraten, daß die Alliierten zwanzig Kilometer weitergekommen seien. Shiba glaubt nicht so recht an dieses tolle Tempo, er bleibt skeptisch.

Aber der Mann beharrt: »Ihre Truppen sind in Hosi-Wu angelangt.«

Ein Blick auf die Landkarte: fünfundsechzig Kilometer vor Peking! Das wäre ja sehr schön, doch welchen Beweis gibt es für diese Behauptung.

Der Soldat beteuert: »Ich versichere, Exzellenz, daß es wahr ist. Die Alliierten haben unseren Truppen eine große Schlacht geliefert. Sieben Stunden hat sie gedauert, und wir sind besiegt worden.«

Oberst Shiba leitet die Information an Sir Claude weiter, der sie den Herren des diplomatischen Korps bekanntgibt. Die Diplomaten jubeln, die Militärs bleiben skeptisch. Was Pater Gamewell betrifft, den amerikanischen Missionar, der die Festungsarbeiten beaufsichtigt, so macht er weiterhin, wie jeden Tag seit Beginn des Waffenstillstands, auf seinem alten kreischenden Fahrrad mit der verbogenen Lenkstange die Runde zu Wällen und Schanzen.

Oberst Shiba aber sagt warnend zu seinen Kollegen: »Je näher die Alliierten kommen, desto gefährlicher wird die Lage für uns. Die Chinesen versuchen bestimmt, uns vor dem Einmarsch zu erledigen, die letzten Belagerungstage werden die härtesten sein.«

Donnerstag, 26. Juli 1900

Selten noch ist eine Nacht so ruhig gewesen. Peking scheint wie erdrückt von Hitze und Stille. Die Verteidiger erwachen nach einer Nacht, in der sie sich nur gegen die Flöhe und Fliegen wehren mußten, die seit einigen Tagen ihre lästigsten Gegner sind. Alle haben vor Müdigkeit gerötete Augen, schmutzige Bärte, zerrissene Kleider und ungepflegtes, langes Haar.

Die meisten Offiziere tragen nicht einmal mehr Uniform,

sondern Leinenhosen, Hemden mit aufgerollten Ärmeln und einen breitkrempigen Hut wie die amerikanischen Cowboys. Die Matrosen stecken noch immer in dem Leinenzeug, das sie bei der Landung gefaßt haben und das jetzt völlig abgenützt ist. Alle miteinander sehen eher wie eine Schar Schiffbrüchiger aus, und nichts erinnert mehr an die schmucke Paradetruppe, die vor gar nicht so langer Zeit die Wache vor den Gesandtschaften bezogen hat.

Das Leben der Belagerten läuft mit einer gewissen Regelmäßigkeit ab. Man sitzt bei den Suppenkesseln, in denen ein paar Brocken Pferde- oder Maultierfleisch schwimmen. Der eine oder andere versucht Hunde »à la chinoise« zu speisen. Die Ruhr wütet im Lager. Alle sind erschreckend abgemagert und ihre Augen glänzen fiebrig.

Tag für Tag kommt man zum Glockenturm, um die Landkarte zu studieren, die die Anmarschroute der Hilfstruppen zeigt. Da die Auskünfte von Oberst Shibas Spion stammen, läßt sich feststellen, daß die Alliierten von Sieg zu Sieg eilen und daß sie über kurz oder lang eintreffen müssen.

»Vor Ende des Monats sind sie hier«, behaupten die Optimisten, die den Weg nach der Landkarte berechnen.

»Aber das ist ja keine offizielle Information . . .«

»Sagen wir, sie ist offiziös. Für unsere Verhältnisse ist das nicht so schlecht.«

In gehöriger Entferung von dem Trubel, der stets vor dieser ausgehängten Landkarte herrscht, hat Sir Claude MacDonald das diplomatische Korps zu einer Besprechung gebeten.

Er kommt sofort zur Sache: »Meine Herren, wir müssen uns vor allem auf einen gemeinsamen Standpunkt einigen, an dem wir strikte festhalten. Hören Sie, welche Vorschläge uns der Tsung-li ya-men macht.«

Er liest die beiden Briefe vor. Die Mitteilung, daß der Telegraf wieder funktioniert, löst ein allgemeines befriedigtes »Ah!« aus, die Empfehlung, Peking zu verlassen, jedoch ein empörtes »Oh!«.

»Man macht sich über uns lustig!«

»Die wollen uns hineinlegen!«

»Wie kann man uns den chinesischen Soldaten ›anvertrauen‹?«

Der Schotte bittet um etwas Ruhe und Ordnung bei der Beratung. Es ist zehn Uhr vormittags und drückend schwül. Trotzdem haben die Gesandten die Form gewahrt und sind in Alpaka-Anzügen, Stehkragen mit spitzen Ecken und Krawatten erschienen. Sie triefen von Schweiß. Je nach Temperament wirken sie bedrückt oder zornig. Selten noch wurden sie vor so schwerwiegende Probleme gestellt.

»Etwas Ruhe, meine Herren«, ersucht Sir Claude nochmals und streicht mit einer eleganten Bewegung seinen langen, dünnen Schnurrbart. »Wir müssen eine Entscheidung treffen. Mir scheint es nach wie vor am wichtigsten, Zeit zu gewinnen. Ich möchte Ihnen deshalb folgendes vorschlagen ...«

Es ist ganz still, alle lauschen dem Mann, dessen moralische Autorität von allen Belagerten anerkannt wird, wenn sie auch manche – vor allem die Soldaten in vorderster Linie – etwas »entlegen« finden.

»Ich werde antworten, daß wir noch keine gemeinsame Sitzung organisieren konnten, daß wir aber selbstverständlich so bald als möglich die Briefe der chinesischen Regierung gemeinsam gründlich zu prüfen gedenken.«

»Ausgezeichnete Idee!« ruft Stephen Pichon.

»Es kann uns keineswegs zugemutet werden, unter den obwaltenden Umständen Peking zu verlassen«, meint Edwin Conger.

»Wir müssen präzise Einzelheiten für unsere Abreise nach Tientsin verlangen«, erklärt Don Cologan. »Auch wenn wir nicht die geringste Absicht haben, wegzugehen, können wir Zeit gewinnen und die Chinesen zu einem langwierigen Notenwechsel zwingen.«

So wird also das Katz-und-Maus-Spiel zwischen dem chinesischen Außenamt und den Vertretern der fremden Mächte fortgesetzt. Aber die chinesische Katze ist stets von den Tigerkrallen bedroht, die das internationale Heer in Tientsin darstellt. Die einzige Frage ist, ob die Maus das Abenteuer übersteht ...

Sir Claude schließt die Sitzung: »Ein letztes Wort, meine Herren, ehe wir uns trennen. Ich glaube, wir müssen das Angebot ablehnen, nur unverschlüsselt mit unseren Regierungen verkehren zu dürfen.«

»Und warum?« fragt de Giers, der immer bereit ist, seinem englischen Kollegen zu widersprechen.

»Ganz einfach, weil die Chinesen dann unseren Texten hinzufügen können, was ihnen beliebt, und wir haben diesen Lügen durch unsere Unterschriften das Siegel der Wahrheit aufgedrückt. Wir lassen uns nicht zu Komplizen des Tsung-li ya-men stempeln.«

Die Kollegen stimmen zu und kehren in ihre Stützpunkte zurück. Da erscheint Oberst Shiba bei seinem Gesandten. Der Spion hat ihm weitere Einzelheiten über die große Schlacht in der Nähe von Hosi-Wu hinterbracht.

»Mein Spitzel behauptet, es seien dabei dreitausend Reguläre des Ton-Fu-Sian und fünftausend Boxer eingesetzt gewesen. Die Schlacht hat mit einer totalen Niederlage und einer regellosen Flucht unserer Feinde geendet. Zwölfhundert Chinesen wurden außer Gefecht gesetzt – so behauptet zumindest mein Spion.«

»Das alles erscheint mir sehr glaubhaft«, meint Baron Ishi.

Oberst Shiba antwortet nicht. Er fragt sich manchmal, ob es richtig war, dem Gewährsmann für jede positive Nachricht zehn Piaster zu versprechen. Die Dinge entwickeln sich gar zu günstig!

Denn die Chinesen, die das Gesandtschaftsviertel und den Pe-Tang belagern, scheinen kein bißchen aufgeregt, was man doch eigentlich annehmen müßte, wenn die Nachricht über die Niederlage bei Hosi-Wu richtig wäre. Sie halten nach wie vor Wache auf den Barrikaden und sie graben unverdrossen weiter.

»Jetzt bin ich ganz sicher«, vertraut Hauptmann Labrousse seinem Freund Matignon an, »sie heben einen Minenstollen aus. Bestimmt wollen sie den Fremdenpavillon sprengen, wie sie am Abend vor dem 14. Juli das Haus Saussine gesprengt haben.«

»Leider bin ich auch dieser Meinung. Wir müssen etwas dagegen unternehmen. Die Österreicher sind ebenso gefährdet wie wir.«

Sie besprechen sich mit Winterhalder und Kollař, und beschließen, einen Gegenstollen im österreichisch-französischen Sektor zu graben. Arbeitskräfte haben sie genug. Ein paar Dutzend Kulis werden eingesetzt und beginnen sofort mit der Arbeit. Auguste Chamot und sein unzertrennlicher Freund Edmond Mathieu geben die nötigen Anweisungen. Wenn ein tiefer Graben vor den alliierten Stellungen ausgehoben wird, muß es möglich sein, alle eventuellen Minengänge der Chinesen abzuschneiden. Chamot überwacht die Arbeit und kann sehr bald die beruhigende Zusicherung geben, daß die Gefahr im Sektor des Musikkiosks und des Fremdenpavillons gebannt ist.

»Aber ich mache mir noch Sorgen wegen des Sektors der Kapelle«, sagt er zu den österreichischen Offizieren, die für diesen Punkt verantwortlich sind. »Ich fürchte, daß die Chinesen den Sammelkanal benützen, der neben der Gesandtschaftsstraße verläuft, in den Jade-Fluß mündet und dabei nur drei bis vier Meter vor Ihren Mauern und den Kellern meines Hotels vorbeikommt.«

Man muß also noch weiter schanzen und graben. Ein Freiwilliger bietet sich an, die Arbeiten zu leiten. Er ist Eisenbahningenieur, heißt Georges Bouillard, trägt einen prächtigen schwarzen Bart und macht keinen Schritt ohne seine Waffe, einen Bergstock mit Eisenspitze. Sofort stellt er ein neues Team von Kulis zusammen und befiehlt ihnen, einen Graben auszuheben, der von der Kapelle ausgeht, unter der Mauer und unter der Straße verläuft und dann in den Sammelkanal mündet.

»Dieser Kanal stellt einerseits eine Gefahr dar«, erklärt Auguste Chamot, »kann uns aber auch von Nutzen sein. Ich werde ihn bis zum Jade-Fluß säubern lassen. Sobald Monsieur Bouillard fertig ist, wird ein zweiter Graben ausgehoben, der von meinem Keller ausgeht und ebenfalls in diesen Kanal mündet. Er kann uns im Notfall als Fluchtweg und Unterschlupf dienen.«

Da der Hotelier von Anfang an seine Erfahrungen in der Frontlinie gemacht hat und daher mit der Lage voll vertraut ist, glaubt auch er nicht an einen dauernden Waffenstillstand. Er weiß, daß die Belagerten niemals einem massierten chinesischen Angriff standhalten könnten; in einem solchen Fall wäre die einzige Rettung der Rückzug auf die letzte Bastion, die englische Gesandtschaft.

Freitag, 27. Juli 1900

Nun weist alles darauf hin, daß der Pessimismus der Militärs begründet ist. Die Chinesen brechen offen den Waffenstillstand. Die ganze Nacht hindurch hört man das dumpfe Dröhnen ihrer Gongs und ihrer Trompeten. Manchmal wird diese unheimliche, eintönige Musik von ein paar Schüssen begleitet. Die Signale rufen lebhaftes Treiben im gegnerischen Lager hervor.

»Die Ameisen erwachen«, sagt Labrousse, der die Posten inspiziert.

Ein neues Gerücht geht in Peking um, ebenso falsch und ebenso unglaubwürdig wie alle früheren. Aber Diplomaten und Zivilisten können gar nicht genug hören, wenn ihnen dadurch ein paar Stunden Hoffnung geschenkt werden. Die Neuigkeit scheint unglaublich, aber sie muß einfach wahr sein, denn sie stammt ja vom berühmten Spion Oberst Shibas.

»Es ist wahr, wirklich«, beteuert der immer wieder. »Der Kaiserhof macht sich bereit, Peking zu verlassen. Man hat für die Übersiedlung bereits Maultiere und fünfhundert Karren requiriert.«

»Wann reist die Kaiserin mit ihrem ganzen Gefolge ab?«

»Wahrscheinlich, sobald die Regierung den Ausgang einer großen Schlacht kennt, die in Tschang-Kia-Pun vor sich gehen soll.«

Je mehr Einzelheiten diese Gerüchte untermauern, desto lieber werden sie geglaubt.

»Die amerikanischen Posten auf der Mauer haben in der Chinesenstadt eine große Bewegung von Karren ausgemacht. Wäre das nicht ein Beweis dafür, daß der Hof abreist?«

»Die Mandschu-Banner verlassen ebenfalls die Stadt, um Tung-Tschau und Tschang-tschia-wan zu befestigen.«

Obwohl wieder Schüsse fallen, wollen doch die einen oder andern unbeirrt an den guten Willen des Tsung-li ya-men glauben. Beweis? Prinz King und seine Kollegen schicken den Belagerten wieder eine Ladung von Wassermelonen, Eierfrüchten und Gurken. Wie das letzte Mal haben sie auch ein paar Säcke Reis und Mehl dazugetan und – Beweis echten Entgegenkommens – sogar Eis.

Ein neuer Brief teilt dem diplomatischen Korps mit, daß es in Peking völlig ruhig ist: »Die Christen können sich ungehindert in der Stadt bewegen«. Die kaiserliche Regierung empfiehlt daher, die christlichen Flüchtlinge aus dem Gesandtschaftsviertel zu entlassen.

Für gewisse Europäer wäre das eine großartige Gelegenheit, sich dieser armen Teufel zu entledigen, die täglich dutzendweise an Hunger und Krankheit dahinsterben. Man wäre sie gerne los, wie überflüssigen Ballast aus einem Ballon, muß aber den Plan ablehnen.

»Die Boxer würden die Christen abschlachten, ohne daß die Regulären eine Hand rühren. Vielleicht ist euch das gleichgültig, aber bedenkt, daß damit auch unser Schicksal besiegelt wäre. Wieso? Wenn wir dem ›Ratschlag‹ des Tsung-li ya-men folgen, sehen die Chinesen darin einen Beweis unserer Schwäche. Diesen Leuten darf man nie nachgeben, sonst verliert man sein Gesicht.«

Das ist auch die Ansicht Sir Claudes, der seine offizielle Antwort in dem Wortlaut abfaßt, der tags zuvor beschlossen wurde. Er fragt nach derart viel Einzelheiten im Zusammenhang mit einem eventuellen Abzug der Gesandten, daß die Chinesen, wie er hofft, lange Zeit für ihre Antwort brauchen. »Ehe ich ernsthaft diesem Problem nähertrete, muß ich unter anderem genau wissen, wie viele Wagen uns für die Beförderung unserer Familien und unseres Gepäcks zur Verfügung stehen . . .«

Sir Claude verfehlt auch nicht, eine Liste von Verletzungen des Waffenstillstands durch die chinesischen Soldaten anzugeben: Schüsse in der Nacht, Aufstellen von Kanonen gegenüber dem Gesandtschaftsviertel, Steinwürfe auf die Wachen der Barrikaden . . . Und der Pe-Tang ist noch immer dem schweren Feuer der Regulären und den Überfällen der Boxer ausgesetzt . . .

»Das Geschützfeuer drüben und die Schießereien sind mir beinahe eine Beruhigung«, gesteht Darcy seinem Kameraden Labrousse. »Sie beweisen zumindest, daß Oberleutnant Henry und Oberfähnrich Olivieri noch immer auf Posten sind.«

Es stimmt, die Kathedrale und die Mission halten dem Ungewitter von Feuer und Blut nach wie vor stand. Freilich, manchmal will den Verteidigern der Mut sinken, eine gewisse Resignation macht sich bemerkbar.

Tags zuvor ist der Lazaristenpater Chavanne, Doktor der Philosophie und der Theologie, an den Pocken gestorben. Er war erst seit kurzem in China und wurde schon zu Beginn der Kämpfe verwundet, ehe ihn die schreckliche Krankheit befiel. Dieser Tod und das ewigwährende Warten wirken sich sogar auf den tiefgläubigen Paul Henry aus. Der junge Oberleutnant ist bitter enttäuscht, daß am Tag der heiligen Anna, der Patronin der Bretagne, nicht das erhoffte Wunder eingetreten ist.

»Sie hat uns verlassen«, sagt er trüb zu Bischof Favier.

»Nein, nein, mein Sohn! Sie will sicher ihrer Tochter, der Jungfrau Maria, den Ruhm der Befreiung überlassen. Vergiß nicht, daß wir bald Mariä Himmelfahrt feiern!«

Aber der junge Offizier ist mit einem Male bedrückt und voll böser Ahnungen. Er gesteht, daß er fürchtet, Heimat und Eltern nie mehr wiederzusehen.

»Sie werden heimkommen«, beteuert der Bischof mit gütigem Lächeln. »Und wir geben Ihnen alles mit, was wir von den Boxern erbeutet haben, die Säbel, die Lanzen, die Kanone . . .«

»Nur etwas will ich mitnehmen, Monseigneur: die Fahne, die über dem Pe-Tang weht. Ich werde sie der heiligen Anne von Auray zusammen mit meiner Votivtafel bringen.«

Samstag, 28. Juli 1900

Nun scheint der Waffenstillstand endgültig vorüber zu sein. Nach Mittag eröffnen die Chinesen das Feuer, ein heftiger Kugelregen fegt über das Legationsviertel. Ein Kuli, der an dem Minengraben im franko-österreichischen Sektor arbeitet, wird getötet.

Da aber trifft eine Nachricht ein, die sich wie ein Lauffeuer verbreitet. In wenigen Minuten ist sie allgemeiner Gesprächsstoff: »Ein Kurier hat die Linien durchbrochen!«

Endlich! Die erste Nachricht von draußen seit Beginn der Belagerung. Und diesmal ist es eine offizielle Information. Ein fünfzehnjähriger Chinese hat sie von Mr. Carles, dem englischen Konsul in Tientsin, herübergeschmuggelt. Sir Claude MacDonald läßt sie dann, unbewegt wie immer, ohne Kommentar, am Turm neben der Landkarte mit den trügerischen Fähnchen aushängen.

Alle kommen gelaufen, um den Text dieser Depesche zu lesen, die mit 22. Juli datiert, also fast eine Woche alt ist:

»Auf Ihren Brief vom 4. Juli. Bis jetzt sind 24.000 Mann Truppen gelandet, und 19.000 hier. General Gaselee in Ta-Ku erwartet. Russische Truppen sind in Peitsang. Tientsin in unseren Händen, die Macht der Boxer ist hier ganz gebrochen. Viele Truppen sind auf dem Weg, wenn Sie nur mit den Lebensmitteln durchhalten können, wird alles gutgehen. Beinahe alle Damen haben Tientsin verlassen. W. Carles.«

»Es ist unglaublich«, ruft Morrisson, »daß ein britischer Konsul einen derart zusammenhanglosen Text verfassen kann!« Und der wütende Journalist, der seit seiner Verwundung die Zeit damit verbringt, Notizen zu sammeln, kann es sich nicht versagen, den Bericht zu zergliedern und seine Unsinnigkeit aufzuzeigen.

»Es ist unmöglich zu erkennen, ob sich die Hilfstruppe auf dem Weg von Tientsin nach Peking oder von Europa nach Tientsin befindet. Und man weiß nicht einmal, ob es 24.000 Mann im ganzen sind oder 43.000. Ebensowenig ist herauszulesen, ob sie uns Nahrung bringen werden oder ob wir sie verpflegen müssen.«

Nachdem sich die erste Aufregung gelegt hat, sieht man die Dinge klar: Vor einer Woche haben sich die internationalen Truppen noch nicht in Bewegung gesetzt, es gab nicht einmal ein fixes Datum für ihren Aufbruch. Der berühmte Spion im Dienst des Obersten Shiba hat nur Märchen erzählt. Alle hatten sein Lob gesungen, jetzt möchte ihn die ganze europäische Kolonie am liebsten erwürgen. Der japanische Offizier, der lange wegen seines Durchhaltens im Fu-Park als der große Mann des Widerstandes gegolten hatte, wird nun verspottet. Man nennt ihn einen einfältigen Tropf, der sich von dem erstbesten Schwindler beschwatzen läßt.

Noch immer aber klammern sich so manche an unsinnige

Hoffnungen. Die Truppen könnten sich ja in dieser Woche in Marsch gesetzt haben und weitergekommen sein ...

»Wenn sie flott marschieren, sind sie in wenigen Tagen da.«

Aber die meisten zucken nur die Schultern über diesen Kinderglauben. Der Gegensatz zwischen der bestürzenden Depesche und den unklaren Siegesmeldungen der letzten Tage ist so groß, daß man die Nachricht des englischen Konsuls von Tientsin glatt als Katastrophe empfindet. Wieder steht es drohend vor ihnen, das Gespenst eines allgemeinen Massakers. Großsprecher werden zu Jammerlappen, Realisten malen sich die gräßlichsten Szenen aus. Alle wissen nur zu gut, welches Ende dem Gesandtschaftsviertel und dem Pe-Tang bevorsteht, wenn die Boxer mit ihren Brandfakkeln und Säbeln kommen. Die Greuelmeldungen, die zu Beginn des Aufstandes so reichlich kolportiert wurden, gewinnen plötzlich neue Nahrung und erschreckende Aktualität. Schon morgen kann es wieder Metzelei und Marter geben. Es ist zum Verrücktwerden. Und immer verrückter wird Nostegarde, der norwegische Pater, dem es gelungen ist, aus dem Karzer auszubrechen, in den ihn die Matrosen gesperrt hatten. Er rennt davon, klettert auf eine Barrikade und stellt sich laut schreiend ... unter den Schutz der regulären Truppen Ton-Fu-Sians.

»Der Arme ist völlig übergeschnappt«, stellt Hauptmann Labrousse fest. »Er hätte sich ja schließlich von allem Anfang an in die Arme der Boxer werfen können.«

Nostegarde ist eben den Wünschen der chinesischen Regierung zuvorgekommen, die nichts dringender verlangt, als daß sich alle Fremden unter ihren »Schutz« stellen. Ein neuer Brief des Prinzen King an Sir Claude fordert nochmals energisch die Abreise nach Tientsin. Sein Ton kling ganz und gar nach Ultimatum: »Geben Sie uns sofort und genau das Datum Ihrer Abreise bekannt. Wir haben unserseits Verfügungen zu treffen.«

Sonntag, 29. Juli 1900

Die Kaiserin-Witwe Ts'e-hi, die Geheimnisvolle, Göttliche, hat die Gewalt gewählt. Hsu-Tsing-Tseng, früher Gesandter in St. Petersburg, und Yuan-Tschang, ein Mitglied des Tsung-li ya-men, wurden ohne Prozeß hingerichtet, ebenso drei weitere Vertreter der liberalen Politik. Das einzige Verbrechen dieser Männer war, daß sie die Boxer kritisiert und den Frieden mit den fremden Mächten gewünscht hatten. Aber »man« klagte sie des Majestätsverbrechens an. »Man«, das ist Li-Ping-Heng, der Mann mit dem »stahlharten Willen«. Als früherer Gouverneur der Provinz Schantung war er im Mordfall der beiden Missionare stark kompromittiert. Jetzt besetzt er den Posten des kaiserlichen Inspekteurs der Seestreitkräfte des Yang-tse. Er hat nur eines im Sinn: die »fremden Teufel« hinauszuwerfen. Der Waffenstillstand ist für ihn nichts als eine Pause vor der Wiederaufnahme der Kampfhandlungen. Die Kaiserin überträgt ihm das Kommando über vier Armeen, um ihre neue Politik durchzusetzen: nämlich, die alliierten Truppen in Tientsin festzuhalten und den Widerstand im Gesandtschaftsviertel und im Pe-Tang zu brechen. Li ist in ihren Augen der starke Mann. Schon jetzt überschüttet sie ihn mit allen Ehren, verleiht ihm das Privileg, hoch zu Roß in die Verbotene Stadt einzureiten und sich in einer Sänfte mit zwei Trägern ins Winterpalais zu begeben.

Das alte China mit seiner in Jahrhunderten erstarrten Tradition, der tiefen Verehrung für das Überkommene, fordert somit die Europäer zu einem letzten Kampf auf Tod und Leben heraus. Die Diplomaten in Peking können dem nur eines entgegensetzen: den Versuch, Zeit zu gewinnen. Der Notenwechsel mit dem Tsung-li ya-men wird fortgesetzt. Aber niemand kann mehr an die Verlängerung des Waffenstillstands glauben.

Die Verteidiger arbeiten fieberhaft an den Befestigungen. Im Gesandtschaftspark graben die Kulis unterirdische Gänge. Ein weiterer Graben reicht bis zum Kanal der Gesandtschaftsstraße, wo eine kleine Schutzwache postiert wird.

»Die chinesischen Mineure werden sich bald mit unseren Kulis unterhalten können«, sagt Darcy zu Labrousse. »Die Schanzarbeiter des braven Chamot haben ordentlich geschuftet.«

Was die Gerüchte betrifft, so hört sich Oberst Shiba, allerdings mit großer Zurückhaltung, weiterhin die Berichte seines Spions an. Sie haben sich nicht geändert. Angeblich geht der Marsch der Alliierten planmäßig weiter. Sie wären schon in Matou und hätten somit die Hälfte des Weges Tientsin – Peking geschafft. Aber wer kann solche Märchen noch glauben! Nur ein Narr.

Apropos Narr: Der norwegische Missionar ist zurückgekommen! Pater Nostegarde ist nun völlig verrückt geworden. Er erzählt aufgeregt, was er im chinesischen Lager erlebt hat: »Ich bin von General Yung-Lu empfangen worden. Ein sehr liebenswürdiger Herr! Er hat mir viele Fragen gestellt, er wundert sich, daß wir noch nicht alle tot sind. Der General hat zugegeben, daß er sehr viele Kugeln und Granaten verschwendet hat, um uns zu erledigen. Daraufhin habe ich ihm erklärt, warum diese ganze Munition nichts genützt hat.«

»Aber damit ist doch unser bester Schutz verraten!«

»Es gibt nur einen Schutz – die Wahrheit vor dem Herrn. Warum sollte ich diesem anständigen Soldaten nicht sagen, daß seine Leute zu hoch schießen? Er hat mir versprochen, diesen Fehler zu beheben.«

Pater Nostegarde treibt die christliche Liebe entschieden zu weit, und alle im Lager kehren ihm den Rücken. Aber er scheint sich sehr wenig aus dem zu machen, was Diplomaten, Flüchtlinge und Soldaten von ihm denken. Er ist noch ganz begeistert von seinem Ausflug und der guten Aufnahme, die er bei den Chinesen gefunden hat.

Immerhin gehen die Kämpfe weiter. Von einer Barrikade zur andern wird geschossen. Ein Kuli, der im Minengang im Park der französischen Legation arbeitet, wird verwundet. Während sich das Gewehrfeuer verstärkt, beginnen die chinesischen Fußsoldaten mit der Errichtung einer Barrikade auf der Brücke der Kaiserstadt, einem Bauwerk, das den ganzen Sektor des Jade-Flusses beherrscht. Somit ist die englische Gesandtschaft direkt bedroht.

Sir Claude MacDonald entschließt sich, das Feuer zu eröffnen, um einem Angriff zuvorzukommen. Japaner und Italiener vom Fu-Park leisten Schützenhilfe. Mehrere Schanzarbeiter im gegnerischen Lager werden getötet, aber der Barrikadenbau drüben geht weiter. Es müssen also stärkere Mittel eingesetzt werden.

»Bringt die italienische Schnellfeuerkanone!«

Sie besitzen schon seit langem keine einzige Granate mehr für das kleine 37-Millimeter-Geschütz. Man muß es deshalb mit Munition füttern, die aus erbeutetem Zinn und Blei von chinesischen Handwerkern gebastelt wurde. Die Patronen sind mit chinesischem Pulver gefüllt. Die Matrosen zielen gut, aber die Projektile sind fast wirkungslos. Die Chinesen haben das Geschütz bald ausgemacht, antworten mit wilden Feuerstößen und binnen weniger Minuten ist der italienische Kanonier verwundet. Seine Kameraden verlassen das Geschütz. Und unentwegt arbeiten die Chinesen auf der Brücke der Kaiserstadt weiter. Die tödliche Gefahr für die Eingeschlossenen wächst von Stunde zu Stunde.

An diesem Sonntag, dem faktischen Ende des Waffenstillstands, geht es im Pe-Tang noch gefährlicher zu.

Das Artilleriefeuer gegen die Kathedrale verstärkt sich, hundertfünfzig Vollkugeln werden an einem einzigen Tag gezählt. Die Mauern bersten, Brände brechen aus. Drei chinesische Christen finden den Tod in den Trümmern. Die Boxer scheinen sich plötzlich auf den Nordsektor, den Yen-Tse-Tang, zu konzentrieren.

Olivieri stürzt zu seinem französischen Kameraden: »Wir haben fast keine Munition mehr!«

»Spart mit den letzten Patronen. Ich komme selbst mit ein paar Matrosen heute nacht in eure Stellung«, sagt Paul Henry.

Denn Henry läßt seinen italienischen Freund nicht im Stich. Die Verteidigung der Mission bildet ein Ganzes, in der Garnison herrscht seit Beginn der Belagerung eine unverbrüchliche Waffenbrüderschaft.

Montag, 30. Juli 1900

Henry begibt sich mit einem Trupp von zwölf Matrosen, fast lauter Bretonen, um sechs Uhr früh zum Yen-Tse-Tang.

»Endlich!« ruft Olivieri. »Dieses pausenlose Bombardement hat unseren Verteidigungsplan völlig durcheinander gebracht. Die Stellung ist unhaltbar geworden! Ich kann das Feuer nicht mehr erwidern!«

»Ich weiß«, lautet die kurze Antwort.

Paul Henry ist sich über die Absicht des Feindes klar, der versuchen will, vom Norden her in das Missionsgelände einzufallen. Wenn erst einmal die Gebäude des Yen-Tse-Tang in gegnerischer Hand sind, dann bricht alles zusammen. Zum Glück haben Henrys Leute noch genügend Munition.

Er gibt Feuerbefehl. Alle schießen zugleich, in wenigen Minuten sind mehr als hundertfünfzig Chinesen, Reguläre und Boxer, kampfunfähig.

»Achtung, Herr Oberleutnant! Sie stellen eine Kanone auf!«

Und tatsächlich sind die Chinesen dabei, auf einem leeren Feld beim kaiserlichem Pulvermagazin ein Geschütz aufzufahren, kaum hundert Meter von der Umfassungsmauer entfernt.

»Versucht die Kanoniere zu treffen!«

Die Matrosen, gestützt auf Sandsäcke, bemühen sich, das Geschütz in die Schußlinie zu bekommen. In wenigen Augenblicken ist die Bedienungsmannschaft außer Gefecht gesetzt.

»Gott sei Dank«, sagt Olivieri, »nun wird's ihnen nicht gelingen, die Kanone in Stellung zu bringen. Mir scheint, die Katastrophe ist gerade noch abgewendet.«

»Die Schlacht ist nicht zu Ende«, ist alles, was Henry erwidert.

Den Chinesen ist es im Feuer gelungen, ihr Gerät zweihundert Meter zurückzuziehen und in Deckung zu bringen.

»Früher oder später setzen sie es wieder ein«, sagt der Franzose zu seinem italienischen Kameraden. »Wir müssen uns dieses Geschütz unbedingt holen.«

»Das ist ja Wahnsinn!«

»Nein, es ist uns schon einmal gelungen, im Handstreich jene Kanone zu kapern, die das Hauptportal beschossen hat. Ich glaube, ein Ausfall wäre möglich. Ich brauche dazu nur ein paar entschlossene Burschen.«

Es fehlt nicht an Freiwilligen; zwölf Franzosen und fünf Italiener melden sich. Paul Henry will sie selbst kommandieren und erklärt ihnen seinen Plan: »Wir schleichen durch die Bresche, laufen durch den Ku-Park und stürzen uns gemeinsam auf die Kanone. Kein Schuß ist nötig. Aber schnell müssen wir sein.«

Pater Jules-André, Visitator der Maristen-Brüder und mit den Schanzarbeiten des Yen-Tse-Tang betraut, bietet sich an, sich mit einem kleinen Trupp Chinesenchristen anzuschließen. Paul Henry akzeptiert die Hilfe gerne, da meldet sich ein anderer Maristen-Bruder: »Herr Oberleutnant, die Boxer greifen in Scharen bei der Nordmauer an. Sie versuchen, die Häuser der Barmherzigen Schwestern in Brand zu stecken!«

Tatsächlich ist es den Feinden gelungen, so weit vorzudringen, daß sie ihre petroleumgetränkten Brandfackeln auf die Klostergebäude schleudern können. Schon brennt es da und dort. Henry muß wohl oder übel auf seinen Handstreich verzichten, wichtiger ist es jetzt, die Gefahr im Norden zu bannen.

»Schnell! Zwei Mann mit mir!«

Obergefreiter Delmas und Hilfskanonier Callac laufen zu ihrem Chef. Sie rasen durch die schmale Gasse zu der Mauer, die unter Beschuß liegt. Schon sind sie bei der Leiter, die zum Schießstand hinaufführt. Delmas ist als erster oben und eröffnet sofort das Feuer. Dreißig Schuß gibt er ab. Neben ihm beobachtet Paul Henry in völliger Ruhe die schreckliche Wirkung dieses Überfalls.

»Bravo«, lobt er. »Achtundzwanzig Boxer mit neunundzwanzig Kugeln außer Gefecht gesetzt! Eine Rekordleistung.«

Aber der Feind schießt zurück. Das eben noch lächelnde Gesicht Delmas' verzieht sich plötzlich, er ist am rechten Arm getroffen, kann das Gewehr nicht mehr halten.

»Rasch, Callac«, befiehlt Henry, »mach's ebensogut wie Delmas!«

Calla preßt sich in die Scharte, das Gewehr in der Hand. Paul Henry steht hinter ihm und zeigt auf einen Trupp Boxer, die zum Portal der Nordmauer laufen.

»Die dort müssen wir aufhalten! Schieß in den Haufen! So schieß doch . . .!«

Aber Callac schreit auf und läßt die Waffe sinken. Eine Kugel hat seine Schulter zerschmettert. Er dreht sich um und sieht, daß auch sein Offizier verwundet ist. Die Kugel, die seine Schulter verletzte, ist zurückgeprallt und hat Henry am Hals, genau unter dem dunklen Bart getroffen. Paul Henry schwankt und will hinuntersteigen, um in Deckung zu gehen. Da aber trifft ihn eine zweite Kugel mitten in die Brust. Taumelnd macht er ein paar Schritte, läßt sich zu Boden gleiten und sinkt in die Arme des Gefreiten Lehoux, der auf ihn zugelaufen ist. Callac stützt ihn trotz seiner eigenen Verletzung, und nun kommt auch Olivieri mit den Franzosen und Italienern gelaufen, die das Geschütz schnappen wollten.

Lehoux öffnet dem Offizier den Kragen, das Blut spritzt aus der Hauptschlagader, die glatt durchtrennt ist. Der Matrose drückt den Finger auf die Wunde – vergeblich. Paul Henry ist verloren. Ein paar Matrosen tragen ihn unter einen Holzverschlag, ein chinesischer Priester erteilt ihm die Sterbesakramente. Paul Henry kann nicht mehr sprechen, aber er lächelt. Die Farbe weicht aus seinem Gesicht.

Ein Flüchtling läuft davon, um Bischof Favier zu holen, und findet ihn betend in seinem Unterstand.

»Unser Offizier ist verwundet!«

»Wer, Paul?«

»Ja, Eminenz.«

Und schon erscheint ein zweiter Mann: »Er ist tot!«

Der Bischof von Peking kann es nicht fassen, er bricht in Tränen aus und flüstert zu sich selbst: »Warum hat Gott diesen heiligen Mann nicht am Leben gelassen?«

Der »heilige Mann«, so nannte man ihn in der ganzen Mission seit Beginn der Belagerung. Alle haben seine immer gleichbleibende Ruhe, seinen Mut, seine tiefe Frömmigkeit bewundert.

Da liegt er auf dem kleinen Feldbett, auf das ihn seine Matrosen gelegt haben. Sein Gesicht trägt den Ausdruck des Friedens.

Bischof Favier flüstert seinem Koadjutor zu: »So sehen die Wachsfiguren aus, die man auf die Altäre legt ...«

»Und er hat sich sein Lächeln bewahrt«, fügt Jarlin leise hinzu.

Dieses Lächeln hat sein Antlitz nicht verlassen, seit er die beiden tödlichen Wunden empfing. Alle denken an die Worte, die er so oft wiederholt hat: »Wenn ihr mich nicht mehr braucht, dann wird mich eine Kugel holen.«

Sie schießen nicht mehr. Niemand verteidigt mehr die Stellungen auf der Umfassungsmauer der Mission. Trotzdem haben die Boxer und die Regulären ihr Feuer eingestellt. Dutzende und Dutzende Tote liegen auf dem freien Feld des Ku, am Fuß der Mauer des Yen-Tse-Tang, die von den französischen und italienischen Matrosen noch immer gehalten wird.

Nun müssen Umstellungen in der Verteidigung vorgenommen werden. Olivieri übernimmt das Oberkommando im Pe-Tang; die italienische Abteilung mit Maat Pietro Marielli steht unter seinem Befehl, während die französischen Matrosen vom Obergefreiten Elias kommandiert werden, der ausgebildeter Infanterist ist. Die wichtigen Entscheidungen aber, auch im militärischen Bereich, bleiben dem Bischof vorbehalten, dem Jarlin trotz seiner Kopfverletzung bis zum Ende zur Seite steht.

Der Tod Henrys ist ein entsetzlicher Schlag für die Verteidiger des Pe-Tang. Alle – Geistliche, Matrosen und Flüchtlinge – betrauern den jungen Offizier, der sich von der ersten Stunde der Belagerung an als ein außergewöhnlicher Kommandant erwiesen hat.

Am Tag, an dem Paul Henry fällt, schreibt sein Vorgesetzter, Kapitänleutnant Darcy, ohne das tragische Ereignis zu ahnen, eine kurze Bemerkung in sein Tagebuch: »Starkes Geschützfeuer in der Gegend des Pe-Tang.«

Während der Nacht sind die Wachen im Gesandtschaftsviertel dem Beschuß der Chinesen ausgesetzt. Über dem Kaiserpalast steigen weiterhin Raketen auf.

»Jetzt befehlen sie nicht mehr Feuereinstellung, sondern im Gegenteil Wiederaufnahme des Kampfes!« ruft Labrousse.

Im Morgengrauen sieht man die sechs Fuß hohe Barrikade, die auf der Nordbrücke des Jade errichtet wurde. Von dort aus schießen die Chinesen wahllos auf jeden, der die Brücke überqueren will. Es wird zum gefährlichen Wagnis, von einem Sektor des Verteidigungsgeländes zum andern zu wechseln. Zwei Konvertiten, Botengänger, werden am Morgen getötet. Die Bibliothek Han-Lin ist ebenfalls befestigt, und auch von dort aus nehmen die Chinesen die Legationen unter Beschuß. Der Krieg geht weiter, heftiger denn zuvor.

»Wenn die Hilfstruppen nicht in den nächsten Tagen erscheinen, werden wir alle massakriert«, sagt Stephen Pichon wieder einmal. Sein Pessimismus wirkt ansteckend. Niemand glaubt mehr an das Geschwätz des Spions. Trotzdem holt Oberst Shiba noch immer dessen Auskünfte ein, ohne sie allerdings selbst ernst zu nehmen.

»Wo stehen die Alliierten jetzt?«

»In Tsang-Kia-Wan.«

»Nur mehr vierzig Kilometer!«

Das Sonderbare ist, daß die Truppe genau in dem Tempo vorgeht, das die japanischen Fachleute geplant haben, und daß die Gefechte in den vorgesehenen Orten stattfinden.

»Es ist doch wirklich eigenartig«, meint Oberst Shiba zu Herbert Squiers, der sich immer mehr die Rolle eines Generalstabschefs beilegt. »Die Aussagen stimmen genau mit unseren Berechnungen überein. Ich glaube kaum, daß ein einfacher chinesischer Soldat, ein halber Analphabet, fähig wäre, ein ›Kriegsspiel‹ von solchem Weitblick zu erfinden. Was er erzählt, grenzt zu sehr an die Wahrheit, um erfunden zu sein.«

»Also, Herr Oberst?«

»Also könnte Peking binnen achtundvierzig Stunden im Geschützfeuer der Alliierten liegen.«

Der Japaner will sich unbedingt einreden, daß die Auskünfte, die er so teuer bezahlt, glaubwürdig, ja, richtig sind. Gäbe er zu, daß er einem Schwindler aufgesessen ist, hätte er das Gesicht verloren.

Sir Claude MacDonald zerbricht sich über den Marsch des Hilfskorps nicht mehr den Kopf. Genau genommen, glaubt er kaum mehr an eine baldige Befreiung und hält sich lieber an Realitäten als an Spekulationen. Seine reale Aufgabe besteht darin, den Tsung-li ya-men trotz allem weiterhin in Atem zu halten. Der englische Gesandte will die Schüsse einfach nicht mehr hören, die auf den Barrikaden fallen. Für ihn gilt allein das Spiel der Verhandlungen, die Verschleppungstaktik, auch wenn er weiterhin sein skeptisches Phlegma bewahrt, das durch die Ereignisse der letzten Tage noch verstärkt wurde.

So findet er einen neuen Vorwand, um den Dialog wiederaufzunehmen: den überraschenden Wiederausbruch der Feindseligkeiten. Er schreibt an die chinesische Regierung, daß den Gesandten angesichts dieser Feuerüberfälle eine Abreise nicht zugemutet werden könne und zählt noch einmal alle Verletzungen des Waffenstillstandes innerhalb der letzten Stunden auf.

Da die Gesandten einhellig abgelehnt haben, unchiffriert mit ihren Regierungen zu verkehren, wenden sich die Chinesen an Sir Robert Hart, um eine offiziöse Wiederaufnahme der Kontakte zu erreichen. Der Direktor des Seezollinspektorats erhält daher eine sonderbare Note des chinesischen Außenamts: »Die fremden Regierungen sind seit langem schon sehr beunruhigt über die Lage ihrer Vertreter in China. Der herrschende Kriegszustand macht es jedoch unmöglich, den Gesandten die Genehmigung zum Absenden unverschlüsselter Noten zu erteilen. Wir ersuchen Sie, eine entsprechende Depesche nach London zu senden, die den Regierungen zur Beruhigung dienen kann.«

Trotz seiner chinafreundlichen Einstellung geht der Ire nicht in die Falle und bleibt völlig solidarisch mit Sir Claude. Deshalb antwortet er: »Wenn ich die Wahrheit telegrafiere, würde mir niemand glauben. Es gibt nur eine einzige Möglichkeit, seriöse Nachrichten zu übermitteln, nämlich in chiffrierter Form. Je länger Sie diese Genehmigung hinausschieben, desto schwieriger gestaltet sich die Lage.«

Somit stellt sich Sir Rober Hart, der als bedingungsloser Verehrer der Kaiserin-Witwe gilt und für seine Funktionen den Titel »Groß-Mandarin« verliehen bekam, eindeutig hinter die europäischen Diplomaten.

Am Abend verstärkt sich das Feuer. Die Chinesen ballern in der

Dunkelheit, auf gut Glück, ohne zu sehen, was in den Legationen vorgeht, einfach um des berauschenden Gefühls willen, wieder Pulver riechen zu können.

Die Belagerten schießen nicht einmal zurück. Sie müssen jetzt mit jeder Patrone sparen.

Dienstag, 31. Juli 1900

Trauertag im Pe-Tang. Oberleutnant zur See Paul Henry wird im Garten des Bistums, am Fuß der Marienstatue, beigesetzt. Haben die Boxer die Nachricht vernommen, daß der junge Kommandant ihrer Gegner fiel? Sie wenden sich plötzlich an die chinesischen Flüchtlinge und starten einen richtigen Werbefeldzug. Pfeile kommen in die Mission geflogen, die sich in die Erde bohren, auf jeden ist ein Blatt Papier mit chinesischen Schriftzeichen gespießt.

Monsignore Jarlin kommt zu seinem Bischof gelaufen und schwingt einen solchen Zettel in der Hand: »Unverschämt, Monsignore! Sie wollen die Seelen unserer Christen verderben, sie wiegeln sie gegen uns auf!«

Der Bischof und sein Koadjutor verstehen genug chinesisch, um die Texte der Boxer entziffern zu können; es sind Aufrufe an die Chinesenchristen; die Feinde lassen nichts unversucht, um Eindruck auf die Menschen zu machen, die sich unter den Schutz der Kirche begeben haben und schon so lange die Leiden der Belagerung ertragen.

»Christen des Pe-Tang«, steht auf dem Zettel, »die ihr im schrecklichsten Elend vegetiert, euch von Blättern und Gras nähren müßt, warum leistet ihr so erbittert Widerstand, wenn ihr sowieso am Ende seid? Wir haben Kanonen und Minen, die wir gegen euch einsetzen werden und binnen kurzem fliegt ihr in die Luft. Ihr seid von den fremden Teufeln betrogen worden, aber wenn ihr zur alten Religion Fus zurückkehrt und uns Bischof Favier und die anderen ausliefert, ist euer Leben gerettet und ihr könnt euch wieder satt essen. Kämpft ihr aber weiter gegen uns, dann hauen wir euch, eure Frauen und eure Kinder in Stücke!«

»Was halten Sie davon?« fragt Favier.

»Ich glaube, daß uns kein einziger unserer Christen verraten wird ...«

»Wenn nur Paul Henry noch am Leben wäre!«

Die beiden alten Missionare haben eine fast übermenschliche Aufgabe zu erfüllen. Trotz der Tapferkeit von Olivieri und Elias wissen sie genau, daß die Last der Verteidigung auf ihren Schultern liegt. Die beiden Lazaristen sind nicht für den Krieg ausgebildet, da die Boxer aber vor keinem Verbrechen zurückschrecken, verwandeln sie sich in Krieger. Favier und Jarlin gleichen den streitbaren Kirchenfürsten, die einst an der Spitze der Kreuzfahrer gegen die Ungläubigen zogen, den Krummstab wie einen Streitkolben schwingend. Ein Dutzend Mönche haben sich ihnen bedenkenlos angeschlossen und schlagen sich wie sie. Einige stehen oben auf den Mauerzinken, das Gewehr in der Hand. Und der österreichische Seminarist Gartner stellt immer wieder kleine Gruppen fanatischer Christen zusammen, die unerschrocken die tollsten Ausfälle ins feindliche Lager wagen.

Es ist etwas Wahres an dem Brief, den der Tsung-li ya-men am Morgen an Sir Claude geschickt hat, und in dem er behauptet, die fortgesetzten Angriffe auf den Pe-Tang erfolgten nur wegen der ständigen Ausbrüche bewaffneter Flüchtlinge, die Lebensmittel aus der Stadt holen. Aber ohne diese Expeditionen wären die Belagerten längst Hungers gestorben.

»Was sagen Sie zu dieser Barrikade auf der Nordbrücke des Jade, von der sie unsere Stellungen beschießen können?« fragt Sekretär Cockburn seinen Chef, den englischen Gesandten.

»Es scheint mir, als wäre das ganz einfach ein Weg, um bequem vom Ostsektor in den Westsektor zu kommen. Es wäre ein Irrtum die Sache für offensiv zu halten.«

»Und die Schüsse, die ständig von dort kommen, sind die auch ein Irrtum?« fragt nun der Amerikaner Herbert Squiers.

Der Schotte gibt nicht einmal eine Antwort. Er setzt eine neue

Note auf, damit wieder etwas Zeit gewonnen wird. Aber er wird das chinesische Außenamt nicht ewig hinhalten können.

»Wissen Sie, daß Prinz King und die Seinen behaupten, die christlichen Chinesen hätten als erste das Feuer im Gesandtschaftsviertel eröffnet? Sie hätten zwei Soldaten der kaiserlichen Armee verwundet. Dabei gibt es in unserm Lager keinen einzigen bewaffneten Chinesen. Wir haben kaum genug Waffen für Wachen und Freiwillige.«

Inzwischen geht der Spion weiterhin im Gesandtschaftsviertel aus und ein.

Heute bringt er Oberst Shiba eine wichtige Nachricht: »Diese Nacht wird ein Angriff auf die Garnison erfolgen.«

»Weißt du Details?«

»Zuerst wird eine Mine explodieren. Aber ich weiß nicht genau, wo.«

Auch ein anderer Soldat Ton-Fu-Sians überbringt dem Japaner, dessen Freigebigkeit sich herumgesprochen haben muß, Meldungen.

Dieser Mann nun behauptet zu wissen, wo sich die Minen befinden: »Die größte unter dem Lager der Franzosen.«

Das ist eine wirklich wichtige Information. Oberst Shiba bittet einen seiner Leute, den chinesischen Soldaten zu Kapitänleutnant Darcy zu bringen. Darcy empfängt den Mann mit äußerstem Mißtrauen, er empfindet einen fast körperlichen Abscheu gegen alles, was mit Überlaufen und Spitzeltum zusammenhängt, für die Feinheiten des asiatischen Doppelspiels hat er wenig Verständnis.

»Das gefällt mir nicht«, sagt er zu Labrousse. »Er wird überall herumschnüffeln, unter dem Vorwand, uns den Platz zu zeigen, wo die Mine liegen soll. Er wird alle unsere Schanzarbeiten und Vorkehrungen sehen und seinen Vorgesetzten brühwarm darüber berichten. Ich wette, daß sich dieser Lump von beiden Seiten bezahlen läßt.«

Der Chinese gibt an, daß sich der Krater genau unter dem Pavillon des Ersten Sekretärs, Baron d'Anthouard, zwischen Laufgraben und Kapelle, öffnen wird. Aber dort arbeitet man bereits seit Tagen an dem Gegenstollen, ein Eindringen scheint also unmöglich.

»Diese Angabe mag zwar stimmen«, meint Darcy, »doch sie ist offensichtlich überholt.«

»Ob so oder so«, sagt Labrousse, »diese Schießereien seit gestern abends sind ein untrügliches Zeichen, daß die Kampfhandlungen wieder aufgenommen werden.«

Und der alte Kämpe geht ab, um die Schützenstände in der nördlichen Gasse zu kontrollieren und um festzustellen, ob die Verbindung mit den Japanern und den Italienern im Fu-Park intakt ist, die ihm besonders am Herzen liegt.

In der Nacht fallen Schüsse. Niemand kann schlafen, weder die Männer in der vordersten Linie, noch die Insassen des »Hotel Peking«, wo der umsichtige Auguste Chamot und seine Frau allmählich verzagen. Ist der Hunger nicht bereits eine ärgere Bedrohung als das Feuer der Chinesen?

Mittwoch, 1. August 1900

Die große Attacke, die der Spion vorhergesagt hat, ist nicht erfolgt. Außer ein paar Schüssen bleibt es ruhig im Gesandtschaftslager. Oberst Shiba wird immer mißtrauischer gegen seinen fragwürdigen Gewährsmann. Doch der Chinese erscheint wieder pünktlich im Fu-Park und schaut bedrückt aus. Sollte er diesmal eine schlechte Nachricht bringen? Wenn das stimmt, was er stockend vorbringt, ist es nicht eine schlechte Nachricht, sondern eine glatte Katastrophe.

»Die alliierten Truppen haben eine schwere Niederlage in Tung-Tschau zwanzig Kilometer vor Peking erlitten und sind in voller Flucht bis Matou zurückgegangen.«

Oberst Shiba versteht zwar nicht, wie die chinesische Armee, die trotz ihrer geradezu phantastischen zahlenmäßigen Überlegenheit bisher so wenig Schwung aufbrachte, plötzlich zehntausende kampferprobte Soldaten der internationalen Hilfstruppen vernichtend schlagen konnte, aber der Spion beharrt auf seinen Angaben. Die Alliierten seien in heilloser Verwirrung mehr als dreißig Kilometer zurückgerannt, die Kaiserlichen seien ihnen auf den

Fersen. Das ist ein Zug des »Kriegsspiels«, den der japanische Generalstab nicht vorausgesehen hatte! Shiba ist fassungslos. Er gibt die Nachricht weiter, betont aber, daß er sie nicht glaubt.

»Und was haben Sie mit dem Spion gemacht, Oberst?« fragt Sir Claude.

»Er ist zu seiner Einheit zurückgekehrt; morgen kommt er bestimmt wieder.«

»Dann halten Sie ihn als Gefangenen fest. Dieser Schurke hat uns ständig belogen. Sie lassen ihn erst frei, wenn sich seine Angaben bewahrheitet haben. Auf Wiedersehen!«

Der englische Gesandte hat es eilig, Sir Robert Hart zu sprechen, der endlich ein chiffriertes Telegramm aus London erhalten hat. Sir Claude bittet ihn herein, und Hart fällt gleich mit der Tür ins Haus.

»Jetzt steht fest, Sir Claude, daß man überall in der Welt weiß, in welcher Lage wir uns hier befinden.«

»Aber wieso? Wir konnten unsere Regierungen doch niemals verständigen.«

»Ein Brief des japanischen Gesandten, datiert mit 30. Juni, ist trotz allem am 14. Juli in Tientsin angekommen. Und ebenso eine Depesche des amerikanischen Gesandten.«

Eine erfreuliche Meldung! Nun können die Chinesen nicht mehr mit dem Gedanken spielen, das Gesandtschaftsviertel straflos zu vernichten. Sie müssen auf schreckliche Gegenschläge gefaßt sein, denn den Landsleuten der Belagerten in aller Welt, Europäern, Amerikanern und Japanern, ist nun die bedrohliche Situation der Belagerten bekannt.

Aber der Druck der Regulären und der Boxer verstärkt sich, und der Ton der Noten des Tsung-li ya-men an das diplomatische Korps wird zusehends schärfer. Wieder werden die Gesandten aufgefordert, die Hauptstadt schnellstens zu verlassen. Ein Zusatz befaßt sich mit den chinesischen Christen: »Wir wissen, daß es die Christen sind, die Sie in Peking festhalten, aber wir hoffen, daß Sie sich nicht von ihnen beeinflussen lassen und uns binnen zwei, längstens drei Tagen, das Datum Ihrer Abreise nach Tientsin bekanntgeben.«

»Zwei oder drei Tage«, seufzt Sir Claude. »Wir müssen einfach Zeit gewinnen. Aber wie? Wenn wir nur wüßten, wo sich die Unsern tatsächlich befinden!«

»Geduld, Sir Claude. Wir werden bestimmt bald Näheres erfahren. Es ist undenkbar, daß die Hilfstruppen nicht mit allen Mitteln versuchen, Kontakt mit uns aufzunehmen.«

Und wirklich um genau fünf Uhr tritt dieses so heiß ersehnte, so fieberhaft erwartete Ereignis endlich ein: einem japanischen Kurier, der vor acht Tagen Tientsin verlassen hat, ist es gelungen, die Front zu durchbrechen. Mit drei Briefen, die er trotz aller Durchsuchungen und Kontrollen herüberschmuggeln konnte, erscheint er im Gesandtschaftsviertel. Die Briefe sind mit 26. Juli datiert, einer ist an den japanischen Gesandten, der zweite an Oberst Shiba und der dritte an Dr. Morrisson gerichtet.

Der Korrespondent der *Times* bringt den seinen sofort zu Sir Claude, der einige leitende Herren bei sich hat. Der Gesandte liest den Brief. Eine Weile bleibt er stumm, wie erschlagen von dem Gelesenen. Sein Gesicht verfärbt sich, er scheint nur mühsam seine Fassung zu bewahren.

Dann bricht er los: »Nun, meine Herren, ich darf Ihnen mitteilen, daß sich unsere Truppen heute vor einer Woche noch immer in Tientsin befunden haben. Das geht aus dem Brief an unseren Freund Morrisson hervor.«

Alle sind zutiefst bestürzt und empört. Mit einem Mal können weder die Diplomaten noch die Offiziere begreifen, daß sie den Lügenmärchen des Spions aufgesessen sind. Die Hilfstruppen haben keine Schlacht in Ho-Hsi-Wu geschlagen, ja, ärger noch, sie befinden sich immer noch in Tientsin und können wahrscheinlich nicht einmal mit Sicherheit das Datum ihres Abmarsches angeben.

Eine Katastrophe!

Sir Claude, mit dieser neuen Situation konfrontiert, muß sich sofort umstellen, wenn er seine Überlegenheit bewahren und die Kollegen aufrichten soll.

»Also, meine Herren, Kopf hoch und ein bißchen Vernunft! Sie wissen wie ich, daß unsere Truppen innerhalb einer Woche aus

Tientsin kommen können. Und wir haben wenigstens die absolute Sicherheit, daß sich die Alliierten tatsächlich in Tientsin befinden. Unsere Befreiung ist nur eine Frage von Tagen.«

Der Brief des japanischen Konsuls in Tientsin an Baron Ishi, ebenso wie die Nachricht General Yamagushis an Oberst Shiba, bestätigen nur die Angaben des Briefes an Morrisson. Nun herrscht völlige Klarheit über die Lage. Sie ist ernst, sehr ernst, um nicht zu sagen, verzweifelt.

Man trennt sich verstört und fluchend. Stephen Pichon ist gebrochen. Er schreibt in sein Tagebuch: »Wenn es wahr ist, daß sich die internationalen Truppen in Marsch gesetzt haben, dann versteht man, warum die Chinesen so sehr auf unseren Abzug drängen. Zweifellos treten wir jetzt in die gefährlichste Phase der schrecklichen Krise ein, die wir in den letzten vierzig Tagen durchstehen mußten. Werden wir lebend davonkommen?«

Donnerstag, 2. August 1900

Die ganze Nacht wurde geschossen. Am Morgen sind die Matrosen auf Posten erschöpft und nervös. Der Feind verstärkt sichtlich seine Mannschaften; ein Angriff scheint bevorzustehen.

Zu Mittag versammeln sich die Diplomaten wieder in der englischen Gesandtschaft. Die Herren, die von den aktiven Kämpfern – mit leiser Verachtung – die Auguren genannt werden, beschließen ... nichts zu beschließen. Gewiß, man muß die Note des Tsung-li ya-men beantworten, aber sich möglichst vage äußern.

»Wir dürfen nicht den Anschein erwecken, als wollten wir die Idee einer Abreise grundsätzlich ablehnen«, betont Sir Claude MacDonald, »aber wir gehen gar nicht darauf ein. Das zwingt die chinesische Regierung, die Frage zu wiederholen und wir haben wieder etwas Zeit gewonnen.«

Wesentlich bleibt, weitere Nachrichten über die alliierten Truppen zu erhalten. Alles hängt von ihrem Eintreffen in Peking ab. Zu wissen, wo sie sich befinden, ist nun – zusammen mit dem Hunger, der alle quält – die Hauptsorge der Eingeschlossenen geworden.

Wieder gelingt es einem chinesischen Kurier, die Frontlinie zu überschreiten. Dieser Bote aus Tientsin bringt Briefe für die Japaner, die Amerikaner und die Engländer mit. Stephen Pichon scheint sehr wütend, daß es den Franzosen noch nicht gelungen ist, ihm einen Agenten zu schicken. Der an Sir Claude gerichtete Brief dürfte der interessanteste sein, der Gesandte gibt dessen Inhalt daher sofort an sämtliche für die Verteidigung Verantwortlichen bekannt.

»Meine Herren, dieser Brief ist mit 29. Juli datiert. Man meldet uns, daß sich zehntausend Mann in zwei Tagen – also gestern – in Bewegung setzen werden. Dieser ersten Hilfstruppe wird eine zweite – von vierzigtausend Mann – in wenigen Tagen folgen.«

Der englische Text lautet, ›*in a few days*‹, ohne nähere Präzisierung; jeder kann somit, je nach Temperament, die Stelle nach Belieben auslegen. Die Optimisten glauben, daß es höchstens zwei bis drei Tage bedeutet; die Pessimisten sprechen von zwei Wochen, manche sogar von drei. Wieder einmal ist eine offizielle Nachricht britischer Herkunft zum Ärger der Pekinger Kolonie unklar abgefaßt. Seit dem Mißerfolg der Truppen Admiral Seymours werden die Unternehmungen und Beschlüsse der zivilen und militärischen Vertreter Ihrer britischen Majestät immer heftiger kritisiert. So bedarf es der ganzen, zuweilen sogar lächelnden Geschicklichkeit Sir Claudes, um die Gemüter zu besänftigen.

»Das eine ist gewiß«, wiederholt er ruhig. »Die Meldung ist offiziell. Zehntausend Mann sind bereits auf dem Weg.«

Gegen sechs Uhr früh haben die Boxer im Pe-Tang einen heftigen Angriff versucht. Aber die Matrosen haben sich unter Führung Bischof Faviers und seines Koadjutors gut gehalten. Der Italiener Olivieri und der Bretone Elias lassen ein wahres Trommelfeuer auf die Chinesen los, die vom Norden her, über das freie Gelände rund um das Pulver- und Salpetermagazin, anstürmen. Hunderte schwingen ihre Lanzen und Brandfackeln im gräßlichen taktmäßigen Schrei nach Feuer und Tod: »Tscha-Tscha! Tscho-Tscho!«

Fast fünfzig von ihnen bleiben am Fuß der Yen-Tse-Tang-Mauer liegen. Streunende Hunde verschlingen diese Leichen, die sich unter der mitleidlosen Sonne rasch aufzulösen beginnen.

Und das schrecklichste sind die gierigen Augen, mit denen die Flüchtlinge diese Hunde und das faulende Fleisch in ihren Fängen betrachten. Der Hunger ist die ärgste Geissel der chinesischen Christen geworden, sie verzehren Laub, Wurzeln, ja sogar Dahlienknollen und Lilienzwiebeln.

»Vielleicht erliegen wir ihnen ohne einen einzigen Schuß?« meint Favier bedrückt zu seinem Koadjutor.

Freitag, 3. August 1900

Die Nacht hindurch hörte man Detonationen. Im Morgengrauen sind sie verstummt, es wird ruhig. Eine seltsame, drückende Stille.

»Sehr verständlich, diese Waffenruhe«, erklärt Sir Claude. »Die Chinesen wollen uns in Sicherheit wiegen, damit wir ihren Geleitschutz bei der großen Abreise annehmen!«

An diesem Tag herrscht reger diplomatischer Verkehr. Den Beginn macht ein neuer Brief des Tsung-li ya-men. Die chinesische Regierung übermittelt dem englischen Gesandten einen Brief Lord Salisburys – nur ein paar Zeilen –, in dem die Regierung Ihrer Majestät Sir Claude MacDonald befragt, wie es mit seiner Gesundheit stehe.

Der Begleitbrief des chinesischen Außenamts allerdings ist interessanter, er erlaubt den Gesandten der fremden Mächte, mit ihren Regierungen in briefliche Verbindung zu treten. Freilich, so schränkt er ein, dürfte es sich nur um »friedliche Betrachtungen« handeln. Von unchiffrierten Depeschen ist nicht mehr die Rede.

»Wir können also wieder verschlüsselte Telegramme schicken?« fragt Kanzler Berteaux seinen Missionschef.

Pichon brummt: »Gewiß! Aber unsere lieben Chinesen wollen vor allem nicht ihr Gesicht verlieren. Darum erwähnen sie diese Frage gar nicht.«

Die Gesandten gehen sofort an die Arbeit. Alle setzen Depeschen an ihre Regierungen auf, alle schildern den Ernst ihrer Lage und betonen, wie lebenswichtig sofortige Hilfe ist. Der Tsung-li ya-men verspricht, diese Post umgehend durch Kuriere zum nächsten Telegrafenamt bringen zu lassen, das sich in Tsinanfu befindet.

Dieses Zugeständnis ist leider mit der neuerlichen Aufforderung, Peking so bald als möglich zu verlassen, gekoppelt. Es ist unmöglich, das Ansuchen offen abzulehnen. Die chinesische Regierung behauptet, daß sie alles organisieren wird und nennt sogar den Mann, der das Unternehmen leiten soll: Yung-Lu, der maßvollste aller chinesischen Generale, der alte Gegner Ton-Fu-Sians. Diese Wahl soll die Europäer in Sicherheit wiegen. Aber alle Gesandten sind sich darüber klar, daß ihr Exodus nichts an Gefährlichkeit eingebüßt hat.

»Versuchen Sie, noch weiter Zeit zu gewinnen«, fleht man Sir Claude an.

Der englische Missionschef hat nie etwas anderes getan. Aber es wird immer schwieriger; ein Ende mit Schrecken scheint unausweichlich. Manche glauben zwar noch immer, daß die Ernennung Yung-Lus eine friedliche Regelung bedeutet, aber Sir Claude muß den Optimismus seiner Kollegen dämpfen: »Ich habe ein paar Nummern der Pekinger Gazette in Händen. Der Rektor der kaiserlichen Universität und der Vorstand der Zollschule, die immer für eine Verständigung mit uns plädiert und ihre Sympathie für das Ausland offen gezeigt haben, sind ohne Prozeß hingerichtet worden. Nicht von Fanatikern ermordet, sondern auf Grund eines kaiserlichen Beschlusses enthauptet! Bei Hof ist die Kriegspartei fest am Ruder ...«

Daraus ergibt sich: keine Abreise! Das Gesandtschaftsviertel hat sich länger als einen Monat gehalten, eine Schlacht auf dem flachen Land wäre Wahnsinn.

Im Pe-Tang ist es zum ersten Mal seit Beginn der Belagerung ruhig gewesen. Bischof Favier vermerkt in seinem Tagebuch: »Man könnte fast glauben, daß wir nur mehr beobachtet werden, so selten wird geschossen.«

Samstag, 4. August 1900

Es wird immer schwüler, gewittriger. In der Nacht fällt kein einziger Schuß. Peking wirkt leer und verlassen. Nicht ein Kopf taucht über den Barrikaden auf, die ganze Kaiserstadt döst in einer Art feuchter Betäubung vor sich hin. Allmählich überzieht sich der Himmel mit einem bleiernen Grau, die Hitze wird erstickend. Die Leichen, die zu Dutzenden und Dutzenden zwischen den Linien verwesen, verbreiten entsetzlichen Gestank. Die Spannung wächst von Stunde zu Stunde, erhöht noch durch die Stille und die Hitze.

Der Tsung-li ya-men übermittelt dem diplomatischen Korps ein Edikt, das kürzlich von der Regierung erlassen wurde. Trotz seiner sprichwörtlichen Beherrschtheit kann Sir Claude eine ärgerliche Geste beim Lesen dieses Textes nicht unterdrücken.

»Das ist ein jämmerlicher Scherz!« ruft er und zieht indigniert die Brauen hoch.

Der durchaus offizielle Text behauptet, daß »die europäischen Missionare und Kaufleute in ganz China geschützt werden müssen«, und fügt hinzu, daß die chinesische Regierung nur »herzliche Gefühle« für die Gesandten der fremden Mächte hege.

»Und das schreiben die Leute, die uns seit Wochen mit Bomben und Granaten zudecken! Ein starkes Stück!« wiederholt der Schotte, dem sein langer, feiner, mehr denn je gesträubter Schnurrbart das Aussehen einer gereizten Katers verleiht.

Eine weitere Note befaßt sich wieder einmal mit der aufregenden Frage der Räumung des Legationsviertels. Diesmal behaupten die Chinesen, daß die ausländischen Regierungen selbst auf einer Abreise ihrer Vertreter aus Peking bestehen.

»Da haben wir einen ausgezeichneten Vorwand für weitere Ausflüchte«, meint Stephen Pichon. »Wir werden die Chinesen bitten, unseren Regierungen entsprechende Noten zu übersenden. Und damit haben wir die Sache wieder hinausgeschoben.«

So verfassen sämtliche Gesandte Depeschen, in denen sie um Weisungen zur Organisation der Räumung ihrer Pekinger Residenzen ersuchen. Zugleich übergeben sie dem Tsung-li ya-men neue chiffrierte Noten zur Weiterleitung an ihre Regierungen. Sie bezweifeln zwar, daß diese Briefe tatsächlich ihren Bestimmungsort erreichen, aber sie dienen der Verzögerungstaktik. Alle bitten das gleiche: »Kommt mit Truppen, kommt schnell!« *Make haste,* sagen die Engländer.

Nun wird wieder geschossen. Diesmal haben die Chinesen die russischen Wachen auf der westlichen Barrikade der Legationsstraße aufs Korn genommen, wodurch zwei Kosaken verwundet werden. Überall verstärkt man die Posten, trotzdem aber herrscht eine eigenartige Atmosphäre der Stagnation. Knapp hinter den vordersten Linien hat die deutsche Gesandtschaft die österreichischen und die französischen Offiziere zu einer Soirée in ihren Räumen gebeten.

Sekretär von Below, Oberleutnant Graf Soden und Attaché von Bergen bemühen sich um einen hübschen Rahmen; es gibt Whisky und Champagner, einer der Offiziere setzt sich ans Klavier. Alle Gäste wollen an diesem Abend mit Frau von Rosthorn tanzen. Der holländische Gesandte, Herr Knobel, hat sich der fröhlichen Gesellschaft angeschlossen. Eine Quadrille wird improvisiert, Graf Soden winkt Darcy zu, als wolle er ihm ein Geheimnis verraten.

»Kommen Sie, Kamerad, ich habe etwas entdeckt, und Sie sollen daran teilhaben! Sehen sie, was ich gefunden habe«, sagt er mit listigem Lächeln und schwingt eine Flasche Bier. »Es ist die letzte! Wir werden sie zusammen austrinken.«

Plötzlich verstummen alle Teilnehmer dieses sonderbaren Empfangs, heben die Köpfe und lauschen. Ein Gewitter ist ausgebrochen, der Regen prasselt auf das beschädigte Dach. Das Unwetter dauert kaum dreiviertel Stunden, genügt aber, um die Straßen wieder in Schlammbäche zu verwandeln. Ein gelbes Rinnsal versickert im Bett des Jade-Flusses. Wieder fallen Schüsse, als hätten Blitz und Donner die chinesischen Schützen aus dem Schlummer gerissen.

»Hat nichts zu bedeuten«, stellt man achselzuckend fest, »nur ein paar Soldaten, die sich einen Spaß gönnen, vielleicht sogar ohne Befehl ihrer Vorgesetzten.«

Sonntag, 5. August 1900

Ein ruhiger Sonntag. Der Tsung-li ya-men überbietet sich an Beteuerungen seines guten Willens. Anläßlich des Todes König Umbertos I. erhält der italienische Gesandte, Marchese Salvago-Raggi, ein Beileidsschreiben der chinesischen Regierung und die Mitteilung, daß sich die Kaiserin bei dem Begräbnis vertreten lassen werde. Noch ein weiterer Beweis offizieller Anteilnahme, diesmal Sir Claude MacDonald zugedacht: Der Kaiserhof betrauert mit Ihrer Majestät, der Königin Victoria, den Tod des Herzogs von Sachsen-Coburg-Gotha. Außerdem übermittelt die chinesische Regierung einigen Gesandten Briefe ihrer Konsuln in Tientsin und anderen Städten, die sich nach dem Befinden ihrer Pekinger Chefs erkundigen.

Die Huld des Außenamts scheint ansteckend, denn am Nachmittag zeigen sich chinesische Soldaten auf den Barrikaden und winken den Matrosen zu.

»Vielleicht erleben wir noch eine Fraternisierung wie zu Beginn des Waffenstillstandes«, meint Doktor Matignon zu Hauptmann Labrousse.

»Wir sollten trotzdem auf der Hut sein«, brummt Labrousse in seinen Bart.

Kapitänleutnant Darcy macht schnell die Runde und schärft allen Wachtposten ein: »Bleibt in Deckung, zeigt euch nicht. Und keinesfalls schießen!«

Die Freundschaftsbezeugungen dauern nicht lange an, die chinesischen Infanteristen verschwinden wieder hinter den Barrikaden und den geschwärzten Mauerresten. Beide Seiten verhalten sich reglos und stumm. Die Nacht fällt ein.

Gegen zwei Uhr morgens wird plötzlich scharf geschossen, überall, in der englischen Legation, im Fu-Park, in den Gärten der französischen Gesandtschaft, auf den russischen Barrikaden. Die Chinesen feuern aus sicherer Deckung vom Westen, vom Osten, vom Norden. Nur die Soldaten auf der Mauer rühren sich nicht. Aus dem Dunkel schimmert die gewaltige schwarze Masse des beschädigten Tsien-Men und die wuchtige Silhouette des Ha-Ta-Men, der beiden Tore, die das Gesandtschaftsviertel überragen.

Montag, 6. August 1900

Dem nächtlichen Feuer folgt ein neuer Brief des Tsung-li ya-men, in dem Erklärungen gefordert werden. Das Außenamt sei »schmerzlich erstaunt«, denn nach seiner Darstellung waren es die Belagerten, die friedliche kaiserliche Soldaten überfallen haben.

Sir Claude MacDonald bemerkt dazu: »Von unserer Seite wurde kein einziger Schuß abgegeben; wir haben Sie Ihre Munition verschleudern lassen, ohne das Feuer zu erwidern. Ich habe den Eindruck, daß Sie einen Vorwand suchen.«

Sekretär Cockburn äußert Bedenken, denn seiner Meinung nach darf man die nächtliche Attacke nicht zu leicht nehmen. Es waren außerdem noch in verschiedenen Zeitabständen Trompetensignale zu hören, besonders im Norden und im Nordwesten.

»Dort befinden sich die Stellungen gegenüber der englischen Gesandtschaft und dem Fu-Park«, fügt Herbert Squiers hinzu, »die Kerle bereiten etwas vor.«

»Ja«, nickt Sir Claude. »Der geringste Zwischenfall kann unübersehbare Folgen haben. Eine richtige Schlacht ... und wir so in der Minderheit. Schärfen Sie unsern Wachen nochmals ein, daß sie jede Provokation vermeiden müssen.«

Es dauert ein paar Stunden, bis man erfährt, was hinter dem nächtlichen Abenteuer steckt. Es handelte sich dabei nicht um einen geplanten chinesischen Großangriff sondern um ein Mißverständnis. Eine schlecht gebaute und vor allem durch den Regen ausgewaschene Barrikade General Ton-Fu-Sians im Norden des Fu-Parks war unter gewaltigem Getöse ganz von allein zusammengebrochen. Die Chinesen hielten es für eine Explosion und glaubten im ersten Augenblick, daß Oberst Shiba einen Angriff vorbereite. So begannen sie im Dunkel wild drauflos zu schießen, mehr um sich selbst Mut zu machen, als um sich zu wehren. Und ihre aus dem Schlaf gerissenen Kameraden schossen einfach mit.

»Somit sind sämtliche Schießprügel der Armee Ton-Fu-Sians in Tätigkeit getreten«, stellt Labrousse fest, »bloß um uns in unserer Nachtruhe zu stören!«

Um drei Uhr nachmittag teilt das chinesische Außenamt den Gesandten offiziell mit, daß ein mit allen Vollmachten ausgestatteter chinesischer Unterhändler bei ihnen erscheinen werde, um Besprechungen zur Bereinigung der Krise zu führen. Es ist Li-Hung-Tschang.

»Lauter Geschwätz!« schimpft Labrousse. »Wenn sie Frieden haben wollen, brauchen sie bloß das Feuer einzustellen.«

Im Pe-Tang wird wieder heftig geschossen. Die Boxer versuchen mit allen Mitteln zu verhindern, daß die chinesischen Flüchtlinge, gedeckt von französischen und italienischen Matrosen, den umfriedeten Bezirk verlassen, um sich Lebensmittel zu verschaffen. Aber der Hunger unter den Schützlingen der Mission ist unerträglich geworden, schon sterben Kinder an Entkräftung. So wagen trotz allem wieder einmal eine Handvoll verzweifelter Männer, nur mit Lanzen bewaffnet, den Ausbruch. Die Feinde sehen sie sofort, stürzen sich auf sie und zerren drei der Unglücklichen fort.

»Gräßlich«, murmelt Jarlin, »sie werden sie in Stücke schneiden.«

Und er beschreibt dem entsetzten Franzosen Elias die furchtbare Folter, den beliebtesten Zeitvertreib der Boxer.

Wieder fallen Schüsse. Einer der Wachhabenden beim großen Portal, Kanonier Le Sech, wird am rechten Auge verwundet. Es ist der dritte Seemann, der ein Auge bei der Verteidigung des Pe-Tang einbüßt.

Auf dem fünf Meter hohen Erdwall, der auf Befehl von Oberleutnant Henry am 16. Juni errichtet wurde, flattert noch immer die Trikolore, von Schüssen und Splittern zerfetzt. Trotz des Todes ihres Kommandanten halten die Männer der Landekompanie des *D'Entrecasteaux* noch immer stand. Wenn es ihnen doch wenigstens gelänge, Verbindung mit ihren Kameraden im Gesandtschaftsviertel aufzunehmen ...

Dienstag, 7. August 1900

Ein ruhiger Tag. Allseits macht sich Erschlaffung bemerkbar. Da und dort steht ein Mann auf Beobachtungsposten, aber niemand wagt es, die Feindseligkeiten wiederaufzunehmen.

Der Tsung-li ya-men bestätigt Sir Claude den Tod des Herzogs von Edinburgh. Der Brief ist in der blumenreichen Sprache der Chinesen abgefaßt, verschnörkelt mit Beileidsfloskeln.

Plötzlich scheinen auch die Boxer vor dem Pe-Tang kampfmüde zu sein. Lazaristen und Maristen, die ein halbes Tausend lanzenbewehrter Freiwilliger beaufsichtigen, sind verzagt.

»Kaum fünfundzwanzig Mann noch sind imstande, die Waffen zu halten«, sagen sie zu Bischof Favier. »Die anderen sind so geschwächt, daß sie schon vor dem entscheidenden Angriff der Boxer dem Hunger erliegen werden.«

Favier weiß sich keinen Rat mehr; er muß einen Kurier ins andere Lager schicken, koste es, was es wolle.

Im Legationsviertel bleibt alles ruhig. Erst in der Dämmerung beginnt Gewehrfeuer und zwar hinter der englischen Gesandtschaft. Dann schlagen Granaten im Garten der Franzosen und bei den Stellungen der Deutschen an der Mauer ein. Die Artillerie tritt wieder in Tätigkeit. Sie zielt nach wie vor schlecht, aber ihre Geschosse erschüttern immerhin die letzten noch stehenden Mauern.

Und wieder ein Kugelhagel! Diesmal geht er über die Japaner und Italiener im Fu-Park nieder. Die chinesischen Flüchtlinge rennen schreiend zu den Gräben, die Kugeln zerfetzen die Laubkronen der alten Bäume. Die hungernden Matrosen töten ein paar Krähen und sieben streunende Katzen, die sofort ausgeweidet und gekocht werden.

In der französischen Legation hört man plötzlich ein fernes, dumpfes Grollen. »Das kommt aus der Chinesenstadt!« ruft Winterhalder seinem Kameraden Darcy zu.

»Salven!«

»Die Unseren! Sollten sie der Armee Ton-Fu-Sians schon auf den Fersen sein?«

»Unmöglich, Sie brauchen bestimmt noch mehrere Tage.«

Die beiden Offiziere lauschen angestrengt. Kein Zweifel – Geschützdonner.

»Das kann nur bedeuten, daß Reguläre und Boxer aufeinander losgehen. Die Soldaten der Kaiserin wissen sehr gut, daß sie eines Tages für ihre Verbrüderung mit Mordbrennern und Räubern zu büßen haben.«

»Es wäre zu schön«, seufzt Winterhalder. »Aber ich fürchte, daß es sich nur um ein Mißverständnis handelt, wie es jede Nacht passieren kann.«

Mittwoch, 8. August 1900.

Das Gesandtschaftsviertel wird weiter angegriffen, aber die Chinesen dürften nicht mehr so recht bei der Sache sein. Es scheint völlig an der Organisation zu mangeln. Irgendein Sektor wird plötzlich wild beschossen und ebenso abrupt bricht das Feuer ab. Die Chinesen verpulvern ihre Munition ziel- und planlos, die Konfusion im feindlichen Lager muß groß sein.

Labrousse kann seine chinesischen Kollegen nicht begreifen. »Unglaublich!« ruft er. »Haben sie denn keine Offiziere? Gibt es bei ihnen niemand, der eines korrekten Kommandos und eines vernünftigen Kampfplans fähig wäre? Eine beispiellose Unordnung!«

Kapitänleutnant Darcy antwortet nicht. Er hat bereits zehn Mann verloren, von den Verwundeten nicht zu reden, er ist bedrückt, er fühlt sich für das Blut der Seeleute verantwortlich, die mit ihm vom *Descartes* und vom *D'Entrecasteaux* gekommen sind. Darum mahnt er seine Leute eindringlich zur Vorsicht; jetzt, da die Hilfstruppen im Anmarsch sind, heißt es einfach durchhalten. Mehr denn je muß man sich in der Erde vergraben, nie den Kopf heben und das Feuer nur im äußersten Notfall erwidern.

Militär wie Diplomatie kennt ab nun nur ein Ziel: Zeitgewinn. Wie fast jeden Tag, so versammelt Sir Claude auch heute das diplomatische Korps in seiner Residenz.

»Meine Herren, ich habe eben das überaus höfliche Beileidsschreiben der chinesischen Regierung zum Tod des Herzogs beantwortet. Selbstverständlich benütze ich die Gelegenheit, um einige Bemerkungen hinzuzufügen, die uns alle angehen.«

Er entfaltet ein Blatt Papier und liest vor: » . . . Es drängt mich, darauf hinzuweisen, daß der höfliche und liebenswürdige Ton unserer Korrespondenz in krassem Gegensatz zu der unerträglichen Lage steht, in der sich die Angehörigen der Legationen befinden. Es ist ihnen vor allem nicht mehr möglich, sich die dringend benötigten Lebensmittel zu beschaffen . . .«

»Ich weiß nicht, ob es ratsam ist, diesen letzten Satz hinzuzufügen«, wirft Stephen Pichon ein.

»Und warum, Herr Gesandter?«

»Ganz einfach, weil es nicht in unserm Interesse liegt, den Feind wissen zu lassen, daß wir demnächst Hungers sterben.«

Gesandter Giers stimmt ihm bei: »Er hat recht. Einstweilen können wir noch durchhalten. Und wir müssen es auch, wohl oder übel.«

Alle sind der gleichen Meinung und geben ihr laut Ausdruck. Aber der Schotte schüttelt den Kopf: »Meine Herren, ich weiß nicht, ob Sie sich über die Situation wirklich klar sind. Die chinesischen Konvertiten, die sich unter unseren Schutz gestellt haben, sind tatsächlich am Verhungern. Sie sterben dahin wie die Fliegen. Aber immerhin leben derzeit noch dreitausend, die fast nichts mehr zu essen haben. Was uns betrifft, so reicht unser Pferde- und Maultierfleisch längstens bis zum 20. August. Und zu Monatsende ist auch unser Mehl und Reis verbraucht.«

»Es sei denn, die Kaiserin macht uns wieder ein Geschenk«, wirft Marchese Salvago-Raggi ein.

Mit einer kleinen Verbeugung zum italienischen Gesandten erwidert Sir Claude formvollendet höflich: »Ich möchte mich in dieser Beziehung lieber keinen Illusionen hingeben . . .«

Dann fährt er in seinen Informationen fort: »Eben habe ich eine offizielle Depesche des Tsung-li ya-men erhalten. Sie enthält nichts anderes, als die Bestätigung, daß Li-Hung-Tschang mit allen Vollmachten versehen ist, um, wie es wörtlich heißt, ›mit den

Herren Gesandten der verschiedenen Länder alle Probleme zu erörtern‹.«

»Und was bedeutet Ihrer Meinung nach diese Ermächtigung?«

Der Schotte sucht nach einer ausweichenden Antwort. »Ich glaube – aber das ist meine persönliche Ansicht –, daß der jetzt sichere und schnelle Anmarsch unserer Hilfstruppen der Regierung schwere Sorgen bereitet. Folglich ermächtigen Prinz King und seine Freunde Li-Hung-Tschang, den unvermeidlichen Frieden zu schließen.«

»Ich finde es sonderbar, von Frieden zu reden, wenn die Schießereien immer noch heftiger werden«, sagt Stephen Pichon. »Wissen Sie, daß die Chinesen gestern nacht neuerlich die französische Gesandtschaft unter Feuer genommen haben?«

»Und die russische!« ruft de Giers zornig. »Eben wurden wieder zwei Kosaken verwundet.«

»Sie schießen auch im Fu-Park«, fügt Baron Ishi hinzu.

Sir Claude wird etwas ungeduldig: »Ich weiß, ich weiß. Aber ich darf Ihnen mitteilen, daß auch die englische Legation einiges abbekommen hat. Wenn es sie beruhigen kann, will ich Ihnen eine Erklärung vorlesen, die ich heute von Prinz King erhalten habe. Nach Ansicht des Tsung-li ya-men sind diese Schüsse gegen unsere Stellungen nicht gefährlicher als ein paar Trompetenstöße . . .«

Laute Rufe der Empörung.

»Das sind ihre Worte«, sagt der Schotte beschwichtigend in den Lärm hinein, »und sie fügen noch hinzu, daß alles das ›kaum ein Lächeln verdient‹. So die offizielle Version der chinesischen Regierung.«

»Diese Unverschämtheit werden sie einmal büßen müssen«, murrt grimmig von Below, was Rosthorn mit einem energischen Kopfnicken bekräftigt.

Donnerstag, 9. August 1900

»Situation unverändert«, notiert Kapitänleutnant Darcy in seinem Tagebuch.

Es wird weiter geschossen. Die Regulären scheinen zwar durchaus zur Offensive entschlossen, aber sie zögern noch mit dem endgültigen Angriff, begnügen sich mit Störfeuer und lassen die Verteidiger nicht zur Ruhe kommen. Vor dem Fu-Park entfalten sie eine riesige Fahne mit komplizierten chinesischen Schriftzeichen. Oberst Shiba hat die größte Mühe, seine japanischen Soldaten zurückzuhalten, die sich dieses Beutestück durchaus holen wollen. Aber das Leben seiner Leute ist ihm wichtiger als eine Trophäe.

Das Elend der Flüchtlinge im Fu-Park ist unbeschreiblich. Sie nähren sich von Gras und Laub, und, wie Sir Claude in der Sitzung gesagt hat: viele sterben an Hunger.

Die Diplomaten haben den Empfang der Depesche und damit die Ernennung Li-Hung-Tschangs zum Vermittler bestätigt. Diese diplomatische Geste wirkt wie trauriger Hohn in einem Alltag von Hunger und Schrecken, in einer Hoffnungslosigkeit, die sich von Tag zu Tag vertieft.

»Es ist endgültig aus«, sagt Edwin Conger, der amerikanische Gesandte, immer wieder. »Die alliierten Truppen kommen genausowenig, wie die Hilfstruppen Seymours gekommen sind. Kein Mensch kümmert sich um uns, man läßt uns einfach zugrundegehen.«

Die tollsten Gerüchte werden blind geglaubt, wenn sie nur genügend pessimistisch klingen.

»Die Chinesen stellen neue Einheiten auf!«

»Sie wollen uns einfach ausrotten!«

»Die Boxer sind Herren der Lage, die Regulären haben nichts mehr zu reden!«

Die Wut gegen die Alliierten in Tientsin steigt ins Unermeßliche. Da sitzen sie seit drei Wochen in dieser Stadt und schaffen die hundertzwanzig Kilometer bis Peking nicht!

»Sie haben uns abgeschrieben«, sagen die Pessimisten düster.

»Nein, sie haben uns nicht abgeschrieben! Aber es gelingt ihnen einfach nicht, mit der chinesischen Armee fertig zu werden!«

Plötzlich, gegen vier Uhr nachmittag, erscheinen zwei Kuriere, die sich nach Peking und ins Legationsviertel durchgeschlagen haben; und wieder flammt Hoffnung auf. Die Briefe stammen von zwei Generälen der alliierten Armee, und sind an alle Eingeschlossenen gerichtet.

General Gaselee, der die britischen Truppen befehligt, schickt eine lakonische Siegesmeldung: »Chinesen am 5. August in Pei-Tsang geschlagen. Kommen euch in Eilmärschen zu Hilfe. Mut! Hoch die Herzen!«

Die ärgsten Kritiker der Truppen Ihrer britischen Majestät, die, die sie am meisten geschmäht hatten, heben sie jetzt in den Himmel, feiern sie als die Retter, die jetzt, sofort, siegreich in Peking einmarschieren werden. Die indische Armee, an die niemand gedacht hatte, gewinnt ungeheure Popularität. Der Kommandant der japanischen Truppen, General Yamagushi, bestätigt das Kommuniqué seines britischen Kollegen: »Ich habe die Chinesen am 5. August in Pei-Tsang geschlagen, verfolge sie und hoffe, am 14. August in Peking einzuziehen.«

Ein Freudentaumel erfaßt die Belagerten. Der japanische Befehlshaber gibt sogar das Datum seiner Ankunft in der chinesischen Hauptstadt bekannt! Plötzlich fällt allen wieder ein, daß die japanischen Soldaten, obwohl kaum dreißig Mann, seit Beginn der Belagerung im Fu-Park die härteste Aufgabe gemeistert haben. Oberst Shiba, den alle wegen seines Spions belächelt hatten, wird plötzlich zum fähigsten Offizier der ganzen Garnison, alle Europäer schwärmen für die Japaner.

Graf Soden und Kapitänleutnant Darcy diskutieren in aller Freundschaft darüber, welcher europäische Lehrmeister den Japanern wohl das strategische Genie beigebracht hat.

»Vergessen Sie nicht, Kamerad, daß wir Deutschen 1862 eine militärische Delegation nach Nagato geschickt haben.«

»Mag sein – aber die Japaner haben sich auch an uns gewandt. 1867 wurden französische Instruktoren nach Edo beordert.«

Das Problem ist nebensächlich; entscheidend bleibt der Erfolg der japanischen Armee auf dem Schlachtfeld des alten China. Die Soldaten der aufgehenden Sonne erscheinen als glorreiche Sieger über die Armeen Ts'e-his. Denn nun zweifelt niemand mehr am Endsieg.

Was also haben da die Schüsse in der Nacht zu besagen? Was bedeuten schon die Angriffe gegen die englische, die französische Gesandtschaft, gegen den Park von Fu? Was das letzte Aufflackern der chinesischen Wut, da doch die Alliierten in Eilmärschen kommen und den Alptraum beenden?

In weniger als einer Woche ...

IV

DIE SCHLACHT

Freitag, 10. August 1900

Der japanische General Yamagushi gibt offiziell bekannt, daß sein Stab einen genauen Zeitplan für den Vormarsch der alliierten Truppen aufgestellt hat. »Am 10. August sind wir in Ho-Hsi-Wu.« Der 10. August ist heute. Und Ho-Hsi-Wu liegt auf dem halben Weg nach Peking. Die den Belagerten zugekommene Mitteilung legt den Vormarsch der Befreier genau fest: »Am 11. in Tschang-Tschia-Wan, am 12. in Tung-Tschau, am 13. in Peking; vielleicht erst am 14., aber jedenfalls spätestens am 14. August.«

Der allgemeine Jubel ist enthusiastisch wie nie zuvor, wenngleich reguläres Militär und Boxer ihre Angriffe verschärfen, als wollten sie die Eingeschlossenen, deren Entsatz knapp bevorsteht, mit ihrem Feuer noch schnell vernichten.

Im chinesischen Lager herrscht eine gewisse Unstimmigkeit. Sir Claude MacDonald fragt in einer Note an den Tsung-li ya-men an, aus welchen Motiven die Angriffe der letzten Nacht zu erklären seien. Anstelle der üblichen Anschuldigungen gegen die Eingeschlossenen antwortet Prinz King, daß es sich um eine von gewissen fremdenfeindlichen Soldaten unternommene Attacke handle, und versichert, daß dieses unfreundliche Vorgehen dem kaiserlichen Hof äußerst mißfalle; die Schuldigen seien unverzüglich festgenommen und enthauptet worden.

»Beinahe hätte uns der Tsung-li ya-men die Köpfe gesendet«, bemerkt der englische Gesandte ironisch.

Gegen Mittag eröffnen die Chinesen, die eine Barrikade vor den deutschen Stellungen zwischen dem Tennisplatz und der Stadtmauer besetzt halten, plötzlich das Feuer gegen Matrosen des Seebataillons, das die Stallungen sichert.

Die regulären Truppen scheinen über moderne Waffen zu verfügen; ihr Feuer ist sehr genau. Soden bemüht sich, seine Leute in Deckung zu halten, obwohl die Straße und die Barrikade unbedingt dauernd beobachtet werden müssen. Auf der Suche nach einer Methode, beides zu vereinen, kommt ihm der Gedanke, einen Spiegel auf einem Stock zu befestigen, so daß er alle verdächtigen Bewegungen aus sicherer Deckung überwachen kann.

Wenig später hört das Schießen auf. Mehrere reguläre chinesische Soldaten zeigen sich und geben dem Wunsch Ausdruck, mit den Gesandtschaftswachen ins Gespräch zu kommen.

»Aber warum haben Sie auf uns geschossen?« fragt ein Offizier.

»Das sind Soldaten, die ohne Befehl gehandelt haben. General Yung-Lu hat ihnen den Kopf abschlagen lassen. Von jetzt an haben Sie Ruhe.«

Aber diese Ruhe dauert nur wenige Stunden. Man könnte annehmen, daß die Köpfe nachgewachsen sind und die Schützen wieder zu ihren Gewehren gegriffen haben.

Diese Wiederaufnahme des Kampfes hindert aber nicht, daß Melder bis zum Gesandtschaftsviertel vordringen. Eine Meldung ist an Baron Ishi gerichtet und bringt neue Einzelheiten über den Sieg von Pei-Tsang und die Position der Entsatzarmee.

»In weniger als einer Woche sind wir frei!«

Im Park der französischen Gesandtschaft begibt sich ein Matrose nach der Wachablöse zum Pavillon, in dem sich die Mannschaft ausruht und ihre Mahlzeiten einnimmt. Als er seinem Kameraden Jean-Marie Philippe begegnet, macht er eine unglückliche Bewegung und entsichert dadurch sein Lebel-Gewehr. Ein Schuß löst sich, Philippe stürzt, in die Brust getroffen, zusammen. Doktor Matignon untersucht sofort den Verwundeten. »Er ist schwer verletzt«, erklärt der Arzt, »und muß so rasch wie möglich ins Spital der englischen Gesandtschaft gebracht werden.«

Darcy ist durch diesen schrecklichen Unfall sehr betroffen: »Armer Junge! So sinnlos von einem Kameraden angeschossen zu werden. Glauben Sie, daß er davonkommt, Doktor?«

»Ich habe nicht die geringste Hoffnung, Capitaine. Er wird nicht einmal mehr zum Bewußtsein kommen.«

Dennoch erwacht Philippe im Spital und erinnert sich deutlich, was mit ihm geschehen ist. Sein Zustand jedoch verschlimmert sich zusehends, die Lunge füllt sich mit Blut, er fühlt, daß er sterben wird, und bittet den deutschen Arzt, der ihn vergebens zu retten versucht, seinen Kameraden sehen zu dürfen.

Die beiden stammen aus demselben Dorf in der Bretagne und sind seit ihrem Eintritt in die Marine immer beisammen geblieben. Der Unglücks-Schütze weint ohne Unterlaß und wiederholt immer wieder, daß er seinen besten Freund getötet hat. Er weiß, daß ihm wegen seiner Unvorsichtigkeit ein kriegsgerichtliches Verfahren droht, vermag sich aber nicht zu erklären, wieso das Magazin seines Gewehrs nicht leer war.

Philippe spürt sein Ende nahen und bittet Doktor Walde noch einmal: »Ich möchte meinen Kameraden sehen.«

Der Arzt übermittelt die Bitte Darcy, der dem Sterbenden den Wunsch nicht abschlagen kann. Doktor Matignon bringt den Matrosen zur englischen Gesandtschaft. Als der junge Bretone vor der Spitalstür ankommt, wagt er nicht einzutreten und klagt sich neuerlich an: »Ich habe ihn getötet.«

Matignon stößt den Matrosen hinein, so daß er vor das Notbett, auf dem Philippe mit dem Tod ringt, stolpert; er bricht in Schluchzen aus und ist keines Wortes fähig.

»Umarme mich«, keucht Jean-Marie Philippe. »Ich sterbe, und du hast mich getötet, aber ich bin dir nicht böse. Ich weiß, daß du es nicht absichtlich getan hast. Nur um eines bitte ich: Wenn du heimkommst, vergiß nicht, eine Messe für mich lesen zu lassen.«

Der Mann verspricht es unter Tränen und Doktor Matignon bringt ihn wieder fort. Einige Stunden darauf stirbt Philippe. Der Täter kommt nicht vor ein Kriegsgericht; für seine heldenhafte

Haltung bei der Belagerung von Peking wird er später sogar mit der »Médaille militaire« ausgezeichnet.

Samstag, 11. August 1900

Die Nacht ist verhältnismäßig ruhig geworden. Aber seit dem Morgen beginnen die Chinesen erneut mit ihrer Kampftätigkeit gegen die Stellungen der Eingeschlossenen. Der Tsung-li ya-men hält trotzdem die diplomatischen Beziehungen aufrecht. In einer ihrer täglichen Noten an Sir Claude MacDonald erwidert die chinesische Regierung auf die Anschuldigung, daß sie die Gesandten und die Flüchtlinge aushungern wolle: »Wir haben nie verhindert, daß Ihnen Lebensmittel geliefert werden. Aber die Händler wagen es nicht, sie bis zu Ihren Barrikaden zu bringen. Uns trifft keine Schuld.« Die Note schließt mit der Zusage, ab nun jeden Tag einen Abgesandten zu schicken, der Bestellungen entgegennimmt.

Je mehr die diplomatische Lage sich zu entspannen scheint, desto deutlicher wird die militärische Bedrohung. Gewehrschüsse krachen jetzt pausenlos.

Im Verlauf des Morgens wird das Feuer gegen die deutsche Gesandtschaft stärker. Chinesische Zivilisten sprechen bei Gesandtschaftssekretär von Below und Oberleutnant von Soden vor. »Seien Sie äußerst vorsichtig«, warnen sie die beiden Deutschen. »Sie haben nicht mehr die Soldaten des Generals Yung-Lu gegenüber, sondern die Männer unter Li-Ping-Heng, die alle Fremden hassen und unerbittlich gegen sie vorgehen.«

»Aber warum werden sie nicht von den Regulären gehindert, uns anzugreifen?«

»Es handelt sich doch um reguläre Truppen! Niemand ist imstande, sie zur Vernunft zu bringen und zurückzuhalten.«

Der Beschuß der von den Matrosen des Seebataillons gehaltenen Stellungen dauert den ganzen Tag an; die Chinesen setzen neben Infanteriewaffen auch Artillerie ein.

Die Österreicher und die Franzosen werden ebenso heftig angegriffen wie die Deutschen.

Im Pe-Tang, dessen Verteidiger immer stärkeren Hunger leiden, gehen die Kämpfe weiter. Am Vorabend hat sich Bischof Favier entschlossen, das letzte noch nicht geschlachtete Tier dem Messer des Fleischers auszuliefern: sein eigenes Maultier. Er läßt auch eine eiserne Reserve von 400 Pfund Reis für die französischen und italienischen Verteidiger zur Seite legen, um deren Verpflegung für ungefähr zehn Tage sicherzustellen. Mehl ist keines mehr da. Für die Brüder und Schwestern gibt es nur mehr je ein Brot zu zwei Pfund, und das reicht höchstens für eine Woche.

Noch schlimmer ist das Elend der Flüchtlinge. Einer wurde gerade von einer chinesischen Kugel getroffen, als er auf eine Platane kletterte, um etwas Eßbares zu suchen! Überall kochen die Familien in alten Töpfen und Kesseln Wurzeln und Blätter ab. Seit dem Beginn der Belagerung sind im Pe-T'ang an die dreißig Kinder zur Welt gekommen. Ihre Mütter haben keine Milch und müssen zusehen, wie die Kinder Hungers sterben. Der Bischof befürchtet, daß die Alliierten nur mehr Sterbende befreien werden. Alles treibt einem schrecklichen Ende entgegen.

»Vielleicht könnte man uns vom Gesandtschaftsviertel aus helfen«, meint Koadjutor Jarlin.

»Es gibt keine Möglichkeit, sich mit den Gesandtschaften in Verbindung zu setzen und sie um Hilfe zu bitten.«

»Man müßte trotz allem versuchen, einen Boten zu senden, Eminenz.«

Ein christlicher Chinese unternimmt freiwillig das Wagnis. Verkleidet, hofft er, durch die Linien zu kommen und das Legationsviertel zu erreichen, denn er kennt alle Schleichwege Pekings. »Bald wird es zu spät sein«, sagt sich Favier.

Heute sind sechzig Granaten auf den Pe-Tang gefallen. Den Pionieren ist es gelungen, südöstlich vom großen Portal einen Minengang zu entdecken und unschädlich zu machen, es ist aber damit zu rechnen, daß die Angreifer weitere Gänge gegraben haben. Der Beschuß nimmt kein Ende.

Eine lange Wartezeit setzt ein. Alle Hoffnungen der Verteidiger richten sich auf den Boten. Die Stunden vergehen. Endlich gibt ein

Beobachter ein Zeichen. Der Bischof und sein Koadjutor, Olivieri, Elias und einige Lazaristenbrüder begeben sich eiligst zur Brüstung der Umfassungsmauer. Starr und stumm vor Entsetzen stehen sie da.

»Diese Elenden!« bringt der Bischof heraus.

Die Boxer haben den Boten gefaßt und ihm bei lebendigem Leib die Haut abgezogen. Nun stellen sie seinen Kopf und seine Haut samt den Eingeweiden einige Meter vor der Mauer auf einer Stange zur Schau. Die blutigen Überreste des Unglücklichen bieten einen unbeschreiblichen Anblick. Den Verteidigern des Pe-T'ang ist nun klar: für sie gibt es nur Entsatz oder Tod.

»Jetzt kommen sie, Capitaine!«

Gegen elf Uhr nachts greifen die Chinesen im Gesandtschaftsviertel an. Sie schießen aus den Ruinen des Salons und des Büros des Gesandten Pichon, wo sie ständige Vorposten ausgebaut haben; dabei vergeuden sie bedenkenlos ihre Munition. Ein Kugelregen fällt auf die französischen und österreichischen Marineure. Von allen Seiten pfeifen die Projektile, schlagen in die Ziegel ein und reißen die Säcke auf, die die Brüstung des von Bartholin angelegten Schützengrabens bilden.

»Sie treten zum Sturm an!«

Darcy ist davon überzeugt, daß sich in wenigen Augenblicken Hunderte und Hunderte Reguläre und Boxer auf die zwanzig Matrosen stürzen werden, die die halbzerstörten Stellungen der französischen Legation gerade noch halten. Der Kommandant läuft durch den Graben von einem seiner Männer zum anderen, um sich ihrer Entschlossenheit zu versichern und wiederholt in einem fort, daß die Stellung gehalten werden müsse, koste es, was es wolle. Dann tritt er zum Marineartilleristen Gouzien, der Granate um Granate aus seinem Mörser feuert, obwohl es stockdunkel ist.

»Worauf zielst du?«

»Auf ein Licht. Ich nehme es deutlich aus und bin sicher, daß dort jemand ist.«

»Laß sehen!«

Der Kommandant beugt sich zum Matrosen nieder, um selbst durch den Mörser zu blicken. Die beiden Köpfe sind ganz nahe beieinander, als Gouzien schwankt und gegen die Brüstung sinkt. Der Kommandant zieht ihn am Kragen zurück und muß erkennen, daß der Mann an der Nasenwurzel getroffen ist.

»Rasch, holt Doktor Matignon.«

Der Arzt ist ohnehin am anderen Grabenende im Einsatz, erscheint sofort , untersucht Gouzien und schüttelt den Kopf.

»Da ist nichts mehr zu machen«, sagt er. »Der Mann ist tot.«

Gouzien ist der elfte französische Marineur, der seit Beginn der Belagerung der Gesandtschaft fällt. Wie viele Überlebende wird es beim Entsatz noch geben?

Im Fremdenpavillon, wo die Männer aus Österreich-Ungarn wenige Meter von ihren französischen Kameraden entfernt im Kampf stehen, wird ein Matrose schwer verwundet.

Die Angreifer begnügen sich trotz allem damit, die gegnerischen Stellungen unter Feuer zu nehmen, und wagen keinen Sturm. Es scheint, als lähme sie noch immer die Furcht vor den »Fremden Teufeln«.

Sonntag, 12. August 1900

Die Angriffe dauern in gleicher Heftigkeit an. Die Verteidiger vernehmen etwas nach sechs Uhr morgens aus der Richtung des Pe-Tang eine starke Explosion.

»Das ist zumindest ein Beweis, daß unsere Kameraden durchhalten«, bemerkt Darcy zu Labrousse. »Aber ich fürchte, das war eine Mine.«

Keine Mine ist bisher so stark gewesen wie die soeben explodierte, die den ganzen Ostteil der Jen-T'se-T'ang verwüstet hat. Der aufgerissene Krater ist riesig: sieben Meter tief und vierzig im Durchmesser!

Bischof Favier eilt zum Schauplatz der Katastrophe, ihm auf den Fersen wie immer sein getreuer Koadjutor.

»Wo sind die Schwestern? Wo sind die Waisen?« fragen die beiden Würdenträger.

»Ein Teil von ihnen hat sich am frühen Morgen in die Kapelle begeben, um für unsere Befreiung zu beten.«

»Gott sei gelobt«, äußert sich der Bischof kurz. »Aber die anderen?«

»Das ist schrecklich, Eminenz.«

Unter den Trümmern liegen 80 christliche Chinesen begraben, dazu mehr als 50 Waisenkinder, von denen nicht ein einziges lebend geborgen werden kann.

»Und die italienischen Matrosen?« will Jarlin wissen.

»Ein halbes Dutzend von ihnen fehlt beim Appell.«

»Wo ist Olivieri?«

»Verschwunden!«

Der junge Kommandant des italienischen Detachements ist mit seinen Matrosen unter Trümmern verschüttet. Von allen Seiten eilen Retter herbei, doch die Boxer haben die Explosion ausgenützt, um vorzurücken. Sie lassen einen Kugelregen auf alle jene niederprasseln, die ihren unter dem Schutt begrabenen Kameraden zu Hilfe kommen wollen. Der Maristen-Visitator Bruder Jules-André erhält eine Kugel in die Brust und stirbt auf der Stelle, während seine Mitbrüder weitergraben.

Plötzlich ein Ruf: »Da ist er!«

Angelo Olivieri wird mit vieler Mühe herausgezogen. Er ist eine Dreiviertelstunde unter den Trümmern gelegen, aber er atmet noch.

»Beeilt euch«, befiehlt Favier. »Es müssen da noch mehr italienische Matrosen sein.«

Fünf Mann werden eiligst freigelegt, doch ihr Zustand ist hoffnungslos. Drci sind bereits tot und zwei tödlich verwundet. Oberfähnrich Olivieri erlangt das Bewußtsein wieder. Das von ihm befehligte Detachement besteht nur mehr aus einem halben Dutzend Überlebender, Hauptgefreiter Elias verfügt nur mehr über fünfzehn Mann.

Ab nun müssen die beiden Kirchenmänner im Pe-T'ang selbst das

Kommando führen. Brüder und Seminaristen haben die Waffen der Gefallenen aufgenommen und mühen sich zusammen mit den wenigen noch kampffähigen Matrosen, den Angriff der Boxer zu brechen, die nach dem Hochgehen der Mine sich nun der Kirche bemächtigen wollen.

Der Nordwestflügel der Verteidigungslinie besteht nur mehr aus Trümmern, Leichen und Schutt. Aber es gelingt den Klerikern und den Matrosen, trotz des mörderischen Gewehrfeuers die Angreifer abzuweisen; jeder Mann weiß, daß er seine eigene Haut verteidigt, jedem steht das Schreckensbild der zuckenden Leichenteile des armen chinesischen Boten vor Augen. Pardon wird nicht gewährt. Sehr bald liegen etwa fünfzig Boxer tot auf dem Boden, der Rest flutet in voller Auflösung zurück.

Der Pe-Tang ist wieder einmal gerettet. Aber um welchen Preis!

Im Gesandtschaftsviertel geht der Kampf während der ganzen Nacht pausenlos weiter. Ein Überläufer kommt auf die Seite der Europäer und bringt phantastisch anmutende Nachrichten: »Verwundete und Flüchtende der regulären Truppen überschwemmen die Stadt. Unsere Armee hat eine schwere Niederlage erlitten!«

Das Entsatzkorps kommt offenbar näher und treibt die Reste der kaiserlichen Einheiten vor sich her. Aber die in Peking Eingeschlossenen müssen weiter durchhalten, vielleicht stunden- vielleicht sogar tagelang. Alliierte Soldaten sehen von der Stadtmauer aus, wie starke chinesische Verbände nach Süden flüchten.

»What's the matter?« fragte ein Amerikaner einen Deutschen.

»Das ist das Ende!«

Aber das Ende ist noch nicht da, sondern nur näher gerückt und ab nun unabwendbar geworden.

Trotzdem hat der Beschuß während der Nacht nicht aufgehört. Am frühen Morgen ist der Matrose Berger am Kopf schwer verwundet worden, als er sich zu den Büroräumlichkeiten der deutschen Gesandtschaft begab.

»Wir müssen die Chinesen unbedingt zurücktreiben«, entscheidet

Soden. »Die Regulären besetzen eine Holzbarrikade zwanzig Meter vor ihren Stellungen.«

»Das beste Mittel wird sein, diese Barrikade anzuzünden«, bemerkt Morgenstern.

Unverzüglich kommen die Männer vom Seebataillon herbei und werfen Benzinflaschen, die an der Barrikade zersplittern. Dann machen sie Brandfackeln, indem sie in Petroleum getränkte Lappen an Stöcke binden, sie entzünden und gegen die chinesischen Stellungen schleudern, die sich bald in einen Glutherd verwandeln. Die Chinesen müssen sich, vor Wut aufheulend, zurückziehen. Unter den Augen des Seebataillons rücken sie durch eine riesige schwärzliche, stinkende Rauchwolke ab. Reguläres Militär und Boxer können sich jedoch auf einer nur wenig zurückgenommenen Stellung wieder festsetzen.

Im Verlauf des Nachmittags trifft bei den Eingeschlossenen eine neue Note des Tsung-li ya-men ein. Dieses Mal schlagen Prinz King und andere chinesische Diplomaten ein Zusammentreffen mit den Gesandten der fremden Mächte vor, »um die vorläufige Einstellung der Feindseligkeiten zu besprechen«.

»Ich stelle mit Freuden fest, daß sie nun immerhin den Kriegszustand anerkennen«, bemerkt Sir Claude.

Die Diplomaten stimmen ihm lebhaft zu. Nun werden die Chinesen teuer dafür zahlen müssen, daß sie es gewagt haben, die Vertreter der mächtigsten Staaten der Erde herauszufordern. Die Stunde der Vergeltung naht, Forderungen und Drohungen werden laut.

»Gemach, meine Herren, unsere Truppen sind noch nicht in Peking einmarschiert. Wir müssen noch auf Zeitgewinn hinarbeiten, weshalb ich für die morgige Begegnung mit Prinz King die elfte Vormittagsstunde vorschlage.«

Die entsprechende Note wird sofort der chinesischen Regierung zugestellt, bringt jedoch die Kämpfe keineswegs zum Stillstand. Im Gegenteil, die Angreifer verdoppeln, wie es scheint, ihren Druck, als hofften sie, noch im letzten Augenblick das Gesandtschaftsviertel im Sturm zu nehmen.

Wie schon öfter, treffen sich Darcy und Labrousse auch an diesem Abend um acht Uhr beim Speisesaal des Hauses von Baron d'Anthouard. Die beiden Offiziere betrachten den von Unkraut überwucherten Park. Doktor Matignon kommt dazu.

Labrousse meint: »Man müßte hier eine ständige Wache postieren. Von da ist es sehr leicht, den ganzen Abschnitt zu beobachten.«

»Zweifellos«, erwidert Darcy. »Aber die Ecke ist gefährlich.«

»Die Leute gegenüber schießen sehr schlecht«, setzt Matignon hinzu.

„Wenn die Chinesen . . .", beginnt Labrousse.

Er beendet den Satz nicht. Eine Kugel trifft seine Stirn. Er sinkt nieder. Der Arzt beugt sich über den Unglücklichen und nimmt seinen Kopf in die Hände.

»Entsetzlich«, stöhnt er. »Der Schädel ist in Stücke geschlagen. Mir ist, als hielte ich eine in hundert Scherben zersprungene und in eine Serviette gewickelte Salatschüssel in Händen.«

»Langsam glaube ich, daß ich allen Unglück bringe«, murmelt Darcy bedrückt.

Doktor Matignon ist vom Verlust seines tapferen Kameraden zutiefst erschüttert. Mit gebrochener Stimme sagt er: »Das ist ein Ende, wie er es sich immer gewünscht hat.«

Der Tod des unerschrockenen Labrousse trifft alle Eingeschlossenen sehr hart. Seit Beginn der Kämpfe war er als vorzüglicher Truppenoffizier bekannt. Als er einmal neben den Amerikanern auf der Stadtmauer Dienst machte, urteilte einer von ihnen: »Unter einem solchen Mann könnte man mit hundert Marineuren den kaiserlichen Palast erobern.«

Montag, 13. August 1900

Gewehrfeuer die ganze Nacht. Hin und her gerissen zwischen der Hoffnung auf baldigen Entsatz und der Furcht, durch einen letzten

Angriff der Boxer umzukommen, können die Belagerten kaum Schlaf finden.

Militärs und Diplomaten versammeln sich im Park der englischen Legation, um der Beisetzung von Hauptmann Labrousse beizuwohnen. Aller Augen sind von Trauer und Müdigkeit gerötet. Nach der kurzen Zeremonie begibt sich jeder wieder an seinen Platz. Sir Claude MacDonald wird von der auffallenden Geschäftigkeit in der Kaiserstadt beunruhigt. Dort war es zwar seit dem Ende des Waffenstillstandes stets rege gewesen, diesen Morgen aber hat es den Anschein, als wollten die Chinesen einen letzten entscheidenden Sturm versuchen.

»Wir müssen auf der Hut sein«, sagt der englische Gesandte zu seinem Stabschef Herbert Squiers. »Sie wollen zweifellos ein neues Geschütz in Stellung bringen.«

Der Schotte fordert sogleich Verstärkung durch das österreichische und das amerikanische Maschinengewehr an. Man muß das neue chinesische Geschütz um jeden Preis außer Gefecht setzen. Es handelt sich um eine zweizöllige Krupp-Schnellfeuer-Kanone, die binnen weniger Minuten mehr Schaden anrichten kann als alle anderen chinesischen Geschütze zusammen während der letzten fünf Wochen. Die zwei Maschinengewehre eröffnen das Feuer. Nach einigen gut gegen den Mündungsrauch gerichteten Garben ist die Krupp-Kanone zum Schweigen gebracht.

Dieser durchschlagende Erfolg ist die einzige militärische Tätigkeit des englischen Gesandten an diesem Morgen, weil er sofort wieder seine diplomatischen Pflichten zu erledigen hat. Für elf Uhr haben die Botschafter die Begegnung mit Prinz King und anderen chinesischen Parlamentären angesetzt, »um die Feindseligkeiten einzustellen«. Aber niemand zeigt sich an den Barrikaden, nur ein Bote kommt von der Feindseite. Er bringt wieder einmal eine Note des Tsung-li ya-men, die mit unverschämten Worten das Treffen absagt: »Während die chinesische Regierung nichts als die Wiederherstellung des Friedens wünscht, haben die Gesandtschaften in der letzten Nacht das Feuer auf unsere Truppen eröffnet und 26 Soldaten und einen Offizier getötet.«

»Die Besprechung ist abgesagt«, verkündet Sir Claude den Gesandten. »Offenbar hat am Hof noch immer die Kriegspartei die Oberhand.«

Prinz King und General Yung-Lu haben wieder einmal den Machenschaften des Prinzen Tuan und des Generals Ton-Fu-Sian, in denen der Anmarsch der alliierten Truppen mörderische Wut geweckt hat, weichen müssen. Bei ihrem Einmarsch in die Hauptstadt sollen Europäer, Amerikaner und Japaner nur mehr rauchende Trümmer und verstümmelte Leichen vorfinden! Vor seinem Sturz will das alte China die anmaßenden Diplomaten mit sich unter den Trümmern des Reiches begraben.

»Dieser unverschämte Brief des Tsung-li ya-men verdient eine entsprechende Antwort«, entscheidet der englische Gesandte.

Unverzüglich verfaßt er einen Text von seltener Heftigkeit.

»Das ist der am wenigsten diplomatische Brief meiner ganzen Karriere«, sagt er lächelnd, »aber vermutlich auch der wirkungsvollste.«

Er ist kurz und scharf wie ein Stockhieb: »Die Scherze haben lange genug gedauert. Wir wissen, daß unsere Hilfstruppen in längstens achtundvierzig Stunden in Peking sein werden. Wir empfehlen Ihnen dringend, das Feuer unverzüglich einzustellen, sonst werden wir, sobald wir Herren der Stadt sind, die Verantwortlichen zu finden wissen und ihre Köpfe rollen lassen, selbst wenn sie zur Umgebung des Kaisers gehören.«

»Gut«, stellt der Doyen des diplomatischen Korps, der Spanier de Cologan, fest. »Das ist unser erstes wirklich energisches Schreiben an die Chinesen.«

Der Brief ist noch nicht weg, als eine zweite Note des Tsung-li ya-men einlangt, die einen völlig anderen Ton anschlägt. Prinz King scheint wieder an Einfluß gewonnen zu haben und gibt äußerst zeremoniell seiner freundschaftlichen Gesinnung Ausdruck.

Die europäischen Gesandten, die das Verhandeln immer der harten Haltung vorgezogen haben, beschwören sofort Sir Claude MacDonald: »Die chinesische Regierung ist offenbar wieder an einer Verständigung interessiert. Man darf Ihren Drohbrief nicht absenden. Sie würden die Chinesen zur Verzweiflung treiben und uns der höchsten Todesgefahr aussetzen.«

Der englische Gesandte zögert, läßt sich jedoch am Ende überreden. In wenigen Tagen wird diese ganze Tragikomödie vorüber sein. Er ist schon sehr müde, und zwar mehr wegen des Wankelmuts seiner Kollegen als wegen der Wechselfälle der Belagerung. Der Schotte läßt seine Note zurückhalten. Gegen die Gruppe, die von den Militärs »die Angstpartei« genannt wird, opponiert jedoch seit Wochen unaufhörlich eine andere, »die Mutpartei«, an deren Spitze der Doyen steht. Der alte Marquis de Cologan wendet sich an die Vertreter der Vereinigten Staaten und Italiens: »Leider sind keine Spanier bei den Entsatztruppen und so bin ich zum Schweigen verurteilt«, erklärt er Edwin Conger und dem Marquis Salvagio-Raggi. »Aber Ihr Wort hat Gewicht, weil Amerikaner und Italiener auf dem Marsch gegen Peking sind. Man muß einer solchen Feigheit entgegentreten!«

Stark beeindruckt vom Mut ihres spanischen Kollegen, eines wahren Hidalgo, begeben sich die beiden Diplomaten zum Gesandten Englands.

»Senden Sie Ihre erste Note trotz allem ab«, sagen sie zu Sir Claude. »Wir müssen fest bleiben.«

Aber der englische Gesandte hat bereits gelernt, seinen Kollegen zu mißtrauen, und verspürt keine Lust, kurz vor dem Ende der Schreckenszeit desavouiert zu werden. Daher entscheidet er: »Ich mache nichts, ohne das gesamte diplomatische Korps zu befragen.«

Die Besprechung läßt sich sehr stürmisch an. »Angstpartei« und »Mutpartei« geraten ärger denn je aneinander. Man gelangt zu keiner Entscheidung. Soll man den Drohbrief absenden?

»Er wäre eine Provokation«, schätzt Stephen Pichon. »Man wird uns massakrieren.«

»Meinetwegen!« ruft Don Bernando de Cologan laut und schlägt mit der Faust auf den Tisch. »Aber wenn wir schon sterben sollen, dann wollen wir wie Männer sterben!«

Diese unerschrockene Haltung trägt den Sieg davon, die offizielle Note wird abgesandt, auch wenn sie einen wütenden Angriff der

Chinesen herausfordern sollte. Man muß sich auf einen Gegenschlag vorbereiten. In der Kaiserstadt hören die Kriegstrompeten nicht auf zu blasen, im Gesandtschaftsviertel verteilt man in Eile alle verfügbaren Waffen. Sogar die protestantischen Missionare werden mit Revolvern beteilt.

Gegen elf Uhr morgens erschüttert eine riesige Explosion den Pe-Tang. Eine vierte Mine ist hochgegangen. Noch einmal wird die Niederlassung der Schwestern vom Heiligen Vinzenz von Paul beschädigt.

Nach den schweren Verlusten, die das italienische Detachement am Vormittag erlitt, hat der Hauptgefreite Elias einige seiner Matrosen zur Verteidigung der Einbruchstelle in den Jen-T'se-T'ang gesandt. Die Boxer können jeden Augenblick mit Gebrüll anrücken, die Verteidiger sind völlig erschöpft. Der Hunger nagt in ihren Eingeweiden, der Schlafmangel bringt sie zum Zittern. Sie halten sich dennoch gut, ohne sich um die Trompetensignale und das Haßgeschrei der Angreifer zu kümmern.

»Tscha, tscha! Tscho, tscho!«

Die Chinesen scheinen völlig entfesselt zu sein. Favier verhehlt seinem Koadjutor seine Unruhe nicht:

»Ich bin sicher, daß die Entsatztruppen näherkommen. Aber alle diese Heiden wollen uns zuvor noch den Hals abschneiden.«

Jarlin gibt keine Antwort. Auch er ist erschöpft, entmutigt, hungrig. Seine Kopfwunde schmerzt. Aber er hält sich wie durch ein Wunder aufrecht. Seit Beginn der Belagerung des Pe-Tang ist er der bewaffnete Arm seines Bischofs, der Geräte an die einen, Waffen an die anderen verteilt, der die Seminaristen ins Gefecht führt, der ständig die Flüchtlinge in der Kathedrale aufsucht, und die Wachmannschaften auf den Barrikaden. Jetzt macht sich die Müdigkeit bei ihm spürbar und zerfurcht sein blasses Gesicht, das ein schmaler weißer Spitzbart noch länger erscheinen läßt. Um vier Uhr wird der Marine-Infanterist Rebours durch einen Schuß in die Stirn getötet. Das ist der fünfte französische Matrose, der im Pe-Tang fällt.

Die Belagerten erhalten endlich Kenntnis darüber, wer der chinesische Offizier ist, dessen Tod in der Note des Tsung-li ya-men erwähnt wurde: ein Brigadegeneral.

»Stellen Sie sich vor«, erzählt Stephen Pichon, der versichert, die Nachricht aus offizieller Quelle zu haben, »dieser Verbrecher hatte versprochen, binnen fünf Tagen alle Fremden in Peking umzubringen. Auf Plakaten hat er sogar verkündet, daß weder ein Hund noch eine Katze lebend die englische Gesandtschaft verlassen werde.«

Im Gesandtschaftsviertel beginnt der Angriff. Überall fordert man aus den vordersten Linien Verstärkung an. Aber die Regulären und Boxer sind außerstande, die Verteidigung einzudrücken. Sogar Verwundete kämpfen auf den Barrikaden, wo sich auch Frauen und Jugendliche einfinden. Der Angriff scheitert trotz Geschrei und Pulverdampf.

Nach diesen Ausbrüchen von Haß und Wut ist der Nachmittag nahezu ruhig; sogar so ruhig, daß Sir Claude, begleitet vom russischen Gesandten und von Madame de Giers, »als Tourist« kommt, um die Ruinen der französischen Legation zu besichtigen. Kapitänleutnant Darcy macht in aller Form die Honneurs und zeigt die von ihm verteidigten Stellungen.

Darauf führt er seine Besucher zu den Gräbern der bei der Verteidigung der Legation gefallenen Österreicher und Franzosen.

»Sie ruhen Seite an Seite, zwanzig Meter von den chinesischen Stellungen entfernt. Aber ich verspreche, daß kein Angreifer jemals diese bescheidenen Gräber mit Füßen treten wird. Wir weichen nicht!«

Sir Claude freut sich über diese Zusage; er weiß, daß die letzten Stunden zweifellos die härtesten sein werden.

»Ich befürchte für den Abend einen Generalangriff«, sagt der Schotte. »Haltet alle die Augen offen!«

Gegen acht Uhr bricht ein Gewitter los. Als ob die Chinesen nur auf dieses Signal gewartet hätten, eröffnen sie unverzüglich das Feuer. Es regnet Gewehrkugeln und Granaten auf alle Stellungen der Verteidigung.

Noch nie haben die Belagerten ein so heftiges und so gut

gezieltes Feuer über sich ergehen lassen müssen. Die ganze Nacht hält dieser starke Beschuß die Verteidiger des Legationsviertels wach.

Gegen zehn Uhr abends sinkt einer der Männer des Seebataillons auf der Barrikade der Straße der Legationen lautlos nieder.

Der Matrose Gugel ist der letzte Gefallene des deutschen Detachements, das während der Belagerung einen sehr hohen Blutzoll geleistet hat. Seine Kameraden bringen den Leichnam nach hinten.

In dieser Nacht sind alle nervöser und unruhiger als sonst; sie spüren den baldigen Entsatz und fürchten, jetzt noch einer der Kugeln, die im Dunkel herumschwirren, zum Opfer zu fallen.

Dienstag, 14. August 1900

Die Chinesen haben gegen Mitternacht das Feuer eingestellt, den Infanterie- und Artilleriebeschuß aber binnen weniger als zwei Stunden wieder aufgenommen. Es ist Vollmond, die Sicht ist gut wie am hellen Tag. Mit einmal kommt ungewohnter Lärm aus dem Osten, der alle Eingeschlossenen hellwach macht. Seit Wochen und Wochen vernehmen sie Kanonendonner, doch noch nie mit solcher Lautstärke.

»Das sind die Unseren!« versichert Sir Claude. »Man schießt auf die Mauern der Stadt oder auf die Tore.«

Es folgen andere charakteristische Geräusche; Maschinengewehre treten in Tätigkeit. Die Geschütze der Chinesen erhalten Antwort aus der Ferne. Das große Ringen um den Entsatz des Gesandtschaftsviertels hebt an. Die Nacht ist eine Nacht des Sieges, mild und hell.

Mit vier sibirischen Schützenkompanien und einer Eskadron von ungefähr hundert Kosaken ist der russische General Wasilijewski, Stabschef des Generalissimus Linijewitsch, am Nachmittag des 13. August aus Tung-Tschau aufgebrochen. Ein heftiges Gewitter hat ihn lange aufgehalten. Es war bereits Nacht, als sein Detachement auf einige Chinesen traf, die das Feuer eröffneten und einen Offizier verwundeten. Trotzdem entschließt sich Wasilijewski, den Marsch gegen Peking fortzusetzen. Hauptmann Gorski arbeitet sich mit einigen Freiwilligen in der Dunkelheit bis zum Tor Tung-Pien-Men vor. Sie werden von dem Norweger Munthe angeführt, einem alten Offizier, der bis vor kurzem als Instruktor der chinesischen Kavallerie Dienst gemacht hat und zu den Entsatztruppen gestoßen ist. Im Laufschritt, Bajonett auf, nähern sich die Russen dem Tor. Dabei schalten sie in aller Stille einige Wachen an einer Brücke aus, die erstochen werden, ehe sie einen Schuß abgeben können. Die Russen stehen nun am Fuß der Stadtmauer, aber das Tor ist geschlossen. Wasilijewski entscheidet sich zum Handeln, ohne Befehle seines Vorgesetzten einzuholen. Zwei Geschütze werden, so gut es bei Nacht möglich ist, in Stellung gebracht.

»Feuer!«

Auf den ersten Schlag der Kanonen antworten die Chinesen mit Gewehrschüssen. Sie schießen von einem großen Eckturm, bei dem die Mauer der Tatarenstadt und die der Chinesenstadt zusammentreffen. Geduckt, in einem toten Winkel, entrinnen die Angreifer dem Kugelregen. Sie schießen zurück, so weit es geht. Damit entspinnt sich um zwei Uhr morgens – in voller Dunkelheit – ein unübersichtliches Gefecht.

Wasilijewski dringt bis zum Holztor vor, das die Kanonenschüsse wohl gelockert, aber nicht aufgerissen haben. Aber als der General seinen Arm durch eines der Löcher im Tor streckt, ertastet er irgendwelche Riegel. Er läßt die Geschütze auf diesen Punkt zielen. Das Tor Tung-Pien-Men öffnet sich endlich, die Angreifer stürmen hindurch, der General voran.

Das zweite Tor am Ende des Bogens ist halb offen. Eine Straße führt von dort ins Dunkel, vermutlich zum kaiserlichen Kanal. Kein Mensch ist zu sehen. Die Russen entdecken endlich einen Durchgang zur Mauer der Chinesenstadt, doch dort empfängt sie ein verheerendes Gewehrfeuer. Von der Höhe der Umfassungsmauer der Tatarenstadt bemühen sich die Chinesen, den Ansturm der

Russen aufzuhalten. Wasilijewski will das Legationsviertel erreichen, kann aber den Weg nicht finden. Der junge Leutnant de Giers, Sohn des russischen Gesandten in Peking, der am Sturmtrupp teilnimmt, bietet seine Dienste als Führer an. Aber es gelingt auch ihm nicht, sich in dem Gewirr von Gäßchen, Durchgängen und Häusern zurechtzufinden. Um drei Uhr morgens sind die Russen zwar Herren des Tores Tung-Pien-Men, auf dem die Flagge des Zaren weht, kommen aber nicht weiter. Hauptmann Gorski, der eine der Sturmkompanien befehligt, wird am Arm und an der Brust verwundet. Das Feuer der Chinesen wird mit einem Mal sehr präzis. Zwölf russische Artilleristen und fünfzehn Schützen sind binnen weniger Minuten verwundet. Mit letzter Kraft können die Männer gerade noch eine Kanone aus der Schußlinie ziehen.

Seit den ersten Morgenstunden rückt das Gros der russischen Truppen unter den Generalen Linijewitsch und Stessel in der Ebene vor. Das Heer des Zaren befindet sich nur mehr fünfhundert Meter vor der Umfassungsmauer der chinesischen Hauptstadt. Es beginnt sich zu entfalten und eröffnet das Feuer gegen die Mauer der Tatarenstadt.

General Wasilijewski operiert schon in der Stadt; er bemüht sich, seine sibirischen Schützen und seine Kosaken anzufeuern, die dem starken Beschuß der hinter Verschanzungen gut gedeckten Chinesen ausgesetzt sind. Plötzlich schwankt der Führer des Sturmtrupps; eine Kugel hat seine Brust durchbohrt. Vier Getreue, die ihrem Chef sofort Hilfe leisten wollen, werden nacheinander verwundet.

In der Ebene beschießen russische Infanteristen und Artilleristen die von den Strahlen der aufgehenden Sonne beleuchtete und von Gewehrkugeln und Granaten durchsiebte Stadtmauer.

Am frühen Morgen haben Stephen Pichon und etliche Diplomaten sich zu einem Besuch auf der Stadtmauer durchgerungen. Bei der von der Marine gehaltenen Barrikade weht eine riesige amerikanische Flagge. Das Wetter ist prächtig, die Sonne hat die Gewitter der Nacht vertrieben, der Himmel ist auf einmal blau und wolkenlos. Es wird bereits warm. Der Horizont weitet sich; seit die Morgennebel zerstreut sind, kann man sogar die blaue Kontur des fernen Hügellandes wahrnehmen.

Dumpfes Grollen läßt die klare Luft erzittern. Kanonen donnern im Norden, Westen und Osten der Stadt. Die Diplomaten bestaunen die weißen Rauchwolken, die beim Einschlag der Granaten aufsteigen. Brände flammen prasselnd auf. »Dieses Mal sind's die Chinesen, die bombardiert werden. Endlich!«

Die bis vor kurzem verängstigten Zivilisten verfolgen von der Brüstung der Stadtmauer aus das gigantische Schauspiel und freuen sich über die Beschießung, durch die das flammende Bild einer Göttderdämmerung entsteht.

Die alliierten Truppen kommen, sie kommen wirklich. Der Entsatz ist da.

Am frühen Morgen greifen die Japaner beim Tor Si-Hoa-Men an. General Fukushima führt die Vorhut. In der Nacht hat er seinem Kameraden Wasilijewski jede Unterstützung verweigert, weil dieser das von Linijewitsch aufgestellte Programm nicht eingehalten und das Tor Tung-Pien-Men vor dem vorgesehenen Termin angegriffen hat. In der Verwirrung der Morgendämmerung schießen russische und japanische Soldaten aufeinander, so daß zwei Untertanen des Zaren von ihren Verbündeten getötet werden.

Jetzt erreichen die Japaner die Vororte am Fuß der Stadtmauer. Sie marschieren eilig durch die engen, zu jener Stunde seltsam stillen Gäßchen. All die kleinen Häuser sind verrammelt, kein Chinese läßt sich sehen, nur ein paar Hunde irren auf der Suche nach Abfällen umher.

Auch die Stadtmauer scheint verlassen. Kein Soldat macht auf ihr oder auf dem Si-Hoa-Men-Tor die Runde, das die Japaner einnehmen sollen. Plötzlich, als die Japaner vorrücken, beginnen die Chinesen auf ganz kurze Distanz zu schießen. Ein Höllenfeuer! Die Angreifer suchen – so gut es geht – zu beiden Seiten im Schatten der

Häuser Deckung. Leichen liegen in der Mitte der Straße, Verwundete hinken schützenden Plätzen zu, während die chinesischen Kugeln Wolken gelben Staubes aufwirbeln. General Fukushima hält sich aufrecht mitten unter seinen Soldaten, als wäre er gegen den feindlichen Kugelhagel gefeit. Zu einem britischen Kriegsberichterstatter, der seit Beginn des Angriffs keinen Fußbreit von ihm weicht, sagt er trocken: »In zwanzig Minuten sprengen wir das Tor und dann nehmen wir es im Sturm.«

Schon rücken japanische Pioniere mit Handgranaten vor, wobei sie ein ungedecktes Terrain passieren müssen, auf das die Chinesen wie auf dem Schießplatz feuern. Als bereits ein Dutzend Männer des japanischen Sprengtrupps leblos vor dem Tor liegt, befiehlt der General den Überlebenden, auf das Unternehmen zu verzichten. Die Schützen konnten den Heldentod ihrer Kameraden, die das feindliche Feuer auf sich gelenkt hatten, ausnützen, um etliche zehn Meter mit akrobatischen Sprüngen vorzurücken. Und General Fukushima hat inzwischen etwas weiter hinten seine Geschütze in Stellung bringen lassen.

Geschützdonner bricht los. Die Artilleristen der Aufgehenden Sonne feuern mehr als sechs Stunden lang aus mehr als sechzig Rohren. Der Himmel ist klar und wolkenlos. Die Granaten fliegen über die Köpfe der Angreifer hinweg und krepieren mit kleinen weißen Rauchwolken auf der Mauer oder dem Tor. Doch das riesige, vielfach durchlöcherte Holztor bleibt unerschütterlich. Während des ganzen Tages verbeißen sich die kleinen japanischen Kanonen wütend, aber vergebens, in der hohen Mauer von Peking.

Von der Höhe der befestigten Einfriedung des Pe-Tang sehen die Verteidiger, wie Hunderte Chinesen Verwundete schleppen. Die Beschießung hält an, aber keine Flagge weht auf der kaiserlichen Stadt. Alle vernehmen den Lärm des Gefechts, das sich im Südosten im Gesandtschaftsviertel abspielt: Gewehrschüsse, Maschinengewehrgarben und das rauhe Bellen der Kruppkanonen.

Das Bombardement verstärkt sich, Bischof Favier ruft aus: »Gott sei gelobt! Dieses Mal gehen die Granaten auf die Chinesen nieder.«

Die Verteidiger der Kathedrale sehen Flüchtende in die feindlichen Stellungen laufen, dann Männer, die Verwundete abtransportieren. Die Hoffnung steigt. Leutnant Olivieri und Hauptgefreiter Elias machen die Runde bei ihren Wachtposten, um die französischen und italienischen Matrosen aufzumuntern. Der Entsatz ist nahe. Die Männer sind erschöpft, verhungert, vor Fieber zitternd. Noch nie sind ihre Gesichtszüge unter den einst weißen, jetzt vor Schmutz und Staub grauen Kopfbedeckungen so tief eingegraben gewesen. Ihre Augen leuchten in eigentümlichem Glanz. Aber die kleine, zerlumpte Gespensterarmee hält sich wacker.

»Ich weiß nicht, ob wir morgen wirklich befreit sind«, vertraut der Koadjutor seinem Bischof an, »aber ich weiß, daß wir morgen nichts mehr zu essen haben.«

»Gott wird uns retten, unsere Truppen werden da sein«, versichert Favier ruhig und streicht sich den mächtigen weißen Bart, der auf seinen abgemagerten Wangen sprießt.

Und der greise Kirchenfürst begibt sich zu den in der Kathedrale versammelten Flüchtlingen, denn morgen ist Maria Himmelfahrt.

Am frühen Morgen hat der amerikanische General Chaffee ein Aufklärungs-Detachement des 6. Kavallerieregiments unter Rittmeister Cabell gegen Peking geschickt. Eine Stunde später bringt ein Meldereiter die Mitteilung, daß der Offizier und seine Leute von Chinesen umzingelt sind. Chaffee rückt unverzüglich mit dem 11. Infanterieregiment und der Batterie von Hauptmann Reilly vor.

Den Kavalleristen ist es gelungen, sich in ein Dorf zurückzuziehen, wo sie von den Dächern herunterschießen. Sie werden von ihren Kameraden rasch herausgehauen und nehmen den Vormarsch wieder auf. Im Verlauf ihres Vordringens setzen die Amerikaner einige Dutzend Reguläre und Boxer außer Gefecht, die sich nicht rasch genug zu retten vermochten. Es ist elf Uhr morgens, als es zwei amerikanischen Kompanien unter dem Befehl von Oberst Daggett gelingt, die Mauer der Chinesenstadt an der Nordostecke zu erklettern.

Unverzüglich gehen Kavallerie, Infanterie und Artillerie der Vereinigten Staaten gegen das Ha-Ta-Men-Tor vor. Sie lassen es rasch hinter sich, um gegen Westen vorzurücken, wo sich auf der anderen Seite der Stadtmauer die Gesandtschaft ihres Landes befindet. Sie haben Befehl, bis zum Fuß des Bollwerks zu marschieren, um das Tor Tsien-Men zu erreichen.

Aber es sind die Briten, die das Wettrennen der Alliierten zur Befreiung des Legationsviertels gewinnen.

Am Morgen des 14. August dringen General Gaselee und 2500 Mann des Truppenkontingents Ihrer Majestät, ohne auf Widerstand zu stoßen, im Süden der Stadtmauer durch das Tor Tscha-Kuo-Men in die Chinesenstadt ein. Gaselee befiehlt nun den Bengalischen Lanzenreitern und den Infanteristen aus dem Pandschab, sich des »Himmelstempels« zu bemächtigen, wo er künftig sein Quartier aufschlagen will. Der Befehl wird am frühen Nachmittag ausgeführt. Die wichtigste Aufgabe ist jedoch die Hilfeleistung für das Gesandtschaftsviertel; sie scheitert vorläufig daran, daß die Tore der Tatarenstadt hartnäckig geschlossen bleiben.

Auf dem linken Flügel versuchen die Männer von Brigade-General Horman Stewart, sich der Straße zum Tsien-Men-Tor zu nähern. Sie dringen durch die Gäßchen der Chinesenstadt vor und werden von ein paar Dutzend Regulären mit schlecht gezielten Schüssen bedacht. Die chinesischen Verteidiger des Tores und der Stadtmauer halten stand. Sie empfangen die Briten mit einem massiven Feuer, das ein Weiterkommen unmöglich macht.

Ein junger Offizier, Leutnant Bainbridge, wirft sich, gefolgt von einigen Sikhs, auf die Brücke vor dem Tor, überquert sie im Laufschritt und nimmt am Fuß der Stadtmauer Deckung; er schwingt einen Wimpel mit den britischen Farben. Das Feuer läßt nicht nach. Diesmal sind's aber die amerikanischen Marinesoldaten, die von der Stadtmauer aus über die Barrikade zu den Chinesen schießen wollen, dabei jedoch die Briten erwischen.

Das Mißverständnis dauert nur einige Minuten, dann vereinigen sich Befreier und Noch-Belagerte gegen die Chinesen, die nun in voller Auflösung zurückfluten. Die britischen Artilleristen der Hong-Kong- und Singapur-Regimenter bringen Maximgeschütze in Stellung, die bald die Entscheidung herbeiführen. Als wichtigste Aufgabe bleibt aber das Vordringen zur englischen Gesandtschaft.

Der Kommandant des britischen Expeditionskorps sucht nach einem Zugang zur Tatarenstadt. Er setzt sich selbst an die Spitze eines Trupps von nur siebzig Mann, alles Inder, vom 7. Radschputan- und vom 1. Sikhregiment.

Diese Männer, rekrutiert aus den wildesten Stämmen des indischen Kaiserreiches, haben sich seit Beginn des Chinafeldzugs einen nur mäßigen militärischen Ruf erworben. Sie sind während des Marsches auf Peking mehrmals zurückgewichen. Nun wollen ihre Offiziere diese Scharte auswetzen. General Gaselee und sein Stab betrachten den Feldzug nach Peking als eine Art sportlichen Wettbewerbs jener Mächte, die militärische Kontingente in China stationiert haben. Den Sikhs sagt dieses Vorhaben sehr zu.

»Hier ist es«, sagen die Chinesenchristen, die Führerdieste leisten.

Der Jadefluß unter der Stadtmauer ist während der Regenzeit zum Abwasserkanal geworden.

»Was für eine Kloake!« seufzen die eleganten Offiziere Ihrer Majestät der Königin Victoria, deren falbes Lederzeug tadellos über den gut geschnittenen Khakiuniformen sitzt.

Nun heißt es, unter einem rostigen Eisenrechen durchzukriechen und eine mit Unrat und Kadavern gefüllte, ekelhafte Brühe zu durchwaten. Noch nie ist ein Sturmtrupp derart stinkend angekommen. Aber die bis hinauf zum Turban verdreckten Sikhs rücken, alles um sich verpestend, seit halb drei Uhr nachmittags im trockenen Flußbett vor. General Gaselee und seine Offiziere treiben sie direkt auf die englische Gesandtschaft zu. Sie kümmern sich nicht um das, was zu beiden Seiten des ausgetrockneten Flusses vor sich geht, sie schreiten, ohne den Kopf zu heben, unter der Südbrücke weiter, die West- und Ostteil der Legationsstraße verknüpft. Im Augenblick weiß noch niemand davon, daß es den indischen Truppen gelungen ist, die englische Gesandtschaft zu erreichen, ohne auch nur einen Schuß abzugeben.

Der Nachmittag ist ungewohnt ruhig, als plötzlich ein chinesischer Boy in die Gärten der französischen Legation gelaufen kommt, wo sich Darcy auf seinem Gefechtsstand im Fremdenpavillon befindet.

»Kapitän«, schreit der Kuli, »durch den kaiserlichen Kanal kommen Europäer zur englischen Gesandtschaft!«

»Europäer?« fragt Darcy etwas ungläubig.

»Ja, Kapitän. Aber sie sind ganz schwarz – auch im Gesicht.« Darcy weiß nicht recht, was er sich denken soll. So hinterrücks befreit zu werden, ohne einen Schuß zu hören, scheint etwas sonderbar. Darcy will sich Gewißheit verschaffen und beauftragt ein paar Zivilfreiwillige, zur englischen Gesandtschaft zu gehen und Nachrichten einzuholen.

Die Sikhs haben den Garten der englischen Legation erreicht. Der Fahnenträger, ein stattlicher Mann mit riesigem weißen Turban schreitet voran, läßt sich plötzlich auf die Knie nieder und spricht ein Gebet. Seine Kameraden stehen dicht gedrängt um ihn und wiederholen seine frommen Anrufungen. Verblüfft verfolgen die nunmehr befreiten Europäer die Danksagungen der völlig verschmutzten Soldaten. Dann erklingen Hurrarufe, die Zivilisten umarmen einander, weinen und lachen. Die wochenlange Anspannung ist vorüber, die Selbstkontrolle versagt. Das britische Phlegma weicht einem ungehemmten Freudenrausch.

Nun erscheint General Gaselee persönlich, in Khakiuniform, mit Tressen am Scharlachkragen. Lady MacDonald geht durch die Versammelten auf den Mann zu, dessen Truppen soeben das Gesandtschaftsviertel befreit haben. Die Gemahlin des englischen Gesandten ist dank ihrer echt weiblichen Einfühlungsgabe dem

Anlaß entsprechend gekleidet. Ihre mit Spitzen gezierte Robe und ihr breitkrempiger Hut vermitteln den Eindruck, als sei sie auf dem Weg zu einer mondänen Gardenparty. Sie reicht dem General die Hand zum Kuß und sagt nichts als: »How good of you to come ...« (»Wie gut, daß Sie gekommen sind.«)

Wenig später marschiert der amerikanische General Chaffee mit einem Trupp des 14. Infanterieregiments der Vereinigten Staaten in den Bereich der englischen Gesandtschaft ein und ruft aus vollem Hals : »Hurra! Die Amerikaner sind die ersten!«

»Sorry, Sir«, erwidert ihm Sir Claude mit seinem sprichwörtlichen Gleichmut. »Wir wurden bereits von den Truppen Ihrer Majestät entsetzt.«

»Shit!« gibt Chaffee tief enttäuscht von sich.

Der Amerikaner nagt an seinem Schnurrbart. Seine Soldaten sind von den Sikhs überrundet worden. Inder! Er kann seine Verachtung nicht ganz verbergen. Die Amerikaner sind zwar als erste in die Chinesenstadt eingedrungen, haben aber irrtümlich eine falsche Richtung eingeschlagen. Sie sind zu weit westlich vom Tor Tsien-Men angekommen und von heftigem Feuer der Chinesen empfangen worden. So konnten sie nicht zum Sturm antreten, sondern mußten sogar ein Rückzugsgefecht liefern und ihre Verwundeten aus dem Kugelregen schaffen. Zum Ausgleich hoffte Chaffee, wenigstens als erster im Herzen des Legationsviertels zu erscheinen. Aber er hat das Rennen verloren. Die Sikhs, die ursprünglich hinter ihm waren, haben den richtigen Weg eingeschlagen, durch den verschlammten Fluß.

Die beiden Generale schütteln alle Hände, die sich ihnen entgegenstrecken. Bravo-Rufe begleiten den Marschtritt der Befreier, Lieder werden angestimmt, Sikhs und Amerikaner werden von Flüchtlingen umringt, die über das glückliche Ende ihrer schrecklichen Lage fast den Verstand verloren haben. Einzelne Zivilisten laufen von einer Gesandtschaft zur anderen, um die überwältigende Neuigkeit zu verkünden: »Die Alliierten sind da!«

Die von Darcy ausgeschickten Freiwilligen kommen zur französischen Gesandtschaft zurück. Sie reden alle auf einmal, und ihre Augen leuchten wie im Fieber.

»Sie sind da ... Es sind Sikhs ... Es ist herrlich ... Wir haben ihnen die Hand gedrückt ... Die Leidenszeit ist vorbei.«

Der Verteidiger der französischen Legation freut sich sehr und zeigt es auch, aber er bleibt mißtrauisch. Werden die Chinesen nicht das Durcheinander des Entsatzes ausnützen, um einen letzten Verzweiflungsangriff zu unternehmen?

»Wir sind gerettet!« ruft Darcy seinen Matrosen zu. »Aber bleibt noch im Graben! Wartet meine Befehle ab ...«

Weitere Melder kommen von der englischen Gesandtschaft und berichten über das nächtliche Kampfgeschehen. Die Alliierten haben die Einnahme von Peking teuer bezahlt.

»An der Tête waren die Russen«, erzählt ein Augenzeuge, »deren General Wasilijewski tödlich verwundet wurde. Mit durchschossener Brust hat er noch ein paar Stunden auf einer Tragbahre inmitten seiner verwundeten Männer gelebt. Viele Tote sind unter ihren Mänteln auf Stroh gelegen. Vor dem Tor Si-Hoa-Men haben auch die Japaner des Generals Fukushima schwere Verluste erlitten.

Darcy legt sich die Frage vor, was denn seine Kameraden vom französischen Detachement unternehmen. Da niemand von ihnen zu seinem Entsatz erscheint, beschließt er, sich selbst zu befreien.

Seine Matrosen beläßt er noch in ihren Stellungen; er selbst steigt in Begleitung seines österreichischen Kameraden Winterhalder und Doktor Matignons, der immer alles sehen, alles miterleben will, aus dem Schützengraben. Die drei begeben sich quer durch den Park zu den chinesischen Barrikaden und den Ruinen des Filipini-Pavillons sowie der Residenz Pichons.

»Die Chinesen sind ausgeflogen«, stellt Matignon fest.

Der Kapitänleutnant stößt mehrmals mit dem Kolben seines Lebel-Gewehres gegen die Steine, mit denen eines der Fenster verrammelt ist. Die nur lose aufgeschichtete Wand fällt zusammen, der Raum dahinter ist voll Schutt, sonst aber leer. Die Chinesen sind ausgerissen und haben Uniformstücke, ja sogar Waffen zurückgelassen.

»Sie müssen arg in Eile gewesen sein«, bemerkt der Arzt, während er eine Teekanne aufhebt, deren Inhalt noch warm ist.

Reguläres Militär und Boxer sind erst seit wenigen Minuten davon. Darcy winkt seine Matrosen zu sich. Die französische Gesandtschaft wird ohne einen Gewehrschuß zurückgewonnen.

»Dieses Mal geht es in Ordnung!«

Das ist die einzige Äußerung, mit der die Matrosen ihrer Freude Ausdruck geben. Dann besetzen sie neuerlich ihre Stellungen, um für eine wenig wahrscheinliche Rückkehr der Chinesen gewappnet zu sein.

Bei der deutschen Legation faßt von Soden sein Detachement und ungefähr zwanzig Matrosen seines Seebataillons zusammen; er zieht sie aus ihren Stellungen, um einen Aufklärungsvorstoß zu unternehmen. »Folgen Sie mir bis zu den feindlichen Stellungen«, befiehlt er. »Aber vorsichtig!«

Doch die Belagerer haben ihre Barrikaden aufgegeben und alle Stellungen verlassen. Kein regulärer Soldat und kein Boxer ist mehr zu sehen. Der Abschnitt scheint völlig menschenleer.

»Wir rücken nun gegen die Stadtmauer vor«, entscheidet der Kommandeur.

Die deutschen Matrosen erreichen den Fuß der Leiter, die zum Patrouillengang hinaufführt. Nach kurzem Zögern beginnen sie, vorsichtig hinaufzuklettern, während sie die Gewehre mit aufgepflanztem Bajonett schußbereit halten.

Nun stehen sie auf der Stadtmauer, die von herausgerissenen Pflastersteinen, alten Kisten und verschiedenem Unrat strotzt. Kein Lebewesen! Von Soden beschließt nun, bis zum Ha-Ta-Men-Tor vorzurücken.

Ringsum ist es eigentümlich, nahezu bedrückend still geworden. Sie langen beim Turm an, der das Tor überragt. Noch immer keine Menschenseele!

Neun auf das Gesandtschaftsviertel gerichtete chinesische Kanonen sind die einzige interessante Entdeckung.

»Das sind 80-mm-Geschütze, die von vorne geladen werden«, bemerkt ein Unteroffizier zu seinem Vorgesetzten.

»Sie sind feuerbereit«, erwidert von Soden.

Doch die chinesischen Artilleristen sind verschwunden.

Aus den entfernten Vierteln im Norden hallt unbestimmt irgendwelcher Gefechtslärm, aber gegen sechs Uhr abends wird es auch dort still.

Langsam, trotzdem in einwandfreier Marschordnung, kommen müde, abgekämpfte Soldaten in dunkelblauen, blutverschmierten Uniformen durch das Tor Ha-Ta-Men in die Stadt. Es sind Japaner. Die Deutschen grüßen, aber die Japaner wenden kaum den Kopf. Sie sind sich bewußt, die großen Sieger des Tages zu sein. Sie sind es auch, die das alte China in die Knie zwingen und ihm die Vormachtstellung in Asien entreißen können.

In der französischen Gesandtschaft beschließt Darcy, in Begleitung einiger Zivilfreiwilliger und des unvermeidlichen Matignon, die englische Gesandtschaft aufzusuchen.

»Ich möchte gerne hören, was es Neues gibt.«

Als der Kommandeur des französischen Detachements und seine Begleiter bei der englischen Legation ankommen, begegnen sie vor dem großen Tor einem amerikanischen Missionar – einem alten Sektierer, der seine Abneigung gegen alles, was nicht protestantisch und nicht amerikanisch ist, immer offen gezeigt hat. Jetzt aber wirft er seinen Hut in die Höhe und beginnt zu rufen:

»Hipp hipp hurra für die Franzosen! Ihr Ausharren hat uns gerettet!«

»Wenigstens einer, der aus der Belagerung etwas gelernt hat!« murmelt der Arzt seinen Landsleuten zu.

Wenige Augenblicke später schließt sie der französische Gesandte in die Arme. Seit der Befreiung hat Stephen Pichon seinen alten Glanz wiedergewonnen. Nur schade, daß er sich von seinem Jagdgewehr getrennt hat, das ihm ein so martialisches Aussehen verlieh. In Worten und Gesten ist er nun wieder ganz Diplomat.

»An meine Brust, meine tapferen Freunde!«

Die Männer, die fast zwei Monate in der Hauptkampflinie

verbracht haben, sind offenbar keiner großartigen Redewendungen fähig. Doktor Matignon kann kaum ein Wort herausbringen, als er im Spital der englischen Gesandtschaft eine Nonne trifft, die früher bei ihm als Krankenschwester Dienst gemacht und sich selbstlos der Pflege der Kranken und Schwerverwundeten gewidmet hat.

»Jetzt sind wir doch davongekommen, Doktor«, sagt sie einfach.

Plötzlich nimmt Matignon Darcy beim Arm und sagt ganz leise: »Sehen Sie!«

Eine Dame in Trauerkleidern kommt näher, zart, groß, jung und sehr schön; sie scheint keinen Anteil an der allgemeinen Freude zu nehmen.

»Man könnte sie für ein Schemen halten«, murmelt der Kapitänleutnant. »Wer ist das?«

»Die Baronin Ketteler.«

Die Witwe des deutschen Gesandten, dessen Ermordung den Auftakt zur Belagerung des Gesandtschaftsviertels gebildet hat, grüßt die Franzosen mit einem Kopfnicken und entfernt sich ohne Begleitung in Richtung der verwüsteten Gärten der Gesandtschaft.

Da erscheint bereits Sir Claude MacDonald und begrüßt die Verteidiger der Südostbastion: »Ich danke Ihnen, meine Herren! Sie haben ein gutes Stück Arbeit geleistet.«

Mittwoch, 15. August 1900

Im Lauf der Nacht ist ein feiner Regen gefallen, nach Tagesanbruch verwandelt er sich in ein starkes Gewitter. Wieder einmal wird Peking zur Kloake. Das französische Detachement marschiert durch das Ha-Ta-Men-Tor in die Tatarenstadt ein und schwenkt sofort gegen Westen, um auf die Straße der Legationen zu kommen.

Einige Soldaten anderer europäischer Nationen, die den Franzosen zuvorgekommen sind, lassen sich bereits in aller Ruhe von eingeschüchterten Chinesen den Morgentee servieren. Die Macht des Siegers tritt bereits in ganz Peking offen zutage, das nun der Rache der »Fremden Teufel« ausgeliefert ist. In langer Kolonne bewegen sich die Franzosen mit schußbereitem Gewehr durch das Ruinenfeld, das einst eines der schönsten Viertel Pekings gewesen ist. Ringsum sind die Mauern von Bränden geschwärzt und von Kugeln durchsiebt. Barrikaden und Schützengräben haben diesen Abschnitt in eine wahre Festung verwandelt. Tote Chinesen, Reguläre und Boxer, verwesen in gelblichen Wasserpfützen. Peking riecht nach Tod.

»Vorne halt!« befiehlt ein Offizier.

Die Kolonne gruppiert sich zur Marschordnung, Spielleute treten rasch an ihre Plätze und lassen ihre hellen Töne erklingen. Die »Marsouins« schließen die Reihen. Sie sind aus Indochina gekommen, in Ta-Ku an Land gegangen und in Eilmärschen von Tien-tsin abgerückt. Sie haben geschlafen, wann es das Marschprogramm erlaubte, und während der seltenen Rastzeiten gegessen; sie sind erschöpft. Ihre schmutzigblauen Uniformen sind von der Sonne gebleicht und vom Regen verwaschen. Tage und Tage marschieren sie in Feindesland und müssen die gewitterschwüle Hitze und die in den Eingeweiden nagende Dysenterie ertragen. Mit ihrem Marineanker auf dem Tropenhelm, der quer gelegten grauen, gerollten Decke, den weißen Gamaschen bemühen sie sich um eine verwegene Miene und einen festen Tritt. Die Spielleute blasen.

»Hören Sie«, sagt Kapitänleutnant Darcy zu Doktor Matignon. »Die Trompeten! Dieses Mal sind es die unseren.«

Seit dem Vortag haben die Verteidiger der französischen Gesandtschaft ihre Landsleute erwartet.

»Die Sikhs haben die englische Gesandtschaft bereits gestern nachmittags entsetzt«, stellt Darcy fest. »Nun kommen endlich unsere Marsouins an.«

Einige Zivilfreiwillige stürzen sich den zwei Marineinfanteriebataillonen entgegen. Italienische und österreichische Marineure treten auf ihre französischen Kameraden zu, um die ersten Soldaten von General Frey zu bewillkommnen, die gerade die von den chinesischen Regulären im Osten der Straße der Gesandtschaften errichtete Barrikade passieren.

Zurufe kommen von allen Seiten. Darcy beschränkt sich darauf, zum Arzt zu sagen: »Stellen Sie sich die Freude vor, die Labrousse gehabt hätte, wenn seine ›Marsouins‹ anmarschieren!«

»Am Vortag des Entsatzes zu fallen! Dabei hatte er in Peking überhaupt nichts zu suchen. Ein sonderbares Schicksal . . .«

Darcy muß sich um die Neuangekommenen kümmern. Die Soldaten werden im Park der französischen Gesandtschaft biwakieren. Dann kommt noch die Bedienungsmannschaft einer Artilleriebatterie an.

General Frey, ein bereits betagter Mann mit großem schwarzen Schnurrbart und kahlem Kopf, will sich sofort zur englischen Gesandtschaft begeben. Er fordert Darcy auf, ihn mit einigen Matrosen zu begleiten.

»Die Schlacht ist für Sie zu Ende. Kommen Sie mit mir, Besuche abzustatten«, sagt er zum Kapitänleutnant.

Die Befreier der französischen Gesandtschaft werden bei ihrer Ankunft sofort von Stephen Pichon empfangen. Der Gesandte ist von mehreren Damen umgeben, darunter seine eigene Gattin und die Ehefrauen von Berteaux, Saussine und Filipini. Kinder hängen an ihren Röcken und betrachten neugierig die eben angekommenen Soldaten, deren Lametta, Säbel und betreßte Käppis sie stark beeindrucken. In Wahrheit machen die Männer der Hilfstruppen einen ebenso herabgekommenen und erschöpften Eindruck wie die Befreiten.

»Was wir seit der Landung durchgemacht haben, war hart«, erklärt General Frey knapp auf die Fragen Pichons.

Madame Pichon hat einiges zur Bewirtung der Entsatztruppen aufgetrieben: Brot, das diese seit zehn Tagen völlig entbehrt hatten, Gansleber und Mortadella.

Die Ankömmlinge sind etwas verblüfft.

»Verstehen Sie es nicht falsch«, sagt Madame Pichon. »Das hier sind unsere letzten Reserven.«

»Und ich liefere den Champagner dazu«, sagt der Gesandte.

General Frey beordert eiligst seinen Adjutanten zu den Offizieren, die die französischen Truppen befehligen: »Sie sollen eine Parade auf der Straße der Gesandtschaften organisieren. Ich wünsche, daß alle hier unser klingendes Spiel hören und unsere Fahnen grüßen.«

Stephen Pichon ist außerordentlich entzückt darüber, daß sein Erster Sekretär, Baron d'Anthouard, sich wieder unter seinen Befehl stellt. Der Baron ist seit Beginn der Feindseligkeiten in Tien-tsin festgehalten gewesen und hat sich bemüht, mit den ersten »Marsouins« in Peking einzuziehen.

»Mein Lieber«, sagt der Gesandte zu ihm, »Sie werden Ihren Amtssitz nicht wieder erkennen. Er ist zwar bis zum Ende in unseren Händen gewesen – aber in welchem Zustand!«

»Ich weiß es schon«, antwortet der Diplomat. »Sofort nach meiner Ankunft habe ich mich mit unseren Truppen in die Gesandtschaft begeben.«

»Diese Chinesen werden all das bezahlen müssen, was sie vernichtet haben.«

Der französische Gesandte wendet sich an General Frey: »Haben Sie Geschütze mitgebracht?«

»Gewiß, Exzellenz; eine ganze Batterie Achtziger von der Marineartillerie.«

»Wir müssen ohne Verzug den kaiserlichen Palast beschießen. Der Hof ist völlig in den Händen des kriegslüsternen und fremdenfeindlichen Clans. Diese Leute haben pausenlos gegen uns gewühlt. Ich bin sicher, daß die wirklichen Köpfe der Boxer hinter den Mauern der Verbotenen Stadt zu finden sind.«

General Frey gibt sofort die entsprechenden Befehle, und die französischen Geschütze treten in Tätigkeit. Die ersten Rachegranaten explodieren in der kaiserlichen Stadt. Doch bald kommt ein amerikanischer Verbindungsoffizier vom Stab General Chaffees gelaufen: »Sie lassen ja auf unsere Truppen schießen!«

»Wer hat Ihnen gesagt, daß Sie sich in den kaiserlichen Palästen einquartieren sollen?« fragt Frey erstaunt.

»Dazu kann ich nichts sagen. Aber wir sind nun einmal dort, und werden bis zu einem Gegenbefehl dort bleiben.«

Die alliierten Truppen besetzen den größten Teil der Stadt Peking; Engländer und Amerikaner lassen sich in der Chinesenstadt nieder, Russen, Japaner und Franzosen nehmen Quartier in der Tatarenstadt.

Die Regulären und die Boxer haben sich in den Westen der Tatarenstadt, zwischen die äußere Mauer und die kaiserliche Stadt, zurückgezogen, von wo sie die Belagerung des Pe-T'ang fortsetzen. Alle Tore Pekings befinden sich noch in ihren Händen.

»Das ist ja Wahnsinn!« ruft Doktor Matignon. »Statt unsere im Pe-T'ang eingeschlossenen Kameraden schnellstens zu befreien, verlieren wir eine Stunde damit, die kaiserlichen Paläste zu bombardieren ... und die Amerikaner, die bereits dort sind.«

Gegen vier Uhr nachmittags treten die alliierten Truppenchefs in der russischen Gesandtschaft zusammen.

Alle Generale sind anwesend und beginnen, Peking in Besatzungszonen aufzuteilen.

General Frey erklärt: »Ich werde das Unternehmen gegen den Pe-T'ang allein durchführen, habe aber zuwenig Leute für eine Operation dieses Ausmaßes. Können Sie mir Verstärkungen beistellen?«

»Ich übergebe Ihnen ein russisches Bataillon«, wirft General Linijewitsch sofort ein.

»Die Truppen Ihrer Majestät stehen ebenfalls mit einem Bataillon zur Verfügung«, setzt Gerneral Gaselee hinzu.

»Ich bleibe bei meinen französischen Kameraden«, erklärt Linienschiffsleutnant von Winterhalder mit Entschiedenheit, denn er will keinesfalls eine in zweimonatigem Kampf besiegelte Waffenkameradschaft aufgeben.

Als letzter äußert sich Kapitänleutnant Paolini: »Es sind auch Italiener im Pe-T'ang. Daher werden auch italienische Marineure zu ihrer Befreiung antreten.«

»Ich danke Ihnen, meine Herren«, entgegnet General Frey trocken. »Es werden also ungefähr 1500 Mann zur Verfügung stehen, so daß die Operation keine ernsten Schwierigkeiten bieten kann. Nun bitte ich Sie, die Einzelheiten des Operationsplanes mit mir durchzugehen.«

Die anwesenden Offiziere beugen sich über einen großen Plan von Peking, und Frey erläutert ihnen, wie er vorzugehen gedenkt.

Pausenlos hallt Gefechtslärm bis zum Pe-Tang. Es gibt keinen Zweifel mehr, daß die Entsatzarmee Peking erreicht hat. Der gesamte Osten der chinesischen Hauptstadt steht in Flammen, Funkenbündel sprühen gegen den Himmel, dicke schwarze Rauchschwaden breiten sich über Paläste und Pagoden aus. Von ihren Schutzwällen können die Verteidiger der Kathedrale chinesische Soldaten und Zivilisten in alle Richtungen fliehen sehen.

Bischof Favier beobachtet eine weiße Rauchwolke, die über dem kaiserlichen Palast aufsteigt.

»Das sind Melinitgranaten«, erklärt ihm sein Koadjutor.

Der alte Bischof versichert: »Jetzt sind wir bald frei. Wieviel Verpflegung haben wir noch?«

»Höchstens 400 Pfund«, erwidert Jarlin, »für 3000 Personen. Damit werden wir gerade bis morgen auskommen.«

»Die Vorsehung scheint die Reiskörner gezählt zu haben«, urteilt der Bischof. »Wer sonst hätte das so genau ausrechnen können?«

Die zwei kirchlichen Würdenträger überlassen Olivieri und dem Hauptgefreiten Elias das Kommando. Sie wollen etwas ausruhen. Nun ist nichts mehr zu tun, als auf den Entsatz zu warten.

Die dafür erforderliche Geduld bringen nicht alle auf. Im Gesandtschaftsviertel gibt es nicht wenige, die es nicht ertragen, daß der Pe-Tang noch immer eingeschlossen ist. Darcy will seine Matrosen so rasch wie möglich frei sehen, und alle seine Leute brennen darauf, ihren Kameraden zu Hilfe zu eilen. Der Ungeduldigste von allen ist jedoch Pater d'Addosio; er besteigt einen Esel und verläßt, nur von seinem Boy begleitet, das Gesandtschaftsviertel.

»Ich gehe zu Bischof Favier und seinen Frommen«, erklärt er kurz angebunden.

Nach einer Stunde kommt der Boy zurück – allein.

»Pater d'Addosio ist von Chinesen angegriffen und getötet worden.«

Alle bedauern die Unvorsichtigkeit des draufgängerischen italienischen Missionars. Die Zivilfreiwilligen entschließen sich nun trotz ihrer Ungeduld, die militärischen Operationen des kommenden Tages abzuwarten und sich erst dann in den Pe-Tang zu begeben.

Donnerstag, 16. August 1900

Alle spüren, daß dieser Tag der letzte der Belagerung Pekings sein wird. Es ist kaum fünf Uhr morgens, als sich die Truppen in Marsch setzen, die das letzte Gefecht führen müssen.

»Wir haben nicht mehr als fünf oder sechs Kilometer bis zum Pe-Tang«, erklärt General Frey in einer kurzen Stabsbesprechung seinen Offizieren.

Die Truppe nimmt auf dem Paradeplatz zwischen dem Tor T'sien-Men und dem Zugang zum kaiserlichen Palast Aufstellung. Vier Infanteriebataillone der alliierten Armeen zu je 350 Mann, die am Vortag in Peking eingerückt sind, bilden den Kern des Entsatzes. Neben den Franzosen des Majors Feldmann, dem fünf Sturmkompanien unterstehen, stellen sich die Russen unter Oberstleutnant Bem und die Briten unter Major Luke. Französische Kolonialinfanterie, Sibirjaken, Sikhs, Kosaken sind ohne Ausnahme gut bewaffnet und ausgerüstet. Mit 1200 Gewehren, drei Maschinengewehren und einem Dutzend Geschützen dürfen sie erwarten, daß ihnen niemand widerstehen kann, und schon gar nicht die Boxer, die sich als einzige an diesem Sommermorgen etwas hartnäckig zeigen. Zu den Truppen des Expeditionskorps gesellen sich kleine Kampfeinheiten, die seit Anfang der Belagerung im Einsatz waren. Kapitänleutnant Darcy und seine Kameraden Winterhalder und Paolini erscheinen mit ihren Marineuren, die um nichts in der Welt bei der Befreiung des Pe-Tang fehlen wollen, dazu Franzosen und Italiener, die um das Schicksal ihrer Landsleute bangen.

Winterhalder sagt zu seinen Freunden: »Ich hoffe, daß Oberleutnant Henry und Fähnrich Olivieri in wenigen Stunden befreit sind.«

»Wenn sie nur noch leben«, erwidern ihre Vorgesetzten besorgt.

Der Österreicher gibt darauf keine Antwort. Dann fordert er die beiden Kapitänleutnants auf: »Sehen Sie, wer da kommt!«

Die Zivilfreiwilligen, die an der Verteidigung der französischen Gesandtschaft teilgenommen haben, erscheinen nun auf dem Sammelplatz. Auch sie sind fest entschlossen, am Unternehmen dieses Morgens teilzunehmen. Es sind alle da: der Sinologe Pelliot, der den chinesischen Truppen eine Fahne abgenommen hat, der Eisenbahningenieur Bouillard, der Zollbeamte Picard-Destelan, der am 13. Juli verwundet wurde, und dessen Freund, der Dolmetscher Feit, der Vertreter des Crédit Lyonnais, dessen berühmter Schützengraben die Hauptverteidigungslinie gebildet hat, der Belgier Léopold Marghelinck und der unvermeidliche Doktor Matignon. Der kleine Trupp wird vom Gesandtschaftspersonal begleitet, nämlich von den Dolmetschern Morisse, Filipini und Saussine, vom Kanzler Berteaux und dem Ersten Sekretär d'Anthouard. Stephen Pichon hat sich neuerlich mit seinem Jagdgewehr bewaffnet und ist entschlossen, bei der Operation mitzumachen und General Frey nicht von der Seite zu weichen.

»Wir müssen versuchen, zum Tschu-Tsche-Men-Tor zu kommen«, erklärt der Oberkommandierende. »Es beherrscht den ganzen Abschnitt. Dann können wir genau nordwärts auf den Pe-Tang zu halten.«

Ein Detachement rückt sofort ab um aufzuklären: Russen und Franzosen teilen sich diese Aufgabe. Die »Marsouins« stellen die Infanterie und die Kosaken die Kavallerie. Matignon und Berteaux, die beide Peking ausgezeichnet kennen, leisten Führerdienste. Eine halbe Stunde darauf kommen die Aufklärer zurück. »Niemand vorhanden«, meldet der Arzt. »Der Weg scheint frei.«

»Vorzüglich«, antwortet der General.

Er beruft sofort eine Stabsbesprechung ein und gibt die Befehle für den Angriff.

»Die Operation wird in drei Phasen abrollen«, erklärt er. »Erstens: Einnahme des Tores Tschu-Tsche-Men. Zweitens: Marsch zum Tor Si-Hoa-Men, durch das wir von der Tatarenstadt zur kaiserlichen Stadt gelangen. Drittens: Entsatz des Pe-Tang und eventuelle Verfolgung des Feindes. Irgendwelche Fragen?«

Die Offiziere verneinen mit Kopfschütteln.

»Dann, meine Herren, Abmarsch!«

Bischof Favier liest gerade die Sechs-Uhr-Messe in der Kathedrale, als er vom Süden starkes Gewehrfeuer vernimmt. Dieses Mal bedeutet es Befreiung! Schon am Vorabend hat der Bischof auf den Türmen mächtige Fahnen hissen lassen und Späher aufgestellt, die die Ankunft des Entsatztrupps melden sollen.

Kurz nach sieben Uhr morgens hat sich der Trupp in Marsch gesetzt. Major Feldmann hat den ehemaligen Verteidigern des Gesandtschaftsviertels die Bildung der Vorhut eingeräumt. Zivilfreiwillige, österreichische, französische und italienische Matrosen marschieren mit den Marineinfanteriekompanien, die den Angriff vortragen werden. Darcy kann seine Ungeduld nicht bezähmen und drängt den Arzt, der wiederum Führerdienste versieht.

»Die letzten Stunden sind immer die längsten«, gibt der Doktor gelassen von sich.

Engländer und Russen marschieren hinter der Vorhut drein, die rasch durch das Gewirr der kleinen Gassen vordringt. Die Männer sichern den Mauern entlang und halten den Finger am Abzug. Kein Chinese wird sichtbar. Endlich kommen sie beim Tschu-Tsche-Men-Tor an. Die Mauern sind mit regulären, um Fahnen gescharten Soldaten gespickt.

»Das sind sonderbare Soldaten!« sagt Matignon zu Darcy. »In der einen Hand halten sie das Gewehr, in der anderen einen Fächer.«

»Sie scheinen uns nicht bemerkt zu haben«, stellt der Kapitänleutnant fest.

Der Trupp ist quer durch die Ruinen des alten katholischen Spitals von Nan-T'ang vorgegangen, das die Boxer am Beginn der

Belagerung angezündet haben. Die geborstenen, geschwärzten Mauern tarnen die Bewegungen der alliierten Soldaten so gut, daß die Feinde keinen Verdacht schöpfen.

»Wir fassen sie im Überraschungsangriff«, entscheidet General Frey und läßt zwei Gebirgsgeschütze auffahren.

Regungslos warten die gut getarnten »Marsouins« auf den Befehl.

»Geschütz eins, Feuer! ... Geschütz zwei, Feuer!«

Die beiden Kanonen legen los, während die Infanterie die Chinesen auf dem Torturm unter Gewehrfeuer nimmt. Sie lassen die Fächer fallen, teilweise sogar die Gewehre, und fliehen eiligst über die Stadtmauer, verfolgt von Kugeln und krepierenden Granaten.

»Sturm!« befiehlt Frey.

Die Trompeter blasen zum Angriff, die »Marsouins« werfen sich mit den Zivilfreiwilligen und den alliierten Matrosen vor. Nach einigen Minuten voll Verwirrung, Pulverdampf und Hurrageschrei ist das Tschu-Tsche-Men-Tor genommen.

»Ab heute«, ruft der französische Gesandte impulsiv aus, »werden wir das Tor nach General Frey benennen.«

Der Oberkommandierende dankt Stephen Pichon mit einem Lächeln, dann fragt er einen seiner Offiziere: »Beute?«

»Zwanzig aufgestellte Geschütze und zwanzig weitere in einem Schuppen; ein Haufen Gewehre und viele Fahnen.«

»Teilen Sie alles mit unseren Alliierten. Souvenirs sind beliebt. Und unsere Verluste?«

»Keine, Herr General. Nicht einmal ein Verwundeter.«

»Ausgezeichnet. Weitermachen!«

Zur Bewachung des Tores wird eine britische Kompanie zurückgelassen, die bald von einem amerikanischen Detachement abgelöst wird; dann marschiert der Trupp mit den Franzosen an der Spitze zur Straße, die zum Tor Si-Hoa-Men, dem Gelben Tor, führt. Es ist kaum halb neun, das Unternehmen läuft plangemäß ab. Zuweilen kracht ein einzelner Schuß. Aber die Chinesen bleiben unsichtbar. Patrouillen durchsuchen die Häuser und sammeln Uniformen, Ausrüstungsgegenstände und Waffen ein. Die Kosaken beginnen bereits zu plündern. Allmählich kommen die chinesischen Zivilisten hervor und betrachten wort- und regungslos die lange Kolonne der »Fremden Teufel«, die sich gegen Norden bewegt.

Die Soldaten haben nichts gegen die Zivilisten, wohl aber etwas gegen die Ochsen, die mitten auf der Straße herumirren und sofort requiriert werden, damit durch sie die Verpflegung aufgebessert wird.

Der Gefechtslärm beim Tor Tschung-Hoa-Men hat die im Pe-Tang Eingeschlossenen alarmiert. Bischof Favier borgt sich von den Matrosen eine Trompete, steigt rasch die Treppe seiner Kathedrale empor und bläst aus vollen Backen: »Hast du die Mütze des Père Bugeaud gesehen?« Die lustige Weise erweckt aber kein Echo, die Befreier bleiben vorläufig unsichtbar. Der Bischof sieht nur Chinesen, die wie die Ameisen durcheinander laufen. Er bläst und bläst, aber es kommt keine Antwort. Rot angelaufen, mit gesträubtem Bart und wütender Miene steigt er die Stufen hinunter, die Trompete in der Hand.

»Die Unseren sind noch nicht da«, sagt er müde zu seinem Koadjutor.

»Geduld«, erwidert Jarlin, »der Gefechtslärm kommt schon näher.«

Gegen neun Uhr morgens nähert sich die Vorhut der Kolonne auf weniger als 200 Meter dem Gelben Tor. General Frey läßt die Geschützbatterie auffahren, während Doktor Matignon und einige Freiwillige Leitern gegen die Mauer lehnen. Dann springen sie mit einem Satz in den Garten des Bischofssitzes. Chinesische Flüchtlinge, umgeben von Missionaren und Nonnen, umringen sie sofort und schreien, weinen, klatschen.

Jarlin bahnt sich den Weg durch die Menge und wendet sich an Capitaine Marty, der die Kompanie der »Marsouins« befehligt: »Rasch! Man muß sie überrumpeln.«

Vor dem Gelben Tor sieht General Frey zahlreiche Soldaten, es sind nicht Chinesen, sondern Japaner, die seit dem Morgen ohne

Verbindung zu den europäischen Sturmeinheiten in diesem Abschnitt vorgehen.

»Es läuft alles bestens«, behauptet ein japanischer Offizier. »Wir haben bereits mit den Eingeschlossenen Fühlung genommen, aber wir sind zuwenig, um uns des Gelben Tores zu bemächtigen.«

»Stoßen Sie nur vor«, antwortet Frey. »Ich werde das Tor mit Artillerie beschießen.«

Eine der Vorhut-Kompanien hat die Stadtmauer bereits 200 Meter weiter nördlich erreicht und überklettert. Doktor Matignon kommt mit Jarlin auf sie zu.

Der Koadjutor versorgt den General mit Informationen über die chinesischen Truppen: »Reguläre Truppen und Boxer besetzen noch immer das Gelbe Tor. Sie halten auch die Straße zur Marmorbrücke und haben zwei Barrikaden errichtet. Seien Sie vorsichtig, die Chinesen sind fest verschanzt.«

Frey befiehlt der Kompanie von Capitaine Marty, ebenfalls über die Mauer zu steigen und in den Pe-Tang einzudringen. Andere »Marsouins« rücken nach. Plötzlich geht das Tor auf und speit einen Kugelhagel aus.

»Alles in Deckung!«

Aber die Soldaten, die über die Mauer gekommen sind, rücken weiter vor. Gegen halb zehn Uhr erkennen die Chinesen, daß sie nach und nach von Franzosen und Japanern eingekreist werden, und ziehen sich auf die zweite Barrikade zurück.

»Vorwärts!«

»Marsouins« und Japaner stürmen mit aufgepflanztem Bajonett schrecklich brüllend vor. Unter dem Feuerschutz der Geschütze ist ihr Ansturm unwiderstehlich. Die Chinesen weichen, das Gefecht rollt in einer Staubwolke ab. In diesem wüsten Durcheinander ist es kaum mehr möglich, Freund und Feind zu unterscheiden.

Der Ordonnanzoffizier Kapitän Bobo schlägt General Frey vor: »Mit Ihrer Erlaubnis, Herr General, möchte ich die Bedachung des Tores erklettern. Es wäre ein schöner Beobachtungsposten.«

»Wenn Sie das zustande bringen ...«

Bobo ist ein wahrer Akrobat; trotz heftigem Beschuß führt er den Aufstieg durch und gelangt auf das Dach. Während er das Feuer der Geschütze lenkt, gelingt es einigen »Marsouins«, ihm eine Trikolore zu reichen, die er auf dem Dach hißt.

Die Chinesen, die die zweite Barrikade verteidigen, werden nun auf einmal von Süden und von Norden angegriffen. Ein Sturmangriff, den Freiwillige, »Marsouins« und Matrosen vortragen, überrennt sie. Einige Chinesen fallen auf der Stelle, andere ziehen sich zurück, geraten aber den Franzosen und den Japanern in die Hände, die nun von überall herankommen. Sie werden in der Straße der Marmorbrücke auf engem Raum zusammengedrängt und umstellt, so daß ihnen die Fluchtmöglichkeit genommen ist. In weniger als einer Stunde ist die Operation zu Ende.

Bischof Favier umarmt General Frey und Stephen Pichon, dann nähert er sich Kapitänleutnant Darcy.

»Oberleutnant Henry, Maat Jouannic und drei Ihrer Matrosen treffen Sie leider nicht mehr an. Sie sind gefallen. Und mit ihnen sechs Italiener und drei Mönche.«

Beim Sturmangriff hat ein Matrose eine Kugel ins Gesicht bekommen, und Doktor Matignon fürchtet, daß der Mann ein Auge verlieren wird. Der Freiwillige Picard-Destelan wird am Bein verwundet. Bei den »Marsouins« des Hilfstrupps zählt man zwei Gefallene und einen Schwerverwundeten: Capitaine Marty.

Unter der Führung des Bischofs suchen die Befreier des Pe-Tang unverzüglich die zur Festung verwandelte Kathedrale auf. Alle Mauern sind von Kugeln durchsiebt und von Granatsplittern zerhackt.

»Seltsam – die Bäume im Hof haben keine Blätter mehr«, sagt Capitaine Bobo zu seinem Vorgesetzten.

»Die haben unsere Christen aufgegessen«, antwortet Jarlin trokken.

Überall sind Schützengräben, Artilleriestellungen, Verschanzungen und Schutzbauten. Der Bischof und sein Koadjutor führen ihre Befreier zum Friedhof.

»Es sind etwa 2500 Kanonenschüsse auf uns abgegeben worden; die Gewehrschüsse konnten wir unmöglich zählen.«

General Frey sieht nachdenklich drein, sagt aber kein Wort. Derartige Folgen eines erbitterten Kampfes sind sogar für ihn neu. Überall Brandspuren, Minenkrater, Schutt und Staub, – ein dicker gelber Staub, der an der Haut kleben bleibt. Es wird auch immer heißer.

»Wir haben noch etwas Wein«, sagen die Kleriker zu ihren Befreiern.

Franzosen, Russen und Japaner beginnen einander zuzutrinken und werden immer fröhlicher. Die Schrecken der Belagerung, bei der ungefähr hundert christliche Chinesen getötet wurden und 250 weitere an Hunger oder Krankheit zugrunde gegangen sind, verblassen bereits.

Aber die Schlacht ist noch nicht zu Ende. Bischof Favier behält seine Rolle als »militärischer Berater« bei, die er seit Beginn der Belagerung gespielt hat.

»Man muß sich des Mei-Tschan, des Kohlenhügels, bemächtigen, im Norden, gegenüber dem kaiserlichen Palast. Von dort beherrschen Sie ganz Peking und vor allem den Hof.«

Der alte Bischof kann nicht mehr an einen Frieden ohne Gewalt glauben; seiner Meinung nach müssen der Hof und die Kaiserin-Witwe unter der Drohung der Kanonenrohre gehalten werden, und zwar sofort, ohne Zeitverlust.

Die Kolonne rückt rasch gegen die Marmorbrücke vor. Von der Höhe der Kathedrale verfolgen General Frey, Stephen Pichon und Bischof Favier ihre Bewegung.

»Ich habe Oberst Bem und Major Luke das Vorgehen vorgeschlagen«, erklärt der Kommandierende des französischen Expeditionskorps. »Man muß unseren Alliierten auch die Möglichkeit geben, sich auszuzeichnen.«

Die Japaner haben das nicht mehr nötig. Bei der Belagerung hat Oberst Shiba und bei der Einnahme von Peking haben die Generale Yamagushi und Fukushima entschieden Hauptrollen gespielt. Im ersten Jahr des 20. Jahrhunderts hat sich Japan ohne viel Aufsehen an die Seite der westlichen Mächte gestellt und dadurch zum wahren Sieger in diesem Krieg gemacht.

»Marsouins« und Russen bemächtigen sich trotz des dichten Abwehrfeuers der Hausdächer und vertreiben im Bajonettkampf die letzten Chinesen, die sich, um jeden Fußbreit kämpfend, zurückziehen. Es wird um jede Straße, jeden Hof und jedes Haus erbittert gerungen. Endlich ist die Mauer der Verbotenen Stadt erreicht. Die Angreifer stoßen überall auf Gefallene. Reguläre Soldaten und Boxer haben in einer letzten Aufwallung von Fanatismus und Mut den Tod gesucht.

Matignon und Darcy zählen ungefähr hundert Leichen am Fuß der Mauer. Etwa tausend Chinesen im Ganzen haben seit diesem Morgen den Tod gefunden. Der Rachedurst der in Peking Eingeschlossenen ist unstillbar.

Die Sturmeinheit überschreitet nun die erste Marmorbrücke und überquert einen von blühenden Seerosen bedeckten Teich, marschiert sodann über die zweite Marmorbrücke und schließlich über die dritte und langt auf dem 200 Fuß hohen Mei-Tschan an, zu dessen Füßen einige Pavillons stehen.

»Der Hügel ist dem Ahnenkult der Dynastie geweiht«, erklärt Stephen Pichon.

»Ich schlage hier mein Hauptquartier auf«, entscheidet der Kommandierende des französischen Detachements.

Russen und Engländer sind ebenfalls schon dabei, ihre Quartiere einzurichten. Fahnen werden entrollt. Die Belagerung ist beendet, die Besetzung beginnt.

EINE ALTE WELT STIRBT

> Eines Tages wird eine Frau aus dem Stamme der Mandschu den himmlischen Auftrag ausführen.
>
> Alte chinesische Weissagung

Im Verlauf der Kämpfe wurden bei den Verteidigern der Gesandtschaften und der katholischen Mission in Peking 80 Gefallene und mehr als 150 Verwundete gezählt. Diese Ziffer ist sehr niedrig, wenn man sie mit der Bedeutung der Ereignisse in Beziehung setzt. Die gesamte europäische Presse entdeckt nun die »Gelbe Gefahr«, denn die Chinesen haben die Mandschu-Dynastie im zuweilen zweideutigen aber immer unerbittlichen Kampf gegen die »fremden Teufel« kräftig unterstützt. Auch die Niederlage mindert die Zuneigung des Volkes zur Kaiserin-Witwe nicht. Als sie zum zweiten Mal in ihrem Leben aus ihrer Residenz in der »Verbotenen Stadt« flieht, wird sie von der Landbevölkerung bereitwillig aufgenommen.

Am 15. August 1900, als die Armee-Einheiten der Alliierten vor den Osttoren der Tatarenstadt und der Chinesenstadt ankommen, entschließt sich Ts'e-hi, zu verschwinden. Zu nächtlicher Stunde verkleidet sie sich mit einem bescheidenen blauen Baumwollkittel, wie ihn die chinesischen Bäuerinnen tragen. In nur drei unauffälligen Wagen fährt ihre Suite. Ehe die gefürchtete Kaiserin-Witwe Peking verläßt, läßt sie die Konkubine Perle, deren Einfluß auf den schwachen, in Gefangenschaft gehaltenen Kaiser sie fürchtet, hinrichten. Die Unglückliche wird von den Hof-Eunuchen lebend auf den Grund eines Brunnens geworfen; ihr Geliebter, der arme entthronte Kaiser Kuang-Su, wird zum Stillschweigen verpflichtet und muß in seinen Wagen steigen. Auch er ist als Bauer verkleidet.

Der voraussichtliche Thronerbe Pun-Tschun, Sohn des von der Kaiserin-Witwe gefürchteten Prinzen Tuan, nimmt ebenfalls an der Fahrt ins Exil teil.

Der Konvoi der drei Bauernwagen verläßt Peking durch das Tor Teu-Tscheng-Men im Nordwesten der Tatarenstadt. Es ist eine Ironie des Schicksals, daß der Name dieses Tores »Siegestor« bedeutet. Inmitten eines Stromes von Flüchtlingen und der vor dem Nachdrängen der »fremden Teufel« fliehenden Soldaten kann Ts'e-hi sich nur schwer den Weg bahnen. Dann langt der Zug nach beschwerlicher Fahrt im Sommerpalast an, von dessen Dienerschaft die Kaiserin in ihrer bäuerlichen Verkleidung nur mit Mühe erkannt wird. Sie kann nicht lange bleiben und entscheidet sich daher, sich nach Huai-Lai zu begeben, ungefähr 100 Kilometer von der von den alliierten Armeen eingeschlossenen Hauptstadt. Frierend und hungernd und auf den harten Bänken der Bauernhütten nächtigend, kommt Ts'e-hi erst am 28. Oktober in Siang-fu, der Hauptstadt der Provinz Scheng-hsi, an.

Inzwischen plündert die Soldateska in Peking hemmungslos. Wieder einmal wird der Sommerpalast ausgeraubt, während die Generale mit ihren Stäben in die kaiserlichen Räumlichkeiten einziehen. Die Diplomaten stellen sich geradezu an, um sich auf dem Kaiserthron in der Haltung von Jägern, die soeben einen Tiger erlegt haben, fotografieren zu lassen.

Die Soldaten aller Nationen stehlen und brandschatzen in jener »roten« Stadt, die kein Fremder betreten durfte; sie sind von einer erschreckenden Wut des Plünderns und Zerstörens erfaßt. Porzellan- und Seidengegenstände, Wandteppiche und Paravents, nichts wird verschont, während in allen Höfen und auf allen Wegen kostbare Möbel verbrannt werden, die zu schwer sind, um weggeschleppt zu werden. Die Tornister sind mit geraubten Nippsachen gefüllt, die zwischen dem grauen Militärbrot und den Patronenpäckchen herumkollern. Wenn die Nacht anbricht und es allmählich kühl wird, hüllen sich die Wachen in kostbare Pelze. Nach ihrem Dienst hängen die Soldaten ihre Sachen an Nägel, die mit starken Hammerschlägen in glasierte Mauern und in Lackhölzer getrieben werden. Sie schlafen auf Ballen wertvoller Stoffe. Die Böden werden mit der Hacke aufgebrochen, die Zimmerdecken heruntergerissen und die Mauerziegel abgeklopft, um angeblich versteckte Schätze freizulegen. In den kaiserlichen Parks werden hundertjährige Bäume gefällt.

Die aus acht Ländern kommenden Eroberer sind entfesselt. Sie können und wollen die schrecklichen Erfahrungen, die sie in China machen mußten, nicht vergessen: Gepfählte, enthauptete und in Stücke geschnittene Gefangene, Pyramiden von Köpfen mit ausgestochenen Augen, zahllose Leichen christlicher Chinesen, die die Brunnen vergiften und die Wassergräben verpesten. Pardon wird nicht gegeben. Hunderte, vielleicht tausende Chinesen müssen über die Klinge springen. Es gibt eine Anklage, die immer zum Tod führt, sie lautet: Boxer.

Was die Männer, die nun Peking mit Feuer und Schwert regieren, noch ärger wüten läßt, ist das Gefühl der völligen Fremdheit in diesem unermeßlichen, geheimnisvollen China. Gegen die vielen hundert Millionen gelber Menschen glaubt sich diese Handvoll Kolonialsoldaten nur mit äußerstem Terror behaupten zu können.

Dem Plündern und Töten muß ein Ende gesetzt werden. Am 18. August kommt der alte Li-Hung-Tschang von T'ien-tsin nach Peking und findet eigentümliche Zustände vor. Für einen Teil seiner Landsleute hat sich trotz der Niederlage nichts geändert. Der äußerst fremdenfeindliche Prinz Tuan, einer der Hauptverantwortlichen für die blutigen Ereignisse, macht sich in seiner Stellung als Präsident des kaiserlichen Rates breit. Und der gemäßigte Yung-Lu fungiert so gut wie möglich als Verbindungsmann zwischen den Resten des kaiserlichen Hofes und der nach Siang-fu geflüchteten Kaiserin, der er mit einer Treue dient, die ebenso blind ist wie seine Liebe. Kurze Zeit lebt er im Exil in Pao-Ting, gewinnt aber nach und nach an Einfluß, den er unglücklicherweise dazu verwenden muß, den Wünschen der »fremden Teufel« entgegenzukommen.

Ihre Majestät sieht sich genötigt, den fremden Mächten nachzugeben, und entschließt sich am 25. September, Prinz Tuan und die prominenten Anführer der fremdenfeindlichen Partei abzusetzen.

Einige von ihnen werden durch die kaiserliche Ungnade sogar in den Selbstmord getrieben. General Ton-Fu-Sian entrinnt mit knapper Not einem solchen Schicksal und wird lediglich seines Kommandos enthoben, da man am Hof sonst eine Revolte der Muselmanen in der Armee fürchtet. Unter dem Druck der Kaiserin-Witwe verzichtet der Sohn des Prinzen Tuan auf alle Thronrechte. Das ist zwar der Gipfelpunkt der Heuchelei, aber der »Alte Buddha« hat eben einen Sündenbock gebraucht.

Die fremden Mächte legen am 22. Dezember 1900 einen Friedensvertrag mit zwölf Artikeln vor. Die Forderungen der Alliierten sind drakonsich:

Artikel 1 setzt fest, daß sich ein kaiserlicher Prinz an der Spitze einer Sühnemission wegen der Ermordung des Barons von Ketteler nach Berlin begibt und daß zum Andenken an diesen Diplomaten auf dem Platz, wo er ermordet worden ist, ein Denkmal errichtet wird.

Artikel 2 fordert, daß über alle Parteigänger der Boxer die strengsten Strafen verhängt und in allen Städten, in denen Fremde getötet worden sind, die offiziellen Prüfungen für fünf Jahre aufgeschoben werden.

Artikel 3 garantiert der japanischen Regierung eine ehrenvolle Genugtuung für den Mord an Kanzler Sugijama.

Artikel 4 sieht vor, daß auf den während der Erhebung geschändeten Friedhöfen Sühnedenkmale errichtet werden.

Artikel 5 untersagt die Einfuhr von Waffen und Kriegsmaterial.

Artikel 6 regelt die Entschädigungen, die den Regierungen, den Gesellschaften, den Einzelpersonen und den in Diensten der Fremden gestandenen Chinesen zu zahlen sind.

Artikel 7 gibt allen Mächten das Recht, in den Gesandtschaften eine ständige Bewachungstruppe zu unterhalten und das Gesandtschaftsviertel (in dem kein Chinese wohnen darf) in Verteidigungszustand zu halten.

Artikel 8 verlangt, daß die Forts von Ta-Ku und alle anderen befestigten Plätze, die die Verbindung zwischen Peking und der Küste beeinträchtigen können, geschleift werden.

Artikel 9 bestimmt, daß die Mächte im gegenseitigen Einvernehmen das Recht haben, gewisse strategische Punkte zwischen Peking und dem Meer militärisch zu besetzen.

Artikel 10 besteht darauf, daß die Teilnahme an einer fremdenfeindlichen Partei für jedermann unter Todesstrafe untersagt wird.

Artikel 11 fordert von der chinesischen Regierung, daß den bereits bestehenden Verträgen über Schiffahrt und Handel für die Mächte günstige Änderungen und Erweiterungen beigefügt werden.

Artikel 12 beschäftigt sich mit dem Protokoll und verlangt, daß die chinesische Regierung den Tsung-li ya-men reformiert und das Hofzeremoniell bei Empfängen für Vertreter der fremden Mächte abändert.

Die Entschädigung wird mit 450 Millionen Taels, das sind 67 Millionen Pfund Sterling, festgesetzt. Aber es kommt noch schlimmer: Russische Truppen marschieren in die Mandschurei ein, um den Absichten der Japaner zuvorzukommen. Es kündigt sich bereits ein neuer Konflikt an, der einige Jahre darauf im Fernen Osten aufflammen und mit einem Sieg der Aufgehenden Sonne über den Zarenadler enden wird.

Am 7. September 1901 wird der Friedensvertrag in Peking unterzeichnet. Am 21. Oktober beschließt die Kaiserin-Witwe, ihr Exil in Siang-fu zu verlassen und sich in ihre Hauptstadt zurückzubegeben. Ihr treuer Li-Hung-Tschang kann an den Feierlichkeiten anläßlich der Heimkehr der Kaiserin nicht mehr teilnehmen, weil er im Herbst 1901 in seinem achtzigsten Lebensjahr stirbt.

Am 3. Januar 1902 kommt Ts'e-hi in Peking an. Zum ersten Mal in ihrem Leben ist die Kaiserin-Witwe in einen Eisenbahnwaggon gestiegen! Ein Jahr darauf verliert sie den treuesten ihrer hohen Beamten, General Yung-Lu. Yuan-Shi-Kai wird sodann Präsident des kaiserlichen Rates. Er öffnet trotz des Widerstandes der konservativen Gruppen die Tore für eine Modernisierung des Kaiserreiches. Aber es ist dafür bereits zu spät. Die Zeit schreitet unaufhörlich weiter neuen Ereignissen zu. Im Herbst des Jahres 1908 geht das

Leben des schwächlichen Kaisers Kuang-Su, den seine grausame Tante seit zehn Jahren von Gefängnis zu Gefängnis geschleppt hat, zu Ende. Einige Tage danach, am 15. November 1908, folgt ihm die Kaiserin-Witwe in die Ewigkeit. Mit Ts'e-hi versinkt das Alte China. Drei Jahre darauf bricht die Revolution von 1911 aus, die der Mandschu-Dynastie ein Ende bereitet.

Einige Jahre nach der Belagerung Pekings, am 4. April 1905, ist am Sitz seines apostolischen Vikariats der Mann gestorben, der sein ganzes Leben der China-Mission gewidmet hatte: Alphonse Favier, katholischer Bischof von Peking und Vize-König von Pe-T'si-Li. Dieser ebenso tatkräftige wie originelle Lazaristen-Mönch war vermutlich der letzte, anachronistische Vertreter des mittelalterlichen Typs der Priester-Soldaten. Zweifellos hat er den Pe-Tang über die schwierigsten Tage der Belagerung hinweggerettet.

Stephen Pichon macht noch eine bemerkenswerte politische Karriere, wird Senator und Außenminister und stirbt 1933.

Und was ist aus den Marineuren der Landekompanie des *D'Entrecasteaux* und des *Descartes* geworden? Sie hatten Peking in aller Stille – als bescheidene Helden – am Vorabend der großen Siegesparade der alliierten Mächte vom 28. August 1900 verlassen.

Zehn Tage nach der Befreiung des Pe-Tang werden alle Marineure samt den Verwundeten in Tung-Tschau auf den von den verbündeten Japanern requirierten Dschunken eingeschifft.

Am 31. August 1900, um acht Uhr abends, legen im bläulichen Licht der Dämmerung die Dschunken beim *D'Entrecasteaux* an, der im Golf von Pe-T'si-Li Anker geworfen hat. Knappe Befehle: Die Männer steigen, einer nach dem anderen, an Bord des Kreuzers, den sie am 29. Mai verlassen haben. Von 78 Marineuren, die in Peking gekämpft haben, blieben nur mehr 60.

Ihr Kommandant, Kapitänleutnant Darcy, wird zur Marinepräfektur von Lorient versetzt, erhält sodann verschiedene Land- und

Seekommandos, ehe er 1916 den Dienst quittiert. Seine Gesundheit ist geschwächt, er scheint sich von den Strapazen der Belagerung Pekings nie mehr erholt zu haben und stirbt an einer Lungentuberkulose, die er sich vielleicht im Fernen Osten zugezogen hat.

Der Mann, der bei dem militärischen Unternehmen im Fernen Osten die höchste Stelle hätte einnehmen müssen, kommt mit zu großer Verspätung in China an, um noch eine aktive Rolle zu spielen. Dem Feldmarschall der deutschen kaiserlichen Armee, Alfred Graf von Waldersee, einem Mann von bereits 68 Jahren, wurde der Titel eines Oberkommandierenden der internationalen Truppen in China verliehen. Der Generalissimus trifft jedoch erst am 22. September 1900 in China ein; »militärische Aufgaben liegen für ihn nicht mehr vor«, schreibt General Frey, sein französischer Kollege, ziemlich ironisch. »Tatsächlich war die Belagerung von Peking bereits beendet, T'ien-tsin befreit, die Befestigung von Ta-Ku seit langem geschleift, und die chinesische Regierung zeigte nicht die geringste Neigung, Krieg zu führen.«

Waldersee entdeckt daraufhin die für Generale ohne Aufgabenbereich übliche Beschäftigungsmöglichkeit: das Abfassen von Memoiren, – die allerdings erst nach dem Ersten Weltkrieg posthum erscheinen. Er leitet auch die ständigen Paraden der internationalen Truppen und wirkt dabei etwas eigentümlich, wenn er die Front der französischen »Marsouins« abreitet, die vor ihm das Gewehr präsentieren. Das sonderbare Bild einer militärischen Feier mit französischer Trikolore und deutschem Kommandowimpel geht durch die europäische illustrierte Presse und erregt die Gemüter. Waldersee gibt auch häufig Empfänge, deren einen Pierre Loti beschreibt: »Eine Tafel, wie ich sie noch nie gesehen habe, steht auf dicken gelben Teppichen aus dem Besitz der Kaiserin, dem auch die alten, überaus wertvollen Vasen für die Blumenpracht entnommen sind. An der Spitze sitzt Marschall von Waldersee neben der Gattin unseres Gesandten; daneben haben zwei Bischöfe in violetter Soutane, Generale und Offiziere der sieben alliierten Staaten, fünf oder sechs Damen in heller Toilette und schließlich drei chinesische Prinzen in bestickten Seidengewändern Platz genommen, deren rätselhafte Gesichter mit den halbgeschlossenen Augen von den Federn ihrer zeremoniellen Kopfbedeckungen beschattet sind. Das Ganze wirkt profanierend, blasphemisch, wie ein Gastmahl zu Babylon.«

Der preußische Feldmarschall lächelt freundlich und zufrieden, deutsche Musiker intonieren die Marseillaise. Aber nach vier Jahren ist der Feldmarschall tot, und nach vierzehn stehen die Matrosen, die unter der heißen Sonne Pekings eine seltene Waffenbrüderschaft gehalten haben, einander als Feinde in den blutigen Schlachten Flanderns gegenüber.

Die »fremden Teufel« haben rasch ihre Kameradschaft im ersten Sommer des Jahrhunderts vergessen. Darum sind sie auch außerstande, das Wiedererwachen des chinesischen Drachens zu verhindern, wenngleich 500 Gewehre die Armeen des Reichs der Mitte zwei Monate lang in Schach halten konnten. Eines Tages stehen die besiegten und enthaupteten Boxer wieder auf. Unter dem Namen »Rote Garden« kämpfen sie in ähnlicher Weise für ähnliche Ziele. Die Geschichte wiederholt sich, Mao rächt die Kaiserin Ts'e-hi.

Anhang

I

Die diplomatische Situation vor der Belagerung

Brief des französischen Gesandten in Peking, Stephen Pichon, an den Minister des Äußeren, Théophile Delcassé, vom 20. Mai 1900

Die Probleme, die von allen Seiten auf mich zukommen, beanspruchen mich in einem Maß, daß es mir kaum möglich ist, Ihnen von der schweren, durch die Aufständischen geschaffenen Lage Bericht zu erstatten. Seit den Ereignissen, mit denen sich mein Schreiben vom 20. April befaßte, hat sich die Krise verschärft. Pao-Ting-fu, T'ien-tsin und Peking sind von allen Seiten durch Banden gefährlicher Fanatiker bedroht, die von der aufgehetzten Bevölkerung starken Zulauf erhalten und – mit Unterstützung einflußreicher Führer – überall rauben und plündern, Brände legen und Morde begehen. Es sind derzeit die chinesischen Katholiken und Protestanten, die vor allem zu leiden haben. Das Dorf Kao-Kao-Lo (im Verwaltungsdistrikt Lai-Tschui-Hien) wurde zerstört; 70 chinesische Christen blieben ermordet und verbrannt zurück. Weitere benachbarte Dörfer wurden angegriffen und niedergebrannt, wobei Gläubige der englischen, amerikanischen und französischen Missionen zugrunde gingen. Derzeit sind die Banden daran, um die Hauptstadt des Reiches einen Ring zu bilden, der immer enger wird. Es wird behauptet, etwa 10.000 Angreifer seien bereits in die Stadt eingedrungen. Die Aufständischen bekennen offen, daß es ihr Ziel ist, alle Fremden zu vertreiben. Flugblätter und Plakate fordern zur Vernichtung der Missionen und zur allgemeinen Erhebung gegen die in China anwesenden Europäer und Amerikaner auf. Es werden auch die Termine genannt, an denen sie ihre Drohungen wahrzumachen hoffen. Sie halten Besprechungen und Versammlungen ab, stellen in aller Öffentlichkeit militärische Einheiten auf und organisieren die Erhebung vor aller Augen. Sie tragen Fahnen mit Inschriften: »Wir kämpfen im kaiserlichen Auftrag für das Wohl der Dynastie.«

Alle Hinweise, alle Berichte, alle Proteste, alle Beschwerden, die ich dem Tsung-li ya-men gemeinsam mit meinen Kollegen aus Europa und Amerika überreicht habe, konnten die chinesische Regierung nicht veranlassen, ausreichende Maßnahmen zu ergreifen.

Du Chaylard hat wiederholt Demarchen beim Vize-König von T'ien-tsin unternommen, um zu erreichen, daß Truppen auf die Brücken des T'si-Li gestellt werden, wo Störungen am meisten zu befürchten waren. Der Vizekönig ist ein Mann mit den besten Absichten, der alles in seiner Macht Stehende getan hat, bei der Zentralregierung aber nicht den erforderlichen Rückhalt hat und es daher nicht wagt, seinen Soldaten jene eindeutigen Befehle zu erteilen, die den Aufständen ein Ende setzen würden.

Bischof Favier hat seinen Koadjutor nach Pao-Ting-Fu geschickt, um Verhandlungen mit den lokalen Mandarinen anzubahnen. Leider ohne Erfolg, da einer der wichtigsten Gesprächspartner dazu nicht bereit war.

Seit ungefähr zehn Tagen erhalte ich täglich Briefe des Bischofs von Peking, der äußerst beunruhigt ist; er fordert Marinedetachements an und erklärt, daß die Gefahr den Siedepunkt erreicht habe. Offenbar sieht er klar die Kluft zwischen der tatsächlichen Haltung der Regierung der Kaiserin und der Zuversicht, mit der er die Situation während seiner Europareise, insbesondere vor dem Heiligen Stuhl, beurteilt hat. Er sieht sich nun außerstande, sich den nötigen Schutz der Mandarine, die er stark gerühmt hat, zu verschaffen, und fürchtet die Vernichtung seines Lebenswerkes.

Wie ich bereits die Ehre hatte, Euer Exzellenz telegraphisch mitzuteilen, habe ich im Verlauf dieser Angelegenheiten mit dem russischen Gesandten, Herrn von Giers, ständig enge Fühlung gehalten und bin stets einvernehmlich mit ihm vorgegangen. Wir haben parallel auf den Tsung-li ya-men Druck ausgeübt, der natürlich stärker und wirkungsvoller gewesen wäre, wenn mit den Vertretern aller Mächte ein Einvernehmen herzustellen gewesen und ein gemeinsames Vorgehen des diplomatischen Korps erfolgt wäre.

Dennoch glaubte ich, übereinstimmend mit Herrn Giers, ein Zusammentreten der Gesandten anregen zu müssen, um gemeinsam die Lage zu besprechen, zumal sich die Wirren verstärkten und unsere vereinzelten Demarchen nahezu ohne Wirkung geblieben waren.

Zu gleicher Zeit habe ich die chinesischen Minister mit einer Depesche davon verständigt, daß ich – abgesehen von aller für sie entstandenen Verantwortlichkeit – die Mittel anzuwenden beabsichtige, die ich für geeignet halte, um die Sicherheit der unter meinem Schutz stehenden Personen und meiner Landsleute zu gewährleisten. Der Tsung-li ya-men hat mir tatsächlich eine Verständigung zukommen lassen, welche aber zu lang ist, daß ich sie kopieren lassen könnte. Aus ihr ist deutlich zu erkennen, daß die kaiserliche Regierung ihre untätige Haltung beibehält und keinerlei ernst zu nehmende Schritte gegen die Friedensstörer unternimmt. Man beschränkt sich darauf, daran zu erinnern, daß die gefährlichen Vereinigungen durch Verbote aufgelöst und einzelne Hersteller der fremdenfeindlichen Plakate bestraft worden seien (ohne die Strafe zu bezeichnen, die diesen auferlegt worden ist). Die Regierung kündigte an, daß sie mit Festnahmen vorzugehen beabsichtige, fügte aber hinzu, daß die Schuldigen geflüchtet seien. Ihre Verfolgung sei angeordnet worden.

Ich bin aber der Meinung, daß diese hinhaltenden und wirkungslosen Erklärungen nicht entgegengenommen werden dürfen und die Zeit gekommen ist, der allgemeinen Gefahr mit anderen Mitteln zu begegnen.

Das heute zusammengetretene diplomatische Korps hat über meinen Vorschlag, den Herr von Giers unterstützte, den Text der Depesche an den Tsung-li ya-men genehmigt, die der spanische Gesandte de Cologan, unser Doyen, formuliert hatte. Die Gesandten der einzelnen Mächte sind übereingekommen, Marinedetachements nach Peking in Marsch setzen zu lassen, falls ihre Forderungen nicht erfüllt werden. Für den Ernstfall muß nun die Durchführung der angedrohten Maßnahme sichergestellt werden, die leider unausbleiblich sein wird, auch wenn sich die chinesische Regierung offiziell dagegen stellt.

2

Die Kolonne Seymour
(10. bis 26. Juni 1900)

Angesichts der Lage in Peking wird am 9. Juni 1900 beschlossen, die Gesandtschaftswachen durch eine neue internationale Kolonne zu verstärken, deren Kommando der britische Admiral Seymour persönlich übernimmt. Ihre Mannschaft wird den Schiffen entnommen, die im Golf von Pe-T'si-Li bei der Mündung des Pei-Ho vor Anker liegen. Diese internationale Einheit besteht aus 2.084 Mann (900 Briten mit 2 Geschützen und 2 Maschinengewehren, 500 Deutsche mit 2 Maschinengewehren, 300 Russen mit 2 Geschützen, 160 Franzosen mit einem Geschütz, 100 Amerikaner mit einem Geschütz, 54 Japaner, 40 Italiener mit einem Maschinengewehr, 30 Mann aus Österreich-Ungarn.)

Die Franzosen stehen unter dem Befehl des Kapitäns zur See de Marolles, Kommandierender des Kreuzers *D'Entrecasteaux.* Die Truppen werden in der Nacht von 9. auf 10. Juni an Land gesetzt und begeben sich an ihren Sammelplatz in T'ien-tsin. Mit fünf Eisenbahnzügen fahren sie am 10. Juni ab. Eine telegrafische Verbindung mit Peking gibt es nicht mehr. Einem Gerücht zufolge ist auch die Eisenbahnlinie unterbrochen. Es wird jedoch entschieden, sie während der Fahrt nach der 120 Kilometer entfernten chinesischen Hauptstadt jeweils instand zu setzen. Die Marineure sollen nur mit Boxern zu kämpfen haben und von regulären Soldaten »unterstützt« werden, die entlang der Bahn ihre Lager haben. Es ist geplant, Peking in weniger als einem Tag zu erreichen.

Der Truppentransport gelangt ohne Schwierigkeiten bis Yang-Tsun. Am 10. Juni läßt Admiral Seymour, nachdem einige Brücken instand gesetzt waren, vor Lofa die Züge anhalten und von einer Reihe internationaler Posten bewachen. Am Morgen des 11. Juni nimmt der Konvoi seine Fahrt wieder auf, findet aber die Strecke an vielen Punkten unterbrochen vor (verbrannte Schwellen und herausgerissene Geleise). In Lofa bleibt eine 30 Mann starke Garnison aus britischen Marinesoldaten zurück, die ihr Quartier nach ihrem Schiff »Fort Endymion« benennen. Die Züge kommen nur einen Kilometer pro Stunde weiter. Ungefähr zehn Boxer werden von der Vorhut niedergemacht. Da die Lebensmittelvorräte erschöpft sind, müssen die Matrosen die verlassenen Dörfer an der Bahnlinie plündern.

Die Kolonne verbringt die Nacht von 11. auf 12. Juni zwischen Lofa und Langfang. Die Strecke ist ärger beschädigt, als man vorausgesetzt hat, Admiral Seymour muß die Hoffnung, rasch nach Peking zu kommen, aufgeben. Langfang wird am 13. Juni morgens erreicht. Dort ist alles zerstört (Baulichkeiten, Signalanlagen und Wasserschloß). Die deutschen Matrosen nehmen in den Ruinen des Bahnhofs Quartier, den sie nach ihrem Schiff »Fort Gefion« taufen. Zwischen Langfang und T'ien-tsin fahren ständig Züge hin und her, um die Verbindung aufrecht zu erhalten. Die Bilanz der Kolonne Seymour ist vorläufig traurig: 40 Kilometer am ersten Tag, 14 am zweiten, 7 am dritten und 3 am vierten (13. Juni)!

Das erste Gefecht fand am Morgen des 14. Juni vor Langfang statt. Fünf italienische Marineure des Detachements von Kapitänleutnant Siriani wurden von Boxern überrumpelt und getötet; ihre Leichen wurden verstümmelt. Ihre französischen Kameraden unternehmen mit Briten und Japanern einen Gegenangriff und bemächtigen sich eines sieben Kilometer von der Bahnlinie entfernten Dorfes. Aber inzwischen greifen 2.000 Boxer das Fort Endymion an. Der Transport muß nach Lofa zurückfahren, wo es mittels eines energischen Einsatzes der Matrosen von vier Staaten gelingt, die britische Garnison freizukämpfen. Der Konvoi fährt nach Langfang zurück.

Von Peking überbringt ein Kurier ein Schreiben des Gesandten Stephen Pichon an den Kommandierenden de Marolles mit der Bitte, den Anmarsch der Kolonne zu beschleunigen. Aber die Bahnstrecke ist vollständig vernichtet. Es gibt keine einzige Schwelle und keine Geleise mehr. Im Verlauf des ganzen 15. Juni strengen sich die Marineure bei drückender Hitze an, die von den Boxern angerichteten Verwüstungen zu beheben. Die Kolonne Admiral Seymours ist ungefähr 60 Kilometer vor Peking blockiert. Bei einer Besprechung der Kommandanten der acht Nationen beurteilen diese die Lage als außerordentlich ernst. Die Strecke ist nunmehr auch zwischen Lofa und Yang-Tsun unterbrochen; die Boxer haben die Kolonne eingekreist und unterbinden auch jede Verbindung mit T'ien-tsin.

Zugleich stellt sich die Unmöglichkeit heraus, das 30 Kilometer entfernte An-Ting zu erreichen; Admiral Seymour beschließt, sich bis Yang-Tsun zurückzukämpfen. Er beabsichtigt nun, die Hilfsexpedition in der Form wiederaufzunehmen, daß er mit Dschunken den Pei-Ho bis Tung-Tschau befährt und von dort zu Fuß nach der 25 Kilometer entfernten chinesischen Hauptstadt marschiert. Während der Nacht töten die britischen Wachen aus Versehen zwei russische Marineure.

Plötzlich greifen die Boxer in Langfang an. Dieses Mal werden sie von regulären Soldaten unterstützt. Drei Russen, zwei Engländer und ein Deutscher fallen, man zählt bereits an die 40 Verwundete. Die fünf Eisenbahnzüge können sich nur unter großen Schwierigkeiten zurückziehen; die Kolonne kann sich erst am späten Nachmittag des 18. Juni neu gruppieren. Es gießt in Strömen. Die Soldaten nächtigen bei der Brücke über den Pei-Ho. Die Bahnstrecke zurück nach T'ien-tsin ist vollständig zerstört. Am Morgen des 19. Juni verzichtet Admiral Seymour, den keinerlei Nachrichten erreichen, auf das Vorhaben, nach Peking zu kommen, und entschließt sich zum Rückzug nach T'ien-tsin. Die Züge müssen verlassen werden, es ist nicht einmal möglich, entlang des Bahnkörpers zu marschieren. Die Kolonne requiriert vier Dschunken, um die Verwundeten und das schwere Material zu verladen. Die Schiffe werden den Pei-Ho abwärts getreidelt und am linken Flußufer von den Marineuren zu Fuß begleitet. Die Amerikaner marschieren als Aufklärer unter Kapitänleutnant Mac-Calla voraus, die Franzosen bilden mit den Italienern die Vorhut und die Deutschen unter Kapitän zur See Usedom die Nachhut. Dazwischen sind die Briten, die Männer aus Österreich-Ungarn, die Japaner und die Russen, sowie Admiral Seymour persönlich mit seinem Adjutanten, Kapitän zur See Boothby, dem Kommandierenden der *Endymion*.

Die Sonne brennt herunter, der Boden ist aufgeweicht, das Marschieren ist mühsam. Die Dschunken sind mehrmals nahe am Kentern, weil im nahezu trockenen Flußbett an einzelnen Stellen chinesische Leichen aufgehäuft sind.

Am Abend kampiert die Kolonne am Flußufer. In der Nacht von 19. auf 20. Juni stecken tausende Boxer und reguläre Soldaten die fünf auf dem Bahnkörper zurückgelassenen Züge in Brand, während die Kolonne Seymour ganz leise Artilleriefeuer aus der Richtung von T'ien-tsin vernimmt. Mehrere Verwundete sterben in der Nacht. Beim Morgengrauen wird der Marsch wieder aufgenommen; man kommt bis Seu-Tsan und hofft, am Abend in T'ien-tsin zu sein. Aber es kommt zu einem Gefecht. Nach vier Angriffen gegen die Chinesen, die über ein kleines Geschütz verfügen, gelingt es den Matrosen, zwei Dörfer in der Nähe des Flusses im Sturm zu nehmen. Am Abend biwakiert die Kolonne jenseits Tu-Sia-Sang.

Am 21. Juni um fünf Uhr morgens beruft Admiral Seymour einen Kriegsrat ein. Es wird beschlossen, zu beiden Seiten des Flußes weiterzumarschieren. Gleich darauf kommt es zum Aufbruch. Hinter Tschang-

Tsin wendet sich der Pei-Ho nach Osten. Kavalleristen der kaiserlichen chinesischen Armee, die einen Hinterhalt von Boxern und Regulären decken, gehen sofort zum Angriff über. Admiral Seymour befiehlt den Sturm und stellt sich selbst an die Spitze seiner Leute. Ein Dorf wird im Bajonettkampf erobert. Es kostet nicht weniger als drei Sturmangriffe quer durch Strohhütten und Hirsefelder, um etliche Hundert Meter zu gewinnen. Ein glühend heißer Wind bläst mit aller Gewalt. Die Dschunken sind mit wimmernden Verwundeten überfüllt. Pe-T'sang kann ohne Vorfälle durchquert werden, um Nan-T'sang zu erreichen, müssen jedoch die Waffen sprechen; die Kolonne kann den Ort in der Nacht vom 21. auf den 22. Juni passieren. Ringsum brennen die Dörfer. Die Entfernung nach T'ien-tsin beträgt nur mehr ungefähr zehn Kilometer. Admiral Seymour beschließt, während der Nacht aufzubrechen. Um drei Uhr morgens muß die Vorhut das Dorf Mun-Tschin-Tschwang im Sturm nehmen. In T'ien-Tse-Niam haben die Chinesen mit versenkten Schiffen eine Sperre errichtet, die von den bis zum Bordrand mit Verwundeten beladenen Dschunken nur mühsamst überwunden wird.

Am Morgen des 22. Juni befindet sich die Kolonne in der Höhe von Ting-Tse-Ku, unweit vom großen chinesischen Lager Hsi-Ku. Der Marsch geht weiter. Reguläres Militär und Boxer haben sich auf den Ufern über mehr als einen Kilometer verschanzt und schießen aus Kanonen, Maschinengewehren und modernen Gewehren auf die Dschunken, zielen aber oft zu hoch. Am Ende gelingt es britischen Matrosen, die Feinde von hinten zu fassen und die Kolonne zu entlasten. Aber die Verluste sind schwer. Die Überlebenden haben nahezu keine Munition mehr. Sie sind gezwungen, ihre Geschütze im Stich zu lassen (mit Ausnahme der Franzosen und Amerikaner). Die Lebensmittel sind nahezu gänzlich aufgebraucht.

Am Abend des 22. Juni glückt es Admiral Seymour, sich des Lagers von Hsi-Ku zu bemächtigen und dort eine Defensivstellung für seine Marineure auszubauen. Eine ungefähr zwei Kilometer lange Erdmauer umgibt dieses geräumige Viereck. Die im Kampf Gefallenen werden in einem riesigen Massengrab bestattet, wobei ein Detachement aller acht Nationen den Toten die letzte Ehre erweist.

Nun befindet sich die Kolonne nur mehr ein halbes Dutzend Kilometer von den europäischen Konzessionen in T'ien-tsin entfernt, ist aber lückenlos umzingelt. Sie hat mehr als 200 Verwundete, von denen jeder von vier Mann getragen werden muß! Somit verbleiben nicht einmal 1000 einsatzfähige Kombattanten, um den Einschließungsring aufzuschlagen. Deshalb befiehlt Seymour, sich in Hsi-Ku einzurollen und dort die Hilfe abzuwarten, die ihm die vor Ta-Ku verankerten alliierten Schiffe unverzüglich leisten werden.

Kapitän zur See de Marolles erhält das Kommando über das Arsenal, das er sofort mit einem Detachement aus Franzosen, Briten, Russen und Deutschen besetzt.

Frühmorgens am 23. Juni kommt es zum Angriff. Reguläres Militär und Boxer sind bis auf zehn Meter an die von den Marineuren gehaltene Stellung herangeschlichen und stürzen jetzt mit Gebrüll vor. Das Arsenal fällt ihnen erst zu, als es wegen des Abzuges aus der Nachbarstellung aufgegeben wird, weil dort unter der persönlichen Führung des Admirals die Briten einen Ausbruch unternehmen. Ein Detachement aus 50 Amerikanern und 50 Engländern ist umzingelt worden und kann sich nur mit großer Anstrengung und schweren Verlusten freikämpfen. Die Lage ist sehr ernst, aber die Eingeschlossenen haben zumindest im chinesischen Arsenal ihre Munitionsvorräte auffrischen können. Die Kolonne vermochte die Umschließung nicht zu durchbrechen und muß nun den Platz um jeden Preis halten. Ein Sturmwind erhebt sich, voll mit gelbem, weißem Sand der Wüste Gobi. Schon auf 50 Meter Entfernung kann man nichts mehr sehen.

Am 24. Juni berichtet ein Gefangener, daß die Alliierten sich der Forts von Ta-Ku bemächtigt haben und daß die europäischen Konzessionen in T'ien-tsin durchhalten. Die Belagerten von Hsi-Ku haben keine Verpflegung mehr und stehen unter Geschützfeuer. Ein französisches Detachement führt trotzdem ungehindert auf dem anderen Ufer des Pei-Ho eine Aufklärung durch.

Am 25. Juni endlich entsetzen 2.000 Mann russischer Infanterie unter dem Kommando von Oberstleutnant Tschirinski die eingeschlossene Kolonne Seymour.

Der Abzug ist für den nächsten Tag festgesetzt. Die Kolonne marschiert auf dem linken Flußufer entlang der Eisenbahnlinie, um die Chinesenstadt von T'ien-tsin zu umgehen und direkt zu den Konzessionen zu gelangen.

Unter Geschützfeuer beginnt die Truppenbewegung wenig nach drei Uhr nachmittags. Der englische Kapitänleutnant Crofton bleibt mit einem internationalen Detachement als Nachhut zurück, um das Arsenal in die Luft zu sprengen.

Der Pei-Ho wird mittels Dschunken im Pendelverkehr überquert, was den ganzen Abend und einen Teil der Nacht in Anspruch nimmt. Um drei Uhr morgens am 26. Juni kann der Marsch fortgesetzt werden. Die Mehrzahl der gesunden Marineure trägt die Verwundeten auf Bahren; die Russen decken den Marsch gegen Störungen ab. In Sand und Morast ist das Vorwärtskommen äußerst beschwerlich.

Am 26. Juni 1900 um zehn Uhr morgens treffen die Überlebenden der

Kolonne Seymour bei den Konzessionen von T'ien-tsin ein. Man zählt mehr als 200 Schwerverwundete, darunter Kapitän zur See Jellicoe von der königlich britischen Marine, den zukünftigen Oberkommandierenden der »Grand Fleet« und Sieger in der Skagerrak-Schlacht, 1916. Siebzig Matrosen sind im Kampf gefallen und mußten in chinesischer Erde zurückgelassen werden.

Truppenstärke und Verluste der Kolonne Seymour

Herkunft	Stärke	Gefallen	Verwundet
Großbritannien	900	30	90
Deutschland	500	15	60
Rußland	300	15	30
Frankreich	160	3	20
Amerika	100	–	–
Japan	54	2	4
Italien	40	5	3
Österreich-Ungarn	30	–	–
	2084	70	207

3

Die Einnahme der Forts von Ta-Ku (17. Juni 1900)

Während die Kolonne Seymour auf Widerstände stieß, die sie zur Umkehr und zum Rückzug nach T'ien-tsin zwang, gingen die alliierten Mächte energisch gegen die chinesischen Befestigungen an der Mündung des Pei-Ho vor.

Am 15. Juni 1900 traten die Kommandierenden der alliierten Escadres, die im Golf von Pe-Tschi-Li vor Anker lagen, an Bord des russischen Kreuzers *Rossija* zu einer Lagebesprechung zusammen. Der russische Vize-Admiral Hiltebrandt übernimmt als Ältester im höchsten Dienstrang den Vorsitz. Die Absichten der Chinesen zeichnen sich immer deutlicher ab. Mehr als 2000 reguläre Soldaten halten auf Tong-Ku zu und beabsichtigen offenbar, die von T'ien-tsin nach Peking führende Eisenbahnlinie zu unterbrechen und überdies die Mündung des Pei-Ho mittels Blockaden und Minen zu sperren.

Es wird beschlossen, dagegen unverzüglich jene Schiffe einzusetzen, die wegen ihres geringen Tiefgangs in den Fluß einfahren können, dessen Wasserstand zu jener Jahreszeit besonders niedrig ist. Zum Einsatz werden die Kanonenboote *Bobr*, *Korejec* und *Gjuljak* (russisch), *Iltis* (deutsch), *Algerine* (britisch), *Lion* (französisch) herangezogen sowie die britischen Zerstörer *Whiting* und *Fame*. Das amerikanische Kanonenboot bleibt in Reservestellung. Das Oberkommando der Operation wird dem rangältesten Seeoffizier übertragen, dem Russen Kapitän zur See Dobrowolski von der kaiserlichen Flotte.

Gleichzeitig werden 300 japanische Marineure an Land gesetzt, um die Lokomotiven, die Waggons und alle Eisenbahnanlagen von Tong-Ku zu sichern.

Am 16. Juni beschließt Dobrowolski, die chinesischen Forts von Ta-Ku zumindest vorläufig mit oder ohne Gewaltanwendung zu besetzen, und zwar in erster Linie das Nord-Fort und das Süd-Fort, die beiderseits der Mündung des Pei-Ho stehen. Ein drittes Fort befindet sich etwas weiter hinten auf dem linken Ufer. Die Chinesen verfügen über eine Artillerie von 37 Geschützen, vorwiegend Armstrong-Schnellfeuer-Kanonen und sehr moderne Krupp-Kanonen.

Der russische Kapitänleutnant Bakmetjew übermittelt dem chinesischen Kommando die Note über die von den Alliierten einstimmig beschlossene Besetzung der Forts.

Der Angriff ist für die Nacht von 16. auf 17. Juni vorgesehen. Doch die Chinesen kommen ihren Gegnern zuvor. Die Kanonenboote nehmen bereits in der Abenddämmerung die Kampfpositionen ein. Es sind jedoch die Forts, die kurz vor ein Uhr morgens des 17. Juni 1900 als erste das Feuer eröffnen.

Korvettenkapitän Lans, der die *Iltis* befehligt, wird am Beginn des Gefechts durch eine krepierende Granate tödlich verwundet. Seine Mannschaft muß sechs Gefallene und 14 Verwundete registrieren. Wie die Deutschen haben auch die Russen schwere Verluste erlitten: 10 Gefallene und 20 durch Verbrennungen schwer Verwundete an Bord der *Gjuljak*, wo eine chinesische Granate im Kesselraum explodiert ist. Auf der *Lion* wird ein annamitischer Matrose, der Koch des Stabes, schwer verwundet und stirbt am folgenden Tag.

Alle europäische Schiffe auf dem Pei-Ho erwidern unverzüglich das Feuer. Dem französische Kanonenboot unter Kapitänleutnant Frot glückt es, durch einen Volltreffer einer Melinit-Granate die große Pulverkammer des Süd-Forts in die Luft zu jagen. Die Detonation wird bis zu den Einheiten der alliierten Escadres vernommen, die – 15 Kilometer entfernt – im Golf von Pe-Tschi-Li stehen.

Die japanischen, deutschen und britischen Landekompanien werden ausgeschifft und stürmen die chinesischen Verschanzungen. Kurz vor sechs Uhr wird eines der ersten Forts erobert; die Marineure hissen auf den Brüstungen die Flaggen der drei alliierten Staaten. Die Kanonenboote kommen wieder flußabwärts, um ihr Feuer auf das Süd-Fort und darauf auf das Nord-Fort zu konzentrieren. Das erste wird um sechs Uhr morgens, das zweite eine Stunde darauf genommen. Der Sturm wickelt sich sehr rasch, aber in den gewaltsamsten Formen ab. Der Kommandant des japanischen Detachements fällt an der Spitze seiner Männer.

An Bord der Schiffe zählt man etwa 20 Gefallene und ungefähr 70 Verwundete, in der Mehrzahl Russen. Die sieben Kanonenboote und die zwei Kreuzer teilen unter sich die Kriegsbeute auf: einen Kreuzer und vier Torpedoboote.

Die drei Forts von Ta-Ku befinden sich ab nun in den Händen der fremden Mächte. Die Mündung des Pei-Ho und damit der Zugang nach T'ien-tsin ist freigekämpft.

4

Die Kämpfe um T'ien-tsin
(18. Juni bis 14. Juli 1900)

Am 18. Juni 1900, dem Tag nach der Eroberung der Forts von Ta-Ku, legen die Chinesen die Konzessionen von T'ien-tsin ununterbrochen unter Artilleriefeuer. Sie versuchen auch, sich des am linken Ufer des Pei-Ho gelegenen Bahnhofs zu bemächtigen. Russische Infanteristen des Sibirischen Schützenregiments (Oberst Anasimow) und französische Marineure der Landekompanien des *D'Entrecasteaux* und des *Pascal* unter Kapitänleutnant Daoulas stellen sich den Angreifern entgegen und retten die Lage.

Am 19. Juni dauert die Beschießung an; der dem französischen Konsulat zugeteilte Kanzler Sabouraud wird tödlich verwundet. Marineingenieur Mognier gelingt es mit Einsatz seines Lebens, allein die chinesischen Linien zu durchqueren und sich von T'ien-tsin nach Ta-Ku zu begeben, um Hilfe anzufordern. Nach einem vierstündigen Gefecht rollt eine russische Einheit unter Befehl von General Stessel die von regulärem Militär und Boxern gehaltenen, zwischen der Mündung des Pei-Ho und den europäischen Konzessionen angelegten Verschanzungen auf. Die seit Beginn der Belagerung vom russischen Oberst von Vogack, Militärattaché des Zaren in China, befehligte Garnison ist damit entsetzt.

Am 23. Juni wird Capitaine Guillaumat vom Stab der Indochina-Truppen Standortkommandant von T'ien-tsin. Nach zwei Tagen jedoch wird er schwer verwundet.

Zum Glück kommen am 26. Juni die Reste der Kolonne Seymour zurück. Kapitän zur See Marolles übernimmt das Kommando der Marineure, die die französische Konzession sichern; sie besetzen unter Feindberührung einen Vorposten. Die alliierten Streitkräfte werden neu aufgestellt. Die Russen übernehmen die Sicherung des linken Flußufers, die Truppen der anderen Nationen die Verteidigung ihrer eigenen Konzessionen, je nach Maßgabe ihres Eintreffens in T'ien-tsin.

Am 27. Juni erobern russische Truppen das im Osten gelegene Arsenal. Mit Beginn des Juli erreicht die alliierte Garnison dank den zu Wasser herangeführten Verstärkungen einen Stand von 7.000 Mann.

Seit dem 1. Juli hat sich das Bombardement der Chinesen verstärkt. Es ist Regenzeit. Das Konzessionsviertel verwandelt sich in eine ekelerregende Schlammwüste. Die gelben Fluten des Pei-Ho führen Unrat und Leichen mit sich.

Die feuchte Hitze ist unerträglich. Die »Marsouins« haben bei ihrer Ankunft in T'ien-tsin bereits vier Mann verloren, die auf dem 18 Kilometer langen Marsch in der prallen Sonne einem Sonnenstich erlegen sind.

Vom 3. Juli an werden die Kämpfe erbitterter. Die Chinesen versuchen in wiederholten Angriffen den Bahnhof zu nehmen. Drei Tage läßt das Artilleriefeuer der Chinesen nicht nach.

Am 8. Juli um drei Uhr morgens greifen Reguläre und Boxer neuerlich den Bahnhof an. Sie werden zurückgeworfen, aber die Lage verschärft sich. Sie wird auch dadurch kritisch, daß es am einheitlichen Vorgehen der verschiedenen Truppenkontigente mangelt. Ein Zeuge schreibt: »In den Konzessionen herrscht ein erschreckender Wirrwarr. Augenscheinlich fehlt ein einheitliches, energisches Kommando. Für einen entscheidenden Angriff auf die feindlichen Stellungen ist kein gemeinsamer Plan vorhanden.«

Der britische Admiral Seymour und der japanische General Fukushima leiten in einem Abstand von einigen Stunden je eine interalliierte Stabsbesprechung mit völlig verschiedenen Resultaten, was jedoch die von Briten, Japanern, Russen, Amerikanern oder Deutschen geführten Teilaktionen nicht behindert. Den Alliierten fehlt die Artillerie, um ihre Infanterie zu unterstützen, nur die Franzosen verfügen über etliche Gebirgsgeschütze, die man aber anzufordern vergißt.

Am 8. und 9. Juli enden schlecht geführte Teilunternehmungen remis. Engländer und Japaner können zwar das Westarsenal im Sturm nehmen, entscheiden sich aber, es nicht zu halten, sondern es in Brand zu stecken und sich zurückzuziehen. Die Chinesen besetzen es sofort wieder.

Die Russen, die sich zwölf Tage zuvor des Ostarsenals bemächtigt hatten, sind anscheinend entschlossen, nichts weiter zu unternehmen und sich damit zu begnügen, in den eroberten Stellungen zu bleiben. Die Regengüsse werden noch heftiger. Die alliierten Armeen versinken im Schlamm.

Am 9. Juli kommt der Oberst der französischen Marineinfanterie de Pélacot aus Indochina in T'ien-tsin an. Er nimmt sofort mit den Truppenführern der Alliierten Fühlung, und zwar mit Seymour (England), Stessel (Rußland), Fukushima (Japan), Liscum (Amerika), Siriani (Italien), von Usedom (Deutschland) und mit von Trotha (Österreich).

Der 10. Juli ist ruhig. Aber in der Nacht vom 10. zum 11. erfolgt ein heftiger Angriff gegen den von den Japanern gehaltenen Bahnhof, die

Franzosen kommen ihren Alliierten mittels einer Dschunken-Brücke über den Pei-Ho zu Hilfe. Das sehr harte Gefecht endet nach mehreren Bajonettangriffen. Die »Marsouins« müssen 13 Gefallene und mehr als 30 Verwundete hinnehmen.

Am Morgen des 12. Juli tritt ein interalliierter Kriegsrat zusammen, der schließlich entscheidet, daß tags darauf die von Mauern umgebene Innenstadt von T'ien-tsin angegriffen wird.

Die Kontingente der fremden Mächte haben nun eine Stärke von 11.000 Mann. Der durch die sintflutartigen Regengüsse aufgeweichte Boden macht ihre Aktionen außerordentlich schwierig. Die Angreifer müssen auf überschwemmten Terrain bei einer ständigen Hitze von 40 Grad vorgehen.

Auf dem rechten Ufer des Pei-Ho geht ein Marschbataillon der französischen »Marsouins« unter Major Feldmann am rechten Flügel vor, am linken Flügel ein amerikanisches und ein britisches Bataillon. Alles in allem marschieren 4.000 Mann, unterstützt von vier Artilleriebatterien. Um fünf Uhr früh des 13. Juli ist das Westarsenal zurückerobert; Kämpfe entspinnen sich in den Vororten südlich der Stadt.

Auf dem linken Ufer greifen 3.000 Russen und einige hundert Deutsche an; eine Batterie der französischen Marineartillerie leistet ihnen Feuerschutz. Es gelingt ihr, eine chinesische Pulverkammer zu sprengen. Die Detonation ist so heftig, daß der russische General Stessel vom Sattel fällt und sich leicht verletzt.

Im Konzessionsviertel sind als Reserve 4.000 Mann aus verschiedenen Staaten zurückgeblieben; die »Marsouins« des Oberstleutnant Ytasse lassen sich in eine Reihe von Straßenkämpfen ein, um für die seit Wochen von den Chinesen umzingelten Stellungen »etwas Musik zu machen«. Auch um den Bahnhof wird weiter gekämpft.

Vor der mit Mauern umgebenen Innenstadt bleibt die Lage sehr ernst. Japaner und Franzosen liegen seit neun Uhr morgens wie angenagelt im heftigen Feuer und kommen nicht vorwärts. Sie sind bis zu den Knien, zuweilen auch bis zum Bauch, in Morast und Nässe eingesunken, während von oben auf sie ein Kugelregen niederprasselt. Verpflegung, Wasser und sogar Munition gehen zu Ende; sie haben keine Bretter, um die Gräben zu überqueren, und keine Leitern, um die Mauerbrüstungen zu erklimmen, von denen während dieses ganzen 13. Juli die chinesischen Maschinengewehre ihr Sperrfeuer streuen. »Marsouins« und Japaner erhalten den Befehl, die Nacht in den eroberten Stellungen zu Füßen der Mauern von T'ien-tsin zu verbringen.

Am 14. Juli um drei Uhr morgens lassen japanische Pioniere das Tor der Stadtmauer von T'ien-tsin hochgehen. Franzosen und Japaner werden sofort in ein heftiges Bajonettgefecht verwickelt. Die regulären Truppen haben die Flucht ergriffen, es bleiben nur mehr die Boxer zur Verteidigung von T'ien-tsin zurück. Die Angreifer lassen ihnen jedoch keine Zeit zur Gegenwehr. »Marsouins« besetzen die Mauerbrüstungen auf der linken Seite, Japaner auf der rechten. Mit den eingeschlossenen Chinesen sind sie bald fertig.

Der Kampftag der Alliierten war hart. 800 Mann sind außer Gefecht gesetzt worden.

5

Der lange Marsch nach Peking (4. bis 14. August 1900)

Brigadegeneral der Marineinfanterie Frey, der zum Oberkommandierenden der französischen Truppen in China ernannt worden ist, kommt erst am 24. Juli 1900 in Ta-Ku und einen Tag später in T'ien-tsin an. Mit ihm kommen sein Stabschef Capitaine Sicre und sein Ordonnanzoffizier Capitaine Bobo, beide Angehörige der »Marsouins« wie ihr Chef. Auch der russische General Linijewitsch, der den Rang eines Armeegenerals der Truppen des Zaren hat, langt erst am 1. August in T'ien-tsin ein. Sein hoher Rang in der militärischen Hierarchie sichert ihm grundsätzlich den Vorsitz im »Rat der Generale«, dessen Wichtigkeit immer deutlicher wird, so daß doch endlich in den ersten Augusttagen diese interalliierten Besprechungen einigermaßen zu funktionieren beginnen. Die seit mehr als 40 Tagen in Peking Eingeschlossenen konnten sich mit Recht über die unglaubliche Verspätung der Hilfstruppen, die mit ihrem Entsatz beauftragt waren, wundern.

Die alliierten Mächte erhöhen laufend ihre Truppenstärke. Mit Frey kommt eine dritte Marineartilleriebatterie (Capitaine Duboys) nach T'ien-tsin. Der ebenfalls erst kürzlich angekommene Major Fanyard erhält sodann den Oberbefehl über die gesamte Artillerie der französischen Marinetruppen.

In T'ien-tsin stehen jetzt ungefähr 24.000 alliierte Soldaten, davon etwa die Hälfte Japaner. Es sind auch die Japaner, die am 1. August den ersten ernsthaften Aufklärungsvorstoß führen. Sie stellen dabei fest, daß die wichtige, auf der Straße nach Peking ungefähr 12 Kilometer von T'ien-tsin gelegene Ansiedlung Pei-Tsang von den Chinesen stark besetzt ist. Der Feind verfügt in dem Ort über 21 Geschütze und findet in den von Überschwemmungen herangetragenen Aufschüttungen eine gute Deckung.

Am 3. August findet bei General Linijewitsch eine Stabsbesprechung statt. Ihr Tagesbefehl lautet: Der Marsch nach Peking. Man hofft, daß das Gesandtschaftsviertel dort dem Angriff der regulären Soldaten und der Boxer noch standhält. Die Eisenbahnlinie nach der Hauptstadt ist seit zwei Monaten unterbrochen, die telegrafische Verbindung noch länger unterbunden. Über die in Peking Eingeschlossenen laufen die fantastischesten Gerüchte um. In T'ien-tsin ist die Meinung, daß bereits alle Europäer in der Hauptstadt massakriert seien, stark verbreitet. Einzelne Offiziere der Alliierten neigen dazu, die Stärke der chinesischen Streitkräfte zu überschätzen, und glauben, daß man noch Verstärkungen herbeiholen solle, ehe man in das Innere des Landes rückt.

Viele Soldaten der fremden Mächte sind kriegsmäßig wenig ausgebildet und werden von dem schrecklichen Klima des Monats August stark mitgenommen. Ein großter Teil der alliierten Soldaten leidet an Dysenterie. Viele sind schlecht ausgerüstet und oft auch schlecht bewaffnet. Die Einheiten der französischen »Marsouins« machen in ihren häßlichen Tropenuniformen in »Schlosserblau« keinen guten Eindruck. Der lange Aufenthalt in Indochina hat die Truppe, die aus Teilen des 9. und 11. Marineeinfanterieregiments besteht, offenbar stark mitgenommen. Die Beziehungen der verschiedenen Truppenkontingente zueinander sind herzlich, nur das militärische Zusammenwirken funktioniert nicht. Trotz der besten Absichten des russischen Generals Linijewitsch ist augenscheinlich jede alliierte Macht nur bereit, in eigenem Interesse zu handeln.

Das Expeditionskorps, das am 4. August nach Peking abmarschieren soll, ist schließlich etwas über 19.000 Mann stark (9.000 Japaner, 4.500 Russen, 2.500 Briten, die zum Großteil aus Eingeborenen der Indienarmee bestehen, 2.000 Amerikaner, 1.000 Franzosen und drei mehr symbolische Kontingente aus Deutschland, Österreich-Ungarn und Italien zu etwa 100 Mann). Die alliierten Streitkräfte verfügen über 83 Geschütze von sehr verschiedenem Wert. Eine große Anzahl Gehunfähiger und Kranker ist in T'ien-tsin geblieben. Verpflegung und Munition soll auf Dschunken nach Maßgabe des Vormarsches der Truppen stromaufwärts gebracht werden, was die Truppe zwingt, sich nicht weit vom Fluß zu entfernen.

Am 4. August erhalten die »Marsouins« den Befehl, nördlich von T'ien-tsin zu biwakieren, und zwar in einem sumpfigen Gebiet jenseits des Lu-Tai-Kanals, und sich dort den verbündeten Russen anzuschließen. Sie werden von kleinen, von Soldaten aus Deutschland, Österreich-Ungarn und Italien gebildeten Einheiten begleitet.

Am Morgen des 5. August beginnt nach einer Nacht im Biwak der lange Marsch gegen Peking bei einer rasch ansteigenden unerträglichen Hitze. Es sind auch dieses Mal die Japaner, die vorangehen. Sie müssen zwei heftige Gefechte liefern, um die Chinesen aus Pei-Tsang zu vertreiben. In diesem ersten Vormarsch verlieren die Japaner mehr als 300 Mann, bleiben aber Herr der Lage. Tausende chinesische Gefallene bedecken das Schlachtfeld, eine aufgeweichte Ebene, auf die eine unbarmherzige Sonne herunterbrennt.

Auf dem linken Ufer des Pei-Ho erobert General Frey mit seinen »Marsouins« Yung-Nan-Tschin und setzt darauf seinen Marsch fort. Am Abend kommt es zu einer rührenden Verbrüderung mit den russischen Truppen, dann muß das Biwak für die Nacht auf freiem Feld aufgeschlagen werden.

Um vier Uhr morgens am 6. August nehmen die alliierten Streitkräfte ihre Offensive in die Richtung von Yang-Tsun wieder auf. Die Amerikaner und die Briten tragen, unterstützt von den Franzosen und den Russen, den Angriff vor, während die Japaner, die am Vortag stark im Einsatz gewesen sind, in Reservestellung bleiben. Im Verlauf dieses Gefechtes wird eine Kompanie des 14. Infanterieregimentes von der Artillerie der Alliierten, die sie unterstützen soll, unter Feuer genommen. Vier Amerikaner werden getötet und ein Dutzend schwer verwundet. Ein Offizier, der nach hinten eilt, um die gefährliche Batterie zu suchen und zum Einstellen des Feuers zu bewegen, stirbt an Sonnenstich. Diese Fehlleistung war zweifellos auf einen Irrtum englischer Artilleristen, die die Entfernung in Yards und nicht in Metern berechnet hatten, zurückzuführen.

Yang-Tsun wird im Verlauf des Morgens erobert. Das Gefecht hat an Gefallenen und Verwundeten die Russen 120 Mann, die Amerikaner 70 und die Briten ungefähr 50 Mann gekostet. Ab nun verschärft sich der chinesische Widerstand. Nach einem langen Biwak an den Ufern des Pei-Ho wird der Vormarsch an nächsten Tag wieder aufgenommen.

Am 9. 8. nehmen die alliierten Streitkräfte Ho-Si-Wu, am 10. 8. Ma-Tu, am 11. 8. Tschang-Tschia-Wan ein und erzwingen sich am 12. 8. den Einmarsch in Tung-Tschau, der letzten Etappe vor Peking. Dort faßt General Frey die verschiedenen französischen Einheiten, die am Unternehmen zum Entsatz der in Peking Eingeschlossenen teilnehmen sollen, unter sein Kommando zusammen: sechs Kompanien Marineinfanterie und drei Artilleriebatterien.

Am 13. August beschließt eine interalliierte Offiziersbesprechung die letzten Maßnahmen für den Angriff auf die chinesische Hauptstadt, die nur mehr ungefähr 10 Kilometer entfernt ist. Die Amerikaner und die Briten sollen südlich des kaiserlichen Kanals von Tung-Tschau gegen Peking vorgehen, während die Franzosen, die Japaner und die Russen nördlich vorrücken.

Der Marsch auf die Hauptstadt des chinesischen Kaiserreiches nimmt immer mehr den Charakter eines sportlichen Wettbewerbes an. Es geht darum, wer als erster im Gesandtschaftsviertel ankommt. Dieses sinnlose Bestreben, die anderen Kontingente zu überrunden, führt zu Ordnungswidrigkeiten und Gehässigkeiten der Alliierten untereinander, denen Linijewitsch vergebens zu steuern versucht.

In der Nacht vom 13. auf 14. August kommen die Russen zwei Stunden vor Tagesanbruch vor dem Tor Tong-Pien-Men an und eröffnen sofort das Gefecht. Sie haben sich hinsichtlich ihres Angriffszieles, vielleicht sogar absichtlich, geirrt und es vorgezogen, lieber das Verbindungsstück zwischen Chinesenstadt und Tatarenstadt anzugreifen, als im weit entfernten Nordosten der Stadt das Tor Tschun-Tsche-Men, dessen Eroberung ihnen ursprünglich zugeteilt war. Die Japaner rücken ebenfalls in Eilmärschen vor und kommen sehr rasch vor ihrem Ziel, dem Tor Si-Hoa-Men an. Die Amerikaner und die Briten, deren Aufgabe es war, das Tor Tscha-Kuo-Men anzugreifen, lassen sich Zeit und biwakieren sogar auf ihrem Marsch.

Die Franzosen verirren sich offenbar während der Nacht und können erst um vier Uhr morgens in die Tatarenstadt eindringen. Sie treffen am frühen Morgen des 15. August vor den Ruinen der französischen Gesandtschaft ein, wo sie mit ihren seit mehr als zwei Monaten belagerten Landsleuten in Verbindung treten. Obgleich die Franzosen sehr spät in der chinesischen Hauptstadt einlangen, sind sie dennoch ihren Alliierten aus Deutschland, Österreich-Ungarn und Italien um mehrere Tage voraus, weil diese auf ihrem Marsch gegen Peking aufgehalten wurden und dort erst am 18. August unter dem Kommando des Kapitäns zur See Pohl von der kaiserlich deutschen Marine eintreffen.

Bei den Kämpfen um den Entsatz des Legationsviertels haben die Russen mehr als 20 Gefallene und mehr als 100 Verwundete eingebüßt. Von den Japanern sind ungefähr 100 Mann außer Gefecht gesetzt worden. Die Briten sind mit General Gaselee an der Spitze als erste bei ihrer Gesandtschaft angekommen, ohne einen Schuß abgeben zu müssen.

6

Die Parade durch die kaiserlichen Paläste
(28. August 1900)

Zwei Tage nach Beendigung der Kampfhandlungen, am 18. August, wird in einer Besprechung der Vertreter der fremden Mächte, an der alle Gesandten und alle Generale teilnehmen, beschlossen, die internationalen Truppen durch die kaiserlichen Paläste defilieren zu lassen. »Man mußte den Chinesen nachhaltig vor Augen führen«, schreibt General Frey, »und den Mandarinen und der Bevölkerung beweisen, daß die Residenz des Sohnes des Himmels wie die Verbotene Stadt ab nun den fremden Mächten ausgeliefert sind, wenn der Hof da nicht mehr zusammentritt.« Die Truppen sollten vom Süden nach Norden quer durch die Palasthöfe marschieren. Für diese Zeremonie wurde der 28. August, ein Dienstag, bestimmt. Baron d'Anthouard, Erster Sekretär der französischen Gesandtschaft, war Zeuge dieser einzigartigen Militärparade. Er gab darüber einen äußerst farbigen Bericht:

»Um sieben Uhr morgens kündigen 21 Kanonenschläge den Anmarsch der alliierten Truppen an.

Die hohen roten, mit riesigen vergoldeten Nägeln verzierten Tore drehen sich langsam in ihren Angeln, von Eunuchen in zeremoniellen Gewändern bedient.

Mitglieder des Tsung-li ya-men in Staatsgewändern nähern sich, um die Führerrolle zu übernehmen. Ihre Gesichter sind unbewegt, doch einigen merkt man die Anstrengung an, ihre Gefühle bei diesem außerordentlichen Erlebnis zu verbergen.

Nun marschieren die siegreichen Armeen mit wehenden Fahnen in den geheimnisvoll abgeschlossenen Distrikt ein, wo die Gegenwart des allmächtigen Kaisers durch Jahrhunderte alle mit abergläubischer Furcht erfüllte, wo Chinesen nur vor Ehrfurcht zitternd mit gesenktem Kopf einzutreten wagten, und niemals das Auge eines Fremden die geheiligten Paläste und Pagoden entweiht hatte. Von den Mauern der jahrhundertealten Paläste, in deren Bereich bisher nur Gesänge zum Lob des Sohnes des Himmels erklungen sind, hallen Soldatenlieder wider, die dessen Niederlage feiern. Wir durchschreiten die Einfriedung, während japanische Fotografen die Parade aufnehmen, durchqueren ein langes Gewölbe und kommen in einen weiten, gepflasterten Hof, dem sich weitere acht ähnliche anschließen; sie sind durch Pavillons monumentalen Ausmaßes voneinander getrennt, die als Empfangsräumlichkeiten dienen. Auf beiden Seiten dieses zentralen, für den Verwaltungsapparat bestimmten Teiles befinden sich die Privatgemächer des Kaisers und der Kaiserin im Westen und die Wohnungen der Konkubinen im Osten, die allesamt nach den Regeln chinesischer Baukunst mit einer Vielzahl von Pavillons und Höfen ausgestattet sind. Pagoden und Gärten sind dazwischengestreut; Lagerräume und Wachtposten finden sich an der Peripherie. Das Ganze bildet eine Stadt von 80 Hektar Bodenfläche, die in viele von hohen Mauern, festen Verteidigungswällen und Gräben umgebene Sektoren aufgeteilt ist und damit zur Festung und zum Gefängnis zugleich wird.

Alle Betrachter dieser Zeugen einer langen Geschichte sind von dem imposanten Bild dieser majestätischen Anlage zum Ruhm des absoluten Beherrschers von 450 Millionen Menschen überwältigt. Ebenso wie in Versailles die Gemächer des Sonnenkönigs Mittelpunkt des Schlosses und der Stadt sind, bilden auch hier die kaiserlichen Empfangsräumlichkeiten die Mittelachse des Palastes und der Hauptstadt, die gigantisch sind wie Kirchenschiffe und nichts enthalten als den Kaiserthron, zu dem ein dem Kaiser allein vorbehaltener Säulengang führt.

Nun ist alles verwaist und verlassen; Gras wuchert in den Höfen, die marmornen Säulenreihen sind von grauem Schorf überzogen, auf den Teppichen der Säle liegt Staub, die Farben der Gemälde sind stumpf geworden, die Lackhölzer abgeblättert.

Zum Klang der Militärkapellen durchquert die Parade die Reihe der Höfe und Säle der Regierungsgebäude entlang der Mittelachse des Palastes, sie marschiert auf den Wegen des Kaisers. Und die großen vergoldeten Bronzelöwen, die als abschreckende Wächter vor den Treppen sitzen, blinken wie immer im Sonnenlicht.

General Linijewitsch und sein Stab eröffnen mit dem diplomatischen Korps den Zug. Die russische Infanterie, eine lange Kolonne prächtiger breitschultriger Männer, marschiert dann auf und läßt das Pflaster unter dem Tritt ihrer Stiefel erdröhnen.

Nach ihnen kommen die Japaner, klein, gedrungen, in knapp sitzenden, peinlich sauberen Uniformen, exakt marschierend wie auf dem Exerzierplatz.

Zum Gequieke ihrer Dudelsäcke reihen sich nun die Sikhs mit ihren gigantischen Turbanen in eleganter Haltung ein und nach ihnen die Amerikaner, bartlos wie Kleriker, mit Filzhüten wie Waldläufer.

Der Kontrast zwischen dieser steifen angelsächsischen Truppe und unseren »Marsouins« ist augenfällig. Zum Takt ihrer Spielleute marschieren diese mit hartem Tritt, munter und schneidig trotz ihrer noch immer schmutzigen Uniformen aus blauem Tuch, mit denen man sie auf lächerliche Weise ausgestattet hat. Ihnen schließt sich ein annamitisches Detachement an.

Schließlich erscheinen die deutschen, italienischen und österreichischen Matrosen.

Im letzten Hof vor dem Nordausgang bilden russische und japanische Truppen das Spalier.

Das diplomatische Korps bleibt nun stehen, läßt die Parade an sich vorbeidefilieren und begrüßt sie.

Um halb zehn Uhr ist die militärische Feier zu Ende.«

7

Truppenstärken und Verluste

Gesandtschaftsviertel und Pe-T'ang (20. Juni bis 16. August 1900)

Staatszugehörigkeit nach Truppenstärke geordnet	Soldaten (Gesandtschaftswachen)				Zivilisten	
	Stärke	Gefallene	Verwundete	Ausfälle	Gefallene	Verwundete
Rußland	87	4	19	26%	1	1
Großbritannien	82	3	16	23%	2	7
Frankreich	78	16	27	55%	5	12
Amerika	58	7	10	29%	0	1
Deutschland	51	12	16	55%	1	0
Italien	42	13	16	69%	2	0
Österr.-Ungarn	34	4	9	38%	0	2
Japan	29	5	20	86%	5	5
Insgesamt	461	64	133	43%	16	28

Nahezu die Hälfte der Gesandtschaftswachen sind außer Gefecht gesetzt worden. Doch der perzentuelle Anteil der militärischen Verluste ist auf die einzelnen Detachements ungleich verteilt. Die Japaner haben den schwersten Blutzoll geleistet (86%), die Briten haben verhältnismäßig die geringsten Verluste erlitten (23%). Zwischen diesen liegen die Italiener (69%), die im Park des Fu und im Jen-Tse-T'ang stark mitgenommen worden sind, die Deutschen und die Franzosen (beide 55%, was über dem internationalen Durchschnitt liegt), die Soldaten aus Österreich-Ungarn (38%), die bei der französischen Gesandtschaft eingesetzt gewesen sind, schließlich die Amerikaner (29%) und die Russen (26%), die im Westsektor des Gesandtschaftsviertels gekämpft haben, wo die Gefechte offenbar weniger hart gewesen sind.

Die Verluste der Zivilfreiwilligen und der Missionare, die an der Verteidigung (vorwiegend im Pe-T'ang) teilgenommen haben, sind bei den Franzosen verhältnismäßig hoch (5 Gefallene und 12 Verwundete).

Bildnachweis

Bibliothèque Nationale, Paris: 1
Aus Peter Fleming, The Siege at Peking: 17, 26
L'Illustration: 3, 13, 27
Lazaristen-Mission: 5, 6, 8, 9, 11, 20, 21
Dr. Matignon: 10, 15
Österreichische Nationalbibliothek, Wien: 2, 4, 16, 22, 23, 24, 28
Aus Tanera, Deutschlands Kämpfe in Ostasien, München 1902: 12
Roger Violett, Paris: 7, 14, 29
Aus Theodor Winterhalder, Kämpfe in China, Wien 1902: 18, 19

Bibliographie

Allen Roland: *The Siege of the Peking Legations*, London, 1901.

Anderson Johan Gunnar: *Der Drache und die Fremden Teufel*, Leipzig, 1927.

Anthouard Baron d': *La Chine contre l'étranger, les Boxeurs*, Plon et Nourrit, Paris, 1902.

Bazin René: *L'Enseigne de vaisseau Paul Henry*, Mame, Tours, 1901.

Bland J. O. P. and Backhouse E.: *China under the Empress Dowager, Heinemann*, London, 1911. Ebenso: *Annals of the Court of Peking*, 1914.

Bodard Lucien: *Le plus grand drame du monde : la Chine de Tseu-Hi à Mao*, Gallimard, Paris, 1968.

Bredon Juliet: *Sir Robert Hart*, Hutchinson, London, 1909.

Bronne Frederik: *From Tientsin to Peking with the Allied Forces*, London, 1902.

Campiche Dr. P.: «Notes sur la carrière d'Auguste Chamot», erschienen in *Revue historique vaudoise*, März 1955.

Casserly Gordon: *The Land of the Boxers*, London, 1903.

Cheminon et Fauver-Gallais: *Les Evénements militaires en Chine*, Paris, 1902.

Chesneaux: *Les Sociétés secrètes en Chine*, Julliard, Paris, (collection «Archives»).

Clements Paul H.: *The Boxer Rebellion*, New York, 1915.

Conger Sarah Pike: *Letters from China*, Hutchinson, London, 1909. Ebenso: *The Great Empress Dowager of China*, 1910.

Cordier Henri: *Histoire des relations de la Chine avec les puissances occidentales*, 4 Bände, Paris, 1920.

Dagett A. S.: *America in the China Relief Expedition*, Kansas City, 1903.

Darcy Eugène: *La Défense de la légation de France (Pékin, 29 mai–31 août 1900)*, Challamel, Paris, 1903.

Dix Leutnant C. C.: *The World'Navies in the Boxer Rebellion*, London, 1905.

Dubardier Georges: *La Chine moderne*, Presses Universitaires de France, Paris, 1949.

Dubosq A.: *La Chine en face des Puissances*, Paris, 1926.

Edwards Samuel: *55 Days at Peking*, Security Picture, 1963.

Favier Alphonse: *Peking,* Desclée de Brouwer, 1900.

Fleming Peter: *The Siege at Peking,* Rupert Hart-Davis, London, 1959.

Frey H.: *Français et Alliés au Pé-Tchili,* Hachette, Paris, 1904.

Frey H.: «L'Entrée des Alliés à Pékin», in *La Revue des Deux Mondes,* 1. Januar 1904.

Grandprey: *Les Armées de la Chine,* Chaix, 1904.

Grousset René: *Histoire de la Chine,* Paris, 1942.

Haldane Charlotte: *The Last Great Empress of China,* Constable and C°, 1965.

Hart Sir Robert: *These from the Land of Sinim,* Chapman and Hall, 1901.

Heinl Robert D.: *Soldiers of the Sea,* Annapolis, 1962.

Hewlett W. Meyrick: *The Siege of the Peking Legations,* Harrow-on-the-Hill, 1900.

Hirschfeld Burt: *Fifty-Five Days of Terror (The story of the Boxer Rebellion),* Julian Messner, 1964.

Hoocker Mary (Polly Condit Smith): *Behind the Scenes in Peking,* London, 1910.

Hutin Serge: *Les Sociétés secrètes en Chine,* Robert Laffont, Paris, 1976.

Johnston: *Twilight in the Forbidden City,* Victor Gollancz, London 1934.

Laur Francis: *Siège de Peking, récits authentiques des assiégés,* Société des publications scientifiques et industrielles, Paris, 1904–1905.

Li Hung Chang: *Memoirs,* Constable, 1913.

Loti Pierre: *Les Derniers Jours de Pékin,* Calmann-Lévy, Paris, 1901.

Lynch George: *The War of the Civilization,* London, 1901.

Martin W. A. P.: *The Siege in Peking,* London, 1900.

Matignon Jean-Jacques: *Dix ans aux pays du Dragon,* A. Maloine, Paris, 1910.

Maybon Albert: *La Vie secrète de la Cour de Chine,* Paris, o. J.

Montross Lynn: *The U. S. Marines, a pictorial History,* New York, 1959.

Morales A. C.: *East Meet West* (The Modern History of East Asia), MacMillan, Hongkong, 1972.

Morand Paul: *Fleur-du-Ciel,* erschienen unter *Fin de siècle,* Stock, 1957, Nachdruck unter *Nouvelles d'une vie,* 2, Gallimard, 1966.

Morrisson George Everett: *Journal (Mai bis Oktober 1900),* Manuskript, Mitchell Library, Sydney, Australien.

Müller Alfred V.: *Die Weißen im China und die Kämpfe der verbündeten Truppen,* Berlin, 1902.

Oliphant Nigel: *A Diary of the Siege of the Legation in Peking,* London, 1901.

Orcival François d': *Les Marines,* André Balland, Paris, 1971.

Pelacot de: *L'expédition de Chine en 1900 jusqu'à l'arrivée du général Voyron,* Lavauzelle, 1906.

Pélissier: *Le Troisième Géant, la Chine,* Band 2: *La Chine traditionnelle s'écroule (1860–1927),* Les Presses de France, Paris.

Pichon Stephen: *Dans la bataille,* A. Mericant, Paris, 1908.

Pong David: *La Révolte des Boxers: l'annonce d'une nouvelle Chine,* Histoire du XXe siècle, Tallandier, Paris.

Purcell Victor: *The Boxer Uprising,* Cambridge University Press, 1963.

Ramsone Jennie: *The Story of Siege Hospital in Peking,* London, 1901.

Ray R. H.: *Chinese Boxers,* New York, 1901.

Rosthorn Arthur von: *Geschichte Chinas,* Gotha, 1923.

Ruffi de Ponteves Jean: *Souvenirs de la colonne Seymour,* Plon-Nourrit, 1903.

Russel J. M.: *The Story of the Siege in Peking,* London, 1901.

Sainte-Claire-Deville: *Les Français en Chine,* Berger-Levrault, Paris, 1902.

Sergeant Philipp W.: *The Great Empress Dowager of China,* Hutchinson, London, 1910.

Seymour Edward: *My Naval Career and Travels.* London, 1901.

Soden Graf von: *Kriegs-Tagebuch.* Manuskript. Aufbewahrt im Bundesarchiv, Militärarchiv, Freiburg im Breisgau.

Steiger George Nye: *China and the Occident. The Origin and Development of the Boxer Movement.* New Haven, 1927.

Strader Robert: *History of the U. S. Marine Corps.,* New York, 1903.

Tan Chester C.: *The Boxer Catastrophe,* Columbia University Press, 1965.

Thery Edmond: *Le Péril Jaune,* Félix Juven, Paris, 1901.

Vare Daniele: *The Last of the Empresses,* John Murray, 1938.

Vaughan H. B.: *St. George and the Chinese Dragon,* London, 1902.

Voyron: *Rapport sur l'expédition de Chine,* Lavauzelle, 1902.

Waldersee Alfred Graf von: *Denkwürdigkeiten,* Stuttgart, 1923.

Weale Putnam B. L. (Simpson): *Indiscreet Letters from Peking,* London, 1906.

Winterhalder Theodor von: *Kämpfe in China, Wien, 1902.*

Wright Mary Clabaugh: *The Last Stand of Chinese Conservatism,* Stamford University Press, 1957.